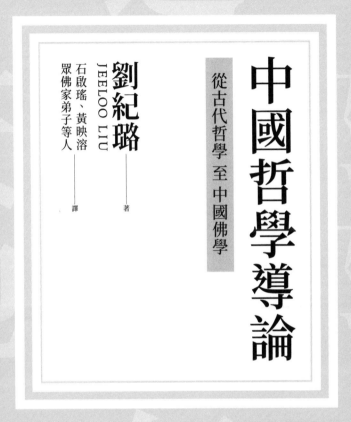

劉紀璐
JEELOO LIU
———
著

石啟瑤、黃映溶
眾佛家弟子等人
———
譯

從古代哲學 至 中國佛學

中國哲學導論

AN INTRODUCTION TO CHINESE PHILOSOPHY:

From Ancient Philosophy to
Chinese Buddhism

中文版自序

　　《中國哲學導論：從古代哲學至中國佛學》是譯自本人英文著作 *An Introduction to Chinese Philosophy: from Ancient Philosophy to Chinese Buddhism*。原著於 2006 年在美國由著名的 Blackwell 出版社發行，受到許多好評。余英時教授在書面的題字稱此書「毫無疑問是最好的中國哲學導論（Clearly the best introductioin to Chinese Philosophy）」。原著的特色是用分析哲學家的方法去分析中國哲學，找出各個學派的哲學問題關鍵，而以清晰易解的比較分析語言闡釋。這本英文著作被許多國內外的教授拿來作為中國哲學課的主要教材。波蘭的亞捷龍大學出版社（Jagiellonian University Press）也找了翻譯將此書於 2010 年以波蘭文發行。我當然期望也能有中文版發行。從書出版後有幾位中國學者告知我他們準備把全書翻譯成中文，因為他們覺得本書的分析手法對學生理解中國哲學的哲學概念與問題意識非常有幫助。可惜的是，這些翻譯企圖後來都沒有下文，不了了之。我想可能最大的問題是中國佛學部分牽涉佛典專用名詞，一般研究先秦哲學的學者會覺得翻譯工作是太大的挑戰。

　　2018 年中國人民大學的溫海明教授受邀去閩南佛學院講

學，用英文原著的佛學部分做教材。他感到這個佛學部分如果能譯成中文，對佛學的深入探討會很有幫助。於是他召集閩南佛學院的一群佛家弟子一邊討論，一邊翻譯。由於這些學生本身佛學素養深厚，所以他們的譯文非常接近佛家的語彙，而且他們的英文理解也大致能掌握我原著的意涵。在譯稿發給我之後，我另外花了幾個月時間對照潤飾。我特別要感謝溫海明教授對此書所花的心血，以及閩南佛學院所有參與翻譯討論的佛家弟子。

在佛學部分完成翻譯後，我原先想就以《中國佛學導論》來單獨發行。我的摯友，當初在臺灣大學哲學系以及哲研所同窗的沈珮君女士將我的著作引介給聯經出版公司的發行人林載爵先生。感謝林先生鼓勵我找人把全書翻譯中文，跟我另外一本中譯本《宋明理學：形而上學、心靈與道德》一起由聯經發行。我聯繫過去在臺灣大學哲學系和哲研所的另一位同窗石啟瑤女士，以及我高中同學，文化哲學系出身的黃映溶女士。很慶幸的是她們兩人都義不容辭答應替我翻譯全書前面介紹古代哲學的八章。她們兩人在 2020 年新冠疫情發生之初就開始閉門工作，足不出戶，在短短數月就聯手完成了翻譯工作。在這裡我還要特別感謝石啟瑤，因為她的細心查證，為我引用的英文資料找到市面上的中文版本文獻；同時她以認真負責的態度，幫我把這本書十二章由不同人翻譯的註釋章格等等全部統合起來。為了方便讀者作佛學研究，我也重新查證佛學的中文文獻，將原先英文版的出處都配合以中文佛典的出處。

本書的翻譯人員包括：

黃映溶：原版致謝辭，前言，導論，中國古代哲學概論，第二章，第三章

　　石啟瑤：第一章，第四—八章

　　中國佛學部分由溫海明教授為總監，請閩南佛學院的幾位弟子分工合作：

　　中國佛學概論：釋究林，釋萬山

　　第九章唯識宗：釋本悟，釋本成

　　第十章華嚴宗：釋文來，釋宏藏

　　第十一章天台宗：釋安震，釋安龍

　　第十二章禪宗：釋覺閑，釋聖竺

　　本書在英文版發行十五年後終於能夠以中文發行，實在是符合佛家所講的因緣際會。在此我對以上促使本書中文版能得以見世的所有學友致上衷心的感謝。

　　本書的第一部分介紹中國古代哲學，包括先秦儒、道、墨、法諸家以及《易經》一書。本書的寫作方式是強調先秦哲學的哲學性，針對各家的理論要點、辯論模式、問題癥結所在，而以深入淺出的文字進行分析。與坊間多數介紹中國古代哲學史不同的地方在於本書採取哲學分析與比較哲學的走向。讀者可以藉由這本書而將古代哲學置入當代的哲學語境，而思考先哲所關切的問題如何運用於今日的世界，如何對今人的論學處世有所啟發。由於是導論性質，各章所選的是先哲思想的幾個最主要的議題，並且強調他們哲學理念之間的交流對比。同時，由於原先寫作的用意是為大學提供中國哲學的教材，是以在每章後面都提出一些可供課堂上討論的問題。

　　本書的第二部分介紹中國佛學。中國佛學是否可以作為哲學來看待？這是我從一開始用英文寫作中國哲學就在思考的問題。坊間的中文著作大多把佛學當作一門宗教，從歷史淵源、人

生智慧、實用觀點，以及修行法門等等角度來闡釋各家宗派。我
對中國佛學的切入點與我一貫對中國哲學，不管是先秦哲學還是
宋明理學，所秉持的觀點一致：中國傳統思想的哲學化在乎我們
的分析詮釋方法。本書選擇中國佛學的四大宗派：唯識宗、華嚴
宗、天台宗，以及禪宗，而以他們對現實世界的肯定作為貫串全
書的核心問題。對各宗，本書的分析性介紹以哲學問題出發，討
論各家的形上學立場、知識論、語言觀、倫理學，以及總總實踐
法門。由於本書是導論性質，因此對各宗的歷史也略作簡介。我
期望這個分析性的佛學導論部分可以更加促進佛學學者的哲學性
思辨，而把中國佛學的哲思意境帶到更能普及化、國際化的層
面。

　　對宋明理學有興趣繼續研究的讀者請參考我的《宋明理
學：形而上學、心靈與道德》一書。

目 次

中國佛學

《中國哲學導論》佛學部分
編譯前言

溫海明

中國人民大學哲學院教授 山東省泰山學者

　　本世紀初，我在夏威夷大學哲學系跟隨安樂哲（R.T. Ames）教授攻讀比較哲學博士學位期間，經常參加北美中國哲學學會（Association of Chinese Philosophers in America, ACPA）組織的學術活動，一來二去，跟學會中活躍的組織者劉紀璐（Jeelou Liu）教授逐漸熟悉，由衷敬佩她推動中國哲學的熱情和試圖溝通中國哲學與分析哲學的努力。她的著作《中國哲學導論》（*An Introduction to Chinese Philosophy: From Ancient Philosophy to Chinese Buddhism*）是基於中國哲學早期的問題和材料，回應現當代西方哲學，尤其是分析哲學最新發展之挑戰的前沿性成果。我於 2006 年回到中國人民大學哲學院中國哲學教研室任教，不久接替張祥龍教授在北京中國學中心（The Beijing Center）教授中國哲學、佛教、道家、道教相關英文課程，十多

年來一直將劉教授的這部著作作為教學參考書。

在多年的教學經驗當中，我意識到劉教授有意超越胡適、馮友蘭、牟宗三、陳榮捷等前輩寫作中國哲學史的範式，重新定位中國傳統哲學的問題，並對傳統哲學的資料做出全新的詮釋。她早年在臺灣大學受到嚴格的中國哲學薰陶，之後在美國接受了全面的分析哲學訓練，因此她能夠立足分析哲學的核心問題，來深入細緻地研究和討論中國古代哲學命題的當代意義。劉教授在該書中體現出對中國哲學資料的精湛理解，同時能夠深入把握分析哲學問題，並嫻熟運用比較哲學方法，可見該書無疑是一部中西哲學深度交流的傑作。國朝自明末以來，中土思想與西方哲學的交融激盪於今為甚，而中國哲學與西方哲學，尤其是心靈哲學的前沿溝通比較成果少之又少。劉著能夠扎實立足中國傳統哲學命題，對哲學思想有圓熟全面的把握，注意到易學對中國哲學思想的奠基意味，並對佛教哲學有準確和深入的理解，字裡行間可謂達到了溝通中西哲學的化境。

該書的這些特點，在我組織學僧們翻譯佛學部分的過程當中，體會極深。2017 年秋和 2019 年春，經同事惟善法師推薦，受祖光法師邀請，我兩度到閩南佛學院國際班任教，組織學僧們把劉教授該書的佛學部分譯成中文。每句話都是在我和學僧們反覆修改、參研校對的譯文基礎之上，經劉教授精心修改後定稿的。在與學僧們往復推敲譯文，琢磨劉教授對佛學義理精準理解的過程中，我們對劉教授用功之細密，比較之精深，常常感同身受，不由得由衷感佩她的努力。

翻譯該書中國佛學部分時，我把十位學僧分成五個小組，釋究林、釋萬山（佛學概論）；釋本悟、釋本成（唯識宗）；釋

文來、釋宏藏（華嚴宗）；釋安震、釋安龍（天台宗）；釋覺
閒、釋聖竺（禪宗）。他們先翻譯出初稿，之後我逐句跟他們討
論並修改譯文，常為一句翻譯琢磨討論良久。譯稿完成之後，劉
教授告訴我她的書曾幾次有人想翻譯，但可能因為卡在佛學部
分，後來都放棄了。可見，能夠帶領閩南佛學院的學僧們譯出初
稿可謂一種殊勝因緣，畢竟他們佛學基礎不錯，而且用功甚深。
討論譯文的時候經常感慨，如果不是和學僧們一起研討譯文，很
多地方未必能夠找到合適的詞彙，那樣劉教授精湛的文字譯起來
難免走調變形。可惜書成之時，譯者釋聖竺已經往生佛國。

　　那段在南普陀授課改稿的日子裡，我常在閩南佛學院太虛
圖書館流連徘徊，從半山腰向遠方眺望，南普陀寺和廈大校園美
景盡收眼底，南洋特色的紅頂建築，仿彿依然沐浴在弘一大師的
佛光之中，連著虛雲法師在檳城極樂寺弘法時那種南天佛國的歷
史滄桑，時空交錯，虛實相生，光影如夢，我似乎能夠深入理解
劉教授寫作佛學部分的心境和視界，是要從學理上交出中國佛學
國際化的時代答卷。歷史上，印度佛學中國化是佛學世界化的重
要開端，中國佛學保留和發展了佛教的主要經典和理論，可是近
現代以來，由於語言和國勢等種種原因，中國佛學的世界性影響
一直沒有真正開始，而劉教授的著作無疑極有功於中國佛學的世
界化。如今譯回中文，期待有志於推動中國佛學世界化的同道們
承其志進而揚其學。

原版致謝辭

　　本書之所以能完成，實得力於蔣經國學術交流基金會的支持，以及紐約州立大學幾內修分校（SUNY at Geneseo）提供我一段專心研究學術的休假。另外，我也要感謝余英時先生對此書的促成，更要感謝紐約州立大學幾內修分校的館際合作借書部門提供我即時所需的寶貴資料，讓我省卻許多費時的搜尋。當然，我尤其要感謝布萊克威爾出版公司（Blackwell Publishing）的哲學總編傑佛・迪恩（Jeff Dean）對我的知遇之恩。

　　我始終相信一個人的成就不會是僅僅靠個人的努力，而這本書得以完成更是基於我學習過程中所接受的各方教導。我的中國哲學理念啟蒙於恩師毓鋆老先生的私塾講堂。在其門下受教的七年中，我幾乎研讀了所有重要的中國哲學之經典古籍。至於我對宋明理學的全盤了解，要感謝我的碩士論文指導教授張永儁老師的傾囊相授。我在臺大哲學系以及後來至美國在紐約羅徹斯特大學研究所求學期間也得到許多教授對我分析哲學的完整訓練，其中特別需要提及陳文秀、林正弘、余英華、Richard Feldman、Earl Conee、Robert Holmes、Douglas Dempster，以及 John Heil 等多位老師。我也要謝謝當初在紐約州立大學修過我的中國哲學

課，以及在加州州立大學修過我的亞洲哲學課的學生們，由於他們在課堂上鍥而不捨地提問和探索，才激發我在著作本書時注意到表達理念的條理分明。

藉此我也要感謝所有在我寫書期間支持和鼓勵我的人，像是 Paul Yu（余英華師），Ying-shih Yu（余英時教授），Craig Ihara，Ellen Yu，Shi-ling Hsiang，Amy Steinberg，Ya-yen Yu，以及我的哥哥和姊妹們。最後，我要把這本書獻給以下諸人：我的母親劉林祝闔女士，因為她啟發我對知識的好奇；我的高中老師范慶雯，因為她在我年僅十五歲就指引我哲學之路；我至愛的先生 Michael Cranston，若是沒有他，就沒有今日的我；以及我的兒子 Collin 和 Dillon，因為他們給予我生命中最大的喜悅。

前言

　　本書所介紹的是中國哲學早期的兩大時期：中國古代哲學（約西元前 600-前200 年）以及中國佛學（約西元 300-900 年）。我寫作的對象是有興趣用既學術性又有系統性的方式研讀中國哲學的讀者群。這是一本學術嚴謹的書，但是也適合一般未經哲學訓練的讀者閱讀。在（原著）英文的寫作中本書盡量避免使用中文字，而關於中國哲學中重要觀念的英譯，本書所選擇的語詞也都是普遍被接受和使用的。這本書也可以當作是大學課程中有關中國哲學或亞洲哲學的教本。為了這個目的，每一篇章在最後都附有一些延伸討論的問題。對於有興趣了解中國哲學的讀者，本書可被視為是一本可靠的入門書。而對於想要進一步探索中國哲學的讀者，本書也備有豐富的註解和書籍推薦，可以助其更上一層樓。

　　在讀者閱讀之前我想先解釋本書的幾個特色。首先，本書是採取分析哲學的走向，而且以比較哲學的方法進行分析。所謂分析哲學的走向，是指著重在概念的分析，論證的闡述，對各哲學基本預設的檢證，以及語法力求簡單明瞭的哲學方法。當所闡述的學說本身有論證時，我會將其論證以分析學說中所運用的論

證模式表達出來，並且加以簡短討論。如果該學說理論並無明顯的論證，那麼我就會分析其理論的基本預設，其所運用的方法學和重要的概念。本書之所以採取分析的走向，就是希望能與在西方以語言學的走向、詮釋學的走向，以及漢學的走向所探討的中國哲學都區別開來。

至於本書之所以運用比較哲學的方法來進行探討，是為了將中國哲學的研究與當代西方哲學搭上線。我不希望本書所討論的各家學說好像來自一個遙遠的古國，而是期望本書可以拋磚引玉，讓當代更多的哲學討論也可以關注中國古代哲學的議題。儘管中國古代哲學家沒有使用過現代哲學的術語，但是他們的哲學主軸事實上是哲學家所普遍關注的議題。再者，現今許多研究中國哲學的美國學者大都受過西方哲學的訓練，他們的思維模式顯示出他們的學術背景，因此，要討論當代英美學者對中國哲學的論述，我們不免會使用到西方哲學的術語。受過西方哲學訓練的讀者會發現本書所運用的比較哲學的方法有助於理解中國哲學，但是沒有西方哲學背景的讀者也可以自行略過一些分析性的討論。

再者，本書的用意不是在寫作一本中國哲學史。要看英文的中國哲學史，已經有一本卜德（Bodde）所翻譯的馮友蘭的《中國哲學史》。本書只選擇對中國哲學的主軸發展具有影響力的學說進行探討，而未囊括所有古代哲學和佛學的學派。讀者若想進一步了解歷史背景或是在本書屬遺珠之憾的學派，就可以參考馮友蘭的《中國哲學史》。

第三點，現今的中文發音有兩種羅馬拼音法（Romanization systems）：威妥瑪拼音（Wade-Giles system）和漢語拼

音（Pinyin system）。例如，中國字「道」在漢語拼音是「Dao」，在威妥瑪拼音是「Tao」；「仁」在漢語拼音是「ren」，在威妥瑪發音是「jen」。本書採用的是較具普遍性的漢語發音系統，然而，許多早先的西方學者在他們有關中國哲學的著作中，是使用威妥瑪發音系統。

最後，還要提醒讀者，本書雖然只包含中國古代哲學以及佛學這兩個哲學時期，我不希望讀者以為中國哲學發展只有這兩大時期。本書只對這兩大時期的中國哲學進行討論實在僅僅是礙於篇幅所限。事實上，宋明理學在中國哲學也占有重要的地位，它是十一到十七世紀期間中國思想觀念發展之精華。至於十九到二十世紀的當代中國哲學，則是較被西方學者所忽略的。因此，若想要對中國哲學有一個全盤性的了解，應該也要研讀宋明理學和當代中國哲學。我衷心希望經由本書對先秦與佛學的導讀，可以激發讀者進一步完整的探索中國哲學之發展脈絡。

本書的第一部分討論的是先秦諸子百家，我選擇儒家、道家、墨家和法家作為此時期的核心思想，另外也探討《易經》這部經典巨擘。本書篇章的安排部分是根據年代的順序，部分是以主題為發展，讓不同的學派可以各自展開重要的分析和討論。以《易經》為例，《周易》成於孔子以前，《易經繫辭》則成於孔子之後，然而這部經典的宇宙論是儒家和道家學說的形上學基礎，所以《易經》是本書的起首篇章。接著是儒家的三大思想家，孔子、孟子和荀子併為一起討論，再來則是墨子。雖然墨子的年代先於孟子和荀子，但是他的思想直接表明反對儒家的立場，所以，我們先把儒家各重要的學派做完整的討論，才接著討論挑戰儒家學說的墨子。接下來的篇章則是討論道家的兩位重要

思想家：老子和莊子，主要探討他們的形上學觀點和反世俗的倫理反思。本書的第一部分就由中國政治思想體系主軸的法家始祖韓非子做最後終結。

　　本書的第二部分探討中國佛教思想的四大宗派：唯識宗、華嚴宗、天台宗以及禪宗。這些篇章是本書最具原創性的探討，因為從未有人為中國佛學理論做完整的分析性探討。對佛學的討論，我著重在普遍流行於佛學思想中的出世觀（反實在主義），並且分析各個佛學派別如何分別解釋現象界的空無本質。本書大致上以四宗的年代順序進行討論，是為了說明中國佛學如何漸漸地脫離印度佛學的出世觀，進而慢慢地顯露出其濃厚的入世思想。

　　本書的寫作目標是論述公正，不以我個人的哲學觀點作為立場，而是以當代不同的哲學評論做集大成的總結。當然，我的解析是會呈現我本人的哲學理解。在本書的研讀準備過程，我使用的文本都是該哲學家最具代表性的中文原典，輔助的資料則是英文的書籍和期刊論文。我在每一篇章的討論意期反映當代中國哲學詮釋者所關注的議題，並且盡可能推薦一些好的英譯本以及一些針對主題以分析形式進行討論的當代哲學論文。至今涵蓋性最廣的中國哲學選集當屬陳榮捷的《中國哲學文獻選編》（*A Sourcebook in Chinese Philosophy*），所以在每一篇章的書單裡都會推薦此書。另外一本有關先秦部分的中國哲學選集，由艾文賀（Ivanhoe）與萬百安（Van Norden）所編纂的 *Readings in Classical Chinese Philosophy*，收錄了七大先秦諸子的傑出英譯。我在先秦數章的書單裡也推薦此書。在寫作本書時，我先從中文原典開始，然後再比較現有英譯而選出最好的英譯。如果我引用

了特定的翻譯版本，就會標示譯者，如果我採用的是我自己的翻譯，那麼就只會標示原來的中文參考文獻。【譯者注：這是針對原來的英文版做出的解釋。】

　　西方學者常誤將中國哲學歸類為「非哲學」，並且認為它是一種宗教，因此，中國哲學的兩大主流：儒家和道家，在美國大學常被列在世界宗教的課程裡。但是，中國哲學不是僅僅為一種生活的指導或是信徒與追隨者的教義。中國哲學中包含了宇宙論、倫理學、知識論的辯證，以及方法學。中國哲學可以激發思考者去建立他們的哲學預設，並且從事哲學的論辯。相較於西方哲學，中國哲學的學派各自有不同的形上學設定，對社會以及道德方面的考量也各有其不同的進路。因此，對中國哲學的研究可以在同樣的議題上提供哲學家完全不同於西方傳統哲學的嶄新角度。我希望藉由本書的討論，中國哲學可以在世界哲學的領域中享有它應得的地位。

導論：什麼是中國哲學？

　　在此導論中，我所提供的不是對中國哲學的「定義」，而是對中國哲學之一些特質的「描述」。事實上，哲學本身就是一個抗拒定義之活化有機體，所以我們對任何哲學的思維脈絡都無法給予定義。不過，即使本書的目的只是要描述中國哲學的特性，但是也無法做到很詳盡。如果想要全盤地描述中國哲學，勢必要完整解釋中國歷史、社會、政治以及文化的背景，但是這個導論無法給予這樣的詳盡說明。在此導論中，我所描述的僅是一些初學中國哲學的讀者所需了解的中國哲學之特質，包括解釋中國哲學的發展脈絡，其重要的概念，傳統中國哲學之教育理念，以及古老的中國哲學思想是如何被紀錄下來。本導論應當可以幫助英文讀者理解中國哲學的思考寫作方式為何與西方哲學的傳統不同。不過，我也希望讀者能了解任何這樣的介紹都不免有過度簡化之嫌。

從宗教到哲學：中國哲學的背後促動原因

　　儘管史前中國百姓之宇宙觀的確有一個人格化的至高存

有，並且稱之為「上帝」（現今被用來翻譯英文字「God」），然而，這個民間宗教的觀念從未進入中國哲學的討論範圍。這個原始的信仰後來轉變為「天意」或是「天命」的概念，而「天意」被看作是等同於人民的好惡，「天命」則常常被用來建立政權轉移的合法性。不過，中國民間宗教的「天意」或「天命」都不像《舊約》中的人格神的真正發命干預。上古的中國民間信仰並沒有宇宙創造者，沒有主動性的創造行為，更沒有天地間的最後仲裁者。中國人的宗教信仰更像是對天地自然的崇拜和敬仰，不過，其崇拜方式不同於古希臘神話之針對各種自然現象而賦與特定的人格化神祇。上古中國人大都相信大自然與人之間有一種精神的感應。他們相信宇宙是生生不息的活化有機體，所有的部分都被連結成一個井然有序的大宇宙。在人之上者稱為「天」，在人之下者稱為「地」。在中國人的語法裡，「天」一字不是僅指從地上所仰望而得的天空，也不是指基督教中的任何超越現世的領域。「天」對中國人而言代表全部的天體和天象，尤其常被用來指涉太陽的運作。而「地」一字則指涉地上的一切存在現象，它包含了地面所有的領域，不過更常是用來指涉山谷、峽地、盆地等低地面。對上古的中國人而言，宇宙就是天、地與存在其間的所有匯集而成。他們相信天地無始終，宇宙永常存。

由於中國人相信自然現象與人文世界的人事息息相關，所以，他們常常會以人事狀態不良來解釋天災之所以會發生的原因。乾旱是由於「天」所使然，洪水則是由於「地」所使然，而這兩種天災都會造成嚴重的饑荒。在農業社會中，饑荒會為人類的生存帶來最大的危機，而在中國歷史上，這項危機不斷出現。即便如此，上古的中國宇宙觀並不把大自然看作是有邪惡的一

面。中國人不認為天災本身代表邪惡，它只是宇宙順其自然而發展的某一現象而已。天災或者是由於自然與人文狀態感應所生，或者是代表「和諧的宇宙暫時偏離出來的異象」[1]，但其本身並沒有任何正能量。當人文世界累積了夠多脫序的人為事件，原本和諧的宇宙就會被侵擾，這侵擾的結果就是大自然的異常，接踵而來的就是人文社會的災難。至於其他偶爾會發生的自然異象，比如：冰雹、地震、瘟疫等，則被認為是禍害的前兆；這些警訊在宇宙和諧被破壞之時自然發生，是以，大自然會感應人文世界，就像鈴鐺一旦被撞擊，就自然而然地發出聲響，其道理是一樣的。

　　這種天人感應看法的背後藏有一個更深刻的觀念，就是認為宇宙間的所有事物都是相互關連的，共同形成一個和諧的宇宙律動。康德謨（Kaltenmark）說：「中國思想智慧的一個先決條件就是順應宇宙的律動。」[2] 在上古的中國社會，想遵從這自然律動的方法之一就是占卜──以甲骨文或是特殊的儀式去預測未來。最早的占卜即是解讀龜甲文。在進行占卜之前，有一些加密的文字會先刻在龜殼上（在中國出土的龜甲文，最早可追溯至西元前 1700-前1100），然後，龜殼被放置在火上烤，直到龜殼出現某些裂紋，占卜者根據裂痕劃分所呈現的加密文字，以對這些文字解密。在儀式進行前，占卜者必須齋戒沐浴、淨化身心，如此才能和天地神靈保持高度的感悟狀態。藉由占卜，卜者可預測大自然的未來狀況，從而決定如何行動。在商代年間（西元前

1　Bodde 1942：298.

2　Kaltenmark 1946：46.

1766-前1150），君王經常藉由特定卜官占卜所得的預兆，來決定是否要發動戰爭或是改變現有政策等重大國家大事。

　　後來到周代（約西元前1122-前256）年間，占卜的形式更常是根據易經而操作。早先的易經並非是一部完整的書，它的最初型態大概只是一些奇詭的圖形和圖象。易經從最早是三畫卦的八爻，繼而發展成六畫卦的六十四爻。對卦象的解讀形成卦辭，而針對卦象中的每一爻做各別的分析則形成爻辭。當時，用易經占卜的風氣並不限於王公貴族，古代學者像是學識淵博的孔子也常運用占卜。此時期，藉由占卜來諮詢的問題不再只是限於國家大事，也包括個人在某個情境當如何自處的問題。能知道如何做出符合道德要求的決定，我們稱之為「智慧」。在上古時代，擁有「智慧」表示其個人的心靈與天地神靈是相契合的。因此，對中國人而言，所謂「有智慧」不僅有其實用的內涵，而且也有其宗教的起源。英文的「philosophy（哲學）」從希臘字源學解釋就是「愛智之學」，那麼中國的「哲學」可以說是源於對天地神靈的一種宗教意識。

　　《易經》的三爻和六爻是根據兩個特性——陰和陽所組成，其中「陽」以符號「━」表示；「陰」以符號「━ ━」表示。陰和陽都是宇宙的能量或動力。三爻或六爻都代表陰和陽之間彼此不同的分配和關係，而隱含其中的信念即是整個宇宙中的自然界與人文世界都不過是陰與陽組合的不同結構與關係。我們所用的陰與陽語詞具備兩個面向：一是對陰陽特質的自然性描述，另一是對人文事態中的陰與陽的象徵性描述。在《易經》中，陰陽的這兩個面向相互依存，這個語詞用法再度反映出古代中國人天人合一的宇宙觀。

　　總而言之，在中國古典哲學形成之前的宇宙觀中，宇宙是遵從秩序和規則的有機體，而不是偶然形成的大雜燴。宇宙萬物的基本構成元素不是物質，而是兩種自然能量和動力——陰與陽，並且陰陽的互動是遵循某種規則的律動。如果有聖人或占者可以解釋占卜的結果，那麼，他的心靈一定是和宇宙契合，才能進而深入了解宇宙的規則律動。宇宙的韻律（道）在自然界中流動，同樣地，也在人文世界中流動。同時，在這個宇宙觀中，精神層面和物質層面是不可區分的，而且死者和生者的兩個世界也是可以相互溝通的。人的魂魄不為身體所限，人在臨終的那一刻，魂魄就會脫離身體而漂浮在生者之上下界（天界、冥府）或甚至在活人中間。另外，這個世界觀不把個己跟世界分割，主體的個人和客體的世界並非對立關係，而是互相交融成為一個完整的體系。人類生命被宇宙影響的同時，也影響了宇宙的進化和發展。就如同我們吸吐的空氣融入在宇宙大氣層內，我們動靜之間及舉手投足也都會影響周遭的世界。上古中國人對自然與人文、心靈與物質、肉體與精神，以及天與人合而為一的觀念，即成為中國哲學的宇宙論之基礎。

中國哲學的宇宙論基本概念：道、氣、陰和陽

　　中國哲學的宇宙論是建立在對宇宙秩序或宇宙模式之信念，它不只是所有存在的起源，也是宇宙進化的準則。對於宇宙模式存在之預設成為中國哲學所有主要學派的核心理論。3 宇宙

3　正如同卜德的詮釋，「這些學派都相信宇宙在一個恆定狀態的流動之中，

被視為是「根據其內在規律而運作的自給自足之有機體。」[4] 上古中國哲人稱此規律為「道」（道可以是集合名詞，用以指示獨一無二且包羅萬有的『道』；也可以是單數名詞，用以指示個別事物所遵循的『道』），而對於道的探索和追求，即是所有中國哲學家的最終目標。根據萬百安（Van Norden）的分析：

　　「Dao」一字有好幾層意義：第一，其原意是「道」，意指通道、道路。引申為第二個意思「途徑」，意指做事的正確方法，或是由正確行事而來的秩序。第三個意思是指用語言敘述或說明，第四個意思則是指涉形而上本體，它負責世界上所有事物的存在模式。[5]

　　換言之，「道」可以指一般的道路；也可以是一個道德語詞，用來指行事的正確方法；或者當成動詞，用來指敘述；或是當成本體的概念，用以指示為宇宙的起源。這四層意義雖然在表面上意義大不相同，事實上，這些意義都包含在「道」一字的哲學意涵中。

　　在中國哲學的宇宙論之語境中，「道」代表「包羅萬有的

而這流動是根據一個固定且可預測的模式進行。其模式可視為在兩極之間的永恆波動，也可視為在一個封閉系統中的週期運動；兩者的變動都是相對性而不是絕對性的，因為所有的運動都是為了將循環過程帶回至原初點」（Bodde 1953：21）。

4　Bodde 1953：43.

5　Van Norden 2002：24.

生命原理（entelechy）」[6]，負責創造萬事萬物的生命能量。
《易經繫辭傳》對「道」一字如此運用，而老子的道德經（道家
的創始者）也似乎有時候如此詮釋道的意義。在此意義下的道從
太初之時即規範宇宙的演化和進展。既然「道」一字指涉宇宙
的秩序，萬事萬物的存在模式，是以「道」的英文翻譯為「the
Way」是很恰當的。「道」可以用為單數名詞，用來指涉某一個
特定的宇宙秩序或宇宙模式之存在。在這個用法下，「道」可視
為是「真理」或「實在」，也可以被稱作是宇宙法則，大致與後
來宋明理學用以代替「道」的「天理」相同意涵。中文「道」
（道途）和「理」（原則）二字常被結合一起，用以表示「真
理」或「理由」。從整體的宇宙觀來看，宇宙秩序也掌管人文和
人事，因此，「道」亦具有道德內涵，被視為是人文世界中事
物的正確之道。Dao 既是「正道」，就是每個人都應當遵守的正
途，在此意義下，「道」代表人類的最高道德準則。孔子和儒者
都是在這層意義下用「道」一字。最後，道也有「敘述」之意，
這顯出背後的預設是人類語言可以描述事實之所然，而敘述真理
即是對道作描述。早期的儒者將此觀點視為理所當然，但是，老
子在《道德經》開宗明義地表示「道可道，非常道」，可以說是
對這個預設的直接挑戰。我們可以把這種對語言是否真能準確地
描述實在的質疑觀點稱之為「語言懷疑論」。

　　中國哲學的宇宙論另一個重要的觀念是「氣」，而在了解
「氣」的同時，我們也必須把「道」同時併入討論，因為「道」
常被視為是氣化流行的律動或模式（「一陰一陽之謂道」）。

6　衛禮賢的語辭（Wilhelm and Baynes 1977：323）。

「氣」一字在英文裡並沒有適合的翻譯，然而它卻常被翻譯成各種與「氣」相關的英文字：像是「energy」（能量），「vital energy」（朝氣），「pure energy」（純能量），「force」（力氣或力量），「material force」（物質的力量），「spirit」（精氣），「vapor」（霧氣），「air」（空氣）等等。許多學者以「氣」字的部首和結構來說明氣的涵義。[7] 原初「氣」是指米煮熟之後所產生的蒸氣或是氣體（中文字「氣」本身所包含的筆畫就是以米為其要素）。後來此字可以意指營養的氣體或是滋潤的霧氣，兩者都是充盈於天地之間並且生生不息地供養所有的生命體，成為生命的根本來源。基於此，氣的哲學概念進而發展成所有事物的本體基礎。史華慈（Schwartz）認為氣的概念是「中國哲學中最接近西方所謂之物質（matter）的概念」[8]，然而，二者其實大不相同：氣是活化的，而物質卻是缺乏生氣而鈍化的；氣可滲入穿透一切物體，而物質卻是有形的固體；氣是千變萬化的，而物質卻是靜止不動的。中國哲學的宇宙論把氣當作是先於物質而存有——氣聚而成物。因此，萬物皆由氣所構成，而其中所含之氣的純雜度決定萬物存在的不同層次。人類是由最純之氣所構成，而其他層次較低的動物則是由雜質較多的氣所形成。氣本身沒有意志性，所以，宇宙造化不是任何意志創造的結果。氣會壓縮或稀釋，但是氣永遠不會枯竭或耗盡。氣遍布宇宙，換言之，整個宇宙即是氣化之流行，生化永不止息。在中國哲學的宇宙論中，宇宙是由大氣流行所組成，其中並無心靈主宰。大氣滲

7　參考 Schwartz 1985：180，和 Van Norden 2002：26。

8　Schwartz 1985：180.

入宇宙中的一切所有，是以萬事萬物都在這個有機整體內相互關連。

在中國人的觀念中，氣可分為兩屬性：陰和陽。這兩屬性不只在實質上不同，同時也各自有不同的象徵意義。從實質面來看，陰陽相爭又互補。在一方面而言，陰氣與陽氣是兩種相爭或對立的能量，總是此消彼長。由於陰陽合而為一氣之整體，陰消則陽長，陽消則陰長；陰陽的消長持續不斷，使得氣化流行不斷進行，是以變化（「易」）就是氣的常態。在另一方面而言，陰陽彼此互補，萬事萬物都有賴陰陽相調才能存在，在有形的世界中，純陰或純陽是不可能俱足而存在的。我們可以說，陰陽互補正是以陰陽相爭為基礎。萬事萬物會產生變化、成長、衰敗和重生，而這一切都是因為陰陽交爭才造成的。從四季的變化最能看出陰與陽其間的交互作用。這樣看來，即使是對人類看來最沒有價值的事物都不能否定其存在，因為一切都在陰陽消長的循環裡。

陰與陽並非代表單純的善與惡或光明與黑暗的兩極化。以中國宇宙論的觀點，宇宙整體無法分化為兩股敵對勢力，彼此互鬥而以消滅對方為目標。表面上的陰陽相爭實際上也是促成陰陽互補的動力。因此，陰陽彼此相互依存，兩者缺一不可。正有如卜德（Bodde）詮釋下的二元論：

> 所有採取陰陽學說的思想家從不認為陰或陽可以完全取代另一方，因此，此學說與西方學者所熟悉的二元論（光對暗等等）不盡相同。事實上，陰與陽構成了和諧而不均等的宇宙層級，其中陰陽彼此互補，同時也有自己必須運

作的功能。[9]

　　從象徵的層面來看，陰與陽也可以用來比喻世間事物的象徵性質，而不是用來區別事物的實質差異。陰代表世間的陰性事物，陽代表世間的陽性事物。中國人以日為陽，月為陰；以山為陽，湖泊為陰；以火為陽，水為陰；以熱為陽，冷為陰。陽的特性是朝氣蓬勃，積極主動，堅固而強壯；陰的特性是溫柔婉約，包容退讓，順服而被動。凡是和陽相關連的事物即是陽的特性之表徵；反之，凡是和陰相關連的事物即是陰的特性之表徵。

　　上古中國人從對大自然崇拜的原始形式中發展出一種對自然世界的禮讚和情感，這種近乎宗教的精神促使中國人熱衷於宇宙秩序以及所有事物之本體基礎的哲學探討。上古中國哲人將此宇宙秩序和所有事物的本體基礎稱之為「道」，只是各家學派對「道」的詮釋內容不盡相同。上古哲人對於宇宙秩序和本體基礎的探索後來則演變成為中國佛學對「形上佛」之鑽研，以及宋明理學對於「天理」之研究。

中國哲學之首要關懷：人類社會、行為操守，以及人性

　　在以追求人類福祉的宗教精神為基礎之上，中國哲學所關注的重要議題是在於如何治理國政，如何修身養性，以及如何行義等等，唯有如此，人們才不會攪擾宇宙秩序而偏離常道。從一開頭中國哲學就有強烈的人文關懷，而人文主義的思維核心就是

9　Bodde 1953：61.

注重人類社會的最大利益和福祉。人文主義的基礎就是人類本身最好的德性價值和特性，而不是任何超自然的威權上帝所下達的誡命。中國古代先哲所關切的是如何找到做出正確的政治決策，改善社會問題，並且讓自己的行為端正合宜的最好方針，是以，中國哲學的兩大核心領域是社會哲學和倫理學。本書的第一部分會展現先秦哲學家如何致力於界定理想的社會與政治結構，以及對執政者和百姓而言最好的道德規範。同時，由於社會結構、政治方案以及個人行為操守都必須協調宇宙的秩序，所以中國哲學的基礎在於其宇宙論，而有關中國哲學的宇宙論，則沒有比《易經》一書闡述得更為完備的。

　　大致而言，中國哲人不是單純地因知識本身而追求知識。由於他們相信同一個「道」或「理」不只規制了自然對象，同時也掌管人文事務，中國哲人即使研究自然對象也只是當作學道或識理的一種方法。正如葛瑞漢（Graham）所言：

> 從西方的觀點來看，中國的先秦哲學在知識論方面是非常單純的。但是對中國人而言，從現象界的「多」去探求真理的「一」，並非去探求比感官知覺更真實的一種超驗層次，而是去探索隱藏在生命或政治亂象背後的常道，也就是各家學派所宣稱的「聖王之道」。10

　　由於他們致力於對道的追尋，中國哲人雖然也會研究外在世界的事物，但只是著重在理解事物於大自然中的存在模式所遵

10　Graham 1989：223.

循之道德法則，這種對道的熱衷追求，致使中國哲學形成一種道德意義之知識論，這是中國哲學非常獨特之處。

　　另外一個中國哲人普遍關注的議題是了解人的基本人性——人類的原初之存在模式。根據古代中國的宇宙觀，「宇宙其實是自然和諧的，所以善的原理充盈其間，它是人性本善之基礎。」[11] 基本上，中國經典古籍的作者大都預設人性本善，認為人生來就有上天所賦與的道德特質，這樣的觀點在《易經》中更是明顯。在本書的第一部分所討論的先秦哲學家中，有些哲人以「樸真」來描述人性的本來樣貌（像老子和莊子），而有些哲人則以「善之端」來形容人性（尤其像孟子）。當然，也有其他思想家持相反的觀點，像荀子就認為人性本惡。儘管如此，所有古代哲學家都一致認為人性中沒有所謂的「原罪」。生命的產生普遍地被認為是陰與陽的連結，為天地的創生。毫無疑問地，生命本身自有價值。每個人的生命都是得自於陰陽兩種能量的結合，每個人都是有福祉的天地創生之物。

　　整體而言，我們可以說中國哲學之發展源自先哲迫切地想要改善社會問題，並且為人類建立一個更理想世界的意願。中國先哲所關注的不是對柏拉圖式可知而不可達之理念界的追求，他們有現世的關懷，並且以身家天下為己任。中國哲人宣揚宇宙原初的和諧以及人性的本善，企圖藉以證明社會改革之可行。在他們的看法下，任何有效的社會改革都必須建立於在上位者以及百姓的德性更新。因此，中國哲人的使命是教導百姓明白德性的內容以及激勵他們身體力行。每位哲學家都肩負重任，只是有些哲

11　Bodde 1953：39.

人行事風格是積極的，有些哲人則顯得較為消極。

知識分子的系譜以及哲學觀念的傳承

對中國思想家而言，成為一個學派的成員是一件意義重大的事。身為學生就必須尊師重道，尊稱老師為「夫子」（Master。目前英譯為「Confucius」，「Mencius」，「Laozi」，「Mozi」，「Zhuangzi」，和「Hanfeizi」實為中國人所稱呼的「孔子」，「孟子」，「老子」，「墨子」，「莊子」，以及「韓非子」）。師者，所以傳道也，因此，老師被尊為「傳道者」。如果學生違背所學，就會被視為大逆不道。12 因此，中國哲學是建立在傳承和闡明先賢所傳授的學問，而不是（如西方哲學傳統）去挑戰前人而建立新的理論系統。許多中國哲學典籍以「子曰」開展論述，顯然那些著作有可能是學生的上課筆記。即使有些哲學著作部分是出自夫子之手，也常常會與學生獻給老師的作品編纂在一起（如《莊子》）。另外，無論是為了尊師重道或是為了提升自己作品的重要性，有些作者也會假藉上古哲人之名來發表自己的哲學觀點。基於此，中國古代哲學存留著許多著名的著作權之真偽問題。為了探究中國哲學如何從延續前賢的教導以及註解經典來傳承思想理念，實在有必要先了解中國古代教育的學術環境。

---

12 在中國的知識分子之歷史中，當然有許多的「叛徒」。但是，如果有弟子膽敢挑戰老師的學說，他們只能離開學院，再去找對於道的詮釋更具有代表性的人物為師。

　　在中國的思想傳承歷史中最重要的一環便是研讀經典古籍。所研讀的古籍包括《易經》、《詩經》、《書經》、《禮記》，以及《春秋》，即後來歷史中眾所皆知的「五經」。早在孔子的時代，五經就被視為是有關真理與道德最具公信力的發言表述。孔子曾描述自己「述而不作，信而好古」[13]，顯然地，孔子並不認為自己是在發展一套新的哲學系統，而志在傳承傳統的古典思想。孔子在教學時常提及《詩經》，孟子則常引用《書經》以代表真理的闡述。其他的先哲則常引用經典古籍或是孔子和老子的學說來支持自己的論點。但是，這並不是因為中國哲人對自己的觀點沒有信心，而是因為對中國思想者而言，哲學的追求就是去探索「道」的完滿傳承。

　　基本上，中國古代的學童從六歲開始接受私塾教育，幼童們集中在一戶人家，或是集中在老師的私塾中接受經典古籍的傳授。[14] 通常私塾老師上課時只是講授課程內容而很少開放討論。老師被尊稱為「夫子」，這個尊稱強調其至高無上的權威。學生們則被要求熟讀並且背誦教過的經典古籍，如此一來，他們就可以在考試中引經據典，並且在日後的生活學以致用。學生們是否能在學習上融會貫通，要看他們對所學是否可以綜合整理並且闡述清楚，而不是看他們對所學是否有挑戰和進行修改的能力。一旦年輕學子長大成人，他們就可以藉著進入講習的學院，追隨特定的「夫子」學習，進而加入所選擇的哲學門派。即便是在學術

13　《論語‧述而第七》，英譯本 Chan 1963：31。

14　孔子年少時是否接受過私塾教育並不得而知，他曾說其年少也賤，故多能鄙事，也曾說其十又五而志於學。不過，孟子據說早在六歲之時即入私塾讀書。

環境中對較成熟的學生授課，老師也只是講課，學生們也只是記筆記。這種教學傳統持續至今，即便在課堂上偶有問答的教學形式，老師的崇高地位也從未在對答時受到挑戰。根據中國歷史記載，用以徵選公職人員的科舉考試也很注重經典古籍，考題多半援引自經典古籍，而考生必須能對此寫出一篇精采的論說文。我們可以了解在如此的教育環境下，學生不只是會對老師本人，並且也會對老師所傳授的內容感到敬畏。權威式的教育是常例，而遵循傳統是可稱許的作為。學術中一些偏離傳統的說法和詮釋或許可以被視為新奇的智巧，但是也有被視為根本誤解經典原意之危險。如此一來，中國哲學從一開始就傾向於對道統的尊重與維護。[15] 當然，這不表示中國哲學只有一條理路線索可循。在歷史上每一時期，中國哲學都出現相互競爭的各家學派。以先秦時期為例，就有許多眾所皆知的學派稱之為「百家」，而在這些學派之間存有許多有趣的哲學辯論，彼此也交流各自不同的見解。在中國思想領域裡的儒墨之辯，儒道之別，儒佛之爭就是中國思想史上存在許多歧異觀點的最佳例證。

　　由孔子首開先例，謙虛地表示自己只傳承先賢的思想而不是撰寫著作和創發個人的理念，中國古哲都很少會藉由著作來建立自己的學術名聲。中國哲學缺乏有系統性的著作，主要原因就是哲學家沒興趣以建立屬於個人的學說來滿足自己的求知欲望。就像西方同期的哲學家（蘇格拉底、柏拉圖等），中國古哲也都致力於探索及護衛真理，不過他們所認定的真理是有濟世益民之

15　在中國的知識史中的確出現過多次對舊潮流的顛覆事件，不過這些對現有學說和學派的反撲或推翻都要醞釀好幾百年的時間才得以發展成形。

功的。中國一直到西元後一世紀才發明造紙，在此之前，書籍都是先刻在竹簡然後用繩索編纂成冊。因此，著書立說對中國古哲的濟世志向而言實在是太費工時，遠不及直接去說服他人而立刻實現社會改革。許多哲人的弟子善於直接投入政治或社會改革的行動，而有些弟子則善於紀錄夫子的講學內容。在我們閱讀先秦哲學著作時，一定要了解這種分工合作的文化背景。舉例來說，在本書中提及的孔子或孟子是指文本思想之原創者，而不是指文本的作者。再者，由於他們的哲學思想是被不同的弟子紀錄在不同的前後情境中，所以看起來並無一致性的系統。想要了解中國哲學之前，讀者必須要有能力在這些看來枝節零碎的陳述之中去發掘出論點的思想主軸。

中國古代哲學

中國古代哲學概論

　　所謂「中國古代哲學」在歷史上可分為兩大時期，大致始於周朝全盛期（約西元前1122？-前256）開始式微之時。當周朝王室在中原逐漸失去穩固的地位時，隨即遷都並遠離行政的地理中心，此時許多諸侯國爭相林立，宛如是擁有主權的獨立國家。起初這些諸侯國表面上還能和平共處，但是暗地裡卻各自擴張兵力，爭相希望成為周朝最強盛的國家，這時期即是所謂的「春秋時期」（西元前722-前481）。中國此時由五個強國分別掌控勢力，即是眾所周知的「春秋五霸」，然而，最終一些較強盛的諸侯國連表面的和平共處也不願維持，於是開始競爭兵力，爭相兼併領土，就此展開所謂的「戰國時期」（西元前480-前222）。

　　其實春秋時期的政治局勢就已經是暗潮洶湧，各種跡象顯示混亂的局面一觸即發，整個中國瀰漫著動盪不安的氣氛。到了戰國時期，諸侯國之間或是以保護附庸國為名，或是以收復故土為名，更是彼此不斷地發動戰爭，最後勝出的七個國家即是所謂的「戰國七雄」，他們不再尊崇已式微的周朝王室為天子，而且認為自己與周朝君王同等地位。當時諸侯國之間祭出所謂合縱或連橫等詭譎殘酷的外交手段，總是彼此詐欺而且爭強鬥狠，即

使民不聊生也不善罷甘休。期間中國一直處於政治動亂，最後才由秦國發動腥風血雨的戰爭完成了中國的首次統一（西元前221）。在春秋和戰國期間，中國普遍生民塗炭，百姓長期受到死亡和饑荒的威脅，並且身家財產隨時都會被剝奪。而中國古代哲學就在如此艱困的政治和社會環境中崛起。當時許多哲學家為解決社會和政治問題而提出許多不同的哲學理念，這些理念的派別即所謂的「諸子百家」。本書的第一部分所討論的春秋時期的哲學家包含孔子以及傳說中的老子，而屬於戰國時期的哲學家則包含孟子、荀子、墨子、莊子以及韓非子。

儒家的理想是努力重新建立社會秩序，進以恢復全中國的和平和穩定。而孔子及其門生畢生所堅持的理念就是：如果居上位者可以做好修身齊家的私德，以身作則成為人民的表率，那麼人民就會群起效法，也會做好修身齊家的個人本分。如此一來，無論天下的大小問題都可以得到化解。儒家的理念也許過於簡化和樂觀，但是這樣的政治理念有其完備的社會哲學作為基礎。儒家理想的社會形式是以家庭為基本單位，社會秩序的基礎就建立在家庭的秩序上。正如卜德（Bodde）所陳述的：

　　對中國人而言，社會包含無數的小單位作為成員（例如：家庭、村莊、公會等等），而這些小單位是由各種智能和體能都不同的個人所組成。那麼，社會整體的福祉就仰賴每個小單位裡的個人都能和睦相處，互相合作。也就是說，無論是高階層或是低階層的人都有在其本位應盡的社會責任，人人大展所長，盡力發揮他個人的才華和能力

以符合社會的期待。[1]

在儒家的觀念裡，社會就像是「一個被放大的家庭，其中的成員雖然社會階級和功能都不盡相同，但是都會為了大眾的共同利益而和睦相處，並且工作融洽」[2]。儘管如此，儒家並不想建立一個彼此都宛如兄弟姊妹的社會主義共和國。儒家的倫理價值非常重視自然的家庭倫理，並且強調親疏遠近的人倫關係——人最關愛的永遠是自己的家人。

儒家對於社會改革之議題主張從執政者做起，而孔子及其門生畢生的時間大都在周遊列國，他們衷心希望能藉此找到願意採納其道德政治理念的君王。儒家的理想君王必須具備完美的德性（即具有聖賢之德），因為其內在的德性自然會彰顯於外而成為完美的執政者。代表儒家政治理念的經典格言就是「內聖外王」。《大學》是儒家最具代表性的政治哲學經典[3]，它主張居上位者應當遵守的三大綱目：在明明德，在「親民」[4]（即愛護百姓，或『新民』，亦即教育百姓），在止於至善。儒家將道德

1　卜德（Bodde）舉例說：「執政者施行仁政，臣子忠誠建言，農人辛勤生產，工匠精於手藝，商人誠實買賣。」（Bodde 1953：46-47）

2　Bodde 1953：46-47.

3　《大學》原是《禮記》的一個篇章，原作者不詳。宋代理學家朱熹把《大學》和《禮記》的另一個篇章《中庸》獨立出來，並且與《論語》、《孟子》一起集結為「四書」。自此之後「四書」就被視為儒家最重要的經典。

4　此詞在傳統學者中有兩種讀本。有人說是「親」，意指靠近或是關懷，有人認為文本有誤，這裡應該是「新」字，意指更新。在前種解讀下，君王的職責在於愛護百姓；在後種解讀下，君王的職責在於對百姓的教育以及道德轉化。

理念和政治理念合而為一，所以，孔子常以上古的聖王堯與舜作為理想君王的典範。傳說這些上古的聖王在原始時代開啟文明，他們教導百姓語言和德行，並且傳授他們在原始社會中的生存法則。儒家提倡的政治理念是只要當代執政者能以古聖先賢為典範，那麼世界的亂象就可以平息。《大學》提出實現天下太平的八條綱目是格物、致知、誠意、正心、修身、齊家、治國、平天下。儒家的道德政治理念以個人的修身比喻為大樹的根基，「其本亂而末治者，否矣」[5]。反過來說，只要這株樹的根部疏理得當，那麼其枝幹就可以生長成參天大樹。同理可證，每個人的品德發展自然會導正全世界的道德風氣。

　　這樣一個世界性的改革聽來有如神話。不過，在其政治哲學方面，儒家也進一步為百姓的德性提升提供了具體的實踐方法。首先，對廣大的庶民群眾而言，他們最關心的就是民生問題，總是希望日常生活可以無憂無慮，不需要為物質的生活煩惱。一旦百姓遭遇五穀歉收或家人性命不保，此時必然無法教導他們修身養性。有鑑於此，孟子曾多次向君王建議土地輪耕以利農地的活化，並且建議增加農業的勞動人口以利農業的產值。對民生造成最大的威脅就是長期戰爭，壯丁一旦入伍從征，往往死於戰場，最後只剩下老弱婦孺參與農事。在戰國時期，老贏轉於溝壑是常見的景象，而周遭的人甚至無力幫忙安葬掩埋。有鑑於此，儒家極力反對君王為擴權奪地而發動戰爭，唯有為了解鄰國百姓水深火熱之苦所發動的戰爭才是正義之戰。儒家的首要關切是老百姓的生活，而這種人道的關懷不受封國國界所限。由於儒

5　《大學》，英譯本 Chan 1963：87。

者的惻隱之心擴及全中國百姓，他們很清楚唯有先解決百姓的民生問題，才有可能進行對他們的道德改造或精神提升。

　　儒家為教化大眾百姓提出兩項提升文化的主軸：禮、樂。「禮」包括特殊場合的儀文禮節以及日常生活的進退法則以婚喪喜慶為例，儀式進行中有各種必須遵守的行為準則，從儀式的長短，禮服的適宜性，參與者的出場次序，合適食物的準備以及祭典的牲品等等，一概俱全。另外儒家也重視守喪期的制定，從國君、至親或是遠房親戚的守喪期都區分等級。在日常生活中，儒家也要求應有的行為準則，像是：如何尊稱自己家中或是街坊鄰居的長輩，男女有別的應對方式，以及在不同的公共場合中如何行為舉止等等。在這些社會約束的規範下，個人在任何人際關係和社會背景中都力期舉止合宜，知所進退。典型的理想人格就是已經把自己內在的自然傾向與社會規範融合為一，而不再需要藉由外在的約束來管束自己。他們已經完全適應社會的規範，是以無論在何種環境中，他們的行為舉止都會自然地合宜中度。在儒家的理念中，行禮如儀的最終價值不是在於禮是社會管束之方案，而是在於禮是明辨人之異於禽獸的區別所在。人類社會之所以可能成立，正是因為人有遵守禮儀的能力。如果沒有一種合禮感，我們都只會遵從動物的本能，而最後只會讓彼此走向毀滅的深淵。禮儀的存在使得我們對任何情境或對任何人都能展現出恭敬的行為態度。每個人都能依禮行事，久而久之，大家都能耳濡目染，社會也就因為人們的合禮互動而改變文明風氣。因此，「禮」對於文明社會的重要性是不可言喻的。

　　「禮」可以從外在改變一個人，然而「樂」卻具有從內在改變人的力量。「樂」包括詩詞的吟誦以及樂器的演奏，而中文

字「樂」包含了音樂和喜悅兩種意思，它們各自有不同的發音。從字面上就大略可知樂可以表達喜悅的情緒，並且可以帶給聽者愉悅的感受。更進一步來說，孔子認為音樂可以調整個人情緒，中和個人情感。孔子的一個得意門生曾出任掌管城邑，而他讓整座城邑彈奏絃歌雅樂長達三個月。一旦百姓可以生活在音樂裡，人們就不會爭強鬥狠，憤怒仇視，忌妒貪婪；他們的心靈可以得到撫慰而對外在環境自在自如。然而，並不是所有音樂都可以達到此效果。孔子認為有些音樂可以安撫人心，有些則會令聽者焦躁不安。對於中國古老的傳統音樂，我們能了解的很有限，只能藉由各種描述大概得知它們都有和諧的韻律。「和諧」是指各種元素都達到平衡的狀態，它可以應用於音樂，也可以應用於內心的領域。另一部重要的儒家經典著作《中庸》[6]描述「喜怒哀樂之未發，謂之中；發而皆中節，謂之和」[7]。這句話也代表古代中國音樂界的共同看法，認為音樂可以反映個人的內心狀態。中國歷史中有許多關於音樂的著名故事，描述有本領的聽者如何可以藉由聽樂聲而察覺到演奏者的心境——有些高尚優雅，有些則激動凶暴。和諧的音樂可以表達作曲者和演奏者的中和情緒，同時，這樣的樂聲也可以調節聽者未發的情緒而逐漸安穩他們的脾性。如果全國上下都可以藉由和諧的音樂修身養性，那麼自然而然地，所有的人民都會成為脾性良好的公民。

　　整體而言，儒家學說作為一種道德哲學就是一種理想人格

6　《中庸》是《禮記》中的一個篇章，傳統看法認為是孔子的孫子子思所作，但是當代學者一般推翻此說法，認為《中庸》的成書年代更晚些，約是西元前 200 年。

7　《中庸》，英譯本 Chan 1963：98。

的哲學。在儒家所規劃的社會結構藍圖中，人與人之間存有道德層次的區別：最高層的是德性完滿者（聖賢），其次是具有高超品格之人（君子），再其次是顧小利的一般人（小人），最下級的是品格卑劣之人（暴君和惡棍）。儒家的最終目標是「己欲立而立人，己欲達而達人」，而能完成這項宗旨的最基本德性即是「仁」。「仁」可以說是儒家倫理學中最核心的德性。儒家所標榜的生命理想是時時刻刻都能自我提升；以孔子的標準來看，君子「無終食之間」違仁。《中庸》描寫君子的人格是能「慎獨」自處，絕不會縱容自己因獨處就無所事事或胡思亂想。因為貌由心生，內有所思，必然會呈現於其容貌舉止。一個人外在的表現反映其內在的涵養，而其內在的自我也總是會真實地呈現於外。然而，人要自我改進不是為了外在的表現，而是為了內在的自我。儒家門生每日三省吾身，為人謀而不忠乎？與朋友交而不信乎？傳不習乎？所謂的儒者，即是時時警惕於自我修養與自我省察之人。

古代哲學的第二個主要學派是墨子所創立的墨家，其學說是藉著徹底改變個人的思維模式去推動道德的社會改革。墨家主張「兼相愛，交相利」。墨子不否認人本性會有私愛之傾向，尤其特別偏愛對自己以及對家人有利的。然而，墨子認為戰國時期之所以在政治和社會方面有重重的問題，就是根源於這種私愛的思考模式。因此，墨子提倡兼愛。墨家的學說完全不贊同儒家以家庭關係為基礎所建立的社會。墨子相信若要完全停止社會的亂象，首先就要放棄家庭的親疏關係，並且捨棄自我本位和自私自利的思維模式。墨子認為人們常常以對家庭的愛以及對家庭的忠誠為名，做出許多危害社會和國家的事情。事實上，我們應當只

擁有一種忠誠的形式——即對所有人類的忠誠。我們所做的任何事情都必須是為全體人類謀福祉。然而唯有當每個人都確實如此思想行動，這個普世主義的價值觀才可能實現。因此，墨子畢生的目標就是重新教育普羅大眾，希望他們能接受全新的思維方式。

　　為了要提倡兼愛、互利之說，墨子推出「天意」的觀念來支持他的教義。是以他將中國古代哲學的理性論述再次注入了宗教情感。他宣稱上天下令讓眾人兼相愛、交相利，而反天意者必受天懲。他從歷史上舉證歷歷，來辯證違逆天意者都會慘遭嚴厲的懲罰。墨子的宗教哲學其實是一種實用性的策略，用來推廣他的理念。他好像是要「嚇」群眾來追隨墨家的教義。對於墨子而言，如果讓執政者相信有一個具意志力的「天」高高在上，而且讓人民相信可畏的鬼神存在，這會比他們不相信天意和鬼神對世界更為有利，因此，墨子認為應當啟發人民的宗教意識。

　　墨家看重的是實際的層面。墨子反對儒家的禮樂制度，認為那只會流於形式，根本不具實效。以儒家的守喪期為例，墨子認為若是青年壯丁必須離開職守到父親的墳前守喪，那麼他只會在墳旁日漸憔悴，其間根本無法從事任何工作。墨子也攻擊音樂，認為那只會浪費人力資源，因為花用在學習、演奏和欣賞音樂的時間，還不如用在農耕、紡織以及行政管理。墨子認為一個消費簡樸的社會在其中人人都能在物質生活上自給自足，遠比一個文化層級分明的社會，在其中部分人是勞動階級，而部分人卻有錢有閒去享受藝文表演，要好得多。在原則上，墨家譴責奢侈浪費的行為，但是任何超越生活的基本需求都被他看作是奢侈浪費的。因此，墨子提倡衣著只須禦寒，食物只須充飢。他想要建

立的是一個樸實無華，無矯飾，無繁文縟節，以及不奢侈浪費的
理想社會。

　　相較於儒家和墨家之主張全體化的社會改革，第三個主要
學派道家則以寄託在個人的解脫為主旨。對道家而言，最重要的
事就是個人的精神提升。上古的道者看到當時的世界已經崩壞而
且根本無從拯救起，所以寧可隱姓埋名作一名隱士，不願洩漏自
己的知識與才能，而且常常喬裝成樵夫或漁夫之類的平民百姓。
與孔子同時代的隱士經常嘲笑孔子，認為他努力宣揚理想世界根
本是徒勞無功，白忙一場。他們認為既然當時的局勢已無法挽
回，唯有獨善其身並與世隔絕才是保身之道。道家始祖老子的政
治理念不是建立在孔子理想中的古代先聖，而是追溯至史前的原
始社會。基本上，老子的政治理念很明顯的是反社會，反知識，
並且反文明。在老子的理想國中，人與人老死不相往來，也無需
以物易物，人民生活簡樸並且遺世獨立。從以上的描述，我們可
以想見道家出自於一種逃避現實的心態，是對現世紛擾的排斥。
然而，道家也有其積極的層面，可以將人類從尋求真自由的過程
中帶至更高的精神領域。道家教導人忘記世俗的名利與繁華而追
求內在的寧靜祥和。在道家的理念下，人們可以彼此相忘於江
湖，從而逍遙遊於彼岸的世界；如此人們就可以從周遭環境的枷
鎖中解放出來。

　　由於道家子弟不希望被當時的現實環境所束縛，所以求道
者大都對抽象的哲學思考更感興趣。老子所探討的哲學主題包括
「道」的本質以及宇宙的根源。他認為「道」本身就是一切生命
形式的根源和一切存在之整體。「道」先於天和地，它是「非存
有」，而一切的存有從之而來，然而這一切並非「道」的創生。

萬事萬物都自然而然地遵循「道」的法則，同時，在萬物生成並存之後，「道」也不會因此而消失。「道」永恆常存，並且包羅萬有。「道」為而不恃，長而不宰，不會因為有功而居位。「道」基本上不能經由人類概念的描述來理解，因為我們一旦給予「道」名稱，便是將它納入我們思維的框架。道無言，幽微寂靜，所以我們甚至不該討論道為何物。我們亦當無言。

　　莊子遵循老子對語言以及人類概念系統的懷疑立場，而集中在對語言的本質以及語言與真實世界的對應性進行哲學的檢證。莊子並不想闡述「道」的本質，而著重在說明語言的有限性以及人類對概念的偏執。莊子指出當時的哲學家都互相爭辯著自己的哲學觀點才是真理，然而沒有任何客觀的方法可以平息彼此的爭辯；因為，若是有人判斷在兩方的爭辯有一方勝出，這立刻就會產生第三方的觀點而加入辯論的戰局。我們總是以為自己的觀點才是對的，而別人的觀點是錯的。但是從道的觀點來看，世上的任何觀點所呈現的都只是部分的真理。是以，沒有任何自己宣稱的真理會是真正的真理。吾人若是能明白此道理為真理，就會終止所有口頭的爭辯。莊子解釋「道」本身無關乎對或錯，我們若是執著在對與錯的區別，就只會偏離道本身。事實上，道無窮，而語言亦無極。

　　道家的生命哲學是順其自然，不任意干預，人為的介入是不可取的，因為任何行動就是反自然的活動。如果我們採取行動去改變現狀，就表示我們不願意接受事物的本來樣貌。即使我們採取行動是為了去維持事物的某種狀態，也表示我們拒絕接受沒有我們的干預，事物還是會照其最自然的情況發展。以此觀點應用在政治哲學上，自然會衍生出「無為而治」的學說。老子認為

最好的統治者不會干預人民的事務，人民甚至不會察覺他的存在，這是「見素抱樸，少私寡欲」之上位者才能達到的境界。如果居上位者能完全做到無為而治，不去改善物質生活，不去提高社會財富，不任賢能，甚至不提倡德性，那麼萬事萬物都將自然有序，各守其位。

對道家而言，不管是儒家的社會改革方案還是墨家的心性改革計畫，都是擾亂了道本身的自然流動和開展。道家並不接受儒家和墨家所彰顯的人文精神，而認為無論任何有生命或無生命的存在物，都如人類一樣是宇宙的一部分，如果只看重人文事態，就會違反「道」對待所有的事物都是公正不倚的精神。道家的「一視同仁」原則更過於墨家的兼愛原則，因為道家從「道」的觀點看所有的事物都具有相同的價值。不過，道家不會推崇墨家的兼愛情操，也不要求我們對所有生物都給予同等的「愛」。事實上，道家所提倡的是一種從各種愛的情愫中抽離出來理性疏離，教導我們所執愛的對象其實只是整個道化過程中之短暫的一小階段。莊子在妻子死後並沒有哀痛欲絕，反而鼓盆而歌，為了妻子的形體變化而欣喜，因為形體的自然變化正是回歸與「道」合一。以這個觀點，道家啟示我們應該看淡生命之悲喜，超越喜生懼死。如果我們真能擁有如此的心態，就會解脫煩惱，從而逍遙自在。

對於儒家意圖以道德轉化居上位者以及平民百姓的方案，道家認為那些主張和方法都是等而下之。老子和莊子都認為善惡的分辨是由於「道」的衰落才會造成。莊子以大宗師相濡以沫的寓言告訴世人，魚兒若在陸地上相處，就只能相濡以沫，但是若能優游於水裡，則可以相忘於江湖。同樣地，當儒家發現人們需

要修身養性之時，這就表示人們的生活已經偏離「道」了。為什麼不讓魚兒回歸到汪洋大海？為什麼不讓人們重返回到原初「相忘於道」的狀態？

若要返回至「道」的原初狀態，就應該少私寡欲，而少私寡欲，就必須排拒任何價值區分。在這一方面，道家和墨家的立場相近，兩者都反對物質的財產以及精緻的文化活動。老子認為感官是使人心墮落的罪魁禍首。當我們耽溺於感官的享樂時，只會欲求不盡，而簡樸的事物就無法再滿足我們的感官知覺了。老子說：「罪莫大於可欲；禍莫大於不知足；咎莫大於欲得。」[8]對老子來說，人存在的最理想狀態便是回到嬰兒時期，宛如赤子尚未學得感官的享樂。同理可證，最理想的社會型態就是返回至最原始的形式，人們居其間並不知道何者才具備價值，何者才值得珍惜，何者才應該追求。無知是「福」，這才是道家的真義。

最後要討論的第四大學派是韓非子所創立的法家，它沿襲了墨家的思想，但是削減了其中的理想色彩。韓非子認為墨子的實用主義精神不足，因為其所提倡的兼愛理念完全不能落實。韓非子認為要真正實現墨子心中的理想世界，所需要的不是愛的理念，而是嚴刑峻罰。韓非子相信酷刑可以使人服從，而溺愛只會帶來寵慣惡行。韓非子憑經驗觀察，指出在嚴屬的家庭裡，即使奴僕亦不敢違逆；但是在很有愛心的家庭裡，小孩經常是被寵壞到無法無天的地步。韓非子也批判儒家的道德政治理想，他認為執政者的德性和仁慈並不能終止社會的動盪不安，但是，令人生畏的權力卻可以阻止暴力並且維持社會秩序。因此，韓非子認定

8　《道德經》四十六章。

執政者應當講求嚴刑峻罰而不是愛護百姓，應當貫徹法令的執行而不是推廣德性。

　　不像其他的學派推崇古代或原始的社會型態，韓非子講究的是如何現代化。他認為過去的成例和當代並沒有什麼關連。無論古代的聖賢有多麼完美，他們都沒有足夠的能力治理當時的社會。時代已經改變，政策亦當跟隨時代改變。韓非子為統治者提供許多實際的政治手段，其中「賞」與「罰」被稱為是主權所有的「二柄」。韓非子有一觀點與墨子相同，認為人民都是很容易受賞罰的激勵和操控，所不同的是韓非子的終極權威不是來自於無形的上天之意志，而是來自於統治者本身的實際意志。在他的看法下，統治者不必受上天的監督，因為統治者實等同於天的地位。

　　墨子和韓非子都一致認為人的自私自利是本性，只是墨子試圖改變人性，而韓非子卻以人性的自私自利為基礎來建立了一套實用的政治模式。如果人本性就是以自我為中心，那麼人人都只會去做對自己最有利的事，而百姓的私利幾乎永遠是與國家和統治者的利益衝突的。韓非子不認為人有足夠的理性去長遠考慮自己的私利其實是建立在社會的公益之上，他也不認為有必要去教育老百姓。如果人類天生就是自私自利的，那麼即使有像孔子那樣的教化典範，其成果仍然很有限。韓非子認為要想全盤實現儒家和墨家所宣揚的政治改革理想，唯有透過法家才能勝任。

　　以上的導論大致陳述了中國古代哲學四大學派的理念異同。而儒家以其道德政治學、道德家庭和修身養性的哲學理念，成為塑照中國文化之主要意識形態。幾千年來，儒家主宰了中國知識分子以及社會大眾的思維和行為模式，建立並且維繫了中國

人的家庭關係以及社會結構。至於道家則是以精神的超脫和致虛守靜的學說，為中國知識分子在內心深處找到了一處理想之鄉。傳統中國文人的處事態度有個精言：「入世為儒，出世為道。」是以，中國儒道二家可以視為中國文化以及中國精神中陽與陰的互補互成。至於法家講求的是實用性的帝王之術，它後來成為中國君主最喜愛的學說。在中國歷史中，法家影響了中國的政治結構，並且有助於中國政權的鞏固。墨家雖然在當時兩三百年內極具影響力，但是後來隨同其他的百家學說從知識分子的文化舞臺淡出了。雖然中國古代時期的各家各派有不同的理論走向，但是他們都有對現世的關懷，以天下為己任。每位哲學家的提案或是對現世的社會以及政治問題提出解決之方，或是建議逃避之法。這些哲學家都不以追求超脫的彼岸世界為他們的思想大計，因此，中國哲學基本上是一種屬於現世關懷的實在主義哲學。

第一章

易經：中國哲學的宇宙論基礎

概論

　　《易經》（英文通常譯為 the Book of Change(s)）是中國哲學史最重要的經典，其不僅為中國宇宙論的根源，亦是整個中國文化的基礎，中國主要的兩個學派，儒家與道家，皆從中汲取宇宙論及道德思想。因此《易經》被形容是「原始儒家與原始道家思想的獨特融合」[1]。《易經》深入中國人心，中國人無論是否曾接受過哲學訓練，都自然而然以《易經》描繪的方式看待世界——一個充滿可能性和決定性的世界，一個由陰陽支配但透過人的努力可以改變的世界。歷史學家們仍然持續爭議《易經》成書的確切時間，因此我們無法確切將整部《易經》看作是先於孔子或後於孔子的文本。不過，孔子曾提及「易」，而且在傳統上

1　Fleming 1993b：133.

他被認為是早期幾篇卦辭的作者。從哲學角度上，我們亦可看到先秦儒家如何奠基於《易經》所提出的宇宙論。這就是為何我們以《易經》作為本書的開卷首章。

　　目前流傳的《易經》包括核心經文及合稱為《十翼》2 的十篇注釋。核心文本的建構跨越一千五百年（西元前 2000-前500年）。在最初階段形成有八卦圖，每一組圖象由三爻卦，或斷裂線「- -」或實線「—」所構成，實線代表陽，斷裂線代表陰。傳聞《易經》最早的形式是西元前兩千年神話中的伏羲大帝所創，這些卦符代表八種大自然的基本元素：天、地、水、火、風、雷、山、澤，描述如何從陰陽二元形成自然的基本元素，八卦如下：

乾	坤	震	坎	艮	巽	離	兌
（天）	（地）	（雷）	（水）	（山）	（風）	（火）	（澤）

　　在自然表徵的層面上，八卦所代表的是八個基本自然現象，不過它們也在象徵意義的層面上代表其他許多關係。例如《十翼》之一的〈說卦〉提到，與八卦連結的現象包含子女、季

2　《十翼》包括：1〈彖上傳〉；2〈彖下傳〉；3〈象上傳〉；4〈象下傳〉；5〈繫辭上傳〉；6〈繫辭下傳〉；7〈文言傳〉；8〈序卦傳〉；9〈說卦傳〉；10〈雜卦傳〉。傳統中國的觀點認為《十翼》前七篇是《易經》核心內容，標準《易經》中文文本通常在六十四卦的每一卦經文，附上〈彖上下傳〉對經文的解釋及〈象上下傳〉概念。參照 Wilhelm and Baynes 1977：255-261。

節、方位、色彩以及各種動物等等。儘管後世有許多學者嘗試做不同解讀，但是這些連結背後確切的原因已經佚失。不過我們至少應當理解八卦不是僅僅為特定的自然象徵而已。依據衛禮賢（Wilhelm）的詮釋，八卦進一步描述宇宙持續變化的過程：

> 八卦被設想為所有天地之間發生的意象，同時，它們也被視為處於不斷轉變的狀態──一種狀態轉化為另一種狀態，就如同在物理世界中一個現象轉變成另一個現象持續發生一樣。這就是《易經》作為「變易之書」的基礎概念。八卦代表變化過渡期的象徵符號，它們是持續進行變化的意象。我們關注的重點不在事物存在的狀態，而是在變化中的移動。因此八卦所描述的不是事物的如實狀態，而是事物的變動傾向。[3]

此一詮釋對我們深究整部《易經》的結構甚有啟發。如果八卦所代表的並非是靜態而是變化的動態潛能，那麼八卦的涵義就不可以固著於任何特定的自然現象。這是一種關於恆常流動的宇宙論，是種變易的哲學，而這樣的宇宙論早在八卦的構圖中就已經存在。

《易經》第二階段的發展為八卦兩兩相重組合為六十四卦（亦即六爻卦）時期。中國正史記載約西元前1150年周文王造六十四卦，傳統上認為文王或是其子周公（卒於西元前1094）對每個卦作出簡要判斷的卦辭，以及解釋卦中每一爻含意的爻辭。

3　Wilhelm and Baynes 1977：1.

於此階段，《易經》開始以生命哲學的樣貌出現，而不再僅是一本卜筮之書。整個卦或其中單獨一爻所象徵的每種狀況都代表生命的一個道德情境。卦辭內容經常言及「君子」，描述他在既有處境中可有的選擇及隨後可能的後果。我們或許可說《易經》的道德哲學即在此時開展出來。

　　《易經》成書發展的第三階段據稱來自孔子，他對文王卦辭加以注釋形成〈彖傳〉。〈彖傳〉將《易經》古本從神秘的占卜性質進一步轉化為對人生各種生命情境的哲學闡述。〈彖傳〉不僅分析卦爻所象徵的各種情境，而且討論個人在這些情境中所具有的道德義務。《易經》內容另一項重要的增添是〈象傳〉。總論每一卦的象稱為〈大象〉，分論卦之六爻的象為〈小象〉。這些注釋從上下兩個三爻卦組成的卦象推演道德意義，充分發展出大自然具有道德屬性或者是各種道德屬性之象徵的意味。〈彖傳〉和〈象傳〉被認為是孔子及早期追隨者所作，或至少被視為儒家思想早期發展的代表。

　　《易經》除了卦辭、〈彖傳〉及〈象傳〉，更加入其他補充註解，合起來總稱為《十翼》，其中最重要的可能是專門解說乾坤二卦的〈文言傳〉。因其內容文字近於儒家觀點，故傳統上認為作者是孔子。但〈文言傳〉中提及孔子時，如同《論語》稱之為「子」，所以很可能是弟子紀錄或是稍後的儒家學者們所作。《十翼》其餘幾篇可能晚至漢代（西元前 206 至西元 220 年）才附加於《易經》。在這些較晚的幾篇當中，〈繫辭傳〉最為宋明理學家所重視。〈繫辭傳〉分為上、下兩傳，廣泛涵蓋許多主題，包括《易經》的性質、占卜的方法、先聖的社會改造，以及人類文明的歷史等，可視為宋明理學最重要的哲學基礎之

一。

　　最終《易經》之成書包括六十四卦及《十翼》。整部經書富含形上學及倫理學的象徵意義。據說世上所有事態皆可以由這六十四卦來代表。在理論上《易經》給中國哲學提供了宏觀的宇宙論基礎，而在實用上《易經》常被用於占卜問事，對於個人面臨特殊處境時如何趨吉避凶給予忠告，因此可稱為實用智慧指南。今日許多尋求愛情、事業、仕途、人際關係或個人內在修為指引的人，常求助於《易經》指點迷津。西方世界盛行整頓個人生活以及布置居家環境藝術的風水學，也以《易經》作其理論基礎。本章是從哲學角度來探討《易經》。雖然《易經》是由多位作者合力完成，但後期增加的註解仍立基於早期的內容，所以總體而言《易經》的內容並無明顯出入。因此，我們的分析將視之為完整的文本，而不會分割成不同歷史片段。

易：變動不居的宇宙

　　「易」指變易和易簡，「經」為經典。關於書名來源一說：比起早先的朝代以龜甲占卜，《易》的占卜方法更為簡易，故名之為「易」。但傳統中國學者較常採用「變易」來詮釋「易」，所指的是陰陽之間的交替。既然陰陽不停變動，沒有任何事物可永遠保持原來的樣貌。此亦本書所採取的解釋，依此意涵《易經》英文譯為 the Book of Change 相當適切；這是一本關於宇宙和人類世界的書，由於宇宙持續變化，因此每個事態都帶有轉化成另一種事態的因子。

　　會發展出一種易的哲學背後的理論動機是把宇宙的基本元

素看作是氣，而不是原子或物質。物質具有時空的穩定性，但在氣的流動中看不到這種穩定性。氣象圖的大氣層中持續的變化可以用來例證氣的流動。如果整體宇宙連同其中的萬物皆由氣所構成，那麼變易不過是事物的常態。萬物並非孤立分化為各有其空間局限的物體——始於原子聚合而終於原子分解。取而代之的觀點是每個物體都被視為一個變化的過程，以氣的凝聚為物之始，以氣之消散為物之終。每一個凝聚與消散的過程也都是陰和陽的持續交替。因此，沒有任何事物被賦予固定的性質。萬事萬物皆不斷成長、變化、成熟及消亡，這就是宇宙的自然過程。

　　在《易經》中，這種易的宇宙論也運用在人事情境上。卦圖構造的一個重要特性是每個卦所描繪的是從最底層的初爻，向最上層的上爻做進行的運動或發展。六爻所描畫的是各種變動之幾，因此稱為「爻」，如〈繫辭上〉記載：「爻者，言乎變易者也。」爻辭對每一爻所做的解釋是描述當下在時間中凍結之「幾」，在此時機之後的發展可以多方位，由當事人在當下所採取的行動來決定。根據〈繫辭傳〉的解釋，每一卦從初爻至上爻所描繪的是事態從最初源起到最後發展階段中間的因果關係。每一卦的初爻描述事態的初始狀態，而在上的第六爻則描述事態按照自然過程發展的終極狀態。是以，〈繫辭下〉云：「其初難知，其上易知，本末也，初辭擬之，卒成之終。」[4] 在這樣的理解下，六十四卦即是展現六十四種因果關係的過程，每一卦的六個爻各自代表因果發展的一個暫時階段；因此，至少有三百八十四種可能的變化轉機。在每一種既定情境下，一個人所

4　〈繫辭下傳〉第九章，英譯本 Wilhelm and Baynes 1977：350。

做的決定、所採取的行動，或甚至是所選擇的態度，都可能會影響事態的進一步發展。

占卜的方法也以易與不易作為基本要素。無論使用銅錢或蓍草的方法5，每占一爻會得出四種可能的數字：六、七、八、九。六和八代表陰，但前者為老陰，後者為少陰，陰變「老」則必然變為陽。七和九這一對也同此理：九代表老陽並且顯示即將轉變為陰。不過在每個爻的爻辭內只以六表示陰而九代表陽，因此每則爻辭所說明的是在變化之前的瞬間，意指事物短暫的狀態，衛禮賢（Wilhelm）解釋說：

> 每個六爻卦可說是代表著世界上的實際狀況，以及在這些情況中象徵光明的天（陽）與象徵黑暗的地（陰）之不同組合。不過，在每一個卦象裡，個別的爻總是可能變化而形成另一個組合，就如同世界的狀態持續變化且重建，所以從每個卦又生起新的卦。對每個卦我們所要觀察的是各爻的變動過程，而任何爻的變易就會形成一個新的卦。6

當這種觀點應用在所有人生情境，《易經》所教導我們的是我們需要根據與環境不斷互動的關係來調整自己的行為。即使我們不改變，其他的人事物仍持續改變。因此，適應改變遠勝於無知的堅持。我們周遭會改變的事物包括自身當前的處境、目前

5　占卜方法較詳盡的解釋可參考各種《易經》實用書籍，多數《易經》英譯本都包括占卜方法簡要的說明。

6　Wilhelm and Baynes 1977：263.

的地位、在此情境中與他人的關係，以及當前處境與更廣大環境之間的關係。在情況不利時，人要採取預防措施而韜光隱晦；在處境有利但己身地位低下時，人應該耐心等待適當時機才行動。若是獲得他人的回應或支持，人可以有新的作為；但若是受到孤立並且不被信任，那麼就不應該我行我素。若周遭環境可以改進大環境的福祉，那麼我們就可以與周遭環境配合；但是若周遭環境會對大環境帶來傷害，那麼我們就應該要離開或是設法改變周遭環境。處理任何事情都需要注意到天時、地利、人和種種關係。所有這些要素可以總合為「時」之概念，而《易經》所教導的人生智慧便是「時中」這概念。

然而，儘管「變易」是《易經》主要的概念，「易」的背景基礎其實是「不易」。變易之所以可能是有個可以作為比較參考的架構，而這個參考的架構便是不變易。衛禮賢說：

> 《易經》中區別三種變易：不變、循環之變，以及連續之變。不變作為背景基底，以其為基底變化才有可能。因為任何改變都必須先有個定點以作為變化的參考基準；不然萬事就缺乏確定的次序，而會陷入混亂的動盪。參考的基準點必須先建立，而在建立的過程中一定需要做出選擇和決定。先成立了一個基準點，其他所有事物就得以在一個座標系統中各自定位。因此不管是在世界的起源還是思想的開端，都必須做出選擇參考基準點的決定。7

7　Wilhelm and Baynes 1977：281.

　　換言之，在整個卦與其每一爻之間的關係，即是不變與變易的關係。每則卦辭所描述的就是每一爻變化的參考基準點。這就是為什麼在占卜過程中，我們必須先參考卦辭才能評定象徵變化之爻辭的涵義。

　　在宇宙論層面，作為氣運行之不變易的參考架構即是氣之整體。氣之整體名曰「太極」。[8] 如果氣之總體是不變的，那麼當陰擴展時，陽則消滅，反之亦然。儘管陰陽這兩種宇宙能量相互競爭，他們仍然運動一致。因此在陰與陽的互競之中有一主導性的和諧原理。《易經》第三十八卦〈睽〉的〈象傳〉說：「天地睽而其事同也，男女睽而其志通也。睽之時，用大矣哉。」[9] 相對立的力量由和諧的整體原理來統理，於此和諧原理之下，陰陽之互動呈現某種模式，而此模式可視為宇宙法則。是以，「不變」的意義有二，其一指宇宙恆常穩定，在這個基底上可以測知變化。其二指在所有變化中有個固定的法則。

　　依據 R. L. Wing 所言，在宇宙的物理變化中有兩個基本法則：

　　　　一個法則是「兩極之反轉」。在所有萬物中我們都見到與其相反的種子因，就如任何新生命在其基因密碼裡已經暗藏其日後消亡的訊號，在每一件人事裡也已經蘊藏著細微但是準確的變化種子。另一個法則是變化的「週期性」。這個法則呈現為循環與節奏，比如季節的轉換、植

8　參見本書導論有對氣之概念更多的分析。
9　Wilhelm and Baynes 1977：575.

物的生長循環，以及個人生命與個性發展的階段。[10]

　　這兩大法則很容易在陰與陽的運動中顯現出來。由於陰陽的總體是固定的，只要陰或陽趨近其發展的最大極限，反向的發展必然發生。因此掌管宇宙的自然法則包含循環法則——事物發展至極限將必然反轉。當時機到了，事物的發展方向必然「回復」。衛禮賢如此解釋《易經》第二十四〈復〉卦：「復的概念來自於自然的歷程，律動是周期性的，而自然的歷程會自己完成。因此不需以人為方式來加快任何過程。所有事物都會在適當的時刻自然發生。」[11] 大自然的法則設定了循環性的發展，因為宇宙萬物都不斷變化及轉換。事物往和諧發展，然而當和諧已經達成，任何進一步的發展就只會摧毀這個既有的和諧。「就是在完美的平衡已經達成時，任何的變動都只會把井井有條又復歸為無秩之混亂。」[12]

　　我們從兩極反轉的法則可以得出週期性的法則。每個進展最終趨向它的逆轉，因此，所有的發展皆有其限制。以此模式，氣的運行與陰陽之間的互換建立了宇宙的規律性：氣候必有春夏秋冬四季的變化，而生命不可避免會有生老病死四個歷程。同理可證，任何人事或人為集團也會經歷四個自然的發展階段：創始、成長、擴展，而最終衰退。

　　一旦有了事態之變化勢不可擋的理解，應會讓人在順境中

10　Wing 2001：12.

11　Wilhelm and Baynes 1977：98.

12　Wilhelm and Baynes 1977：244.

有所警醒，而處於逆境時也同樣仍會懷抱希望。事態不會永遠不變；無論好壞都不會持久。人所需要的是對即將到來的發展明察秋毫。如果一個人能明白審視自己在整個事態發展中所在的處境，即可採取適當的行為趨吉避凶，或至少減緩凶勢的發展。本章的最後一節將會討論《易經》的行動哲學。不過在介紹《易經》哲學的人生應用之前，我們先來檢視其宇宙論的另一個特點。

具有道德屬性的宇宙：人類道德的基礎

　　《易經》所描述的宇宙本具善德。《易經》中基本的八卦代表天、地、山、澤、水、火、風、雷等自然現象，而各各具有不同的道德屬性。先秦儒家常以天與日為道德典範之表徵。「天」所代表的是創生、恆常及堅貞等等德性，如《易經》云：「天行健，君子以自強不息。」13 另一方面，「日」所代表的是溫暖、仁慈及公正等等德性。例如《易經》第五十五卦〈豐〉描述「日中」，而要求君王亦當如是。衛禮賢解釋執政者「必須如中天之日，使萬物欣然普照」14 除了將這些道德屬性歸附於天與日之外，基本八卦亦列出其他自然現象作為道德屬性的象徵：「風」象徵溫和穿透的能力，「澤」象徵愉悅，「雷」象徵威力與無懼，「山」象徵堅定與寧靜，「火」象徵光耀與明亮，「水」象徵謙卑與持續性。不過，這些自然現象常用來稱頌個人

13　〈乾・象傳〉，英譯本 Wilhelm and Baynes 1977：6。
14　Wilhelm and Baynes 1977：213.

的典範行為，而非表述現象本身具有道德屬性。相較而言，天與日則似被描述為本身即具有道德屬性。

　　從當代觀點來看，我們會想此種道德屬性的歸附必然是象徵性而非字面的意義：大自然既無知覺、無意向也無意志，如何可能是道德的？然而《易經》的描繪中，宇宙是有道德屬性，是個道德宇宙無疑。道德宇宙的哲學正是儒家倫理學根本的基礎，儒家的道德意識就是立基於其道德宇宙的形上學。人身而為人的道德使命，是在這個道德宇宙的思考脈絡中定義的。儒家人物通常認為人類最高的道德實踐，即在贊助化育滋養生民，他們認為此任務是天地的究極目標。就此意義而言，天地，乃至整個宇宙，都被賦予道德與目的意義。人立於天地之間，擔負承繼天地創生的神聖道德使命。天、地、人並列「三才」，不僅刻畫宇宙的道德結構，而且將終極的道德義務（與天地齊）賦予人類。當人得到天地人同位的最高位階，即得以「配天」。[15] 此即儒家為「聖人」所下的定義，亦是古代中國人對帝王—天子[16]的期待。

　　《易經》始於乾坤二卦，乾卦由六陽爻而坤卦由六陰爻構成，因此乾為純陽而坤為純陰。既然實際存有物都必須有陰也有陽，乾坤所代表必然是抽象的原則，衛禮賢和貝恩斯（Wilhelm and Baynes）1977 年的合譯本將乾卦譯為「創造性」（The Creative），將坤卦譯為「容受性」（The Receptive）。我們可

15　出自《中庸》，英譯本 Chan 1963：112。

16　陳漢生（Chad Hansen）如此解釋這種期待：「君王是天／自然與人類社會的中介。他必須依禮治國，以使得人類社會維持與自然之和諧。只有禮教才可以帶來人民的生養富足。民生富足，才得以維持社會秩序，而社會有序，才能得到自然的嘉許與天命之託付。」（Hansen 1992：63）

說乾代表創生的原理，以天為表徵；坤代表包容的原理，以地為象徵。在這宇宙論思想中，天與地被視為創生與育成的原理，但二者並非僅是抽象原理的「表徵」。《易經》背後的構思者以道德意涵投射於天地。在他們看來，道德宇宙是人類道德屬性的來源，給予我們道德行為的啟發。人類在道德上所當做的事就是「效法」天地之道德屬性。〈繫辭傳〉曰：「天生神物，聖人則之；天地變化，聖人效之。」[17] 亦即是說，這個哲學主張某些道德屬性有絕對的價值。這些道德屬性並非相對於人的判斷或是針對人的處境而為「善」，它們在天地中自如展現，因此是絕對意義的善。而對人而言，要成為道德人，即是要能夠自己內在擁有這些德性。

　　哪些道德屬性具有絕對的價值？我們可以將《易經》中最基本的德性總結如下。

四原德：元亨利貞

　　在《易經》中每個卦都會配與四種基本德性：元亨利貞，但並非所有卦皆兼具四原德[18]，只有乾卦才配與完滿而不受限制的四德。衛禮賢和貝恩斯（Wilhelm and Baynes）將此四德譯為 sublime success；furthering through perseverance。[19] 他們如此詮

17　〈繫辭上傳〉第十一章，英譯本 Wilhelm and Baynes 1977：320。

18　在六十四卦中只有〈乾〉卦第一、〈屯〉卦第三、〈隨〉卦第十七、〈臨〉卦第十九、〈无妄〉第二十五、〈革〉卦第四十九配有元亨利貞四種基本德性，其中大部分都帶有對傷害或恥辱的預先警示。

19　Wilhelm and Baynes 1977：4.

釋是將四德分成兩組概念：A 組包含「元」與「亨」，而 B 組包括「利」與「貞」。理雅各（Legge）將「元」譯為 great and originating，「亨」譯為 penetrating，「利」譯為 advantageous，而「貞」譯為 correct and firm。[20] 黃濬思（Alfred Huang）將「元」譯為 sublime and initiative，「亨」譯為 prosperous and smooth，「利」譯為 favorable and beneficial，而「貞」譯為 steadfast and upright。[21] 四原德的中文就是元亨利貞四個單字，但是幾位翻譯家都使用一個以上的英文字詞來詮釋中文的這四個單字，因為其中每個字都有複雜的意涵。首先，「元」指的是生命的源始，存在的根源。這是創造原理的首要德性，得以開創生命形式，轉「無」為「有」。「亨」指的是氣之滲透入所有事物，是養育生命，促進萬物發展的首要德性。「利」指的是助益，代表提攜他人並促成事物之德。最後，「貞」意指「正」，代表矯正萬事萬物以使所有生命形式都能適其所當之德。在其他的卦裡，「貞」也常用來表示「堅忍不拔」。兩個概念中間的關聯可能是指人永不可偏離正軌，因此應該一直在正確的道路上堅持不懈。

此四種原德所描繪的是在大自然中展現的人類道德根基，天與地藉由氣的運作，一起完成創造（元）、養育（亨）、助益（利）及矯正（貞）天地之間的萬物。人之所以為人的基本道德任務就是去延續天地所開啟的工作而完其功。所有原德具體表現來自天地最高的道德律令，是人類應當努力獲得的理想德性。

20　Legge 1964：57.
21　Huang 1998：22.

善

　　宋明理學家常引用〈繫辭傳〉的一段話為「道」下定義：
「一陰一陽之謂道，繼之者善也，成之者性也。」[22] 在這段話中
我們除了理解「道」的定義，也看到「善」定義為「道」的繼承
者。去延續「道」的作為，即是去幫助天地陰陽創造及養育的功
能，此工作構成人類最高的道德善。《易經》第二十七卦〈頤·
象傳〉曰：「天地養萬物，聖人養賢，以及萬民。」[23] 人作為萬
物的保存者及養育者而與萬物相關，聖人更是作為萬民的領導者
及保護者而與百姓相關。「善」成為「天命」──它描繪我們絕
對的道德義務。

　　唐力權如此解釋：

　　　〈繫辭傳〉此處所謂的「善」不可與世俗的道德善概念
　　相混淆。世俗善概念的特定意義是來自某個倫理系統或是
　　道德法則的特殊地位的對象化與僵定化。但是〈繫辭傳〉
　　裡作為貞常與變易「繼之者」的「善」，是存有本身在其
　　生化能力中的道德原型。這是絕對善，而非從行為後果的
　　道德標準來判斷我們行為的「相對善」。[24]

　　我們可說由於《易經》是以治理整個宇宙的「道」為基礎

22　〈繫辭上傳〉第五章。

23　Wilhelm and Baynes 1977：521.

24　Tong 1990：331.

來定義「善」，這個「善」概念是指絕對意義的善。能夠幫助他人去完成其生命的潛能就是「善」的本身，而無關於個人或文化的觀點。在《易經》裡這個對於人類道德感之意涵以及人類道德義務之內容這種無條件的宣言，後來便成為儒家倫理思想的理論基礎。

中和

在兩極反轉的原理之下，一旦某個發展到達了極致，相反的發展即開始成形。《易經》描繪自然界本然的和諧，維持陰與陽之間的中——亦即兩極之平衡。中文的「中」一字英文常譯為 equilibrium（中和）或 the mean（中），因為中文字的意義包含二者。「中」不是僅為兩個極端的正中點，而是一種內在和諧的狀態。因此，只要不均等的情形不會干擾和諧的平衡，某些元素的量可以比其他元素多。「中」與「和」這兩個概念經常被用在一起。《易經》的中和概念不是相對於人的判斷，而是描述任何氣流擾動之前與之後的宇宙狀態。換而言之，中和是所有非自然狀態最終會回歸的宇宙自然狀態。第二十四卦〈復〉曰：「復：亨。出入无疾。」[25] 我們可以設想有個陰陽變動不居的宇宙鐘擺，氣運動之目的並非是要使鐘錘靜止於中心點，因為如此便會消滅所有的運動。當鐘錘在兩端之間持續地擺動，這個鐘擺就會維持恆動。這種恆動本身即是「和」。當「中」被理解為中和，容許變動的空間就會變大許多。只要任何偏差最終能回歸中

25　Wilhelm and Baynes 1977：97.

點，那麼朝向某端或另外一端的發展就未必然會違反中和的原則。由於氣自然有序依「道」運行，氣本身即保有中與和的自然狀態。這就是所謂的「道」，亦即世界存在的真理或模式。

　　基於其視宇宙為道德有序的假設，《易經》也將人之性善視為理所當然。人天生即有道德屬性。《易經》中談到萬物自乾道創生之能得到其真性，並且不斷受到乾道轉化，直到萬物「恆久與太極合一」。[26] 人類是陰陽結合之精華醇和，因此，人為「萬物之靈」。而人本具有中和之性的主題，在稍後的儒家經典《中庸》裡有詳盡的闡述，《中庸》據稱是孔子之孫子思所著，開宗明義曰：

> 天命之謂性，率性之謂道……喜怒哀樂之未發，謂之中；發而皆中節，謂之和；中也者，天下之大本也；和也者，天下之達道也。致中和，天地位焉，萬物育焉。[27]

　　這個深奧的文辭在《易經》的思路脈絡中可以得到更清晰的闡明；如果人性來自天命，那自然是善的。遵循天性即是「繼道」而行，故自然為善，人類的道德善因此即是循天性而行。在我們與生俱來的本性中有喜怒哀樂等情感，這些情感未發起之前，我們處於「中」因為我們本性即為中。一旦情緒被激起，我們須調適情緒而使其保持平和。如此，「中」與「和」再度緊密連結。當人類世界本身可達到中和並且擴及自然世界，天與地的

26　Wilhelm and Baynes 1977：371.

27　Chan 1963：98.

生養任務即得以完成。這就是萬民萬物的理想境界。

　　我們可以說在《易經》哲學中並沒有「實然」（what is）與「應然」（what ought to be）之分別。《易經》把實然──世界存在本相，視為應然──世界存在應有的型態。「應然」所蘊含的是道德義務或是一種理想的境界，而特別應用於人類世界。但是《易經》對人的最高道德義務之規劃是建立在道德宇宙存在的模式之上。換言之，宇宙的道德屬性是人所應當仿效的。當人類的道德是建立於一個客觀的道德實在上時，它也成為世界構成的一部分。此就是一種道德實在論，肯定道德價值的客觀性與實在性。依此道德哲學，所謂的「善」，並非來自上帝的誡命，亦非來自社會的約定成俗，更非為人類的理性所制定。善在自然界中處處可見，彰顯於自然現象本身。這個哲學系統從觀察外在世界得出道德標準，而這樣的世界觀與機械物理主義的世界觀迥然不同。

《易經》的道德哲學：情境規約論

　　在《易經》裡不僅自然現象提供了人們道德的原型，自然現象之間的種種關係亦具有多層象徵性的道德意涵。兩個八卦相重演變為各種組合即形成六十四卦。六十四卦和組成每個卦的六爻窮盡自然界所有可能的情況。而人事界的各種情境在抽象意味上與這些自然情境相連結。《易經》指點出每一種可能情境下最好的行動方式。舉例說明，第五卦〈需〉是由三爻卦的坎上乾下所組成，水居於上而天在其下，象徵雨雲在天，即將下雨，在這樣的情況下只能靜待雨落。這個卦象的象徵意義是在此處境中之

人須有所等待，等待時機成熟而稍安勿躁，所以「君子以飲食宴
樂」。[28] 與此相反組合的卦象──天在上而水在下──構成第六
卦〈訟〉，象徵「衝突」，因其組合中有兩種對立的力量：天朝
上而水向下流。〈象辭〉曰：「天與水違行，訟；君子以作事謀
始。」[29] 同此道理，其他的卦象也都是在自然元素之間不同關係
的象徵意義上，而代表各種情境下可作的不同道德抉擇。

　　即使每個情境各不相同，在所有卦的排列中仍然有共通的
宇宙結構。這個宇宙結構即是天、地、陰、陽之間的高低階層。
〈繫辭傳〉開篇即言：「天尊地卑，乾坤定矣。卑高以陳，貴賤
位矣。」[30] 宇宙的基礎結構由不同層次的階級所組成，而這個宇
宙次序也為人類社會的階級奠定基礎。就如天在上而地在下，人
類社會階層中陽所代表的人物應該地位高於陰所代表的人物。這
個道德階級裡陽尊陰卑，陽主陰從的結構轉換成政治結構，便是
君上民下，而臣處其中。轉換成家庭結構便是父尊子卑；夫唱婦
隨；兄長為大。在政治層面，《易經》為中國的君主政治體系提
供了理論上的支柱。而在社會層面，《易經》也確保了中國文化
根深柢固的家庭階層關係。〈家人・象傳〉曰：

　　女正位乎內，男正位乎外，男女正，天地之大義也。家
　　人有嚴君焉，父母之謂也。父父，子子，兄兄，弟弟，夫
　　夫，婦婦，而家道正；正家而天下定矣。[31]

28　〈需・象傳〉，英譯本 Wilhelm and Baynes 1977：25。
29　英譯本 Wilhelm and Baynes 1977：29。
30　英譯本 Wilhelm and Baynes 1977：280。
31　英譯本 Wilhelm and Baynes 1977：570。

　　以此方式，《易經》對家庭每個成員都分派了明確的角色，人人在家中各盡其分，會比每一個人各自行動較能確保更大的和諧。

　　《易經》所闡述的每一個情境都有其獨特的道德性質，而其中最常見的律令便是「依道而行」。如第三十四卦〈大壯〉的〈象傳〉所言：「君子以非禮勿履。」32 做到「時中（當下情境所要求的行為）」，即是舉止合道。這是一種「情境規約論（Contextual Prescriptivism）」，而非一種粗糙的道德絕對主義，因為這理論並不宣稱每個人在所有情境下都有相同的道德義務。不同的「時」——包括個人外在處境中的種種因素——帶來不同的道德義務。甚至對於處於一樣情境的不同人，這種情境規約論也不會規定每個人都有相同的道德責任，因為不同的人有不同的個性特質（比如天性較積極或者較被動），是以應該以符合自己優劣點的方式來行動。人有時需要出任仕職，有時則需要退隱山林；有時要不屈不撓，有時則需放棄努力；有時要廣結善緣，有時則需孤立獨處；有時要承擔領導之位，有時則需安處從屬之位。如第四十一卦〈損‧象傳〉所云：「損剛益柔有時，損益盈虛，與時偕行。」33《易經》所有卦都提到「時」的因素，而強調配合時境的要求，「與時行也」。這個「時」的概念在《易經》中是特別意指當下處境中的種種變數。因此，《易經》裡表達的是一種要求個人按照天生特質而「與時俱進」的道德律令，這是一種「情境倫理學（situational ethics）」，而非獨斷形

32　英譯本 Wilhelm and Baynes 1977：134。
33　英譯本 Wilhelm and Baynes 1977：590。

式的道德絕對主義（moral absolutism）。

　　宇宙裡每一個現有的情境都有宇宙因素的自然發展。當君子所處的環境類似某一宇宙狀態，那麼就會有些在此情境下最適當的行為規則可循。以此言之，社會的情境本身制定了個人的道德義務；在每個現有處境下都有人應當採取的正確行為方式。衛禮賢（Wilhelm）如此解釋：「應用到人事上……卦辭所指示的是相應當下處境的行為……君子依循卦辭指導而不盲目行事，他從情境中學習應該如何自處，然後接受命運的指示。」[34]《易經》中的道德指引常常似以利己主義的精神來構成假言令式（hypothetical imperatives）。欲得的結果似是「吉」、「福」，或至少是「無咎」；而不欲得的結果似乎是「咎」、「凶」、「危」、「辱」等等。卦辭的忠告似乎是：「欲吉求福，則應如此作為。」然而若以此種自利觀點來詮釋《易經》的文意絕對是誤解。根據〈繫辭傳〉，對《易經》更深入的理解可以顯示卜筮絕對不單是為了個人的趨吉避凶。〈繫辭傳〉云：「能說諸心，能研諸侯之慮，定天下之吉凶，成天下之亹亹者。」[35]《易經》所預設的立場是所有前來卜卦的人都是道德主體（君子），都立意行正道而且心懷社會福祉。例如〈小過〉卦的〈象傳〉云：「君子以行過乎恭，喪過乎哀，用過乎儉。」[36]《易經》裡每一個卦都賦予「君子」某種道德命令。因此，《易經》作者們作卦辭的用意是「易為君子謀，不為小人謀」（張載語），是為了道

34　Wilhelm and Baynes 1977：12.

35　〈繫辭下傳〉第十二章，英譯本 Wilhelm and Baynes 1977：353。

36　〈繫辭下傳〉第十二章，英譯本 Wilhelm and Baynes 1977：241。

德主體的行事規範，而不是為了關切個己小利來問卜的一般百姓。

　　《易經》的道德哲學應置於其宇宙論的背景中來理解——變易的哲學及其有德有序的宇宙觀。在我們的道德情境中事態不斷改變，但是其中也有統理萬變之法則。個人的社會角色會改變，但是周遭的社會階層不變；個人與他人的關係會改變，但是個人對相應於各種人倫關係的道德義務不變。個人的外在行為可能會因為環境而改變，但其內在德性則不應改變。在所有情境中，有一項絕對的道德律令壓過所有其他的情境性道德義務：固守於善。

《易經》的行動哲學：行動效能性還是宿命論？

　　在這個常變的世界中人如何自處？當個人發現自己的每個行為都似乎受到情境的制定，如何還能擁有行動的自主性？《易經》所教導我們的究竟是怎樣的生命哲學？是一種樂觀的或悲觀的思想？是一種宿命論，還是能容許人類的行動效能以及人的自由？

　　在《易經》中，並非每件事都完全被決定，但亦非一切皆出於偶然。由於人事情境對應自然情境，我們可以從任何一個定點預測事態未來可能的進展。個人在現有情境裡所做出的道德抉擇，會直接促成大環境中的陰陽交流。因此，個人的抉擇是有可能導致事態的改變。而由於陰陽的互動是受到自然法則（道）所支配，我們對下一階段的發展可以有些預測能力。「在這裡顯示出的是，成功之道在於理解並實現宇宙存在的方式，亦即

『道』。道，作為貫穿宇宙終始的自然法則，使所有現象與時俱生。因此，每個已實現的事態是為下一個即將到來的事態做準備。時間不再是個障礙，而是一個將潛在性化為現實性的媒介。」[37]《易經》裡的每一爻都象徵性地代表某種人事處境，而個人在既有的處境中所採取的每個道德行動或是道德姿態，都可以成為後來事態發展的助因，這就是人的因果效能性之所在。

　　然而，有時即使我們卯足全力，也未必保證成功。有太多事情超出人力掌控。比如我們所身陷的初幾就不是我們所能主控的。是以，我們只能盡量配合情境來找出最適當的自處之道。凡是超出自我掌控的就叫做「運」或是「命」，這可以看作是人在道德上所受到的局限。《論語》記載孔子經常感嘆命運使他未能實現自己的政治理想。在《易經》裡，這些道德局限界定我們所能做的抉擇範圍，但是在本質上這不具有決定性。《易經》並未預言每個道德行為者「會」如何作為；它只是預言不同的道德抉擇會帶來何種後果。即使在當下的情況下只能給予一種行為的建議，當事人接不接受這個建議仍然是個人的選擇。違反卦象的建議而行事，會對自己和環境造成危險。但是人們可以自由選擇。因此，即使我們要是不採取《易經》占卜所建議的行動會帶來自傷傷人的後果，但這畢竟還是個人的自由抉擇。因此，用《易經》占卜來預知自己的未來是錯誤的作法。我們的未來尚未確定，因為我們還沒有決定要採取什麼行動。

　　但是，有時候即使當事人已經選擇卦象所建議的行動，事情結果仍無法全部被預測。在個人進行道德思慮或是採取行動的

37　Wilhelm and Baynes 1977：5.

同時會有其他許多因素發生。例如，他人同時間所做的決定和行為就可能影響大環境的事態。個人只能對自己的作為有直接的了解與控制，因此，儘管整個宇宙是由「道」（陰陽之定律）所支配，這種本體論上的決定性也不能擔保知識論上的可預測性。鑑於這種認知上的局限性，我們所能做的就是應該行己之所宜，以期事之至善。

不過，《易經》中也提供了樂觀的人生哲學。變易的哲學可以向我們擔保任何事態都不會永遠不變。不管是順境還是逆境都不會持久：否極泰來，樂極生悲。這個觀點提醒我們，當處於順境時仍需警惕周遭發生的事情，而當面對困境時，也能滿懷扭轉劣勢的希望。在這樣的哲學思想下，我們不僅應該要能敏於覺察當前的處境，也要關注可能到來的變化。如果一個人可以敏銳覺察到事情轉壞之初幾，就有可能及時中止這個趨向的發展。〈文言傳〉談到：

> 積善之家，必有餘慶；積不善之家，必有餘殃。臣弒其君，子弒其父，非一朝一夕之故，其所由來者漸矣，由辯之不早辯也。[38]

此篇傳是註解〈坤〉卦的初爻，所象徵的負面力量的最初形成。當負面趨向的徵兆首次出現時，人們需要加以辨識，並且去找可以轉變趨向的辦法。當然，如果事態的趨向是可欲的，人會想採取行動以促進其發展。但是，個人行動的因果效力不是完

38　Wilhelm and Baynes 1977：393.

全依靠個人的努力。有時候事態發展可能根深柢固，任何人都無法阻止或甚至延緩其進度。儘管後果是人難以接受的，但此刻無論個人如何抗拒改變，皆是徒勞無功。這時候去行動還是不去行動（To act or not to act）──這才是問題所在。

當代學者韓子奇將《易經》描述的每種生命處境稱為「行動的領域」（a field of action）：

> 我們沒有人可以獨自行動，而永遠是團隊的成員。作為一個行動領域的參與者，我們越能意識到自己之所在以及資源之何在，我們獲得成功的機會就越大。就此而言，我們對行動領域的了解以及與之有效的互動，決定我們對自己的未來能夠掌控的程度。[39]

換言之，即使每個人都完全根據《易經》的建議而行動，對所有人在其所處的一切情境中也不可能得到絕對的道德成功。《易經》所描繪的既是情境的限制，亦是情境的可能性。每個人既定的處境及其種種可能性即是其生命的局限。我們可在生命既定的局限內努力找到自己抉擇的空間。因此，儘管我們的抉擇有限，而且我們抉擇的自由是以預期的後果為前提，我們仍有選擇的自由。不過，最後需要強調的是，我們的選擇僅是在行動與不行動之間，而絕對不是在道德與不道德之間。《易經》絕對不會建議我們改變自己（我們的內在美德）來適應社會。

39　Hon 1997：29.

結語

　　本章所介紹的是《易經》裡最主要的一些議題，然而《易經》的哲學遠比在此所討論的要複雜許多。從每個卦辭以及每個爻辭都可以發展出有關價值和現實的哲學。例如初始的〈乾〉〈坤〉兩卦分別隱含陽的哲學和陰的哲學。陽的哲學亦即龍的哲學，描述一種對生命採取進取、果斷、冒險和積極的態度。陰的哲學亦即牝馬的哲學，描述一種對生命接受、奉獻、順從以及不爭的態度。在接下來的章節，我們將會看到儒家承續乾的哲學，而道家則承續坤的哲學。《易經》確實是中國哲學的原型，早在漢代（西元前 206 年至西元 220 年）開始，就有許多中國知識分子投注畢生精力去研究《易經》，在中國思想史上留下無數對周易的注釋及哲學論述。是以《易經》對中國思想發展的巨大影響不能不一再強調。

延伸討論問題

1. 我們可以定義任何宇宙的模式嗎？在宇宙的模式與人事的模式之間是否有任何相似之處？

2. 為什麼必定最多只有六十四卦而且每個卦必須有六爻？它們真的窮盡宇宙或人類世界中所有的可能情況嗎？

3. 在「氣」支配的宇宙中，人類可以擁有意志自由嗎？人受到外在環境的制約有多大程度？人對外在環境的改變有多大程度？

4. 人類行為如何能影響大環境？在陰陽的互動交流中蘊含著什麼樣的因果關係？

第二章

論語中的孔子

概論

在西方世界一般人都以為孔子（英譯 Confucius，西元前551-前479）是結合政治理論與倫理學之儒家（Confucianism，直譯為「孔學」）的創始者，這其中意味著儒家學說就是孔子個人的哲學思想。事實上，在中國比較少用「孔學」一詞。在中國人的傳統觀念裡，孔子是「儒家（Ru-ist）」學派的至聖先師，而儒學是孔孟荀以及《中庸》與《大學》這兩部經典的作者共同努力的思想結晶。除此之外，傳統也認為《易經》是儒學的基本經典。孔子本人並不曾寫過任何系統性的哲學著作，他的思想大都被學生紀錄下來編纂成《論語》一書。雖然有一些哲學文獻在歷史上被認定是出自孔子（例如：《易經繫辭傳》）。不過那些文獻並不能確定是出自何人之手，所以，本章只會探討《論語》中的孔子思想。

　　孔子生在一個禮樂崩壞的時代中，他長年周遊列國，然而並無法如願改變那些君王的德性和修養。他有情感深厚的弟子陪伴身旁，並且隨身侍教。在中國傳統的社會裡，學而優則仕，因為知識分子的終極目標都是以天下為己任。孔子有一些弟子的確得到官職而且設法實踐孔子的政治理念。然而，當時的統治者都只想富國強兵和擴張版圖，因此儒家的道德政治理想自然就不會受到重視。孔子的同代人曾經描述他的作為是「知其不可而為之」[1]，而這份「擇善固執」的精神日後就成為儒家最重要的道德特質。

　　在分析孔子的哲學概念時，我們首先需要明白他的思想不是採取定義的方式。誠如柯雄文（Antonio Cua）所言：「研讀儒家的倫理學之最大的困難是儒家對基本概念，比如：『仁』，『禮』，或『義』，並無系統化的解釋。」[2] 孔子不認為任何道德概念可以有普遍化的定義，可以適用於所有人的所有情境。當有弟子向孔子請教有關任何倫常原則時，孔子的回答都會針對弟子本身的優劣點及其不同背景而有所調整。因此，在《論語》中我們常常看到相同的問題若由不同的弟子提出，孔子的回答就會因人而異。以「孝」的概念為例，如果我們試圖在孔子對孝的見解中找尋普遍的定義，就會發現其中並無一致的概念。所以我們如果想要了解孔子的道德哲學，就不能只是分析其基本的哲學概念，而是要了解其整體的思想脈絡。

1　《論語・憲問第十四》，英譯本 Chan 1963：43。
2　Cua 1995：209.

孔子曾說「吾道一以貫之」[3]，而他的大弟子曾子解釋「夫子之道，忠恕而已矣」，「忠」即忠誠，「恕」即同情共感。[4] 為何忠和恕可以成為孔子之「一以貫之」的道德哲學呢？這兩個觀念有何關連性呢？在本章我們會看到孔子之道德哲學的基礎在於其建立道德社會的階級結構，而「忠」與「恕」必須扣著這個結構才能理解。

道德的階級和忠的觀念

孔子的道德哲學是為了建立一個道德的社會結構，其中每一個體並非完全平等。這個社會結構相應於政治的階級結構，其中君王居上，臣子居中，而人民居下。這結構也相應於家庭的結構。父子、夫妻、手足在家庭結構中的關係列表如下：

3　《論語・里仁第四》（以下沒有註明英譯本都是英文版中原作者自己的英譯）。

4　這兩個概念有許多不同的英譯，關於「忠」的概念，艾文賀和萬百安的著作（2003）譯為「loyalty（忠誠）」，Dawson（2000）也如此翻譯，劉殿爵（1979）譯成「doing one's best（盡己）」，而陳榮捷（1963）譯為「conscientiousness（自覺性）」。至於「恕」的概念，艾文賀和萬百安譯為「sympathetic understanding（同情的了解）」，劉殿爵（D. C. Lau）譯為「using oneself as a measure to gauge others（以己度人）」，Dawson 譯為「reciprocity（互惠）」，而陳榮捷譯為「altruism（利他主義）」。

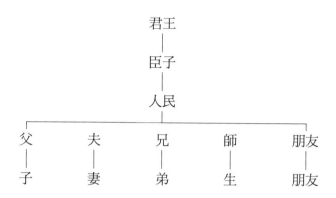

　　在以上的道德階層中，每個人的道德角色都是建立在與他人的相對關係上，而每個人的道德責任則是界定於其在道德或政治結構中的角色。比如說，君王的責任就是要在行為舉止都能端正如君王而且能以君王之身照顧百姓的基本需求。臣子的責任就是輔佐君王管理人民，而百姓的責任就是服從官長。在家庭裡，父母的責任是愛護子女，而子女的責任是孝順父母。丈夫的責任是養家餬口，而妻子的責任是打理家庭並整理家務。至於手足之間的責任是長幼有序，並且相親相愛。這樣的倫理關係也可以延伸至沒有血緣關係的陌生人，比如，人人都應當敬老尊賢，疼惜幼小。每個人的道德角色會因其在生活中的多元角色而定，而每個角色必然隨著其與他人的關係而變得具有多重性。不過，儒家認為有一個可以適用在每一個人所扮演的角色之道德義務：「忠」。

　　「忠」一般被視為是一種出自對上位者的情感或態度，在政治環境的背景下，就特別是指對執政者效忠。但是「忠」字在《論語》裡有更廣的意涵。譬如，曾子說：「吾日三省吾身，

為人謀而不忠乎？與朋友交不信乎？傳不習乎？」[5] 顯然其中的「忠」與「信」是相連結的德性，在孔子的教學中，它們占有很重要的地位。孔子畢生的學問包括了四大元素：文、行、忠、信。[6] 孔子曾說：「主忠信，無友不如己者，過，則勿憚改。」[7] 在這些引文中，「忠」的概念都沒有任何政治色彩，即使是談論政治時提及「忠」一字，也是指對事情的態度，而不是指對人的態度。子張問政於孔子，孔子說：「居之無倦，行之以忠。」[8] 其中的忠不是僅指對上位者的忠誠，而是指任何事都要做到最好，換句話說，「忠」可謂「盡己之所能」或「盡己之本分」。也就是說，社會的角色不只是一份社會職責，而是一種道德的職責。忠於自己的角色，意味著忠於自己所扮演之社會角色所帶來的道德義務。因此，「忠」是忠於自己的道德義務而完成屬於自己角色的責任。當齊景公問政於孔子，子曰：「君君，臣臣，父父，子子。」[9] 這不是同義的疊字而已，孔子是將實際的自我角色與理想的角色做一對照，進而希望每一個人都能做到理想的角色。所以，「忠」的意義就是忠於自己在人際關係上的角色。

倪德衛（Nivison）分析「忠」的概念是一種「對上位者，或至少是對平等地位者」[10] 所建立的關係。葛瑞漢（Graham）

5　《論語・學而第一》，英譯本 Chan 1963：20。

6　《論語・述而第七》。

7　《論語・學而第一》。

8　《論語・顏淵第十二》。英譯採取劉殿爵（Lau 1979）的翻譯而稍作改動。劉殿爵將「忠」譯為「give of your best（盡己所能）」，顯然他對此概念也持相同的理解。

9　《論語・顏淵第十二》，英譯本 Lau 1979：114。

10　Nivison 1996：65.

對於「忠」也有類似的解釋，認為「忠主要是指對執政者效忠，但也泛指屬下全心全意的態度。」[11] 以上對「忠」的解釋都只掌握到「忠」這個德性的部分意涵而已。人民本來就應該對上位者盡忠，因為這是人民應盡的本分；但是居上位者也應該盡其所能來管理百姓才能受到人民的尊敬。雙方都盡到本分是包含於「忠」的概念裡。子張曾請教孔子問曰：「令尹子文三仕為令尹，無喜色；三已之，無慍色。舊令尹之政，必以告新令尹。何如？」孔子回答：「忠矣。」既然令尹子文曾被停職三次，孔子不認為這個人是明智的，但是他離職時會讓後任的人很順利地接替他的工作，所以孔子認為他具備「忠」的美德。[12] 可見「忠」不是針對於聘任或解僱他的上級，而是針對於他自己的工作職責。與此同時，我們不該隨意介入他人的工作範圍以及他人所擔任的社會角色。子曰：「不在其位，不謀其政。」[13] 柏拉圖的《共和國》（*The Republic*）也陳述了蘇格拉底類似的觀點，書中說「一個城市的正義就在於其市民都各盡本分」。當市民都介入他人的事務，就會產生混亂和不義；反之，如果每個人都在本分的工作上盡其所能，那麼社會結構就會是和諧又有秩序的。正如陳漢生（Chad Hansen）所言，如此之社會才能有一個「正當的」結構。[14]

　　社會結構的「正當性」得自於每一個社會角色都可以名副其實地盡其本分，這也就是孔子所謂之「正名」。當孔子被問及

11　Graham 1989：21.

12　《論語・公冶長第五》。

13　《論語・泰伯第八》，英譯本 Lau 1979：94。

14　Hansen 1992：62.

他從政的首要任務時，他回答「必也正名乎」。孔子並且進一步解釋說：「名不正，則言不順；言不順，則事不成；事不成，則禮樂不興；禮樂不興，則刑罰不中；刑罰不中，則民無所措手足。故君子名之必可言也，言之必可行也。」[15] 由此可知，孔子認為「正名」是重整社會秩序的首要任務。為什麼名副其實會如此重要呢？史華慈（Schwartz）如此解釋社會角色與名稱的關係：

> 家庭和社會角色之稱謂，例如：父親、君王、兒子或臣子等等，不只是指血緣或政治關係的事實，而是指不同稱謂中的每一個角色都應該作為這個角色典範的例子。「父」字所隱涵的意義即是如同父親的行為舉止，並且也預設了語言可以提供我們如何做人處事的資訊。[16]

換句話說，儒家認為「名稱」的功用不只是描述性的，而且是規範性的，建立起適宜各個角色的行為準則。在這樣一種把語言看作是具有道德意涵的觀點下，社會角色的名稱不只用以指涉各種不同的名分，最重要的是它還指涉理想的角色之類型，如「父」、「子」、「君」、「臣」等。一旦稱謂運用於人類社會中，它就會去規範社會中的人際關係以及人與人之間的行為。因此，「正名」不只是關於語言本身，它更是關於行為準則以及倫理關係。

15　《論語・子路第十三》，英譯本 Ivanhoe and Van Norden 2003：34。
16　Schwartz 1985：92.

　　藉著正名為建立社會秩序的一種方法，孔子為每一個社會角色定下普遍性的要求。也就是說，在每個名稱背後有一些普遍性的規範指導人如何為人父，為人母，為人夫，為人妻，為人兄弟，為人姊妹等等。若是每一個人都可以遵從規範並忠於其所屬的君臣、父母、子女或夫妻中的任何角色，那麼，因踰越分際而造成的社會亂象就會消失。「忠」的概念在孔子的道德階級架構下更著重在個人的道德義務和責任的意涵上，而非個人的權利或是應得的待遇。儒家便是從中建立起嚴以律己，寬以待人的倫理學之基本教義。相較於講求權利的理論系統，儒家的學說更是一種義務論（deontology）。

　　在儒家所提倡的種種道德責任和義務中，孝順之美德最根深柢固在中國文化當中。「孝」一字很難英譯，目前最常用的是「filial piety」，即是代表對父母的尊敬和忠誠，以它來說明「孝」字的涵義是再適當不過了。對父母的忠誠不是只限於在父母的有生之年，孔子曾說：「父在觀其志，父歿觀其行，三年無改於父之道，可謂孝矣。」[17] 在此，孔子特別強調守喪期的三年中也不違「父之道」才算是盡孝道。要是一個人一旦父親過世便立刻改變言行舉止，那表示其在父親生前只是虛偽應付而已。由於孔子認為小孩出生後，會在父母的懷抱中生養三年才能著地行走，在這之前小孩完全要依賴父母的照養。因此，在父母離世後守喪三年是天經地義的回報。孟懿子問孝，子曰：「無違。」並且進一步解釋曰：「生，事之以禮；死，葬之以禮，祭之以

17　《論語・學而第一》，英譯本 Chan 1963：21。

禮。」[18]「無違」一直被認為是父母可以要求子女絕對地順從，而在中國的傳統社會中，一般的父母也普遍如此要求子女。但是，從孔子對「無違」的解釋，我們可以看到他所說的並不是盲目地不違背父母之命，而是無違「禮」，也就是說孝道應當納入禮的規範以審視其是否合宜中度。既然孝道是子女的角色應盡的道德責任，那麼無論是父母還是子女都應該受到禮的規範。如果父母的行為違反禮的規範，那麼子女就可以解除其盡孝的義務。關於孝順，孔子更進一步強調內心的態度才是關鍵，子曰：「今之孝者，是謂能養。至於犬馬，皆能有養；不敬，何以別乎？」[19]從此可得知早在孔子的時代就有奉養父母並使之安享晚年的觀念。[20]在現今的社會中，「敬養」父母之道可能意味做子女的不應該只是給父母金錢，或是把父母送進養老院讓他人代勞孝敬的責任。只要父母在世，子女就應該盡到以恭敬之心奉養父母的責任。孔子的教誨促成了中國的傳統社會經常可以看到幾代同堂的家庭結構。

「恕」：儒家的金科玉律

孔子「一以貫之」的另一個道德概念便是「恕」（同情共感）。關於這個德性在孔子道德哲學中的重要性，可以從孔子另一段話中見到。當子貢問孔子是否有一言以蔽之而可終身奉

18　《論語・為政第二》，英譯本 Chan 1963：23。
19　《論語・為政第二》，英譯本 Chan 1963：23，稍作更改。
20　在中國的古代社會裡，女兒一旦結婚就屬於夫家的一分子。在古時候，照顧父母的責任基本上不是由女兒負責。

行的準則，子曰：「其恕乎！」並加以闡釋：「己所不欲，勿施於人。」21 這個道德原則常常被人比照基督教之金律「己之所欲，必施於人」，而被稱為是儒家的金律（the Confucian Golden Rule）。

　　基督教的金律是教誨人應當做什麼，而儒家的金律卻是教誨人不應當做什麼。前者以積極形式陳述，而後者以消極形式陳述。這種差別是否具有道德意涵呢？如果兩者比較，哪一種是比較好的道德律呢？Robert E. Allinson 認為積極和消極形式的金律完全不同，而消極的金律是更勝一籌的，因為：（1）它蘊涵了謙虛和謙卑，（2）它不會預設對自己好的也一定對別人好，而且（3）它比較不會導引至對他人強迫或有道德傷害的後果。22 艾文賀（Ivanhoe）認為基督教的金律是「可逆性原則」，他的解釋如下：

　　　　可逆性原則可以看作是一種形式性的原則，指引我在做任何事都會是選擇正確的行為。也就是說，當我要採取某種行動之前，會先在腦中演練一次，想像如果我自己處於跟對方同樣的處境，而某人做了和我打算採取之行動相同的事。假設我願意得到在我腦裡所想像的結果，那麼，我就可以照我所預設的方式對他人如此行動。23

21　《論語・衛靈公第十五》，英譯本 Ivanhoe and Van Norden 2003：42。

22　Allinson 1985：306-312.

23　Ivanhoe 1990：23.

　　然而，艾文賀指出這個形式性原則會出現一個問題，就是「它可能是掩飾了另一種以個人喜好強加於人的表現。譬如說，有一個人是被虐待狂，而根據可逆性原則，他勢必會變成一個虐待狂，因為他遵守『己喜被虐，所以虐人』的格言」[24]。相比之下，儒家的金律似乎就不會陷入這樣的難題，所以至少從表面的形式看來，儒家這個消極陳述的律則是比較優越的，不過，要對這兩個金律作更深入的比較，我們需要考慮它們的運用。

　　無論是基督教還是儒家的金律在與人的互動中都是關乎實際的行動，而不只是個人的好惡選擇而已。所以，它們所要求的不是讓他人都接受個人所信奉的座右銘或是道德的抉擇；它們只是要求個人對自己的行為做出檢討。兩個律則的語句形式都是如康德所言的「斷言律令（categorical imperative）」，也就是說，兩個律則都不是為了個人所要達成之目的或結果為考量基準。這兩個律則都預設個人不是為了期待對方的回報而採取行動。二者都同樣預設人之所欲大致相同，因此我們可以依據心同理同的立場去衡量他人心中的好惡。再者，任何基督教的金律所形成之道德考量可以很容易地就轉換成儒家的金律，反之亦然。例如：「己欲受到尊敬」，可以轉換成「己不欲受到不敬」；「己不欲遭竊劫」可以轉換成「己欲財產權受到尊重」。因此，我們可以辯證以上兩種律則幾乎可以互換成是同一個律則，二者其實差乎其微。

　　假如金律是用來作為指引我們如何對待他人唯一的道德法則，那麼我們得到的準則只有依賴於我們自己的意願，而沒有普

24　Ivanhoe 1990：23.

遍性的規範。至於我們的道德判斷是否合宜，則有賴於我們自己是什麼樣的人。基督教的積極形式律則要求我們「己之所欲，必施於人」，而我們自己之所欲為何？在基本程度上，我們希望受到他人的尊敬，或是在我們有需要時能得到他人的幫助、關懷、愛護等等，因此，我們以同理心看待他人是很正常的要求。然而，對於一個貪婪的人而言，他想要從他人得到的就會多很多，包括像：金錢、寬容，或是單方面的施惠。在此情況下，此人就很難對他人做同樣的付出，這時基督教的律則就顯得無用武之地了。再者，一個隱士會只想遺世獨立，如此一來，若依照基督教的律則，他也絕不可能對他人有任何付出。還有如前面已討論過的，遵從此律則會把被虐待狂合理化成虐待狂，而患有單戀的人也會合理化成一個苦戀者等等。基本上，每個人的願望和欲求都不盡相同，實在不能強行「己之所欲，必施於人」。

　　至於孔子的「恕」概念，或是所謂的儒家消極性金律，是否比較高明呢？孔子要求我們「己所不欲，勿施於人」，而吾人之所不欲者為何呢？一般而言，我們不希望別人對我們羞辱、嘲笑、行竊、傷害或虐待，因此，我們以同理心不如此待人是很合理的自我要求。即使我們期望他人能對我們有某種對待，儒家的律令也不鼓勵我們如此待人。這樣可以避免積極律令中有主觀好惡強加於人的問題。即使說界定己所不欲者比界定己所欲者更清楚明瞭是有爭議性的，因為人所不欲者和所欲者都是某種個人偏好和執著，然而己所不欲者還是較諸己所欲者更具有共通性。所以如果我們先審視己所不欲者而以此揣度他人的意願，我們自然會盡量合理地約束自己的行為而不去干擾到他人。因此，即使在道德上我們不能判定儒家的律令是否比基督教的金律更勝一籌，

但至少它在實踐上是更合宜並且更適用的。

　　「恕」的觀念如何運用於儒家的道德階級，而且「忠」與「恕」的觀念如何貫穿孔子所有的哲學理念呢？前面已經討論過，在儒家的道德階級中每一個人都在多層階級的社會脈絡中相互連結，而每一個人都應該忠於自己與他人所建立的關係所擔任的角色。「恕」的觀念可以使我們推己及人，以同理心去了解或感受相應對方之所欲者為何。舉例來說，父親會盡力教養孩子，但是若父親記得他自己曾反抗權威式的教育方式，那麼他就會去修正自己的教養方式而不會過分給孩子太多的拘束和壓力。又比如一個學生可能會希望在學習時期作弊，可是假如學生能理解自己若身為老師，對於學生作弊的行為會是何等失望，那麼，學生就會明白自己的責任就是應該誠實面對讀書及考試。推己及人的心態可以超越對角色互應之對方的同情共感，進而延伸至其他跟自己有類似角色的陌生人。例如，如果我們不希望自己的家庭成員受到傷害，那麼，我們就不應當去傷害其他陌生人的家庭成員；如果我們不願自己的孩子挨餓受凍，那麼，我們就應當去幫助其他無能力供應孩子衣食的父母。如果每一個人都可以有推己及人的想法和作為，那麼社會就不會有偷盜奸殺之事了。除非伴隨著推己及人的「恕」去了解他人的期盼，光是每個人盡其角色之「忠」德還不足以確保社會的和諧。如此一來，「忠」與「恕」二者就構成建立孔子理想社會彼此不可或缺的重要概念。

修身養性和道德理想：從君子、仁者到聖人

　　在儒家的道德社會中，人民根據其德性修養的層次區分成

不同的層級。在德性上成為表率的人稱為「君子」；而不只德性成為表率，並且願意幫助他人修身養性者稱為「仁者」；最後，不僅能以仁濟世，而且還能賑恤黎民百姓之苦者，則稱為「聖人」。25 完整的修身養性之歷程需要個人投入畢生的努力，而能最終達到聖人之最高境界者如鳳毛麟角。如果完備的德性需要畢生的努力，那麼我們顯然不是一出生就完美無缺的。以儒家的觀點來看，我們每人都具有臻致完美的可能性。

　　關於人性的定義是儒家學說重要的課題之一，但是孔子本人很少討論人性26，他所強調的是追求德性的修養。換言之，孔子更關心的是「我們所能成為的」模式，而不是「我們所與生俱來的」本樣。不過，在我們理解我們的德性目標之前，我們還是要先了解什麼是我們與生俱來的本性。孔子對人性的一個主張是認為我們與生俱來的本性大致相同，但是後天的習性造成人與人之間的差別：「性相近也，習相遠也。」27 如果我們與生俱來的本性相近，那麼什麼是人的本性呢？孔子認為人性本善，只是被欲望蒙蔽後才會偏離本性，他甚至承認自己的人生歷練要到七十歲才能隨心所欲不踰矩。28 在孔子的觀念裡，我們雖然不能生而

25　子貢曰：「如有博施於民而能濟眾，何如？可謂仁乎？」子曰：「何事於仁，必也聖乎！堯舜其猶病諸！夫仁者，己欲立而立人，己欲達而達人。能近取譬，可謂仁之方也已。」《論語・雍也第六》，英譯本 Ivanhoe and Van Norden 2003：19。

26　子貢曰：「夫子之言性與天道，不可得而聞也。」《論語・公冶長第五》。——作者添註。

27　《論語・陽貨第十七》。

28　《論語・為政第二》，子曰：「七十而從心所欲，不踰矩。」英譯本 Chan 1963：22。

完美無缺，但是，我們的確可以變得完美。

　　孔子用「習性」來解釋人與人之間的善惡等級區別，而習性的養成是經由重複的實踐才造成的。什麼樣的實踐內容導致善？而什麼樣的實踐內容會導致惡呢？在孔子對君子與小人的區別中我們可以得知：志於義或德，是往習得君子性格之途，而志於利與小惠，則是導引至小人性格之路。子曰：「君子懷德，小人懷土；君子懷刑，小人懷惠。」[29] 孔子其實未必是反對財富和利益，只是他反對以不正當的手段去累積財富及營造利益。如果一個人想要在德性上自我修養，首要任務就是集中心力去做對的事，而不是去累積財富。當一個人把累積財富當作生命的第一順位，那麼就會忘記初衷而為五斗米折腰。如果一個人汲汲營營於富貴，那麼即使她初次貪污公帑時會覺得羞恥，但是若經常營私舞弊，她對於以不正當的手段獲取財物就會習以為常。因此，如果一個人沒有一個穩固的道德原則，就很容易沉淪至小人的圈子裡。

　　孔子也說：「君子謀道不謀食……君子憂道不憂貧。」[30] 志於道的學習是終身的目標，而且道的追求是永無止盡的歷程。如果我們渴望物質生活的滿足和舒適，就無法專心修身養性，子曰：「士志於道，而恥惡衣惡食者，未足與議也。」[31] 專心立志於個人德性的成熟，就需要不斷地檢視自己：我是否怠乎修養德性？我是否怠乎課業的學習？我是否能朝所學到的正確方向

29　《論語‧里仁第四》，以及〈述而第七〉，英譯本 Chan 1963：27。

30　《論語‧衛靈公第十五》，英譯本 Chan 1963：44。

31　《論語‧里仁第四》，英譯本 Ivanhoe and Van Norden 2003：10。

精進？我是否可以糾正自己的錯誤行為？人若能熱衷於道的追求，就會保持勤奮精進，而且絕不會替自己找藉口。如同史華慈（Schwartz）所說：「德性的修養是一個長遠又艱難的歷程，不是每一個人都能完成最終的目標。」[32] 能為這樣的長遠目標而努力的人稱為君子，他們不是天生就是君子，而是透過不斷地自我檢視和自我改進而成為君子。

　　但是為什麼我們必須要尋求學習「道」並且修身養性呢？為什麼我們人不能只滿足於物質上的舒適呢？對於孔子而言，人生的最終目的與身而為人的意義有關。孔子有一個全方位的道德概念來描述何以為人：即「仁」。我們很難在西方的倫理學中找到一個可以等同於「仁」的道德概念。「仁」不是提供我們有關生命的一個指導原則，它也不是藉由某一單項行為就可以完成的。「仁」無關於行為，其實，它更是一種存有的狀態。更確切地說：「仁」所代表的是人存在之完美狀態。在理想上，人處於「天」與「地」之間，扮演著「天」與「地」等同的角色。在儒家的宇宙論（《易經》所討論的部分）中，「天」與「地」被賦予許多道德的特質，而其中最重要的特質就是「仁」。[33]「天」生養萬物，「地」厚德載物，天地對待萬物都是一視同仁，而我們也應當具有「民吾同胞，物吾與也」的博大胸襟，並且幫助萬物尋求自我的完成。藉此，我們可以了解為何孔子說：「苟志於仁矣，無惡也。」[34]

32　Schwartz 1985：96.

33　在後面的篇章裡，將會討論道家（尤其是老子）如何反對此觀點。

34　《論語·里仁第四》，英譯本 Dawson 2000：13。

一旦我們了解了「仁」的意義，就會明白僅僅是修養自身的德性並不足以成為生命中完整的目標，因為我們還需要去幫助別人實現其道德人格，這就是孔子為仁者所下的定義：「己欲立而立人，己欲達而達人。」[35] 成為仁者是君子的共同目標，誠如孔子所言：「君子成人之美，不成人之惡。」[36] 孔子曾以「愛人」來詮釋仁者。[37] 愛人不是只對他人仁慈或表示同情，因為對他人仁慈或同情可以用很實際的方式表現：例如，施予金錢，給予安慰，說親切好聽的話語等等。然而，儒家「仁」的理念是幫助他人成為更好的人，或者說是幫助他人得到「仁」的素養。一個人是不可能成就「仁」的德性，除非他能同時設法去幫助別人完成相同的目標。

若是有人不只幫助周遭那些修身養性的人，並且也能惠澤廣及黎民百姓，那麼這樣的人就不只是仁者而已，而應當尊稱為聖人。仁者與聖人不同之處也許僅僅在於兩者能造福他人的範圍程度。孔子似乎認為當仁者成為君王，即是聖人，他心目中的聖人包括堯與舜。孔子的學生顏回雖然德性近乎完美，但是，他仍然不能被尊稱為聖人。如今，中國人尊稱孔子是至聖先師，很顯然地，這顯示了孔子雖然不是君王，但是他藉由哲學和教育以幫助他人修養心性，同樣也可以綿延不盡地造福人群。

到目前我們所討論的道德原則（忠於社會的角色，己所不欲勿施於人，己欲立而立人，己欲達而達人等等）實有賴於個人

35　《論語・雍也第六》。
36　《論語・顏淵第十二》。
37　《論語・顏淵第十二》。

的主觀判斷，顯然其中有一個難題：如果我們不是生來就明瞭
「道」之完整的知識內容；如果對「道」的追求是無窮無盡的歷
程，那麼，在人生的中途我們就不可能知道我們應該怎麼做。似
乎我們還是需要一些外來的指導，而就是儒家另一個重要的觀念
「禮」（雙義：合宜中度，禮儀）的相關性。「禮」關乎禮節，
意指在任何情境中都能行為合宜中度，禮的形式化層面即是儀
式和禮儀，但是仍有其更深一層的意義。儀式和禮儀是一種社
會習俗，有時候會顯得刻板而且繁瑣。Herbert Fingarette 誤解孔
子「禮」的觀念，以為「禮」是某種「神聖的儀式」或「聖潔
的禮儀」，具備神秘的力量而可以塑造人們日常生活行為之習
慣。38 但是，孔子不可能要求我們不經任何道德判斷就依照社會
習俗的常規行事。如同柯雄文（Antonio Cua）所指出：「禮儀
包含了習俗，社會成規或是行為合宜中度的外在規範，但也提供
個人品德的起源。」39 事實上，從文獻的記載來看，孔子不認為
禮只是由外在的禮儀形式所構成，而且也不認為道德就只是遵守
禮儀即可。子曰：「君子義以為質，禮以行之。」40 換而言之，
個人對禮儀的遵從必須來自其內在的道德意識——「義」。孔子
只是將禮儀視為是可以從外在修正個人的主觀思維，而唯有內在
的心性，「仁」，可以賦予禮儀形式任何的價值。子曰：「人而
不仁，如禮何？」41 因為，如果人以「仁」為目標，那麼她在任
何狀況下都會期待自己行為合宜中度，而會「非禮勿視，非禮勿

38　Fingarette 1972：7.

39　Cua 1995：226.

40　《論語・衛靈公第十五》。

41　《論語・八佾第三》，英譯本 Ivanhoe and Van Norden 2003：7。

聽，非禮勿言，非禮勿動」[42]。例如，偷窺或竊聽別人在私人空間內的所言所行是很不適當的舉止，這不是因為我們無從窺視別人的私領域，而是因為我們選擇不如此做而已。也許我們會有強烈的好奇心想探人隱私，但我們若能自我約束就可以行事合禮。禮的本質就來自個人的自我約束。既然重要的是能自我約束，那麼禮的意識應該是出自個人內心，而不是來自於公眾的規則和社會的習俗。

在現今的社會，許多人都不再認為禮是他們行為的準則，他們或許只因一時興起就出言低俗，也有人毫無原因只是自己心情不好就去侮辱別人，有的人也可能只因認為自己有權利做任何自己想做的事就舉止粗俗，為所欲為。他們對身處的社會情境沒有敏感度，也不去評估自己的行為是否適宜。他們以為自我約束會限制個人的自由，而且他們認定自我表達遠比社會的禮儀更重要。然而，孔子教導我們約束自己就是回歸禮，也就是「仁」德的表現。子曰：「克己復禮為仁。一日克己復禮，天下歸仁焉。為仁由己，而由人乎哉？」[43]「禮」的社會準則以及有關禮儀的社會習俗與「法」的功能不同，雖然違背禮的行為不勝枚舉，然而，我們寧願不藉助立法來制裁這些失禮的行為。如果社會中每個人都在乎自己的行為是否合禮，我們的周遭的失禮行為就會少了很多。禮的形式化層面——禮儀和儀式——應當視為只是在提醒我們禮的重要性。經由禮，我們得以保持了人類的端莊體面，而這使我們能夠維持人之為人（仁）。基於此，孔子認為要想建

---

42 《論語‧顏淵第十二》，英譯本 Ivanhoe and Van Norden 2003：7。
43 《論語‧顏淵第十二》。

立一個所有成員都能實現其道德理想的社會，我們推動禮會比推行法律和刑罰更為有效。在此我們轉入討論此章的最後一個主題，即是孔子的政治理念。

從自我到國家：儒家的政治理念

　　一個理想的政體是指執政者具備了德性修養的最高境界，這個理想的執政者就是聖王。孔子認為執政者的職責不是只在於讓老百姓在物質上得到滿足和在其身家上得到安全保障，而且應該還要在德性上教育他們。子曰：「政者，正也。」[44] 也就是說，執政者的首要任務是導正人民的品行，為此，執政者本身必須要先導正自己的行為作為表率。品德和統治在孔子的政治哲學中是無法區分的。Raymond Dawson 如此陳述儒家的政體理念：「政府是一個確保具有高超品格的人能夠在其位而影響人民，並且作其表率的機構。」[45] 孔子認為聖王的理想不是永遠都不能實現的烏托邦（不同於柏拉圖的哲學王理念），早在孔子之前的古代就有聖王（堯與舜）治理並維持著道德和諧的國家。

　　從當代的觀點來看，我們或許會問：美德如何能保證政治的績效？在解答這個問題之前，我們必須先了解孔子的政治理想是為了小國寡民的專制君主制度設計的。在孔子時代的諸侯小國中，執政者的美德很容易被人民所察覺，孔子認為如果人民尊敬執政者，那麼，他們就比較會願意守法。子曰：「其身正，不令

44　《論語・顏淵第十二》，英譯本 Chan 1963：40。
45　Dawson 1982：53.

而行；其身不正，雖令不從。」46 當政權不是為「君權神授（天之所命）」說所支持時，執政者必須設法贏得人民對他的尊敬。孔子所謂「其身正」指的不只是執政者本身必須言行端正，並且他所做的行政判斷也必須是正確的。子曰：「舉直錯諸枉，則民服；舉枉錯諸直，則民不服。」47 如果執政者做出好的判斷來任用掌管國事的官員，那麼，人民就不會抗爭示威。如果人民見到管理他們的官員都有道德正直，那麼他們也會被啟發而自我要求做正直的人。這種受到啟發而帶來的道德轉變並非別出自他們的算計心，以為自己要是行為正直就可謀取高位。孔子相信人民本來就會向作為道德表率的人看齊，因為美德具有激動和感化百姓的力量。子曰：「德不孤，必有鄰。」48 此言生動地描述了美德的力量。如果有一個人德性完美，那麼，他四周的人也會受到啟發而採取有德的行為，最後，整個鄰里社區的人都會住滿具有美德之人。假使一位有德的平民百姓就有如此的影響力，那麼具有美德的上位者對百姓的影響力就更大了。孔子曾用兩種比喻來形容以德為政會有多麼輕鬆容易，他曾將有美德的執政者譬喻為北辰，其乃「居其所而眾星共之」49 他也說如果執政者願意為善，他的人民也自會為善，因為「君子之德，風；小人之德，草。草上之風，必偃。」50

　　最後，以孔子的觀點來看，律法和刑罰只能約束人民的行

46　《論語‧子路第十三》，陳榮捷的英譯，稍微更動（Chan 1963：41）。

47　《論語‧為政第二》，英譯本 Dawson 2000：8。

48　《論語‧里仁第四》，英譯本 Lau 1979：75。

49　《論語‧為政第二》，英譯本 Dawson 2000：6。

50　《論語‧顏淵第十二》，英譯本 Chan 1963：40。

為，但無法改變他們的心志。在嚴刑峻罰下，人民只想鑽法律漏洞而避免被罰。但是，如果他們被教導能守禮，那麼，他們就會培養自己的道德感，而自己想要做正確的事。子曰：「導之以政，齊之以刑，民免而無恥；導之以德，齊之以禮，有恥且格。」[51] 此言明確地表示孔子所主張的道德政治理想。

　　孔子的政治哲學和馬基維利（Machiavelli）的政治哲學構成一個鮮明的對比，根據馬基維利的理念，如果具有美德對執政者是有利的，那麼他就應該具備美德，可是有些時候，執政者必須學習不要具有美德。馬基維利說：「如果君主不能同時兼具被百姓懼怕與被百姓愛戴，那麼被懼怕比深受愛戴更好。」[52] 對此他辯稱執政者不能過於理想化，因為他必須應付現實世界的實際狀況。一般而言，人民都是自私、易變、善忘而且貪婪的。當執政者的行事作風受德性約束時，他將無法用最有效的方法來管理人民。但是，若他能實施嚴刑峻罰，那麼，至少他能確保人民不敢違反他所立的律法。

　　孔子的政治哲學恰好與馬基維利的政治學完全相反。孔子不認為理想和現實是兩個相互區隔的領域，對他而言，不管是個人還是國家整體，都應該以努力趨向理想為目標。正如同之前所討論過的，我們與生俱來的天性就是親和於善，只要受到良好的啟發，每個人都想成為善人並且身行正道。只有當我們耽於現狀並且自暴自棄，認定自己不可能臻致完善，才會無法順「道」。如果在聖王的道德啟發下，每個人都不斷檢證自我是否在職責上

51　《論語‧為政第二》，英譯本 Ivanhoe and Van Norden 2003：5。
52　Machiavelli, *The Prince*, ch. 17.

盡己之能（忠），是否在人際關係上能推己及人（恕），是否樂意立人達人（仁），是否在任何情況下都留意遵守禮度（禮），如此一來，「道」就可以普遍盛行，而理想的世界就可以實現了。

結語

　　孔子為個人和國家描述出一個崇高的理想境界，他認為理想的人格始終都要求自我改善，無終食之或缺。而我們的道德修養之途就像是在努力爬一個美德的階梯，我們永遠可以變得更好，因為永遠有進步的空間。學習「道」並且生活合「道」，這才是生命最終的目標。知識的取得是為了讓個己的德性能有所成長，而教育的目的是為了塑造道德的品格。同時，孔子也注重助人為善的道德義務，幫助別人有更好的人格。儒者總是經常想到以天下為己任，獨善其身不如兼善天下：獨樂樂，不如眾樂樂。能達到這個最終目標的最有效方法就是改善國家的政治，因此，完美的儒者是能做到內聖外王之人。儒家將「聖王」視為典型的理想人格，在儒家的政治哲學中，美德和政治是密不可分的。

　　至於在個人的層面，孔子的教導是嚴守日常生活中做人的基本德性。有美德的人不會尋求別人的表彰，正如孔子所言：「不患人之不己知，患其不能也。」[53] 因此，儒者必須時時檢視自己。我們所應該關心的只是自己是否言行一致，或者是否名實相符。有些人只是表面上顯現出具有美德的樣子，想藉此贏得同

53　《論語・憲問第十四》，英譯本 Ivanhoe and Van Norden 2003：39。

儕對他的尊敬，然而孔子稱這種「鄉愿」為「德之賊也」，[54] 後來孟子對此說法提出了解釋：

「非之無舉也，刺之無刺也，同乎流俗，合乎污世，居之似忠信，行之似廉潔，眾皆悅之，自以為是，而不可與入堯舜之道，……子曰：『惡似而非者』。」[55]

從之我們可以斷言，所謂的儒者，即是忠於德性，忠於「道」，而且忠於自己。

延伸討論問題

1. 什麼是儒家的階級體系之道德正當性呢？民主制度與這樣的階級體系是否可以兼容並蓄？

2. 基督教中的積極式金律和儒家倫理學中的消極式金律有何不同的意涵？兩種律則都是根據個己的好惡去衡量他人的好惡，二者均有別於康德的道德原則，要求我們應當視別人以及自己都為毫無利害考量之純粹的理性者。但是二者之中，哪一種律則的適用性較為普遍？

3. 在孔子的德性教育中，哪些美德是他最為推崇的？這些美德與其他倫理學家所推舉的美德有何不同？

4. 孔子如何定義「孝道」？這和西方對子女的期望有何差別？在你的家庭傳統裡對子女的期望是什麼？

5. Joel Feinberg（1980）曾討論一個虛構的「烏何有之鄉」

54　子曰：「鄉原，德之賊也。」《論語・陽貨第十七》，英譯本 Ivanhoe and Van Norden 2003：45。

55　《孟子・盡心下》，英譯本 Ivanhoe and Van Norden 2003：152-153。

（Nowhereville），他描述那裡的人們富有同情心，敦親睦鄰，值得尊敬，生而具備責任心卻毫無權利概念。儒家的社會是否就像「烏何有之鄉」？如果一個理想的社會中沒有權利概念，會有什麼缺憾嗎？

第三章

孟子

概論

　　孟子（西元前 372-前289）活躍於孔子之後的一百多年，他成為傳統儒學中的亞聖。孟子不只護衛孔子的哲學以對抗當時其他的學派，他還將之發展成較為系統化的理論。孟子的主要思想展現在集結其言論而編纂成冊的《孟子》。

　　在他的年代，孟子以其好辯而名聞遐邇，他曾說：

　　　　予豈好辯哉？予不得已也！⋯⋯楊墨之道不息，孔子
　　　之道不著，是邪說誣民，充塞仁義也。仁義充塞，則率獸
　　　食人，人將相食。吾為此懼，閑先聖之道，距楊墨，放淫
　　　辭，邪說者不得作。[1]

1　《孟子・滕文公下》，英譯採取劉殿爵的翻譯而稍作更改（Lau 1970：130）。

　　孟子畢生的職志是向當時的執政者和知識分子宣揚孔子的
理想，正如同孔子，他也著重於道德教育的兩大層面：如何成為
善良的君王和善良的人？而這兩大層面的教導都是根據孔子的信
念——人可以臻至完美。為了回應這個問題：為什麼人可以臻至
完美？孟子給出的答案是：基本上，人本性為善。因此，孟子的
主要論證是要建立人性本善的主張，而此論證便成為孟子哲學的
主要特點。

　　孟子經常在他的論辯和講學中應用隱喻和類比，黃百銳
（David Wong）稱此方法為「類比式的推理」或是「以類比方式
進行推理」。[2] 劉殿爵（D.C. Lau）對孟子的思辨法解釋：

> 　　孟子的讀者常常會發現孟子在和對手辯論時，他並不是
> 一個很重視邏輯關係的辯士，之所以會有這樣的印象，主
> 要的原因是其論證大都採用類比的形式呈現。然而，以孟
> 子的辯才和名望，實在令人難以相信他會耽溺於如此鈍拙
> 的論證形式，也不懂為什麼他的對手總是對這些不合邏輯
> 的論證啞口無言。因此，這些疑問一定是出於我們對孟子
> 的誤解。[3]

　　換句話說，如果我們看不出孟子的論證之關鍵點，就必須
先透徹理解其論證的「形式」。在本篇章裡，我們將會仔細檢視
孟子的論證形式。在孟子的時代，類比形式的論證似乎很普遍，

2　Wong 2002.
3　Lau 1963：334.

因為其他人也是採用相同的論證方法來質疑他的論點。孟子的確很善於構造一個有說服力的比喻，然而，在判斷一個類比形式的論證是否成功之前，我們一定要記得所謂類比就只是一個比喻。在比喻裡，在想要建構的事實和所列舉的例子之間雖然具有相似處，但是二者並非完全相同。在兩個被比較的事態中間一定會有歧異點。論者的技巧就在於如何讓類比事態的相似度自然可信，並且讓其間相異之處顯得無關緊要。不過我們提醒自己不要太去注意孟子所舉的例子本身，而掌握不到他所要建立的主張。

在本章我們也會討論有關孟子的政治哲學。孟子和孔子有著相同的政治使命：即勸說當時的執政者採納他們的政治理念。孟子在世時並不很得志，雖然他在當時的確受到一些君王的尊敬和資助，然而，大部分的君王都只在口頭上支持他的理念。孟子認為道德的階層高於政治的階級，而既然他身為君王在德性和政治上的導師，君王就應該前來向他請益，而不是反過來召見他去拜見君王。有一次，當他準備去晉見一位君王，而正好這個君王派了使者來傳召他，此舉讓孟子感到倍受冒犯，顯然這位君王只把他當作一般平民百姓看待，所以他就推說生病而無法接受召見。次日他去參加一位朋友的喪禮，完全不理會弟子提醒他此舉動可能會讓君王發現孟子根本沒生病。然而，當天君王派了御醫來幫孟子檢查身體的微恙，於是孟子的弟子差遣人通知孟子先不要返家，不如直接到朝廷去見君王。孟子沒有照做，索性在朋友家過夜，如此傲慢的舉動在當時的政治環境下是很魯莽的行為，因為君王有可能因此賜他死罪。然而，孟子為了尊嚴和榮譽，完全置個人死生於度外。雖然孟子因君王的矯情而感到失望，但他仍然期望君王會改變心態。最後，孟子對這個君王死了心，決定

離開，但是他還是花了三天的時間才啟程離開該國，抱著空想期待君王會派遣使者來挽留他。孟子對執政者的殷盼以及他驕傲的態度可能很難讓現代讀者理解體會，然而，這顯示出孟子的個性以及他衷心希望能實現他所秉持的政治理念。

　　本章的論述重點是孟子的人性觀，他的道德哲學，以及他的政治哲學。

什麼是人性？

　　對人類本性的探究是中西思想家的共同任務[4]。所謂「人的本性」，我們不能只是指人出生時所具有的特性。比如像嬰兒並非天生就會推理，可是大部分的思想家都認為推理是人性的一部分。另外，嬰兒並不會有發育完全的性欲，可是絕大多數的思想家也都認為性欲是人性中先天固有的。或許，我們應該說所謂的「性」是指潛能、傾向，或天賦能力。要是如此，那麼我們的成熟狀態就不僅僅是人性的展現，而是我們的潛能、傾向和天賦能力都已實現後的結果，換言之，我們的「性」不是我們存在的「最終狀態」（an end-state），而是「初始狀態」（a beginning-

---

[4]　安樂哲（Ames 1991）曾經發表一個詳盡的論證用以反對將孟子所用的中文字「人性」（reng xing）翻譯成「human nature（人類的本性）」。我認為二者是相似的。關於二者詳細的比較內容可以參閱葛瑞漢（Graham）1990：1-2。就算孟子對於人類的本性有別於其他人的看法，但是概念的差別應該是在哲學的論辯中反映出來，而不是只在翻譯的語彙上做區別。因此，我在本書（英文版）是用「human nature」一辭來表達「人性」。有關安樂哲之觀點的學者論評，可參考葛瑞漢 Graham 1990；Bloom 1997；Bloom 1994；信廣來 Shun 1997。

state）。

　　如果人性只是人的存在之初始狀態，那麼，它就不能預先決定我們將會有如何發展。說我們有向善的傾向，並不代表說我們不會變壞；而說我們有作惡的傾向，也不等於說我們不能變好。任何傾向都不能防止我們往另一方向發展。那麼爭辯人類本性是傾向於好或傾向於壞有什麼意義呢？我們是不是應該把人性視為中性的？葛瑞漢（Graham）如此解釋孟子所謂「性」的意義：「有生命之物的性……指的是生物在受到充分的滋養，並且沒有受到外在的阻礙或傷害而成長的歷程。」5 換言之，「性」不是指任何的傾向或是偏向，而是指生物之「天然的」傾向和偏向。本性之外的異向發展不屬於天然發展，而是後天的外在影響所造成的結果。

　　「本性」（nature）常用來和「培育」（nurture）相對照。「培育」包含了各種環境的影響：例如，父母的照顧，家庭的教養，同儕的行為舉止，教育的加強，和社會的規範等等。理論上來說，「本性」是在這些培育的成果之前的狀態。然而在實際上當我們能夠觀察一個人的行為時，他已經受到各種外在環境的影響。是以要是沒有「培育」，就不可能展現「本性」，因此，在「本性」和「培育」之間採取二分法的區別是很不切實際的。如果我們運用經驗的考察來收集人性或善或惡的證據，那麼，我們根本得不到足以採信的說明。所有的成人都是「本性」和「培育」二者的混合結果，硬要將二者做區別根本是不可能的作法。因此，關於人性是善或是惡的爭論究竟有何意義呢？

5　Graham 1989：124.

　　其實關於「人性」的爭論是為了解決「培育」的議題：要建立一個和諧道德的社會，最好的方法是什麼呢？假如我們認定人類本性傾向於惡，那麼，我們就會主張一些方法去限制這些傾向，比如法律和刑罰。要是我們認定人類本性傾向於善，那麼，我們就會主張一些去提升這些傾向的方法，例如教育和鼓勵等。我們會看到在孟子之主張性善和荀子之主張性惡的辯論之中，日後會演變成著重道德典範的儒家政治以及著重嚴刑峻法的法家政治之辯論。因此純粹理論性的人性辯論最後都造成了非常巨大的影響。

孟子對人性及人心的預設

　　首先，對孟子而言，「性」是物種的特殊性（species-specific）之概念。他曾引用詩經之言：「天生蒸民，有物有則。」[6] 不同種類的事物會有自己的規律、法則，而這些規律和法則界定了它們各自的本性。狗的性就不會和牛的性相同，正如牛的性不會和人的性相同。[7] 因此，正是人之性讓人與其他動物有所區別。孟子更辯稱人之異於禽獸者正是因為人具有天生的美德。既然所有的人類都屬於同物種（孟子稱其為同類），所有人都會有相同的性。因此，孟子認為人性是普遍地存在於人類之中。他舉大麥為例：

6　《孟子·告子上》，英譯本 Lau 1970：162-163。
7　《孟子·告子上》。

> 今夫麰麥，播種而耰之，其地同，樹之時又同，浡然而
> 生，至於日至之時，皆熟矣。雖有不同，則地有肥磽，雨
> 露之養，人事之不齊也。故凡同類者，舉相似也，何獨至
> 於人而疑之？[8]

大麥是一種自然界的物種，無論它如何生長，都不可能變成稻米。人類也是一種自然的物種，無論人如何發展，都不可能變成禽獸（從生物學的觀點）。在這個比喻裡，我們可以清楚地看到孟子對人與人之異同的觀點：他主張人們天生本來彼此相似，而在成人身上看到的差異是由於外在環境和後天的努力所造成的。

有些人會駁斥上述的說法，辯稱人類之身體和生理的特性是由生物的種類所決定。然而，當討論到人性的善惡時，我們所面對的道德特性就不是由生物學所決定的。關於此，孟子認為人心是我們天生具有的器官和稟賦。[9] 人之心可以學會思考，同樣也可以學會有完整的道德感，但是思考的能力和德性的潛能都是天生內在的。孟子說：「口之於味，有同耆也。易牙先得我口之所耆者也。……至於味，天下期於易牙，是天下之口相似

8　《孟子・告子上》，英譯本 Lau 1970：164。

9　在孟子的用法中，中國字「心」代表情感的和認知的能力。艾文賀
　　（Ivanhoe）說：「早期的中國人認為『心』（heart and mind 心臟和心靈）是個包含認知的（即理性的）和感性的（即情感的）官能——包含道德的敏感度（ethical sensibility）和意志的能力（volitional ability）（類似但卻不等同於英文中所謂的『will（意志）』之概念）」（Ivanhoe 2002b：222）。單一英文字「mind」或「heart」二者都不能包括這麼多內涵。

也。……故曰：口之於味也，有同耆焉；耳之於聲也，有同聽焉；目之於色也，有同美焉。至於心，獨無所同然乎？心之所同然者何也？謂理也，義也。聖人先得我心之所同然耳。故理義之悅我心，猶芻豢之悅我口。」[10]

這番言論可以條列成論證如下：

1. 人類口之於味，耳之於樂，以及目之於色大致相同，基於此，我們會彼此認同傑出的廚師，傑出的樂師或是傑出的秀美之人。

2. 我們的心智不會和感官相差太過殊遠而沒有共通性。

3. 因此，我們的心也一定都是相似的。

4. 人類當中有聖王，而聖王即是其傑出的道德特質普遍受到認同。[11]

5. 因此，我們的心一定會喜愛德性，正如同我們的味蕾會喜愛美食。

在這個論證中，孟子將心智比喻成感官，並且將聖人比喻成廚師、樂師或藝術家，這些人都藉著才能取悅大眾的味蕾，耳朵和眼睛並得到百姓的認同。舉例來說，如果我們會自然喜愛傑出之廚師的美食，那麼同理可證，我們也會自然喜愛聖王的道德行為。在當代對心智發展的理解下，孟子將心智和感官互為類比

10　《孟子・告子上》，英譯本 Ivanhoe and Van Norden 2003：144-145。

11　Eric Hutton 曾對孟子的聖人觀點做了很完善的描述，運用孟子品味的鑑賞家來做比喻，Hutton 說：「最主要一點是聖人就是對人心的鑑賞家」（2002：174）。

的論證看似很薄弱。即使我們認同他將心智設定成具有天生能力的感官之一，然而，將聖王比喻為傑出的廚師或樂師卻是值得商榷的。廚師和樂師的名聲都是建立在具有共同品味的小群眾裡。一位素食者就不可能推崇優秀的牛排師父，一位對搖滾樂狂熱的樂迷，也不可能欣賞優質的交響樂團。即使我們回到嬰兒時期來看，也無法宣稱所有嬰兒的味覺、聽覺和視覺都具有普遍的共同好惡。所以，孟子這個論證並無法排除有些人天生喜愛德性而有些人天生偏好邪惡的可能性。

孟子的人性論大部分是為了駁斥同時代的哲學家告子的觀點。《孟子》中所紀錄的告子之觀點可以總結如下：

A. 生之謂性也，猶如白之謂白。[12]

B. 人性猶如空白石板（性猶杞柳，可做成木杯或木碗；性猶流水，可導之以東或是以西），人類本性並無善與不善也。[13]

C. 食色對於人是自然而然的，可謂之人性也。[14]

D. 美德如仁義者，乃成於人的後天努力。[15]

---

12 英文版此處的英譯（life）是依照 Ivanhoe and Van Norden 2003：141 對於「生」字的翻譯。其他對於「生」的常見翻譯包括「what one is born with（生而有之）」以及「the inborn（先天）」。在告子的論證中，他以中文字「性」和「生」之字源部首的關連作為基礎，根據劉殿爵所言，「兩個字的發音雖然有些許不同，在孟子時代兩個發音有可能被書寫成同一個字，這讓告子的論證變成套套邏輯（tautological），也就如同所謂的『白之謂白』。」（Lau 1970：160-1, n. 1.）如果我們使用另外兩個翻譯，孟子對告子論證的質疑會變得不可理喻。

13 《孟子・告子上》。

14 《孟子・告子上》。

15 《孟子・告子上》。

　　為了駁斥告子的觀點，孟子首先挑戰其所做的比喻。關於杞柳做成杯或碗的比喻並不恰當，因為杯碗的製作必須先砍伐柳樹並且改變其形狀。那麼，當告子認為人可以靠努力而成就仁義的美德，也就是說仁義是要先戕賊人性才形成，此斷言即便是告子本人亦無法認同。孟子更進一步指出水的比喻是較為恰當的，但是，告子並未深入觀察水流的特性：水乃就下也。孟子主張我們可以用水來比喻人性：人性猶水之就下也。以此為比喻，人性就不是可被塑造成善或惡的純中性。如孟子曰：

> 人無有不善，水無有不下。今夫水，搏而躍之，可使過顙；激而行之，可使在山。是豈水之性哉？其勢則然也。人之可使為不善，其性亦猶是也。[16]

　　孟子也質疑告子對「性」之意義的詮釋。孟子認為如果說生之謂性，猶如白之謂白，那麼，犬之性猶牛之性，而牛之性猶人之性，因為他們都是有生命的，而這結論即便是告子本人亦無法接受。

　　即便告子本人接受孟子解釋「人性」為「自然的傾向」（「端」），他也不會同意人性傾向於善。在告子的看法裡，人自然欲得食與色，因此食色二欲都屬於人性。告子甚至接受人能愛人（仁之本）或許是天性，但是人會去做對的事（義之本）則是出於外在環境壓力。在這裡，孟子和告子的辯論變得相當複雜。孟子似乎並不反對告子宣稱食色之欲是人性的一部分，也接

16　《孟子·告子上》，英譯本 Lau 1970：160。

受其認為對家人的愛是天生的。孟子轉而針對告子宣稱人會想做對的事是出於外在環境壓力而辯論。這就是孟子跟告子之間有名的「義內」、「義外」之辯。在這個辯論的脈絡中，「內」是指「出於內心」，「外」是指「出自外在的標準」。辯論的主題可以簡潔地陳列如下：人所做的事之對錯判準是來自於人的內心，抑或是來自於外在的常規？告子以尊敬長者為例，藉以證明他主張義外的觀點。他辯稱要是對方年長於我而我以長輩尊之，純粹只是因為對方是長者。無論長者是陌生人還是值得我尊敬的人，決定我對長者的行為態度完全是由於長者的年歲，正如同彼白而我白之。因此，告子認為什麼是對的事是完全取決於外在的標準。[17] 對此辯論的意義在於如果告子可以成功地證明道義感有賴於外在要求來決定，那麼，個人自己就無法知道在不同的情境中該如何做對的事情。如果個人不知道他自己該如何做對的事情，那麼，他就沒有道德的自主性。如此一來，當我們判定有人缺乏道德的自主性時，就只能把一些外在的規範加諸在他們的行為上，此時就只能完全放棄儒家的自我德性修養方案了。要駁斥告子這個很嚴肅的主張，孟子指出尊敬長者之尊敬感其實是來自於一個人的內心。即使根據不同的情境我們必須考慮不同的行為，在所有考慮之背後有一個共同點：我們都期望在不同的情境中做「對」的事情。孟子認為此期望就是我們的道義感。他以我們在不同場合中對長者舉杯祝酒為例，藉以證明即使我們的行為的確是會配合外在的禮儀規範而有所調整，但是我們對長者的敬意則無論在何種情況下都是相同的。因此，道義感，或是想做對的事

---

17 參照《孟子・告子上》。

情之意願，乃是出於人的內心，而不是由於外界的壓力。

　　還有其他的道德感跟道義感一樣是人類先天就固有的，孟子認為人性包含有道德的端萌（或是初芽），他將之列名為仁、義、禮、智。一個人從具有善良的傾向直到發展為善人，其間需要培育這些道德的端萌使它們變為成熟。然而，當環境不能促進人修身養性的過程，或是人不夠努力向善時，人就有可能轉為惡人。在我們討論了孟子主張人性本善的論證之後，我們將進一步探討孟子對德性的缺失所做的解釋。

孟子的性善論證

　　為了證明其「人無有不善」[18] 的主張屬實，孟子提出了一些論證。孟子曰：「所以謂人皆有不忍人之心者，今人乍見孺子將入於井，皆有怵惕惻隱之心。非所以內交於孺子之父母也，非所以要譽於鄉黨朋友也，非惡其聲而然也。由是觀之，無惻隱之心，非人也。」[19] 這番言論可以整理成下面的論證（論證 1）：

　　1. 任何人乍見孺子將入於井，內心都會感到怵惕和憐憫。他會如此感受並非為了獲得其父母的友誼，也不是為了獲得他人的誇獎，更不是因為他討厭聽到小孩的哭喊聲。
　　2. 這個例子說明了人無法目睹他人承受痛苦。
　　3. 此乃惻隱之心，即是仁之端也。

18　《孟子・告子上》，英譯本 Ivanhoe and Van Norden 2003：141。
19　《孟子・公孫丑上》，英譯本 Ivanhoe and Van Norden 2003：125。

4. 所以，人的本性天生就有仁之端也。

　　值得一提的是當法哲盧梭（1772-1778）試圖證明人是具有同情心的生物時，也是用了類似的例子：假想有人看到「一頭野獸從一位母親的懷中奪下孩子，用牠凶殘的尖牙咬碎小孩脆弱的四肢並且用牠的利爪扯出小孩活生生的內臟。」盧梭接著說：「目睹到這個事件的人會感到巨大的震驚，即便這事件與己無關，目擊者一定會因為自己無法伸手救助這個瀕臨昏厥的母親和面臨死亡的小孩而痛苦萬分。」[20] 同樣地，孟子的論證也是在進行一項思維的實驗，其中他讓我們思索目擊孺子即將面臨死亡的場景，從而得到和他一樣的論斷，即人人皆有不忍人之心。對於這個論證，我們也許可以質疑第一個前提：在這種情況下並非每一個人都理所當然地會感到忧惕和憐憫。然而，孟子不是針對所有人的反應做一種普遍性的命題，而是做一種一般性的命題，或如艾文賀（Ivanhoe）所稱的「一種通用的命題」[21]，既然如此，只是幾個反例是無法推翻孟子的命題。如果大部分的人都會有孟子所描述的反應，那麼，大部分的人理所當然地皆有惻隱之心。這所描述的是一般性的真理。當然，僅僅擁有這份自然流露的情

20　這個故事是源自盧梭（Jean-Jacques Rousseau）的著作《論人類不平等的起源與基礎》，英譯本 *A Discourse on Inequality, Maurice Cranston* 英譯，*Penguin Classics*. New York：Penguin Books USA Inc., 1984：100.

21　A "generic" claim. Ivanhoe 2002b：222-3. 所謂「普遍性的（universal）命題」是包含全部的個例，所以只要找到一個反例就可以駁斥了原來的命題。相對之下，一個一般性的（general）命題即使有一些例外，還是適用於大部分的例子。只要一般來說人們會對他人的苦難而心有所動，那麼，孟子的論證在此就是合理的。

感遠遠稱不上是道德，比如有人可能置之不理而不出手救援小
孩，也有人可能將小孩視為是仇人之子而順手將之推入井底。正
如同黃百銳（David Wong）指出，「嚴格說來，一時的憐憫心並
非是真正的同情。」[22] 孟子之提出人皆有一時的憐憫心或有仁之
端的主張，只是證明人性本善的第一步。孟子接著辯稱：

> 生，亦我所欲也；義，亦我所欲也，二者不可得兼，舍
> 生而取義者也。生亦我所欲，所欲有甚於生者，故不為苟
> 得也；死亦我所惡，所惡有甚於死者，故患有所不辟也。
> 如使人之所欲莫甚於生，則凡可以得生者，何不用也？使
> 人之所惡莫甚於死者，則凡可以辟患者，何不為也？由是
> 則生，而有不用也，由是則可以辟患，而有不為也。是故
> 所欲有甚於生者，所惡有甚於死者，非獨賢者有是心也，
> 人皆有之，賢者能勿喪耳。[23]

這個論證整理如下（論證 2）：

1. 每個人都欲生惡死。但是，如果藉著施捨人食物而羞辱
對方，對方雖然需要食物賴以生存，也不會接受你所施捨的食
物。

2. 因此，每個人都有所欲甚於生者，也有所惡有甚於死者。

3. 假如真有使人不屑只為趨生避死而行為，那麼，人就不

22　Wong 1991：34.

23　《孟子‧告子上》。英譯本 Ivanhoe and Van Norden 2003：146。

單純只是將自我生存設為唯一目的之生物（其他動物就是）。

4. 因此，即便是面臨攸關生死之大事，每個人也都有可為和不可為的行為準則。

5. 所謂義人，即是在任何事上都能堅守原則的人。

6. 是以，每個人都擁有可以成為義人的內在特質。

如上所陳述的論證（論證 2）並不是一個有效論證，我們可以說從前提 1 到前提 2，孟子所犯的是一種「草率概括（hasty generalization）」的謬誤。單從一個例子，即使是一個眾所皆知而且是生活中的實例，是無法證明我們不是天生只欲求生存的生物。不過，孟子並不是在作這樣一個錯誤的推理。他的論證只是用以說明一般性的人類特色，如同前提 2 所陳述的，如果總是會有可以讓人超越趨生惡死之自然傾向的事，那就表現出人的存在高於動物基本的求生層次（對比於告子所主張生之謂性）。而有個讓人有所不為的原則，基本上就是義之端，所以，義之端在於人內心，正如同仁之端亦如是。

在提出仁義之端內在於人的主張之後，孟子進而建構人性有四個主要的德性之端：仁、義、禮、智。孟子曰：

> 惻隱之心，人皆有之；羞惡之心，人皆有之；恭敬之心，人皆有之；是非之心，人皆有之。惻隱之心，仁也；羞惡之心，義也；恭敬之心，禮也；是非之心，智也。仁義禮智，非由外鑠我也，我固有之也，弗思耳矣。[24]

24　《孟子・告子上》，英譯本 Ivanhoe and Van Norden 2003：143-144。相似的論述也見於《孟子・公孫丑上》。

這番論述可以擴展為下面的論證（論證3）：

1. 所有的人都自然有惻隱之心，有羞惡的情緒，有恭敬和辭讓的情感，以及有是非之辨的意識。

2. 惻隱之心是仁之端；羞惡之心是義之端；恭敬辭讓之心為禮之端；是非之辨的意識是智之端。

3. 仁義禮智構成善。

4. 因此，所有人的本性都有善之端。

在第一個前提裡，孟子再次對人性做了一種一般性的陳述。對於別人的痛苦，有時我們會感到同情；對於自己的行為，有時我們會感到羞恥，或是對別人的舉止，有時我們會感到鄙視；有時對於某些事或人，我們會感到尊敬或敬佩；有時候我們會做出是非分別的判斷。孟子稱這些情感和意識為德性的「四端」，他認為人之異於禽獸者幾希，唯此四端使人有別於其他動物。所以，孟子稱「四端」，或可說是四種德性的傾向，為「人的本性」。具有四端並不能保證每個人都可發展出仁義禮智的美德，然而毫無疑問地，它們是人類的德性之四大共同的基礎。

從上面的論證，可以發現孟子相信德性是奠基於人類的自然情感。人類道德的根源不是純粹的人類理性，而是人類的情感。同時，倫理學的基礎不是社會的制約，而是人性本身。根據孟子的觀點，人類道德之所以會在各個人類社會中發展，是由於道德意識對於人類而言是自然而然而且是與生俱來的。在此，我們可以將孟子的道德倫理學稱之為「道德的自然主義觀」。

孟子對道德匱乏的解釋

　　如果人的本性天生傾向於善，而且人心原本就有德性的種子，那麼，為何我們不見到處都是聖賢之人呢？既然孟子認為需要大力倡導四端之存在以及德性之重要，可以想見即使在他當時的社會中，大多數人的行為就已經不合道德的規範。那麼，究竟該如何解釋人性本善卻到處看得到惡行呢？如果德性是天生就具有的，可是人們卻不是道德的，那麼就一定有理由使我們在德性上有所缺失。如果人類常常在道德上失敗，那麼就應該有方法來教導人們避免在道德上犯錯。關於孟子對德性缺失的解釋以及其修身養性的教育學，此二者必然是緊密結合的。

　　雖然孟子一再強調人類本性具有道德的善端，他卻從未否認追求身體舒適以及物質享受的欲望也是人類本性的一部分。孟子稱我們的感覺器官為「小體」，而將心智稱為「大體」。[25] 孟子認為感官是追求食色物欲的享受而與心之欲相競。根據孟子的觀點，口欲求美味，耳欲求美聲，目欲求美色，就如同心之欲求美德。人心有四大功能：思慮（反省）；情感（包括道德情感和自然情感）；意志（志：用以發心）；以及導氣養氣的功能。之所以有道德缺失的情況出現，大部分原因是人心沒有充分發揮其功能才造成的結果。

　　由於心和感官之相競，道德意志和感官欲求彼此交戰，孟子必須盡全力解釋為何我們天生的道德傾向不能保證我們會成就完美的德性。有時感官欲求和道德意識會將我們導向相反的方

25　參考《孟子・告子上》。

向，因此我們會有內心的道德爭戰。如果我們專注於感官的追求而離開道德的正道，那麼，我們就是順從小體，而不能從吾人之大體。例如：若有人熱衷於享受美食，就有可能花費所有的心力去尋找美食，根據孟子的研判，此人的心智一定受役於感官。如果我們未充分發揮心之功能，就會導致我們道德的匱乏。其一，人心的主要功能是思考和反省自身的行為，是以，如果心不能思，不作反省，它就無法和感官相抗衡。再者，如果人心沒有堅強的意志，那麼就算個人希望行善，也很容易半途而廢。第三，人心原本就包含許多與生俱來的道德情感，如果個人在做道德抉擇時不能運用這些道德情感，那麼，此人就很容易喪失他固有的善良本質。最後，心還要持其志，養其氣，如果心不能養其正氣，意氣用事的結果只會使心偏離初心之志。

　　「氣」的概念在孟子的理論中很難完整地分析。26 我們可以將之視為充盈在人體中的能量形式，受制於心或意志，孟子有時以「浩然之氣」來形容它。為回應學生對此提出的疑問，孟子曰：

　　　　難言也。其為氣也，至大至剛，以直養而無害，則塞於
　　　　天地之間。其為氣也，配義與道；無是，餒也。是集義所

---

26 「氣」的宇宙論之概念已在本書第一章討論。《孟子》中的「氣」不是純然為宇宙論之概念，因為它大部分都是在討論人的語境中才會出現。「氣」不是僅為物理的能量，因為它也有道德的層面。倪德衛（Nivison）稱它是「人的感情能量」（Nivison 1996：128）。黎惠倫（Whalen Lai）稱它是「充盈在個人的道德氣息」（Lai 1984：154）。

生者，非義襲而取之也。行有不慊於心，則餒矣。[27]

　　如果氣是集義而成，那麼，氣可視為道德的精神，然而，氣又似乎可以有具體的層面，因為氣可以受到志的主導而轉向及展現。一旦我們立了志，我們可以「持志」以引導氣的流向，而克服我們不應該欲求的意圖。[28] 孟子認為人內在的道德之正氣會自然顯現在人的面容和外表上。孟子曰：「君子所性，仁義禮智根於心。其生色也，睟然見於面，盎於背，施於四體，四體不言而喻。」[29] 誠於中者，必形於外。人的眼睛（眸子）更是透露內心世界的門窗：「存乎人者，莫良於眸子。眸子不能掩其惡。胸中正，則眸子瞭焉；胸中不正，則眸子眊焉。」[30] 若要察明他人的意圖，聽其言並觀其眸應該是上上策。

　　孟子對人們德性的匱乏可以總結如下：

　　1. 人之不思。「心之官則思，思則得之，不思則不得也。」[31] 孟子引孔子之言：「求則得之，舍則失之。」[32] 他認為

27　《孟子・公孫丑上》，英譯本 Ivanhoe and Van Norden 2003：123。
28　對孟子而言，凡是可以欲求的就是道德上可以接受的。孟子曰：「可欲之謂善」（〈盡心下〉），這個陳述在宋明理學中引發了許多討論，其中至少有兩種分析欲求和善之間關係的方式。其一認為我們只應欲求在道德上可以接受的，另一則認為我們的欲求只要不會剝奪他人的欲求就是在道德上可以接受的。我認為我們這裡可接受孟子並未主張完全摒除人欲的假設。
29　《孟子・盡心上》，英譯本 Lau 1970：186。
30　《孟子・離婁上》，英譯本 Ivanhoe and Van Norden 2003：134。
31　《孟子・告子上》。
32　《孟子・告子上》。陳榮捷的英譯稍作更改（Chan 1963：57）。

這是對人心的最佳描述，如果「耳目之官不思，而蔽於物，物交物，則引之而已矣。」[33]

2. 人之失其本心。孟子曰：「一簞食，一豆羹，得之則生，弗得則死。嘑爾而與之，行道之人弗受；蹴爾而與之，乞人不屑也。萬鍾則不辨禮義而受之……是亦不可以已乎？此之謂失其本心。」[34] 有些人不會因為小利就違反自身的原則，但是，為了擴張自身的財富和權利，他們卻是任何事情都願意做。這麼做的人是忘了自己的本心初衷，有所為有所不為，有些事情是他們原先在任何情況下都不會去做的。喪失了有所不為的意識，就是喪失了道義感。

3. 人沒有培養自身的道德秉賦。孟子以栽種植物為例，說明「善之端」需要持之以恆地努力去培育和發展，孟子曰：「雖有天下易生之物也，一日暴之、十日寒之，未有能生者也。」[35] 同樣地，如果我們只是偶爾行善，然後常常都是在重複一些惡行，也是無法將「善之端」發展成道德的品格和符合倫常的行為。

4. 人過於注重本性的食色之欲，或是小體（身體感官）的欲望，例如人的口腹之欲。孟子曰：「從其大體為大人；從其小體為小人。」[36] 孟子相信物質的欲望會使人轉移對修養心性的努

33　倪德衛如此解釋：「當我們只對道德善採取認同態度（pro-attitude），而沒有去『思之』，我們就不會主動將道德善視為己有或是發心行善。這便是孟子所言：『思則得之，不思則不得也。』」（Nivison 1996：87）

34　《孟子‧告子上》。英譯本 Ivanhoe and Van Norden 2003：146-147。

35　《孟子‧告子上》。

36　《孟子‧告子上》，英譯本 Ivanhoe and Van Norden 2003：147。

力。儘管他不曾提倡遏止物質欲望，但是他的確告誡人們應該減少物欲。孟子曰：「養心莫善於寡欲。其為人也寡欲，雖有不存焉者，寡矣；其為人也多欲，雖有存焉者，寡矣。」[37]

5. 人慣性行惡以致則其善良的本性戕害殆盡。孟子曰：「牛山之木嘗美矣，以其郊於大國也，斧斤伐之，可以為美乎？是其日夜之所息，雨露之所潤，非無萌蘖之生焉，牛羊又從而牧之，是以若彼濯濯也。人見其濯濯也，以為未嘗有材焉，此豈山之性也哉？雖存乎人者，豈無仁義之心哉？其所以放其良心者，亦猶斧斤之於木也，旦旦而伐之，可以為美乎？」[38] 他以牛山來譬喻人之本性，牛山因匠人砍伐過度，加上剛生長的幼苗又被牛羊不斷嚼食，是以光禿無林。孟子說一個人要是不斷重複惡行而戕害其本性，其人最終就會與禽獸為伍。歷史上那些成為暴君、反社會病態、職業刺客、連環殺手等等的人，都是已經將其本善之性戕賊殆盡的人。我們看這些人似乎完全沒有一絲點善意留存。萬百安（Van Norden）以為孟子舉牛山為例是主張「有些人天生就沒有善之端」。[39] 然而，孟子明確指出即便牛山光禿無林，那也不是牛山的原來樣貌。同理可證，道德淪落的人也並非天生就缺乏善端或是善良的本性。只要他們一旦能停止戕害本性的惡行，歹徒也會改過自新，就像只要停止砍伐，牛山就可以讓它重新長出新的樹林。因此，孟子對人性普善的主張也運用於最邪惡之人，不因為他們而有所減少。

37　《孟子・盡心下》，英譯本 Lau 1970：201-202。
38　《孟子・告子上》。
39　Van Norden 1991：359.

6. 人行善的欲望不夠或是人的意志太薄弱。[40] 就如人心會「不思」，它也會無力「持志」，以致個人原本的心志也會因為不夠堅定而無法為善。例如，我們下定決心要定期捐款給慈善機構，但是，如此善良的決定常常不能持之以恆，很快地，我們就會沉溺在以往奢侈的習性而放棄持續捐款。像這種意志薄弱的情形，也可以說明人們會有道德的匱乏。

7. 自我否定或是自暴自棄。孟子曰：「有是四端而自謂不能者，自賊者也。」[41]根據孟子所言，他承認兩種能力不足的情況：一是個人所承擔的任務真的超越其體力所及，另一是個人所承擔的任務雖是能力所及，但是他卻宣稱無能為力。後者僅僅是不為，而非不能。盡己之力為善永遠不會是超出個人能力的，因此聲稱自己無力為善是站不住腳的。大部分的人當他們宣稱沒有能力去做善行時，他們都只是替自己找藉口。孟子似乎認為這也是當時的執政者不能行仁政的主要原因。

　　透過上面的解釋，孟子論證即使有些人內心不善良，或甚至有些人內心邪惡，但都不足以反證他所主張的性善論。每個人的內心自然而然地會感受到惻隱、羞惡、辭讓和是非之心（四端），但是，如果一個人不能擴展這些善良的情意感受，那麼人的道德感只會停留在意識的階段裡而不會導致道德的行為。因

40　倪德衛（David Nivison）認為早期包括孟子在內的中國哲學家首要關注的是「惰性」（acedia）而不是「意志薄弱」（akrasia）。他認為當「我判斷應該做某些事卻沒有，或者是不能、足夠在乎而去執行，那就是惰性的產生。」（Nivison 1996：92）

41　《孟子·公孫丑上》。

此,人心需要努力才能將人性中的善端轉化為成熟的德性。對孟子而言,關於人性的辯論不是純粹為了理論上的興趣。他繼承了孔子的理想,而致力於實際地提高個人的道德修養以及整體社會之道德轉化。基於此,孟子持續地探索修身養性的最有效方法。

修身養性的德性教育和方法

主張性善論,並不等於是主張人類都是善良的,而提出每個人都「傾向於」善良,也並不等於是持有世上都沒有壞人的看法。孟子對人類的道德現實並沒有抱持一個過度天真的觀點。在他看來,修身養性不是一件容易的事。由於有許多的路徑可能會導向德性的缺失,孟子就必須提供一種讓建立德性成為可行的方法,其中他最強調的方法就是「推廣之」。[42]

在一個當今學者廣為討論的例子中(見《孟子‧梁惠王上》),孟子試圖說服地主國的齊宣王認清自己內心有善。齊宣王見堂下帶過一條牛即將作為祭祀的牲品而被屠宰。他看到牛驚恍的樣子而感到於心不忍,但是由於祭典不能廢除,於是下令將牛釋放而改由一頭羊代替為犧牲。從邏輯的角度來看,齊宣王的舉動是不一致的,對於殺牛和殺羊有何道德上的差別呢?在當時的宮廷中有些人以為是因為牛比較昂貴,所以才以羊替代。但是對於齊宣王的舉動,孟子有更為寬容的詮釋。孟子說這是因為王沒有看到羊驚嚇的樣子。孟子指出在齊宣王赦免牛的當下,他就已經表現出內心的仁端(惻隱之心)。如果齊宣王可以推廣這個

---

42 孟子所用的中文字「推」,其真正的意思就是「推動」。

仁之端至老百姓，他就會愛護百姓，並且對他們所承受的苦難更加同情。43

43　對於孟子在這個例子裡使用的教學法有幾個不同的詮釋。信廣來（Shun）提出孟子要求君王所做的是運用「類比式推理」，他認為孟子要求君王看到他既然對牛具有同情心，就可以在符合邏輯的一致性下將同情心擴充至羊，進而更能將之擴充到百姓。信廣來說：「擴充如此的反應和態度，就是在適當的情況下對適當的對象也有類似的反應和態度。」（Shun 1989：322）萬百安反駁這樣的詮釋，並且辯稱孟子並不是只單純地為了達到理論上的一致性，他說：「如果孟子的論證如同信廣來所宣稱，那麼，那就會提供孟子的對手有機會避開孟子為他們設計的兩難困境，而完全在其心內消除任何仁德的根源。」（Van Norden 1991：355）萬百安自己的詮釋是孟子企圖讓君王注意到他的人民的苦難，從而在其心中引發類似的解民之苦的道德判斷（Van Norden 1991：364-365）。倪德衛（Nivison）在解釋孟子的勸說方法時，也是強調邏輯的一致性，他說：「為了避免在孟子此處的勸說中擅自多添加邏輯性，我們可以將孟子解釋為在敦促君王如是思考：（1）如果我能夠，我應該憐恤百姓；然而，我就是不能；但是，（2）憐恤人類比憐恤動物更容易；而現在（3）我是憐恤當下這隻動物（牛）；因此，（4）我具有憐恤動物的能力；因此，（5）我也可以憐恤我的百姓；因此，（6）我應該憐恤我的百姓，我沒有任何藉口不憐恤他們。」（Nivison 1996：97-98）黃百銳（Wong）認為倪德衛「犯的錯誤是將孟子詮釋為想要透過邏輯的辯證來改變君王——想要說服君王認為自己應該要憐恤百姓，因為如果他憐恤牛卻不能憐恤老百姓，就是邏輯不一致。」（Wong 1991：38）黃百銳自己的詮釋是孟子試圖讓君王能辯識「一個採取行動的理由」，他說：「孟子是要提供君王一個方法，使他有足夠動力而能夠將憐憫心的本能反應轉化為實際的行動抉擇。當君王會思考有情眾生的苦難不是只限於牛時，就會考慮下一步應該做些什麼了。」（同上，頁39。）艾文賀（Ivanhoe）駁斥這樣的詮釋，他指出「孟子並非想讓君王接受任何有關道德理由的觀點，而且這些觀點對於孟子的主要目的並無法發揮直接的功效。」（Ivanhoe 2002b：230）艾文賀認為孟子不是用「類比式的推理」來給予君王道德的理由，而是為了教導君王產生一種「類比式的共鳴」，這是一種可以教導別人「辨認，關注，而且肯定其剛萌芽的道德意識（端）的方法」（同上，p. 234）。

　　這個推廣的方法也可以應用在其他的情況下。儒學最基本的主張是承認親疏之別，我們本性上就自然會愛家人遠勝過愛陌生人，這是儒家「等差之愛」的學說，而這也是墨子和墨家學派所反對的中心思想。[44] 孟子認為要發揚仁德，我們不需要否定我們的自然情感，而強要對所有人一視同仁。我們只需要推廣自己對親人的自然情感至他人身上，感同身受他人對其親人的關愛。所謂的道德，並不要求我們超越於小我私愛，而只是要求我們再往前跨一步而已。孟子曰：「老吾老，以及人之老；幼吾幼，以及人之幼。」[45] 如果一個人可以尊敬和關心他人的父母，就不可能對他們欺騙或行搶；如果他對待別人的小孩有如自己的小孩，就不願看到他們挨餓受凍，更遑論去傷害他們。即使是最惡毒的人對有些人也有其溫柔的一面。如果人們可以認清這樣的情感就是仁的開端，並且努力保有和擴充它，那麼，他們最終就可以成為聖賢；反過來說，如果有人不願擴充仁之端，並且一直用殘忍的想法讓自己變成硬心腸的人，久而久之他就會與禽獸無別了。因此，聖賢和禽獸的區別就決定於人是否能「推廣」的能力了。

　　然而，即使「推廣」是很容易實行的方法，令人惋惜的是並沒太多的人願意聽從孟子的建議。雖然齊宣王可以憐憫驚忡的牛，但是，他卻無法因愛戴百姓而終止戰爭，減緩人民的苦難。雖然孟子一一駁斥了齊宣王所提出的許多自己無法推行仁政的藉口，最後孟子還是失望地離開齊國。是以，如何才是仁君，如何才是施行仁政，這些都成為孟子所最關心的議題。

44　對於兩個學派的詳細比較，可以參閱本書第五章墨子。

45　《孟子・梁惠王上》。陳榮捷的英譯稍作更改（Chan 1963：61）。

孟子的政治哲學：仁政

　　孟子的政治哲學是擴充延伸孔子的道德政治之學；然而，孔子只論及聖王之治會有道德轉變風化的神奇力量，而孟子則更著力於提供實際的規範和策略。《孟子》一書中幾乎一半所陳述的內容都是孟子對於最好的治國方針所提出的觀點。

　　孟子倡導施行仁政，對孟子而言，仁政即是維持並保障人民的生計。而孟子給予君王的忠告如下：

> 　　不違農時，穀不可勝食也；數罟不入洿池，魚鱉不可勝食也；斧斤以時入山林，材木不可勝用也。[46]

　　君王施行仁政還需減少刑罰和徵稅。如果執政者留意這些細節，那麼百姓就可以安居樂業。孟子相信確保百姓都能享有舒適的生活，才是真正開啟仁政的施行。

　　當然，最會摧毀百姓安居樂業之生活的就是戰爭。在孟子的年代裡，鄰近的國家長年戰事不斷，而所有的君王都熱衷於擴張個己的權力。孟子認為如果君王執意挑起戰爭，受苦的終究還是百姓。尤其男丁都已出征，無法參與農事，老弱婦孺只能飢餓致死，卻無人幫忙掩埋。百姓若不確定是否能存活至明天，那麼，誰會有閒暇顧及修身養性呢？因此，執政者若希望以德化轉變人民，就必須避免挑起戰事。然而，不是所有的戰爭都能避免，因為有些戰爭是所謂的「義戰」。對孟子而言，義戰的標準

46　《孟子‧梁惠王上》，劉殿爵的英譯稍作更改（Lau 1970：51）。

不是看發動者的君王或百姓是否得利，而是要看敵國的百姓是否
能受益。如果敵國的百姓因其執政者的欺凌已陷入挨餓、受凍和
被剝削的苦難中，自然敵國的百姓會夾道歡迎賢君大舉入境，這
時敵國的百姓不只不會抵抗，還會簞食壺漿以迎王師。因此，得
民心者才能在戰爭中獲勝，所以孟子曰：「仁者無敵。」47

　　孟子將執政者與為人父母的身分做連結。父母會希望孩子
都能平安健康，他們最不願見到的就是自己的孩子挨餓受凍，而
孟子認為仁君就應該要有相同的心態。當孟子將執政者比喻成為
人父母的身分，他著重的是父母對子女的關愛而不是管教或規
律。仁起源於家庭之愛，如果一位君王可以推廣他對子女之愛於
百姓身上，那麼，百姓也會敬愛君王如同敬愛自己的父母。如果
百姓敬愛執政者如同敬愛自己的父母，那麼在特殊情況的要求
下，他們甚至也會為君王捨棄自己的性命。很明顯地，孟子的主
張完全不同於馬基維利（Machiavelli）的主張，孟子認為如果愛
與懼兩者不可兼得，那麼深受愛戴比被感到懼怕其實更好。

　　孟子還將一個全新的概念注入到中國哲學中，那就是「革
命」的觀念。孟子認為如果君王不是仁君，也就是他欺壓百姓而
不去造福人民時，那麼，他就有可能被人民除去王位。這個觀念
可能不符合孔子的理念，孔子的社會政治之階級意識是：君君，
臣臣；統治者與被統治者各自持有分際。然而，孟子指出當君王
藉由權力欺壓百姓，他就不再是一位「君」，而只能看作是一
位被百姓唾棄的「一夫」。根據孟子的觀點，除掉一位獨夫的
政權，並不能算是篡奪王位：「聞誅一夫紂矣，未聞弒君也」

47　《孟子・梁惠王上》。

（《孟子·梁惠王下》）。不過，孟子雖然認為政權的合法性需經由人民判定，但他不認為轉移王室的權力應該放在人民的手中。正如葛瑞漢（Graham）所指出：「孟子並不是捍衛人民革命……他認為暴君理想上要由他的臣子們來推翻，尤其是那些和君王流著同宗血液的老臣們。」[48] 一般的百姓並沒有足夠的政治素養和軍事資源去勝任如此的任務，若由人民發起革命，有可能會造成全國動盪，因此，推翻政權的任務就應該落在曾輔佐過執政者的臣子們身上。這些臣子需要具備一些符合資格的條件：他們必須關心百姓的福祉，並且有足夠的智慧做正確的判斷。其實，在合法的推翻政權和不合法的篡奪王位之間，其差別幾乎微乎其微，這完全要看臣子們的心態和意圖。儒家常被詬病其學說支持中國的封建思想，然而從孟子的主張看來，除非封建主義的形式中包括了仁君、良臣和滿足的百姓，否則他並不會支持。

結語

　　孔子和孟子學說最大的不同在於孔子比較注重個人而孟子更注重國家；孔子強調個人的自愛自重，而孟子則強調對君王的道德要求。當孟子強調執政的重要性時，他也認同孔子著重個人修養的德性願景。更確切地說，孟子努力促進孔子的道德理想之實現，他的政治哲學日後在中國政治史上扮演了很重要的角色。

　　孟子對人性與人心的哲學也為中國哲學引進了一個孔子原先沒有發揮的議題。心性的問題日後在宋明理學中成為一個主要

48　Graham 1989：116.

的論述。再者，孟子的學說也讓我們見證了中國哲學的論證之起源。

延伸討論問題

1. 做正確的事所根據的標準是決定於人的內心或是外在的成規？我們是否先天就有能區別對與錯的意識？孟子和告子之間，誰的論證較為優越呢？

2. 你認為人的同情心或惻隱之心是先天的嗎？這種情感真的如同孟子所宣稱是道德的基礎嗎？我們的確具有如孟子所說的「善之端」嗎？道德傾向是人們生來就有的特質嗎？

3. 為什麼物質欲望的追求和德性的修養是彼此對立的？為什麼追求利益遠不如追求知識重要？生命中只追求純粹的享樂和絕對的利益有什麼錯嗎？我們如何合理地論證孔孟這個道德優越性的觀點？

4. 「推己及人」的方法可以成為一個普遍性的道德原則嗎？如果人人都能老吾老以及人之老，幼吾幼以及人之幼，我們就可以實現道德的社會嗎？「推己及人」的方法足以建立道德嗎？

5. 亞里士多德（Aristotle）曾宣稱美德是一種習慣，可藉由各種道德的行為而養成。然而，習慣有可能隨時會終止，所以需要靠知性之德，亦即理性，才能維持。同樣地，孟子認為道德品格需要不斷地培育和維持，如果我們不能堅持努力保有原本的善性，就會失去美德和品格。孟子提出有關堅持美德習性的方法是什麼呢？孟子所提出的方法和亞里士多德所提出的方法有何不同？

6. 相較西方倫理學家喜歡將普遍的道德法則建立在理性的基礎
上，孟子則將之建立在情感的基礎上。你能比較二者的進路有
何優劣之處嗎？你認為人類倫理學的基礎應當是理性或是情
感？

第四章

荀子

概論

　　荀子（約於西元前312-前210）是早期儒家第三位重要思想家，然其影響力常為後代儒家學者刻意低估，首要原因在於他反對孟子的主要觀點，而孟子是宋明理學家公認為孔子道統的繼承者。當代學者亦彼此爭論荀子在中國哲學史上的地位。有人認為他是偉大的思想家，稱荀子著作「建構對儒家觀點最精煉的哲學詮釋和辯護」[1]。有些學者則批判他思想不一致、獨斷、不夠哲學性，有些人甚至認為荀子「迎合暴君對於刑罰的熱衷」[2]。現存荀子思想文本是《荀子》一書，集結成此書的論文據稱大部分是他本人所撰。荀子的論點主要在個人為學、道德教化及各種統

1　Kline III and Ivanhoe 2000：ix.
2　Hansen 1992：309.

治上的方法論，這些都大致符合孔孟的理論重點。不過他的文章較具分析性，對於先秦儒家的重要觀念賦予比較系統化的開展。荀子的論題內容包括天論、禮的意義（禮儀和禮節）以及音樂的功能。不過荀子最著稱的主張是他的名言：「人之性惡，其善者偽也。」[3] 本章作為介紹先秦儒家思想的最終章，我們要討論三個基本主題：荀子的天論、人性論以及他對禮和禮儀之重要性的闡述。

自然主義觀點之天

自然主義（naturalism）在當代分析哲學傳統意指把萬物皆看為科學探討的自然世界之一部分的形上觀點；或是從語意學觀點，指對任何概念進行恰當的哲學分析，都必須顯示禁得起經驗考察的修正。[4] 荀子「天」的觀點接近於自然主義精神，不

---

3 稍後我們將看到這句名言的英譯有些微差異。其中一個主要不同處，在於荀子的人性觀究竟是譯為「惡」（evil）還是「壞」（bad）。我認為「evil」與基督教義有較強的連結，因此「bad」是適當的譯法。但在某些文意脈絡裡，「惡」較為恰當時，我會採用 evil，使用這兩個英文字並不表示中文原意不同。另一個關鍵差別在於對荀子說善是「偽」的觀點有不同的詮釋，我將於本章選用不同英譯時加以說明。

4 此段說明是幾位不同作者解釋「自然主義」的摘要，尤其 Terry Horgan 和 Mark Timmons 的共同論文 "Metaphysical Naturalism, Semantic Normativity, and Meta-Semantic Irrealism"，以及 Jaegwon Kim, "Naturalism and Semantic Normativity"。兩篇皆收錄在 Enrique Villanueva 編輯的 Naturalism and Normativity（Atascadero, CA：Ridgeview Publishing Company, 1993），見頁 180-204 及頁 205-10。也可以參見 Stanford Encyclopedia of Philosophy 官網，搜尋 Brian Leiter, "Naturalism in Legal Philosophy"。最後是 Jaegwon

過在荀子那時代，科學的力量或是其可信度尚未成為人們的關注要點。在此脈絡下我們指稱「自然主義」，僅表達其最簡化的觀點，即存在的事物皆為自然的或物理之物，而哲學探索應有經驗考察為支柱。荀子的本體論是自然主義的觀點，因為他不設定任何操縱人類事物的超自然存在。他的立場即使非必然是反宗教的，也必定是反迷信的。此種本體論觀點標誌著中國思想史上的重要發展，荀子顯然從原始社會的自然崇拜朝向理性邁進了一大步。

中國古代流行的民間宗教與人類中心（anthropocentric）意涵息息相關，然而荀子「天」的概念則不以人為中心。荀子說：「天不為人之惡寒也輟冬，地不為人之惡遼遠也輟廣。」[5] 我們第一章討論《易經》時，提到古代中國人以「天」指稱所有與天空相關的自然現象，例如日月雨雲雷電等。至荀子時代，具有人格意志的神祇正逐漸從中國宇宙論消失。不過古代中國人仍有一種盛行的觀念，認為自然現象是人間事物狀態的反映，有時候甚至解釋這些反映為獎賞或懲罰，即使人們並不認為賞罰是來自恣意的超自然神祇。此一民間觀念的寓意似指出：人們的事態作為都應該依「道」而行，始能免於任何會破壞人們健全安寧的自然災害。孔孟雖不鼓勵這種想法，但亦未特別努力去消除此種信念。他們的「天」概念具有道德意涵，因為「天」確實會對應人類社會中的善惡，儘管並非總以我們能理解的方式。孔孟的態度

Kim 和 Ernest Sosa 編輯的 *A Companion to Metaphysics*（Oxford：Blackwell Publishers, 1995），頁 343-345。Fredrick F. Schmitt, "Naturalism."

5　《荀子・天論第十七》，英譯本 Watson 1963：82。

似乎是我們應該只關注自己在世間的行為，而讓天自以其道運行。我們所能成就的是自己的所作所為，而我們所無法控制的就是「命」，或是來自上天的「天命」。這種觀點並非鼓勵迷信的百姓向天祈求或試圖取悅上天，但是也沒有譴責對天的宗教態度。而且孔孟似乎都接受這個普遍的信念：「天命最常在政治競技場顯露出來，有正義的統治者在與對手奮戰中贏得上天的認可。」6 根據此觀點，在統治者的道德行為與上天賦予的政治昌盛之間，具有因果的關聯。

　　然而荀子持不同觀點，他主張「天」僅是自然現象的全部，而其變化與人間事務完全無關，人間的治與亂亦不會導致「天」的狀態有所改變。荀子說：「天行有常，不為堯存，不為桀亡。」7 自然現象與人事之間全無因果關聯。此外，藉由主張天行有「常」，荀子似乎採取自然現象之運作有其法則的觀點，而自然法則的存在並不倚靠人的認知與覺知。當人類無法認知看似偶爾失其規律的自然現象背後的法則，通常會稱之為「異常天災」。然而荀子主張，我們之無法認知自然法則，不可作為否認天之運作有常道的理由。古代社會有些人們無法解釋的自然現象，例如日月之蝕或流星雨，百姓視之為天譴的徵兆，一旦發生即感十分憂慮。荀子指出這些偶然現象與日常觀察所見的規律現象一樣，都只是「天地之變，陰陽之化」，因此「怪之，可也；而畏之，非也」8。從「畏懼」的態度轉為感到「奇怪」，就是

6　Goldin 1999：42.

7　《荀子・天論第十七》，英譯本 Watson 1963：79。

8　《荀子・天論第十七》，英譯本 Ivanhoe and Van Norden 2003：262。

遠離迷信與自然崇拜的第一步，代表朝向建立理性探索自然的最初階段。

荀子對天有常道的肯定，可視為來自經驗觀察歸納的結論。基於這個假定，他反對自然界與人事狀態之間具有因果關係的任何說法。將兩個沒有真正因果關係的事物聯繫起來，是一種未經證成的因果主張。例如，占星術將恆星和行星的位置和方向，與人的個性或日常事務連結在一起；風水將企業或婚姻成敗，與居家用品擺放的方位聯繫在一起；許多形式的迷信將個人的不幸與日常瑣事聯繫在一起，譬如說遇到黑貓等等，此類想法今日我們皆認為不合理。荀子同樣認為，任何宣稱執政者行為與自然事件之間具有因果關係的主張皆無根據。明主與昏君統治期間都可能發生乾旱，天有其自然的運行方式，人的世界亦有人間事務運作的途徑。縱使天的運作正巧有利人類生計，但自然現象和人類道德並無因果關聯。然而荀子並未因此認為我們應該只關注人的事務，而無須理會天如何運行。他強調我們應當研究天本然的運作方式。荀子說：

> 列星隨旋，日月遞炤，四時代御，陰陽大化，風雨博施，萬物各得其和以生，各得其養以成。[9]

我們若依四季時序耕耘播收，即可收成最高產量的穀物。我們若在可預見的乾旱饑荒發生前儲水存糧，即使遭逢不可避免的旱災或洪水，社會秩序亦不會崩壞。換言之，人們應當研究自

9　《荀子·天論第十七》，英譯本 Watson 1963：80。

然現象的規律並以此作為行為反應的依據。如果常做準備，那麼即使發生預期外的狀況，我們也不會被摧毀。社會的繁榮興盛並非來自上天的保證，而是偉大執政者預先做足準備和良好治理的結果。

　　荀子主張我們可在經驗中經由感官來觀察天之常道，他稱我們的感官（眼、耳、鼻、舌、身）為「天官」。[10] 荀子認為，我們的感官可以察覺自然物體及其存在本有的屬性類別。他問道：

> 然則何緣而以同異？曰：緣天官。凡同類同情者，其天官之意物也同。故比方之疑似而通，是所以共其約名以相期也。[11]

　　除了信賴我們的五官，另一個可靠的知識來源是我們的心，荀子稱心為「天君」。[12] 心統領五種感官，是以為「君」，它的功能是透過感官蒐集訊息而後加以區分。荀子說：

> 說、故、喜、怒、哀、樂、愛、惡、欲以心異。心有徵知。徵知，則緣耳而知聲可也，緣目而知形可也。然而徵知必將待天官之當簿其類，然後可也。[13]

10　《荀子‧天論第十七》。
11　《荀子‧正名第二十二》，英譯本 Watson 1963：142。
12　《荀子‧天論第十七》。
13　《荀子‧正名第二十二》，英譯本 Watson 1963：142。

在此段話中荀子簡略地說明他主張的認知理論：心從感官接收到信息，並以此為基礎形成概念，概念的形成是心之運用理解能力的結果。然而若無感官信息，則不會有概念的形成。荀子此近似現代經驗主義的說法相當令人訝異。

在荀子書中的幾段論述中可以看到自然化知識論（naturalized epistemology）和語言哲學的雛形，我們概述如下：

A.我們的感官和心官，正如所有自然物一樣，是自然的一部分。它們天生在自然界發展，而可以正確感知所有自然物體的類別。

B.眼睛的功能是看見各種形狀色彩；耳朵的功能是聽到不同音色和音調；口舌的功能是品嘗各樣味道；鼻子的功能是嗅聞各種氣味和香氣；身體的功能是感覺痛癢冷熱和粗糙平滑。沒有任何器官可以取代別的器官來獲取超出各自特有的不同感覺。

C.心的功能是理解。首先心蒐集來自不同感官的各種訊息，整理成不同的類別，再比較不同物體和屬性的相似之處，將其中相同性質的事物指定一個共同的命名。如此一來，我們得以建立語言中的名字及概念。

D.人們會一致地使用名稱及概念，因為所有人（具有正常感官者）皆有相同的感覺和理解。

E.因此，我們的語言和理解確切且獨特地符合自然界。

荀子此進一步理論的解釋，加強對先秦儒家實在論基本預設的支持。

　　除了駁斥以人作為宇宙中心來討論天的觀點，荀子也攻擊其他非理性的信念形式或迷信行為。例如他拒絕相信鬼魂存在，他說：

　　　凡人之有鬼也，必以其感忽之間，疑玄之時定之。此人之所以無有而有無之時也，而己以定事。[14]

　　我們的感官通常準確運作，因此若我們並未覺知到鬼魂，則鬼魂即確實不存在。至於偶爾有人宣稱看到鬼，荀子的分析是自稱看過鬼靈的人，必定是視覺和心智都被迷惑。對荀子而言，死亡只是存在的結束。他說：「生、人之始也，死、人之終也。」[15] 並無我們可稱為「來生」的其他生命形式，因此鬼魂不存在。荀子也攻擊民眾遵行觀相算命，藉由研究人的身體外貌來預測禍福。他列出許多著名歷史人物為例，涵蓋高矮胖瘦美醜、身材勻稱或比例不均，以說明人的成就與其身體外觀並無因果關聯，而這些未經證成的因果信念即是迷信的根源。

　　雖然荀子反對迷信，但他未全然反對宗教，他認為所有的宗教儀式及宗教信仰具有「人文的功用（humane function）」。[16] 當一個人遵守《易》的指示進行占卜，目的是要強調所做事情的嚴肅性。當國君對於天地進行某種宗教儀式，其功用是展現他關心重視人民的福祉。荀子曰：

14　《荀子·解蔽第二十一》，英譯本 Watson 1963：135（其譯文稍作改動）。

15　《荀子·禮論第十九》，英譯本 Watson 1963：96。

16　Edward J. Machle 的用語（Machle 1976：451）。

零而雨，何也？曰：無佗也，猶不零而雨也……卜筮然
後決大事，非以為得求也，以文之也。故君子以為文，而
百姓以為神。[17]

關於喪葬儀式，荀子對其合理性如此解釋：「故死之為道
也，一而不可得再復也，臣之所以致重其君，子之所以致重其
親，於是盡矣。」[18] 換句話說，即使沒有鬼神的存在，敬神的宗
教禮儀或是祭祀先人的儀式皆能表現對自然或祖先的尊重。這些
儀式示範是用以教導人民正確的態度，亦即當崇敬自然和祖先。
正如陳榮捷所言：

荀子完全排除超自然力量對人類的影響，他所謂的神靈
僅只是宇宙的變化和演進。對他而言，在宗教祭祀之時，
無論是否真有精靈鬼神會接受祭品無關緊要，重要的是在
於人的態度，尤其祭祀時的虔誠。因此，祭品只是「文」
或內在態度呈現於外的紋飾。[19]

若宗教儀式能達成此目標，即對人類社會無妨，荀子認為
這些儀式或祭典作為人文的功能確實不可或缺，本章稍後將予以
討論。

總之，荀子對天的看法頗契合於現代人對自然的觀點，但

17　《荀子・天論第十七》，英譯本 Ivanhoe and Van Norden 2003：263。
18　《荀子・禮論第十九》，英譯本 Watson 1963：97。
19　Chan 1963：121.

他的看法與當代所謂的自然主義不同，因為他仍然保有孔孟將道德觀念連結於天的意涵。荀子的道德觀點是人的行為應當仿效人們分派給的「天」的種種屬性，他說：「聖人清其天君，正其天官，備其天養，順其天政，養其天情，以全其天功。」20 我們或許可將荀子的道德主張簡化為一句標語：「道德即是順應天道。」

人性論

　　荀子反對孟子的性善論，他說：「人之性惡，其善者偽也。」21 孟荀這場人性善惡之辯，引發當代許多學者興趣。表面觀之，孟子和荀子似採取完全對立的觀點，但若我們深究他們對於道德修養、道德教育以及國家治理的全盤見解，將會發現他們看法其實極為相似。正如葛瑞漢（Graham）所說：「要找出他們事實上彼此反對的爭論點確實極為不易，他們都承認學習的重要性、在道德上可以接受所有能夠完全兼容並蓄的欲望、心的功能是作為紛歧欲望的仲裁者，以及人皆可以為聖人。」22 有些學者主張，孟荀人性論並無真正的分歧，僅是他們對「人性」一詞的用法之爭。23 另些學者認為孟荀不是僅僅在論辯人的本性，更

20　《荀子・天論第十七》，英譯本 Chan 1963：118（「天」原英譯 Nature 及 natural，作者改為 Heaven 和 heavenly）。

21　《荀子・性惡第二十三》。

22　Graham 1989：250.

23　例如葛瑞漢（Graham）說：「如果我們仔細研究荀子極其謹慎的定義，會清楚見到他論證之基礎的人性概念和孟子相當不同……孟子對人性的概

重要的是他們對道德本質以及道德教育的方法持不同觀點。24 為了了解孟荀論點之真正差異，我們首先應釐清荀子對「性」與「偽」的定義、他對於人性內容的分析，以及他主張人之性惡的論證。

由於荀子區分「性」與「偽」作為善與惡的根源，我們首先釐清他的概念定義。他定義「性」如下：「生之所以然者謂之性；不事而自然謂之性。」25 荀子認為人性乃天所賦予，正如先前所提，荀子所謂之「天」僅是與天空關聯的所有自然現象之總體。因此，人性並無目的論設計或道德意涵的關聯。人出生基本上即具生物特性，此與其他動物並無太大不同。荀子曰：「性者、天之就也；情者、性之質也；欲者、情之應也。」26 換言之，人性的內容包括人的欲望和情感。欲望與我們的感覺器官有關：目好美色，耳聽悅音，口嚐美味，鼻嗅香氛。這些都是我們天生的欲望，所有感官自然傾向於美好感受而無須刻意學習。同

念是一種自然的傾向，人性自然傾向於良善，就比如人身體自然傾向於長壽，但身體只有在營養食物的滋養下才能實現長壽，同理可知，人性唯有在教育的培養下才得以實現良善。荀子恰好相反，他主張在定義上凡是可以受到教育所影響的，就不叫人的本性。所謂人性，是指人在未思未學時，其精力受到外在刺激最初的反應所產生的傾向。」（Graham 1989：246.）

24　劉殿爵（D. C. Lau）說：「要更清楚孟荀二子的主張，可從他們對道德本質的觀點分歧來了解，或毋寧說是他們看待道德的不同方式，最終導致其道德教育方法論的差異。」（Lau 1953：545.）另外，David Soles（1999）亦認為孟荀觀點歧異並非在於人性的經驗事實，而是在於道德的本質，尤其是荀子認為道德應基於規則的制定，而孟子則傾向於美德倫理學的進路。

25　《荀子・正名第二十二》。

26　《荀子・正名第二十二》，英譯本 Watson 1963：151。

時，我們的心也有自然情感，荀子提到「愛、惡、喜、怒、哀、樂」[27]，當我們喜愛某些事物或發現某物可喜，心對應生起欲望，此即荀子說的欲者，「情之應」也。

荀子對「善」與「惡」如此定義：「凡古今天下之所謂善者，正理平治也；所謂惡者，偏險悖亂也：是善惡之分也矣。」[28] 如果「善」的定義是「和諧有秩」，而「惡」的定義是「混亂暴力」，那麼我們就須查明當每個人依照天生本性而為，世界是否變得和諧有秩還是暴力混亂。荀子認為所有人都是利己主義者，以滿足自己的欲望為當務之急。因此要是人們不受任何限制，僅順天生情感和欲望而為所欲為，世界將會陷入全然混亂而最終毀滅。他認為人的天生本性若無適當矯正，每個人都會變成惡人。以人性自然會導致邪惡這點而言，他稱人性是惡的。

至於人類良善的根源，荀子歸諸於人的刻意努力，他稱之為「偽」。中文原意是「人為」或「造作」，學者華茲生（Watson）譯作「自覺的活動（conscious activity）」，陳榮捷譯為「活動（activity）」，劉殿爵譯「人為巧作（human artifice）」，而艾文賀與萬百安（Ivanhoe and Van Norden）譯為「刻意努力（deliberate effort）」。荀子之使用「偽」字，並未有任何負面含義，他所指僅是與人為努力有關的一切。由於人之良善是人刻意努力的結果，並且形成人類文化的基礎，因此偽是善的。他定義為「心慮而能為之動謂之偽，慮積焉，能習焉，而

27　《荀子・正名第二十二》。
28　《荀子・性惡第二十三》，英譯本 Watson 1963：162。

後成謂之偽。」[29] 在人為刻意的努力中，荀子列舉出禮和義、道德原則和道德教育、法令和規則等等。人為努力所達成即是各種形式的道德行為和道德情操。整個人類文明形成的過程，就是在壓抑人類天生想擁有更多以及追求感官滿足的欲望。因此，荀子宣稱，人的良善是人們刻意努力的結果，在此意義下善是人為的，即是「偽」。

除了善或一般的道德屬性之外，荀子也將其他人類文明的特性，例如守法、有禮等，都列在「偽」的範圍當中。在人的自然屬性和人為屬性之間，區別只在於是來自「自然」還是「努力」：是人天生被賦予的特質，還是憑藉其努力而獲取的特質。荀子說：

　　孟子曰：「人之學者，其性善。」曰：是不然。是不及知人之性，而不察乎人之性偽之分者也。凡性者，天之就也，不可學，不可事。禮義者，聖人之所生也，人之所學而能，所事而成者也。不可學，不可事，而在人者，謂之性；可學而能，可事而成之在人者，謂之偽。是性偽之分也。[30]

從這段對孟子的批評，可以見到荀子所談之「性」意義確實不同。如我們在第三章的討論，孟子言「性」是指人潛在或內在的傾向——得以經過個人努力來培養且日臻成熟。而此處荀子

29　《荀子·正名第二十二》。
30　《荀子·性惡第二十三》，英譯本 Watson 1963：158-159。

所指的「性」，完全是天生賦予或出生時即已完成的——後天的教育或自覺的努力無法改進。荀子列舉目視耳聽的能力是人本性的一部分，因為「目明而耳聰，不可學明矣」[31]。以今日標準來看，此天生能力的觀點未必完全精確，不過，在我們天生所擁有的特質與文化教養而得來的特質之間，似乎的確有所分別。

劉殿爵（Lau）如此總結人的自然之性與人為努力（偽）的區分：

> 「性」指的是（1）天所使然，（2）無法學得，（3）透過實習也無法改進，（4）不是心思省察的結果。「偽」指的是（1）聖賢所創發，（2）可以學得，（3）透過實習得以改進，（4）是人心反思的結果。[32]

我們可說，對荀子而言人性是人與其他動物共通的部分，但是人之善是人類文明長時間發展的結果。因此，善是人刻意的努力，而非人所以異於禽獸的本性，此與孟子主張正好相反。

我們檢視荀子的人性論之後，接著釐清他反對孟子主張所提出的論證，荀子說：

> 人之性惡，其善者偽也。今人之性，生而有好利焉，順是，故爭奪生而辭讓亡焉；生而有疾惡焉，順是，故殘賊生而忠信亡焉；生而有耳目之欲，有好聲色焉，順是，故

---

31 《荀子‧性惡第二十三》，英譯本 Watson 1963：158-159。
32 Lau 1953：559.

淫亂生而禮義文理亡焉。然則從人之性，順人之情，必出
於爭奪，合於犯分亂理，而歸於暴。故必將有師法之化，
禮義之道，然後出於辭讓，合於文理，而歸於治。用此觀
之，人之性惡明矣，其善者偽也。[33]

我們將荀子的論點整理如下（論證一）：

1. (i) 人之天性，生而好利；
   (ii) 人之天性，生而嫉妒怨恨他人；
   (iii) 人之天性，生而好耳目聲色之欲。
2. (i) 人若順從好利之天性，則爭奪生而辭讓亡。
   (ii) 人若順從嫉妒怨恨之天性，則殘賊生而忠信亡。
   (iii) 人若順從感官聲色天性之欲，則淫亂生而禮義文理
亡。
3. 因此，人若順從其天性，則惡生矣。
4. 人之敬、忠、信、禮、義等美德，必皆來自師法之化。
5. 用此觀之，人之性惡明矣，其善者偽也。

　　要檢視荀子此論證是否合理，端看我們是否接受第一項前
提是對於人類情感的經驗性論述。一個如此籠統的經驗性論述很
難被認可或反駁，因為這取決於論證者所蒐集證據的數量。單憑
此一主張，荀子並未駁斥孟子對人類本有道德傾向的觀察，而僅

33　《荀子·性惡第二十三》，英譯本 Chan 1963：128（陳榮捷的英譯稍作更
　　改）。

是指出孟子未予強調的其他人性傾向。既然孟子可以做出有關人類性善傾向的一般性的經驗宣言，那麼荀子當然也可以對人類性惡傾向作出如此籠統性的經驗論述。因此，荀子的論證可說是與孟子的論證同樣強，或同樣弱。第二項前提是條件式主張，隱涵的預設是世界資源有限。如果人們想擁有相同的東西而無法完全被滿足，則似乎可以預見他們會互相強取豪奪。因此，如果人們順從人天生自利敵對的態度，則世界將陷入衝突混亂。從荀子的第一項結論（即如上第 3 點所述）導入（4）作為前提。此前提看來並非直接得自前面幾點陳述，所以我們應視之為另一個獨立的假設。由於荀子在別處已有論證支持這項假設，故於此不擬多加分析，而荀子在此一新主張的挹注下，得出性惡的結論。

荀子進而說出一段矛盾的論述：

> 凡人之欲為善者，為性惡也。夫薄願厚，惡願美，狹願廣，貧願富，賤願貴，苟無之中者，必求於外。故富而不願財，貴而不願埶，苟有之中者，必不及於外。用此觀之，人之欲為善者，為性惡也。[34]

這個論證可以重組如下（論證二）：

1. 成就少的人希望成就大；長得醜的人希望變美麗；住小房子的人希望換大屋；貧賤的人希望得到富貴。
2. 由此可見，人本身沒有的就會想從外面得到；而如果人

34　《荀子·性惡第二十三》，英譯本 Watson 1963：161-162。

已經有了就不再會向外尋求。

3. 因此，凡人之欲求善者，皆是因為人原本內中缺乏善。

柯雄文（Cua）對上述第二論證提出相當好的批判。在他考慮如何對荀子這個論證提出駁斥時，他舉出學者之好學並不見得他們原本是無學之人，柯雄文說：

> 如果說一個學者可能會渴望並追求學習，但是他所渴望追求的對象是「更多的學習」，此依邏輯言之，他並未擁有他所追求之物……論證的重點是若我渴望尋求的是對象 x，並假設我清楚明白 x 為何……那麼除非我不擁有 x，否則我不能被認為在渴望追求 x。但根據這樣的思考，我們可以說一個善良的人也可以追求及渴望「更多的善」，而無須本身缺乏任何程度的善。道德善有不同的程度，荀子從概念考察去分析「欲望」的定義，將欲望概念視為在邏輯上包含缺乏所欲的對象，但是這樣並無法建立「凡人之欲為善者，為性惡也」的主張。[35]

換句話說，我們或許會想擁有更多金錢，但此不意味我們沒有錢。我們可能希望變得更好，這卻不表示我們不是良善的，因此荀子的論證無法使性惡主張成立。

接下來兩個論證可一起討論，第三論證的基礎假設是「性」不可學習也不能教導，第四論證的基礎假設是「性」為天

35　Cua 1978：4.

生具有的。首先來分析第三論證[36]：

　　1. 人性是天之所就，不可學，不可事。
　　2. 但是我們需要學習為善，而且需要努力使自己變得更好。
　　3. 因此，人之性惡，其善者偽也。

　　接下來列出第四論證[37]：

　　1. 孟子宣稱人之惡皆因喪失其天性。
　　2. 但是我們一生下來就開始遠離出生的樸質單純，因此一定會逐漸失去孟子所謂的人之天性。
　　3. 因此，若孟子的看法正確，則明顯地所有人都必然會變惡。
　　4. 但所有人必然變惡是不合理的。
　　5. 因此，惡不可能來自人之喪失天性，反而是人天性的一部分。

　　此二論證明顯是基於荀子對「性」的定義（「生之所以然；不事而自然」）。孟子當然不會同意荀子第三論證中的第一項前提，或論證四中的第二項前提，因為對孟子而言，人性是一

36　在先前我們討論「性」、「偽」區分時，已將所引用《荀子》文段列出。
37　荀子說：「孟子曰：今人之性善，將皆失喪其性故也。曰：若是則過矣。今人之性，生而離其朴，離其資，必失而喪之。用此觀之，然則人之性惡明矣。」《荀子·性惡第二十三》，英譯本 Watson 1963：159。

種發展中的狀態，人可以實現、培養或改正自己的天性。因此，荀子主張人出生時的狀態決定人的全部天性，以至於人不能學習而改進本性並不正確。如葛瑞漢（Graham）所言，荀子駁斥孟子主張的兩則論證「有點偏離靶心」[38]。

荀子再設問：「今將以禮義積偽為人之性邪？然則有曷貴堯禹，曷貴君子矣哉！」他如此回答：

> 凡貴堯禹君子者，能化性，能起偽，偽起而生禮義。然則聖人之於禮義積偽也，亦猶陶埏而為之也。用此觀之，然則禮義積偽者，豈人之性也哉！所賤於桀跖小人者，從其性，順其情，安恣睢，以出乎貪利爭奪。故人之性惡明矣，其善者偽也。[39]

荀子此段敘述，我們可整理為論證五和論證六：

論證五

1. 如依孟子所言，善來自人的天性，則人依自己的本性必然是良善的，若受到外在影響則可能成為惡。

2. 然而我們所謂「君子」是指受到師法之化的人，「小人」是指放縱感官耽於逸樂的人。

3. 因此，人之性惡，其善者偽也。（故孟子所言是錯的。）

38　Graham 1989：246.

39　《荀子・性惡第二十三》，英譯本 Chan 1963：133。

論證六

1. 若善是天生本有，則不涉及人為努力，而聖人亦僅依照本性而作為。

2. 但是吾人尊貴聖賢之人，正是因為他們累積道德努力而轉化本性。

3. 因此，人之性惡；其善者偽也。

荀子認為人出生時並未具備禮義之德，而此是建構文明社會的兩種主要美德。不過他也承認人天生具有學習道德準則和實踐道德行為的能力。他說：

> 然而塗之人也，皆有可以知仁義法正之質，皆有可以能仁義法正之具……塗之人者，皆內可以知父子之義，外可以知君臣之正，然則其可以知之質，可以能之具，其在塗之人明矣。[40]

荀子同意一般人具有理解道德教化的能力以及實踐道德行為的潛能，因為若非如此，他們永遠無法被道德改造，而這是荀子不會接受的結論。或許有人會辯稱，如此正顯示出一般人確如孟子所言，在其天性中具有「道德的端芽」。不過荀子此處強調的是人天生的知性能力，而非其道德能力。知性能力並非必然是道德能力，例如人可學會游泳、彈奏樂器或學習第二種語言等，這些能力皆非關道德。如史華慈（Schwartz）所言：「分析荀子

---

40 《荀子‧性惡第二十三》，英譯本 Watson 1963：166-167。

論述時我們用『能力』（capacity）一詞，並非指涉一種當下可得的『直觀』知識，而是指一種獲得經驗以及對於過去經驗推理的能力，而且此能力需要不斷累積心智運作的活動。」[41] 荀子不曾否認人可學習成為有德者，正如他不會否認人也可能經由學習而成為不道德者。關鍵不在於人是否擁有如此學習能力，而在於人所學習的對象或內容。此處荀子提出鑽研學習道德的重要性[42]，但即使人有了正確的目標，如果他缺乏堅持及專注的態度，還是可能無法成為有德的人。對於一般人，荀子說：

> 今使塗之人伏術為學，專心一志，思索孰察，加日縣久，積善而不息，則通於神明，參於天地矣。故聖人者，人之所積而致矣。[43]

如果聖人與一般人的區別僅僅在於建構道德的積善起偽，則荀子論辯道德善來自人為努力的觀點似乎是成功的。

最後，荀子訴求外在管束之不可或缺來支持性惡的論點。他說：

> 今當試去君上之埶，無禮義之化，去法正之治，無刑罰之禁，倚而觀天下民人之相與也。若是，則夫彊者害弱而奪之，眾者暴寡而譁之，天下悖亂而相亡，不待頃矣。用

41　Schwartz 1985：293.
42　關於荀子此一主題的觀點，參見《荀子》書中〈勸學第一〉及〈脩身第二〉。
43　《荀子・性惡第二十三》，英譯本 Chan 1963：134。

此觀之，然則人之性惡明矣，其善者偽也。[44]

此段敘述我們整理成論證七：

1. 若人性本善，則無需刑罰之禁。

2. 但是我們如果去除君王之權、禮義之化、法正之治、刑罰之禁，則強者欺弱、眾者暴寡，而強取豪奪。

3. 用此觀之，然則人之性惡明矣，其善者偽也。

　　哲學家論辯性惡時經常運用這種論證形式，說服我們去檢視那些法紀秩序淪喪的社會，確實經常看到人們強奪偷盜甚至互相殘殺的現象。例如希臘歷史學家修昔底德（Thucydides）認為，在發生鼠疫和內戰時人類會顯露出赤裸的本性，我們看到人類各種最卑鄙的行為方式。[45] 在惡行不會遭遇任何法律後果之時，我們不可能期待自己或他人永遠會做正確的事。荀子說：

　　故性善則去聖王，息禮義矣。性惡則與聖王，貴禮義矣。故檃栝之生，為枸木也；繩墨之起，為不直也；立君上，明禮義，為性惡也。[46]

44　《荀子·性惡第二十三》，英譯本 Watson 1963：163。

45　在 Thucydides 所著的《伯羅奔尼撒戰爭史》（*The History of the Peloponnesian War*）中，詳細描述雅典發生黑死病時及在 Corcyra 內戰時期人們的行為，他的結論正是指出：若無法律與秩序，人類行為顯示了人性本惡。

46　《荀子·性惡第二十三》，英譯本 Chan 1963：132。

從刑罰法規的不可或缺，荀子總結出人性本惡，其善者是來自於外在的管束。

至此，我們已經見到荀子對孟子的性善論提出辯詰的許多論證，我們應該如何決定孰是孰非？孟荀兩子對「性」一字都採取此字的通用定義；兩子都是描述有關人性的一般概念。他們都提出一般性的經驗論述，這些論述對於成人而言都僅僅部分為真，但他們卻都以這些半真的經驗論述而得出對人類嬰兒本性的結論。在類比論證方面，兩人都運用自然物體或人工藝品來類比人性——孟子說性善猶水之就下，荀子則例舉埏埴而生瓦，斲木而生器。但這些類比僅是他們論點的說明而非證據。在兩位哲學家之間，我們很難評斷哪一位提出比較完善的論證。正如在本節開頭所提，孟荀對道德教育和道德治理的總體看法非常相似，而他們有關人性的不同假設來自於他們各自的不同宇宙觀：孟子的宇宙觀有道德傾向，而荀子的宇宙觀主要是自然主義。此外，由於他們對人性的基本假設不同，他們對於道德本質的看法差異極大。對孟子而言，道德由人的內在而展開，對荀子來說，道德來自外在的引導。於此我們要轉向荀子對「禮」在性惡的道德改造中所擔當的重要約束作用之闡述。

禮的意義

若人性本惡，那麼我們稱之為道德原則的禮節和禮儀從何而來？荀子答覆其為古聖先賢所創制：「聖人積思慮，習偽故，

以生禮義而起法度。」[47] 荀子參酌歷史加以推測，在古代原始人類僅憑自然傾向及本能運作，當時的世界一片混亂，古聖先賢認為需要改造人民的自然情性、矯正其行為，並引導人民自原始社會步入文明，因此創建道德原則以及禮儀制度。

　　道德的起源是個引人入勝的議題。孔孟似將道德視為根源於道德化的自然世界；早期基督教似乎以道德來自至高無上的上帝諭令。而今荀子聲稱道德是人類的發明，是源自古聖先賢刻意的制定。但如此一來荀子自然得面對質疑：若人性本惡且需受外在約束，那麼第一位聖賢從何而來？如 T. C. Kline 所言：「荀子並未……明確地描述，在原初沒有禮法、師長或制度來引導道德修養的混亂社會中，任何人是如何可能成為聖人的。那些居於儒家『原初地位』的古聖先賢究竟是如何改造自己？」Kline 稱這個難題為「遠古聖賢的困境」（the dilemma of the early sages）。[48]

　　荀子是否給出一致的理論讓我們脫困於兩難之中？在談論禮的起源時，他說：

> 先王惡其亂也，故制禮義以分之，以養人之欲，給人之求。使欲必不窮乎物，物必不屈於欲。兩者相持而長，是禮之所起也。[49]

47　《荀子・性惡第二十三》，英譯本 Chan 1963：130。
48　Kline 2000：155-156.
49　《荀子・禮論第十九》，英譯本 Watson's translation，1963：89（其譯文稍作改動）。

　　於此段分析中，荀子提出首先創建禮制者的是古代君王，而非古代聖人。古代君王的目的是在運用管制的法則來減低人民的危險傾向以避免社會失序。他們制定的道德規則可能只是為了符合社會管理的務實需求，因此，在人類社會形成的最初階段，可能並未有任何自修成學的聖人，荀子也未被迫將聖人置於不同於一般人的族類中。但是，如果古代君王本身不是「道德的」，卻發明道德以滿足務實的需要，那麼整個道德規範及禮法的創制是否即如倪德衛（Nivison）所稱之為「高貴的謊言（a noble lie）」[50]？倪德衛如此答覆：

> 　　不會：古代君王透過卓越的智慧明白人性及人不可避免的處境，同時亦見到建立秩序之必要性。有鑑於此，他們制定法律和行為規範，隨後不僅對一般人民頒布法條，同時亦作為自我約束的準則……由於他們的智慧，他們與我們一樣接受道德的轉化。[51]

　　換言之，即使古代君王原本沒有以道德作為他們本性的一部分，他們遵守自己為人民設置的道德指引，也會「變得」有道德。也就是說，在荀子所描述古代君王轉變成古聖先賢的過程中，道德的產生是一種知性努力的結果。聖人，或者我們可稱為道德至高的人，是來自其本人遵循道德指引而最終得以欣賞道德本身之美。如荀子云：「能慮、能固，加好者焉，斯聖人

50　Nivison 2000：186.
51　Nivison 2000：186.

矣。」52

　　荀子將聖人努力改變人民的天性，比喻為工藝技巧。他
說：

　　故枸木必將待檃栝、烝矯然後直；鈍金必將待礱厲然後
　　利；今人之性惡，必將待師法然後正，得禮義然後治。53

　　根據荀子此段闡述，我們可見道德教化與社會禮法的功用
是要「矯治」或「改變」人的本性。此二者作為約束人民自然傾
向的管制力量，將人類從自然狀態轉變為文明狀態。

　　Kline 認為：「〔工藝的比喻〕說明荀子將道德教化設想為
由外而內的過程，而非自內而外的努力。師長、經典、禮樂之
教，成為從外在形塑個人道德感的工具。」54 我們在第二章討
論孔子對「禮」的主張是更關切人的適當心態。荀子用相同的
「禮」字，卻包含更嚴謹、更系統化的社會禮儀和禮節含義。55
陳榮捷說：「荀子常將禮與法並稱，給人的印象彷彿他不似孔孟
般將禮視為內在節制，而是主張將禮作為外在控制。如此禮儀從

52　《荀子・禮論第十九》，英譯本 Watson 1963：95。
53　《荀子・性惡第二十三》，英譯本 Watson 1963：164。
54　Kline 2000：157.
55　柯雄文（Cua）詳細解釋禮的概念，他說：「一般而言，禮的概念指涉一個
　　由儀式、典禮、禮儀、禮貌、禮節組成的規範領域。我們可以理所當然地
　　標示為『禮的領域』。禮的領域包含在個人和社交的不同場合中所特定要
　　求或規定的適當行為。」（1979：373）這裡顯示出儒家「禮」的論述是一
　　個豐富的概念，不過，柯雄文認為如果「禮」包含如此多元化的內容，就
　　可能會有概念統一的難題。

作為個人道德修養的方法，轉變為社會管制的手段。」[56] 然而，對荀子而言，禮的功用遠高於僅僅是社會管控，他主張即使禮的限制最初是從外加諸我們身上，最終還是應當被內化。道德原則與禮法的內化就是個人道德修養的過程[57]，一個有修養的人需要的外在限制將逐漸減少，他會發展自己的道德感，在任何處境中欣然做出正確之事，也不易被私利所誘或是屈服於任何不良的意念。美德是道德習慣的積聚，而道德習慣則來自人不斷努力自我克制。當人成為有修養的人，就會遠離其原本的天性，對荀子而言，這即是善。

禮儀的形式和原則包括那些內容，如何可以具有矯正人類行為的力量以及改造人類心靈的效果？根據荀子觀點，禮有三本：「天地者，生之本也；先祖者，類之本也；君師者，治之本也。」[58] 祭祀天地的儀典非常神聖，只有統治邦國的君王或諸侯可以進行某些儀典，而其間差異的界線有清楚的標記。荀子說：「所以別尊者事尊，卑者事卑，宜大者巨，宜小者小也。」[59] 至於祭祀先祖，也必須重視細節敬慎從之。舉喪禮為例，棺槨的層數、紋飾的種類、祭品的數量、喪期的長短等皆有所規定，應當考慮完全符合先人的社會地位。最後，舉行君王喪禮要極其隆重，喪服的顏色、悼頌祭辭的態度等，都必須符合追思與君王往

56　Chan 1963：129.

57　正如 Kline 所指出：「這些外在於個己或是個人本性的因素，藉由發展人的道德感知與性格，終究將人塑造成一個有修養的儒者，從而使人完成社會化。」（2000：157）

58　《荀子‧禮論第十九》，英譯本 Watson 1963：91。

59　《荀子‧禮論第十九》。

來應有的禮節。

　　對於在此文化傳統之外的人，儒家對禮的倡導往往難以理解。我們很容易會視之為處理生活重要事件上的瑣碎形式規定，而非其真正的意義。荀子認為我們很自然會對於生命中的重要事件有過於強烈的情感，尤其是憂愉之情。我們有時被這些強烈的情緒所牽引，表達可能過分激動。禮儀或禮節的功用就是導引我們適度地表達自己的情緒。荀子如此解釋禮的功用：「禮者，斷長續短，損有餘，益不足，達愛敬之文，而滋成行義之美者也。」[60] 在特定處境中，禮儀及禮節適度調節我們的行為，使我們能盡情表達情緒而不至於濫情或失態。我們的情緒表達之需求從而獲得滿足。因此，荀子說，我們無須壓抑情緒，因為，「禮者養也。」[61] 依照柯雄文（Cua）的解釋，禮儀的執行對荀子而言「展示三種要素的綜合構成，(1) 作為一種特定形式，它代表人對相關程序的遵循；(2) 作為一種態度或情緒表達，執行禮儀的人得以發洩在場合中適宜的情感；(3) 作為一種執行禮儀的人在儀式完成時所獲得的愉悅或滿足。」[62] 柯雄文稱此綜合為禮的「美學面向」。[63]

　　當然並非人人在禮儀中都能取得此三種要素之間的良好平衡，禮儀和禮節可能被那些僅注重形式，卻缺乏真正憂愉之情的人變成瑣碎虛文。荀子並不贊同此類虛偽的做法，他描述為了在

60　《荀子・禮論第十九》，英譯本 Watson 1963：100。

61　《荀子・禮論第十九》。

62　Cua 1979：382.

63　柯雄文列出的其他兩個面向是「道德」與「宗教」（1979）。

喪禮上顯得痛苦憔悴而刻意使外表瘦弱是「姦人之道」。[64] 理想的情況是若人具有真摯的情感及遵循禮儀時明智合宜的判斷，則毋需設置禮儀規則來作為外在的約束。對於有道德修養的人尤其是聖賢而言，禮儀形式規定並非必要，他們知道如何「類之盡之，盛之美之」，[65]適度合宜表達自己的情緒。然而能做到如此的人極少，因此君子聖賢需要為百姓樹立榜樣，他們遵循禮節和禮儀，「足以為萬世則」。[66]

結語

從以上的討論，我們見到荀子對許多傳統價值提供頗富興味的觀點。他對於天的自然主義理論、反對迷信的批判論述、負面的人性論，以及他對道德起源和禮儀的功能採取的務實觀點，大大豐富了先秦儒家的思想內容。即使稍後的宋明理學家並未重視他的學說，但若無荀子的貢獻，儒家學派的趣味將減損不少。

延伸討論問題

1. 孟荀之間，哪一位的人性論較具說服力？誰的論證較完善？你自己對人性的看法又如何？
2. 荀子的自然觀點為何？他的觀點與儒家傳統有何不同？
3. 荀子是否充分解釋道德的起源？他是否能夠成功解決「遠古聖

---

64 《荀子‧禮論第十九》，英譯本 Watson 1963：101。
65 《荀子‧禮論第十九》，英譯本 Watson 1963：102。
66 《荀子‧禮論第十九》，英譯本 Watson 1963：102。

賢的困境」？他的觀點可否與道德的社會契約論做比較？

4. 依照荀子思想，為何儀式如此重要？你是否看出舉行儀式的價
值在哪裡？儀式扮演怎樣的社會功用？

第五章

墨子

概論

　　有關墨子（約西元前 480-前392？年）可信的事蹟我們所知甚少，然關於他的確有若干未經證實的軼事。他可能活躍於孔子逝世後不久而略早於孟子出生年代。謠傳他年少時曾受業於儒門，但不久即脫離並轉而嚴厲抨擊儒家學說。他特別熱衷於鼓吹兼愛互利的學說，畢生精力投注於倡導非攻。據稱他是建造防禦器械的專家，並且訓練弟子擅於操作。他一生可能有數百追隨者，其中許多人實踐他反戰的意識形態並協助防禦戰事。墨子及門徒實行簡樸刻苦的生活方式，他們穿粗服，棄財物，摩頂放踵以利天下。墨家學說數百年間吸引大批追隨者，墨家弟子成立嚴格的組織，首領「鉅子」如軍事將領般權威行事，某段時期，儒墨兩家被視為引領中國知識界的兩門顯學。

　　在許多方面，墨子所欲達成的目標近似於孔子：減輕社會

問題、重建世間秩序，以及為百姓謀福利。如同孔子，他培訓學者從政，如此得以透過弟子們實現他亟欲達成的政治改革。然而孔墨成員截然不同，根據陳榮捷所述，孔子學生多為社會知識菁英，而墨子門徒大多是勞工階層。[1] 他們對於理想社會的觀點大相逕庭。孔子意欲以古代堯舜聖王為典範，重建一個高級精緻文化的社會，而墨子試圖以另一位古聖王禹為榜樣，再造一個簡樸的農業社會。[2] 縱然兩家學派具有減輕人民苦難的相同目標，卻猛烈相互攻擊對方觀點，孔子後繼的孟子視墨子為理論上的大敵，孟子說：

> 墨氏兼愛，是無父也。無父無君，是禽獸也……楊墨之道不息，孔子之道不著，是邪說誣民，充塞仁義也。[3]

依孟子看來，正是由於墨子此類學說盛行，使他自己不得不如此好辯。上述引用的論評亦可見出早在孟子時代，墨家主張已然在群眾間獲得廣泛的支持。

墨子認為儒家的主要問題在於不切實際；他視儒家為一種提倡耗費人力與社會資源的學說。墨子許多主張即使並非針對孔子的教導，也至少是直接反對當時儒學的實踐。例如，墨子指責儒家愛有親疏等差之別的教義是一種鼓勵偏私的教導，故提倡以

1　Chan 1963：212

2　禹（在位於西元前2205-前2198？）是夏代（西元前2205-前1766？）的開創者，據孟子所述，禹專注於治水疏洪，以至於多年在外忙於築堤開溝，三過其家門而不入。

3　《孟子·滕文公下》，英譯本 Chan 1963：72。

兼愛天下代之。他極力倡導簡化喪禮以及縮短守喪期，而此二者以當時厚葬久喪的模式，原是孔子看為人對於逝者之自然情感一種必然的表現方式。墨子同時批評對音樂的學習與欣賞，而孔子相信音樂是改變人們氣質最有效的方法之一。最後，即使孔子自己極少論及命運，墨子認為當時儒門弟子常以「命也」為託詞，以迴避從政或服務人民。在其嚴厲的評斷中，孔子及當時的儒者皆為虛偽、乖戾、心術不正、自相矛盾、怯懦、無信而且卑鄙。4

　　墨子著作編纂為論述文集《墨子》流傳至今，這些文章似為弟子們紀錄他的論說或門徒對其思想的推廣。全書標題包括七十一章，而十八章已佚失，因此現存《墨子》實際五十三章傳世。其中具有思辨內容的六篇《墨辯》，咸信為相當後期的墨家學派所增補，墨家辯證法吸引當代學者們如葛瑞漢（Graham）注意，但在中國哲學史的主要發展中僅僅扮演極小的角色。另有十一章包含墨子及門徒設計的詳細防禦策略或器械，對於有意研究中國古代軍事思想的讀者頗具趣味。然而本章將僅探討墨子核心思想，主要討論他的兼愛互利學說，及檢視後來成為韓非子法家思想基礎的務實威權主義（pragmatic authoritarianism）。由於墨子似是唯一論及宗教哲學的中國古代哲學家，最後我們要分析他關於鬼神存在及對命運的觀點。

4　這些批評多見於《墨子‧非儒下》，其上篇已佚失。

兼愛與愛有親疏

　　墨子學說的標章「兼愛天下」，直接挑戰孔子所教導的愛有親疏。墨子不是僅僅倡導我們應該對所有人表現普世關懷；他更將理想提升為待人如己。「兼愛天下」意味對每個人，不管是家人還是陌生人，都給予等同的關愛。墨子說：「視人之國若視其國，視人之家若視其家，視人之身若視其身。」[5] 秦家懿（Julia Ching）稱墨子的觀點為「激進的利他主義」。[6] 墨子兼愛學說乃是為他的「交相利」主張作起步，「兼相愛」比起公正無私的倫理原則對我們的要求更高，因為公正無私僅需做出理性道德判斷，要求我們除去考量自身利益，並且看待他人如同自己，具有同等的道德價值。但這個原則並不要求我們愛人如同愛己。因此，墨子所欲達成不僅是行為的改變，而更是所有人的心理改造。

　　墨子認為所有社會問題的根源，在於人們不能平等互相關愛，他說：

　　　　「仁人之事者，必務求興天下之利，除天下之害。」然當今之時，天下之害孰為大？曰：「若大國之攻小國也，大家之亂小家也，強之劫弱，眾之暴寡，詐之謀愚，貴之敖賤，此天下之害也。又與為人君者之不惠也，臣者之不忠也，父者之不慈也，子者之不孝也，此又天下之害也。

5　《墨子‧兼愛中》。

6　Ching 1978：163.

又與今人之賤人，執其兵刃、毒藥、水、火，以交相虧賊。」[7]

墨子以上論述可以整理成論證如下：

1. 仁人具有求興天下之利，除天下之害的道德義務。
2. 天下之害指的是：各國之間的相互攻伐、家庭之間的相互侵占，以及人與人之間的互相傷害。
3. 天下之害源自於人們缺乏兼相愛。
4. 因此，仁人務必發揚兼相愛交相利的學說。

儒家的理想人格是仁人，是能幫助他人為善的人。於第二章我們曾談到孔子如此定義「仁」：「己欲立而立人，己欲達而達人。」[8] 此定義乍讀之下與墨子以上的主張有令人訝異的相似內容，然則二者之別究竟為何？

孔墨倫理學主張的基本差異在於對孔子而言，作為仁者是人存在的理想境界，「仁」所描繪的是人存有的內在狀態。人一旦達到仁人的境界，就自然傾向於幫助他人自我實現。仁是一種利他的心態架構，而其目標要使他人經由道德轉化而成為更良善的人。相對來說，對墨子而言，利他意味著結果論者（consequentialist）的利益考量，所欲達到的目標是全體的利益，而推廣利他主義是實現此目標的方法。因此，墨子極少談論

7　《墨子・兼愛下》，英譯本 Watson 1963：39。
8　《論語・雍也第六》。

何謂「仁人」，反而聚焦討論仁人所為何事。道德是由個人的行為，而非其內在美德，來評定。如史華慈（Schwartz）指出：「本質上所謂墨家之真正『義人』的注意力是完全定著於『外在』的世界。墨家義人的重心在於『作善事』，而非執著於『成為善人』。」[9] 墨子相信他所提倡的乃是仁人應當完成之事——「興天下之利，除天下之害。」[10] 換句話說，墨子的理論是行動理論，他經常批評儒家虛偽或只是言而不行，他認為人當言行一致，要做到「無言而不行」。[11] 我們可以由此結論墨子其實並未拒斥儒家仁的理想，而是排拒儒家太過強調「內在的」德性理想者。

墨子進而認為孔子所教導的「恕」道——己所不欲勿施於人——並未真正找到世界難題的解決之道。如墨子指出，世間混亂的根源起因於人們不能兼愛，因此，解決之道必然在於消除我們把自我放第一位的心態，而非僅是「推己及人」。因而他倡導愛無差等，以對抗儒家愛有親疏的學說。

人類愛人的根源為何？愛是一種自然情操，還是社會制約出來的情感？黃百銳（David Wong）從道德心理學觀點，主張對家人之愛比起對陌生人之愛更具有「道德優先性」。他列舉三個理由說明何以儒家的信念為「先親其親而後能仁人」[12]：

1. 家庭是社會與政治的基本單位，對人類之愛必始於家庭

9　Schwartz 1985：146.
10　《墨子·兼愛中》。
11　《墨子·兼愛下》。
12　Wong 1989：254.

孝悌之道。

2. 我們必須感念父母的恩慈，因為他們賦予我們生命並養育我們。

3. 對自己父母的福祉付出較多的關注，乃為人類天性。

此三要點可視為以儒家立場反駁墨子的觀點。[13] 儒者會主張由於人類社會是由原子家庭單位所構成，又因為人類在特定的家庭關係中撫育成人，所以我們的情感自然會最先而且最投注於自己的直系家屬。此偏愛傾向在我們的本性之中，經由社會環境培養，加上我們對父母的感恩之情而得到加強。

然而，墨家可能會針對上述三項主張提出駁斥。關於人類天性，墨家不會否認人類天生自利；因此，他們會主張人的自利是在個人處於天下人兼相愛的世界中得到最大的提升。至於社會環境的制約影響，墨家會提出我們可以被不同的社會模式來制約。假使我們並非由家庭單位養育成人，我們仍然會對父母自然地最為摯愛嗎？在《共和國》一書中，柏拉圖提出一種理想國，其中所有兒童的出生背景被隱瞞，一生下來就被帶開而一起在育幼所養育。父母不認識自己的孩子，兒童亦不知自己的生身父母。柏拉圖主張每個人在如此世界中，會彼此關愛就如所有人皆處於同一個家庭。通過此思想實驗，我們可以想像在一個沒有家庭單位的世界裡，兼愛之類的情感可能成立。最後，關於對父母

---

13 黃百銳（Wong）並未完全在儒家愛有等差的模型之上建立自己的倫理學理論，然而，他認為適當的倫理學必須認知到人類首愛及最愛家人的天性，同時也須認同「所有人都具有道德價值的普世道德情懷」（Wong 1989：267）。因此，他建議結合儒家親疏之愛以及墨家兼愛天下的觀點。

的感恩之情，墨家可以指出，若我們普愛天下人也為天下人所愛，則此感恩之情會投射於任何善待我們的人。

墨家的社會重建是否可能實現？我們需再度檢視何種愛的形式對人而言更符合人性自然。根據黃百銳（Wong）的觀點，愛並非始於大愛而後發展出私愛；相反的，愛始自特殊對象，因為是人在嬰幼時期所得到的愛使其在成長之後具有關愛他人的能力。[14] 由此觀之，人類自然形成家庭關係。當我們在各自的家庭中出生，受到兩位特定人物的照顧，與幾位特定的手足一起成長，要我們放棄愛的等差，就是要我們放棄我們對這些特別親近之人的自然情操。要是擯斥這種優先考量而譴責我們情感有等差，反而會使我們變成無情的生物。因此，對特殊對象的愛並非普遍大愛的分支。事實上，普遍之大愛只有透過推廣（孟子之「推」）我們對於特殊對象的自然之愛才能實現。

基於我們既有的社會處境而作考量，我們可以說等差之愛是人類較自然的情操。不過，墨子亦完全知曉教導人們違背其自然情感的困難，因此，他的另一策略是訴諸人類謀求個人利益的自然欲望，使他們明白若每個人都能兼愛天下，他們將會擁有更大利益。墨子指出：「愛人者必見愛也，而惡人者必見惡也。」[15] 擴而言之，若我們能愛他人的父母，則他人也必會關愛我們的父母；若我們能愛他人的國家，則他國之人民也會愛我們

14　黃百銳說：「即使我們確實覺知人類具有同等的道德價值，也必須認知促使我們對於特殊關係中特別對象會優先付出的動機及動力。一個不能考慮到這種動機的倫理學，就有成為對人類而言毫不相干的倫理學之風險。」（Wong 1989：260.）

15　《墨子・兼愛下》，英譯本 Watson 1963：47。

的鄉里。最終,當我們能兼愛天下時,自身的利益可獲得最佳保障。

墨子曰:

> 姑嘗本原之孝子之為親度者。吾不識孝子之為親度者,
> 亦欲人愛利其親與?意欲人之惡賊其親與?以說觀之,即
> 欲人之愛利其親也。然即吾惡先從事即得此?……即必吾
> 先從事乎愛利人之親,然後人報我以愛利吾親也。然即之
> 交孝子者,果不得已乎,毋先從事愛利人之親者與?[16]

我們可將墨子道德哲學表述為基於如下推論,以詳述此段評論:

1. 我們首先關心的是自己的利益。

2. 滿足我們自利最有效的方式,是當其他人也都全部朝向與我們相同的目標一起努力。

3. 但是除非他人看到我們正為他們做同樣的事情,他們並不會為我們的利益而努力。

4. 因此,我們應該交相利。

5. 為了能交相利,我們必須培養兼相愛。

6. 愛人者必見愛,而惡人者必見惡。

7. 因此,我們必須先在自身培養發展兼愛的情懷。

---

16 《墨子・兼愛下》,英譯本 Watson 1963:46-47。

　　我們可見到在此推論中，「兼愛」並非墨家思想的主要目標，而是視之為達成目標的手段。墨子認為除非每個人都被勸導而採取平等互愛，我們永遠無法達成最大的公眾利益。同時，縱使墨子的究極目標是世界的整體利益，他也理解每個人基本上皆為自利的生物。因此，為了勸誘人們採取兼愛的心理架構，他訴諸個人之自利以達成目的。如史華慈（Schwartz）所言：「除非人們被勸導兼愛天下，人類整體的普遍利益將永遠無法實現，最終，僅有兼愛能使個人將自己的利益與他人的利益認同為一。」[17] 把兼愛作為美德而是一種本質的善，跟把兼愛視為達成目的之手段才具有價值，是兩種完全不同立場的主張。如果兼愛對於墨子的真正目標僅具有「工具價值」[18]，那麼一旦工具價值喪失，即使墨子自己也會放棄此項理論。故無怪乎與墨子同時期且持相同目標的哲學家楊朱，會提倡貴己為我的自私之愛來作為獲致普遍利益的手段。楊朱主張若每個人本質為自利，且皆朝自己的利益而努力，則社會將因此獲益，因為社會不過是個人的總和。在孟子時代，墨家與楊朱學派是從利益觀點而挑戰儒家思想的兩派敵對學說，故而孟子常言：何必曰利？亦義而已矣。

　　接下來，我們將轉而討論墨子基於利益考量的道德理論。

17　Schwartz 1985：147.

18　「工具價值」一詞出自歷史學家勞思光的《中國哲學史》第一卷（臺北：三民書局，2010），頁282。

義務論之義與功利主義之利

墨子思想的另一重要論題是人應當互利。他使用「利」的概念正是直接挑戰儒家的理想。[19] 墨子以「利」字強調實用的利益，例如重整世界秩序、終結戰火、解消人際衝突、充實社會資源，以及保障人民物糧生計。他甚至不是談提高每個人的利益、財富或地位，他所關切的是在人民生存的基本層面。儒家對此層面的關懷並非棄之不論，但是儒家除了民生問題之外更深入探討如何改進人民的道德。墨子的關懷層面僅是人民的生存問題。儒家要教導人民依義行事，而墨子要教導人民顧及天下之利，此即墨家與儒家思想分歧之處。

墨子始於假定所有人天生自私自利。我們可以說他是一位心理的利己主義者（psychological egoist），因為他相信所有人在心理層面天生利己。然而，他並非是倫理的利己主義者（ethical egoist），因為他不認為由於我們「實然」天生利己（描述義），所以我們「應然」利己（規範義）。墨子自己是一位倫理的利他主義者（ethical altruist），但他如何能讓其他自利心態的人接受他的立場？從心理利己主義的假設，墨子試圖推廣「個人利益的提升來自人人交相利」的理念。因此，他所倡導的實為一矛盾的主張：提升我們自利最好的方法，就是不提升我們自己的利益而提升他人的利益。顧立雅（Creel）稱之為「開明

---

19 史華慈（Schwartz）指出：「《論語》提及的『利』意指關心個人利益，並且與……『義』的動機相對立。墨子以自己的方式使用『利』字，因此幾乎帶有挑釁的意味。」（Schwartz 1985：145）

的利己」（enlightened self-interest）。20 墨子曰：

> 今吾將正求與天下之利而取之，以兼為正，是以聰耳明
> 目相與視聽乎，是以股肱畢強相為動宰乎，而有道肆相教
> 誨。是以老而無妻子者，有所侍養以終其壽；幼弱孤童之
> 無父母者，有所放依以長其身。今唯毋以兼為正，即若其
> 利也，不識天下之士，所以皆聞兼而非者，其故何也？21

墨子的觀點被當代學者公認為功利主義的一種形態，功利
主義一般形式的論點可表述如下：

〔UTI〕一個道德行為的充要條件指：這個行為，比起行動
者當下其他可能採取的行為，會產生對所有相關的人員最好的結
果遠大於其壞結果。

〔UT2〕道德行為的目標就是使最大多數人都獲得最大的幸
福。

〔UT3〕計算人數時，每個人以一單位計算。（亦即所有
人，不分親疏，都在道德上受到同等考量。）

〔UT4〕因此，道德行為的目標是使陌生人及家人同樣獲得
最高的幸福。

我們可看出以上功利主義所有基本論點都與墨子兼愛互利
學說相兼容。

Dennis Ahern 質疑此關於墨子思想的傳統詮釋，他認為將墨

20　Creel 1953：5.
21　《墨子・兼愛下》，英譯本 Watson 1963：41。

子定位為功利主義者的公認看法是「無視他對天的信念」。22 當我們檢視墨子對於天志的主張時，就應當會改稱他為天命論者（Divine Command theorist）。Ahern 辯稱，從墨子論及天志的內容，可見到墨子應會接受以下兩個充要條件敘述：

〔A1〕「X 是正確的行為」其充要條件是：「X 的行為符合天的意志」。

〔A2〕「X 是錯誤的行為」其充要條件是：「X 的行為不符合天的意志」。

倘若墨子是以符合天志與否來判斷行為的對錯，那麼他的最高道德原則所關切的即為天的意志，而非大眾利益。根據 Ahern 的看法，在此道德理論之下，人將會出於道德義務而遵從天的意志，因此，Ahern 做出結論：墨子實際倡導的是一種義務論的天命理論（deontological Divine Command theory）。

Dirck Vorenkamp 對此詮釋予以反駁。他主張墨子之所以告訴我們要遵從天志，不是僅因為那是天志，而是由於「如此行為將對我們自己有利」。23 再者，天所命令的道德規則之所以是好的，是「因為這些規則在所有情況下都會促進個人及社會雙方的利益」。24 道德規則的正當性並非來自其對天志的符合，而是由於這個道德規則有個傾向，在所有個別情況中都會對相關的每個人產生更大的利益。Vorenkamp 因此結論，墨子不但是一名功利主義者，更是一名「規則性功利主義者（rule-utilitarian）」。

22　Ahern 1976：188.
23　Vorenkamp 1992：430.
24　Vorenkamp 1992：431.

　　這兩位學者的不同意見代表了兩種詮釋陣營之間的論戰，重點是在於爭辯當墨子判定一項行動是否正確時，他究竟是主要審視這個行為是否利於天下，還是首要檢查這個行為是否符合天志？為了要裁決雙方的爭論，我們來檢視墨子的論述。最能直接支持天命理論的說法完全來自墨子的陳述：「順天之意者，義之法也。」25 他似作出如下的道德箴言：

　　〔M1〕一項行為在道德上正確的充要條件就是它遵循天志而行。

　　不過，此一道德箴言缺乏內容，因為我們不知天的意志究竟為何。為具體說明天志，墨子首先主張天「欲義而惡不義」，繼而又問：「然則何以知天之欲義而惡不義？」他給出理由：

　　　天下有義則生，無義則死；有義則富，無義則貧；有義則治，無義則亂。然則天欲其生而惡其死，欲其富而惡其貧，欲其治而惡其亂，此我所以知天欲義而惡不義也。26

　　於此費解的迴旋論證中，我們似見到如下的推理：

　　〔M2〕天欲生而惡死；欲治而惡亂。人類有義則生則治；無義則死則亂。因此，天欲義而惡不義。

　　在下一個推論步驟中，墨子嘗試說明他如何獲致天欲生治而惡死亂的結論。根據墨子論述，我們之所以知道上天喜好生命和秩序，而厭惡死亡與混亂，是因為我們明白上天「兼天下而愛

25　《墨子‧天志中》，英譯本 Watson 1963：92-93。

26　《墨子‧天志上》，英譯本 Watson 1963：79。

之，撥遂萬物以利之」。[27] 此段引文清楚顯示出以下的假設：

〔M3〕天兼愛天下，育成萬物，而使天下百姓得利。

這個論點賦予「天志」的內容：在此「天」被視為具有意志與意向的道德主體，其意志是兼愛天下；其意向是交相以利萬物。因此，天志似乎不過是「兼相愛、交相利」。墨子的論述進一步支持此一論點，他抨擊基於親疏之別的政策，說道：「觀其事，上不利乎天，中不利乎鬼，下不利乎人，三不利無所利，是謂天賊。」[28] 我們可以由這段話得出以下的論點：

〔M4〕違反天之意志＝政治措施上不利乎天，中不利乎鬼，下不利乎人。

由此我們推得以下的結論：

〔M5〕順從天之意志＝施政交相利於萬物

連結〔M1〕，我們似乎又回到下述結論：

〔M6〕一項行為在道德上正確的充要條件是：執行符合萬物交相利的政策。

此一敘述明顯為規則性功利主義的論點。[29] 在此功利主義精神之下，墨子主張順服天志的效益就是天下將獲得最大的利益，如他所言：「故唯毋明乎順天之意，奉而光施之天下，則刑政治，萬民和，國家富，財用足。」[30] 我們或可詮釋墨子提倡天志的動機為嘗試賦予其功利理論更深一層的正當性。換言之，就

---

27 《墨子・天志中》，英譯本 Watson 1963：88。

28 《墨子・天志中》，英譯本 Watson 1963：91。

29 將墨子詮釋為規則功利主義者的學者中，包含 Dirck Vorenkamp（1992）及 Christian Jochim（1980）。

30 《墨子・天志中》，英譯本 Watson 1963：86。

連他的天命理論也規劃入其整體功利主義的架構中。我們可因此結論出墨子是完全徹底的功利主義者。

墨子的政治哲學：實用主義的威權統治

墨子如同孔子，也推崇以統治者（天子）居上的政治階級系統。對墨子而言，一個健全的政治秩序必須有統治者的權威受到全體臣民的敬畏。此即一種威權主義的形式，但此威權政體的主導原則並非是基於統治者的獨斷意志或其個人利益，而是天志之所賦予統治者，令其兼愛天下，造福全民。

墨子的威權主義比起其他形式的威權體系更為激進，他不僅主張嚴格的服從，而且強調對上級採取道德上、行為上，甚至心理上的同化。庶人百姓同化於地方官員，地方官員同化於將軍大夫，將軍大夫同化於君王天子。而最終，墨子將天置於此意識型態階級的頂端。他說：

> 無從下之政上，必從上之政下。是故庶人竭力從事，未得次己而為政，有士政之；士竭力從事，未得次己而為政，有將軍大夫政之；將軍大夫竭力從事，未得次己而為政，有三公諸侯政之；三公諸侯竭力聽治，未得次己而為政，有天子政之；天子未得次己而為政，有天政之。31

31　《墨子・天志上》，英譯本 Watson 1963：79-80。華茲生（Watson）將「士」英譯為 gentlemen，我改譯為 local officials，此段原文中，「士」理解為地方官員較為適當，參照稍後將論及「士君子」些微詮釋差異。

　　何以墨子意欲消除治理觀念的差異，或說意欲建立心思的統一？他的理由再度是指出當天下所有人在政治上所思所為皆相同時，天下即可獲其大利。墨子曰：

　　　古者民始生，未有刑政之時，蓋其語人異義。是以一人則一義，二人則二義，十人則十義，其人茲眾，其所謂義者亦茲眾。是以人是其義，以非人之義，故文相非也。是以內者父子兄弟作怨惡，離散不能相和合。天下之百姓，皆以水火毒藥相虧害，至有餘力不能以相勞，腐臭餘財不以相分，隱匿良道不以相教，天下之亂，若禽獸然。[32]

　　對於墨子這裡的主張，我們整理如下：

　　1. 若每個人對於何者為是都以自己的觀點為正確，則人越多，我們就會擁有越多的意見。
　　2. 每個人自然相信自己的觀點正確，而且反對他人的觀點。
　　3. 因此，當意見越多，所引發的爭議也越多。
　　4. 口頭的爭議會引發人內心的嫌惡感。
　　5. 人內心的嫌惡感會減低人際關係的和諧。
　　6. 當人們彼此不能和諧共處時，接續而來即是爭鬥、戰火，最終導致天下大亂。
　　7. 因此，意見分歧是世界失序的根源。

32　《墨子‧尚同上》，英譯本 Watson 1963：34。

　　在此論證中，墨子似乎表現出對人類理性極度的不信任。他似乎不相信人們能夠經由理性對話而平息分歧的意見。墨子不尋求教育人民對他人觀點更能接受的方法，反而主張消弭異議。當所有其他的聲音消退後，必然只留下一種意見：上級階層的意見。中國古代政治階級位階最高的即是統治者。葛瑞漢（Graham）指出：墨家「『關懷所有人』的平等主義意涵並未將墨家帶往民主的方向；如同其他哲人，墨子認定如果人民終究需要一個政府管理，那麼管理必來自階層上級。」[33] 葛瑞漢推測墨家理論之所以未達致民主的結論，是因為「墨者，就如同儒者，都以執政者為聽眾，而意在說服君王，並期望被任命重要的官職。」[34] 然而他如此詮釋墨子的學說意圖似乎太過於將墨子比擬為法家，但墨子顯非法家。墨子自己未得出對民主政體的信念，基本的原因可能在於他對人類的理性能力高度懷疑。民主政體是建立在人民普遍具有同等理性的假設之上；因此，多數人的意見會比少數人的意見代表著更高程度的理性。在墨子的時代，教育是社會菁英的特權；大多數的人民都未受啟蒙。而且，由於墨子相信知識分子與一般民眾同樣以自利中心，他不認為知識分子的個人意見可能維護天下人的福祉。在墨子的政治藍圖中，統治者最終必須受到天志的裁定認可，而天志僅以天下福祉為意。然而，即使在其時代墨子聲稱天的存在也乏人相信，遑論至墨家後期。一旦宗教精神喪失了，即無以阻擋統治者一意孤行隻手遮天。因此，縱然墨家基本上是謀求全民利益的哲學，墨家思想也

33　Graham 1989：45.
34　Graham 1989：45.

可能與法家思想一樣被用來支持中國的封建威權制度。墨子「以下同上」的想法也可能被視為鼓勵後代帝王壓迫下級不可有其不同的意見。

墨子亦提倡「能德領導制度（meritocracy）」——亦即基於個人的能力、才華及德性而給予遷陞晉級的社會政治體系。他的政治哲學重點之一即是「尚賢」。墨子說：「是故國有賢良之士眾，則國家之治厚，賢良之士寡，則國家之治薄。」[35] 墨子所稱的「賢良之士」，意指具有道德德性、政治能力以及真正努力的人。他抨擊當時統治者常見的心態：偏寵。若君王偏寵自己的親屬，輕忽其個人能力及德性，則國家無疑將淪於失序。墨子所提倡的是一種菁英領導的能德制度，如此「以德就列，以官服事，以勞殿賞，量功而分祿。」[36] 在這種能德制度之下，「官無常貴，而民無終賤，有能則舉之，無能則下之。」[37] 在墨子對能德制度的解釋中，我們再度見到他隱含的假設，亦即就算是對才德兼備者，君王亦可透過實質的獎勵，例如財富地位，加以激勵上進。換句話說，即使「賢」者，也很難不落於自利之心。

墨子政治哲學另一重要元素在於他倡導撙節費用，每項政策或施政都應基於效益評估費用；亦即其實用價值。墨子說：「聖王為政，其發令興事，使民用財也，無不加用而為者，是故用財不費，民德不勞，其興利多矣。」[38] 墨子自實用效益觀點，對於儒家重視禮樂方面的學說，積極展開他主要的攻擊。

35　《墨子・尚賢上》，英譯本 Watson 1963：18。

36　《墨子・尚賢上》，英譯本 Watson 1963：20。

37　《墨子・尚賢上》，英譯本 Watson 1963：20-21。

38　《墨子・節用上》，英譯本 Watson 1963：62。

　　孔子的目標是在建立禮樂教化的文明社會，對比之下，墨子所要重建的是一種更為基本的在物質上自足的社會形式。史華慈（Schwartz）指出在墨子時代「關於滿足人們對於食物、居所、衣物、安全及和平的基本需求此一任務，有極強大的迫切感——應該說幾乎是絕望。為了要達成此目標，需要完全而且持續地集中社會所有的精力。」[39] 或許確實是由於這種迫切感，使墨子猛烈抨擊當時社會上風行精心辦治喪禮、製作或觀賞舞樂，他並且大力批評奢華物品的製造。他問道：「其為衣裘何？以為冬以圉寒，夏以圉暑……芊組不加者去之。」[40] 若基本物品如食物衣服都應該維持最低水平，則其他非生存必需的物資必然更無價值。

　　墨子認為欣賞音樂或許能使人愉悅，卻對人們的生活不具任何實用的功能。他說：

　　　飢者不得食，寒者不得衣，勞者不得息，三者民之巨患也。然即當為之撞巨鍾、擊鳴鼓、彈琴瑟、吹竽笙而揚干戚，民衣食之財將安可得乎？即我以為未必然也。[41]

　　以墨子觀點，音樂不僅未能提供食物和居所，而且其製作與欣賞亦耗費時間金錢與精力。他表示執政者為了製作精美的音樂，必將役使青壯敏捷的年輕男女，而「使丈夫為之，廢丈夫耕

39　Schwartz 1985：151.
40　《墨子‧節用上》，英譯本 Watson 1963：62。
41　《墨子‧非樂上》，英譯本 Watson 1963：111。

稼樹藝之時，使婦人為之，廢婦人紡績織紝之事。」42 此外，執政者要享受舞樂必不喜歡獨自觀賞，然而「與君子聽之，廢君子聽治；與賤人聽之，廢賤人之從事。」43 所有此類活動都會使人民無以從事耕稼織紝之事，因此墨子作出結論：「今天下士君子，請將欲求興天下之利，除天下之害，當在樂之為物，將不可不禁而止也。」44

墨子更進而批評儒家持守喪葬禮儀。儒家對於喪禮的教導是強調喪禮代表人類脫離動物禽獸而提升至人類的文明禮儀。適當的喪禮過程以及固定的哀悼期間，可以讓我們以社會可接受的方式來表達對於逝者的情懷，但墨子認為所有這些禮節儀式都是浪費勞力金錢等社會資源。他說：

> 細計厚葬，為多埋賦之財者也。計久喪，為久禁從事者也。財以成者，扶而埋之；後得生者，而久禁之，以此求富，此譬猶禁耕而求穫也，富之說無可得焉。45

如果親人為逝者準備重棺華服，就猶如將財富埋於地下，永無機會回收。如果親人為逝者哀悼三個月，或為父母守喪三

42　《墨子‧非樂上》，英譯本 Watson 1963：112。

43　《墨子‧非樂上》，英譯本 Watson 1963：112。華茲生（Watson）以 gentlemen 英譯「君子」，在儒家文本「君子」通常譯為 the superior people。但此處墨子清楚意為管理國家政事的官員，故我改譯為 government officials。

44　《墨子‧非樂上》，英譯本 Watson 1963：116。

45　《墨子‧節葬下》，英譯本 Watson 1963：68-69。

年，就等於長期不事生產。因而墨子主張「今唯無以厚葬久喪者為政，國家必貧，人民必寡，刑政必亂。」[46]

顧立雅（Creel）說道：「墨子所設想的是一種和平的世界，其中多數人民井然有序，得以溫飽，如同在可能的最佳狀態中安生立業。」[47] 然而，這樣的世界果真為「可能的最佳狀態」？我們從當代的觀點來看，即使回顧了歷史上所有的人類悲慘處境，許多人仍不會願意保持如此基本的生活目標。縱使在極度貧困的狀態中，人們仍渴望文化活動的愉悅；即使無法為父母舉行適當的喪禮，人們仍會想要竭盡所能盡力治喪。此為人類的自然情操，並非僅是儒家的教導。儒家只是承認此自然情感，並制定社會可接受的表達方式。反過來，墨家則否認一般人民對文化有任何嚮往。不過，我們同時也可以看到墨家學說的說服力。富裕的人確實對於儀式瑣碎的細節付出過多的關注，或是耽於鋪張的盛會。若思及有多少人處於飢餓邊緣或瀕臨無法生存，我們對於墨子關切人民福祉所發出的義憤不平，不得不亦有同感。自純粹實用的觀點視之，高級文化活動以及傳統儀典的價值的確是有問題的。

墨子的最後一項政治主張，不見得是針對儒家，就是他的倡導非攻。他再度以公眾福祉的觀點作為論述立場。不過墨子並非是一位和平反戰主義者（pacifist）。他在書中論及許多防禦器械裝置，包含數章談論城門防禦工事以及禦敵應用策略，如建造雲梯、開挖渠道、引水決堤等等。墨子絕不接受以擴張勢力版圖

46　《墨子・節葬下》，英譯本 Watson 1963：70。
47　Creel 1953：66.

為目的而主戰。即使主戰國的一場成功的戰事最終可能為其百姓帶來更大的利益，但是戰爭永遠不會為天下帶來普遍的利益，而天下的普遍利益則是墨子為所有行動判斷的最高準則。

從上述討論，我們可見對墨子而言，所有政治考量皆基於效益評估。他關於治理的威權形式、尚同以消除異議、非樂、節葬、節用、尚賢及非攻等主張，都是為達成其兼愛天下之目標而在理論上提出的權宜之計。

墨子的宗教哲學：上天、鬼神、命運

墨子在古代中國哲學家中似最具宗教意識，但他的宗教精神仍是由其實用主義所促發。他主張鬼神存在，提倡敬畏天志，不過不是因為迷信，而是他認為此等信仰有助於興天下之利。根據同樣理由，他駁斥命運的存在，反對我們相信人生是由先於存在的命運所決定。但這也不是因為墨子很理性，而是因為他認為此類信念有損於社會福祉。

墨子列出三項判準來測試各種理論學說是否可被接受：（1）理論的預設有其根源；(2) 理論的預設有效；(3）理論之應用的實用結果。他說：

> 必立儀……故言必有三表。何謂三表？子墨子言曰：「有本之者，有原之者，有用之者。於何本之？上本之於古者聖王之事。於何原之？下原察百姓耳目之實。於何用之？廢以為刑政，觀其中國家百姓人民之利。此所謂言有

三表也。」[48]

　　換言之，一項理論所必須受到的第一道測試是以歷史記載來檢視。與許多古代中國的思想家一樣[49]，墨子也相信古代的歷史紀錄（如《詩經》與《書經》）是對古聖先賢之言行的可信記載。同時，他更相信這些古代聖王為真理樹立了標準。其次，理論的檢測包括他人的見證，而可信的證詞是透過人們實際觀察以及親身經驗。不過，墨子並未提出他人證詞在統計數據上的可靠性，似乎只須有足夠的眾人對某種經驗給予肯定的舉報，那麼否定的證詞即可以不加考慮。墨子的第三個測試標準最為有意思。他主張我們要判定一項理論是否可接受，是在於檢視如果我們相信此理論，會具有多少實用性——這理論被我們接受或拒絕會產生多少效益。在他這個觀點後蘊涵的真理論近乎當今所謂的真理實用主義（pragmatic theory of truth），指的是對於信者有用的信念即為真——信者根據此信念的行動會產生令人滿意的實用結果。在墨子的真理實用主義之下，許多哲學爭論都可以看各理論的適用性及其實用的結果來決斷，而不是看其論證的可靠性或是其理論的完整性。

　　墨子運用這些判準，來申辯神鬼確實存在、天有其意志，以及並無決定我們現在或未來的命運存在。墨子關於天的觀點

48　《墨子・非命上》，英譯本 Watson 1963：118。

49　正如華茲生（Watson）指出：「藉由此一訴諸古代聖王的歷史記載，他附和同時代思想家眾所公認的慣例，而我們可以假設，若他的聽者接受他對古代的論述為有效，他們必然會強烈感到必須接受此一結論。」（Watson 1963：4）

似乎是直接沿自儒家所不重視的古代宗教觀點。許多學者認為墨子採取超自然存在的信念，例如華茲生（Watson）對墨子階級體系的世界觀如此描述：「在這個超自然世界的階級系統中，墨子假想有個名為上帝、天君，或是天的神祇，為世界之首，創生萬物、關愛萬物，並謀求萬物的福祉，並透過神祇在人世的代表——天子及其官員，共同朝向此目標而努力。」[50] 如果墨子本人真的確信有此一神祇的存在，那麼他的觀點是相當倒退的。但是，墨子對於理論有效性的第三種檢測方法顯示出他採用任何理論的動機皆基於實用。關於天／神或其神聖意志的存在與否，墨子並未具有任何個人的信念。在他的論證中，他經常提倡相信天或天志存在的利益。如果執政者相信天存在而且天志是「興天下之利」，那麼他們將不會帶給百姓禍害；若人民真正相信天存在，而「天欲義而惡不義」，那麼他們將不會為非作歹。[51] 墨子因此作出結語：難道這不是對天下有利的學說？

　　同樣地，墨子試圖說服他人去相信鬼神在監督著我們的行為，並會據以派賞或懲治。他說：「今若使天下之人，偕若信鬼神之能賞賢而罰暴也，則夫天下豈亂哉！」[52] 正如 Vorenkamp 所解釋，對墨子而言，「『相信』天或鬼神存在，比起天或鬼神實際存在的存有狀態更為重要。」[53] 換言之，墨子哲學所欲建立的並非鬼神的存在，而是相信鬼神存在這種信念所產生的利益。葛瑞漢（Graham）認為在墨家的宗教哲學中「幾乎沒有證

50　Watson 1963：4.

51　《墨子・天志上》，英譯本 Watson, 1963：79。

52　《墨子・明鬼下》，英譯本 Watson，1963：94。

53　Vorenkamp 1992：436.

據顯示有對鬼神比畏疚之感更深的精神面向」。因此，「在某種意義上，墨家比起那些他們所抨擊為懷疑論者的人更不具有宗教性。」[54] 若我們明白墨子是用天來作為對執政者行為的最高約束，是用鬼神來作為對老百姓行為的普遍監督者，我們就可以理解墨子何以會如此冷靜超離地提倡這些超自然的存在。

　　最後，墨子拒斥命運之說，因為此說給予人們藉口無所事事，他說：

> 今用執有命者之言，則上不聽治，下不從事。上不聽治，則刑政亂；下不從事，則財用不足，上無以供粢盛酒醴，祭祀上帝鬼神，下無以降綏天下賢可之士，外無以應待諸侯之賓客，內無以食飢衣寒，將養老弱。[55]

　　從這些觀察墨子得出結論：「故命上不利於天，中不利於鬼，下不利於人，而強執此者，此特凶言之所自生，而暴人之道也。」[56] 墨子對命運論的批判並非是針對其擁護者的推理薄弱或證據不足；而是特別針對此一理論會導致有害的結果。墨子告訴我們，我們不應相信自己被命運所決定，因為這種「信念」未能興天下之利。由此可見，墨子對於命運論的譴責，明顯為其檢測理論有效性的一種應用。

　　我們可見到墨子的宗教哲學，雖然在表面上斷言天及鬼神

54　Graham 1989：48.
55　《墨子‧非命上》，英譯本 Watson 1963：123。
56　《墨子‧非命上》，英譯本 Watson 1963：123。

的存在，但實際上並非真正的宗教哲學。墨子唯一真正有的哲學信念或許是他倫理功利主義（ethical utilitarianism），以及他對真理的實用概念。不過，真理的實用概念僅在他的理論檢測判準中作為預設，墨子並未加以系統性的清楚闡述，遑論予以辯護。另外值得關注的是，即使墨子基本學說是以互利信念為基礎，綜觀全書並未有任何一章專門論及互利的重要性。此功利道德原則可視為他的「第一原理」，其本身已具正當性在其中，所有其他墨子所倡導的論點，僅是作為達成此目的手段之一。

結語

墨子及其門徒雖由一種對於所有人類福祉的利他關懷所驅動，但是他們極度的實用主義不僅使他們自己過著節制刻苦的生活，更讓他們倡導節制刻苦的社會。墨家思想拒斥人類的享樂；除了排斥浮華瑣碎，也鄙視人們對精緻美好事物的放縱沉迷。如此苦行的生活對於生存物資極度匱乏的社會或許必要；但對於不再只是關切渴求生存的人民並不具有長期的吸引力。這也許可以解釋在歷史上的奇怪現象，也就是雖然墨家思想曾為戰國時代主導的顯學之一[57]，卻何以在漢代初期即已迅速自中國完全消失。[58]

主要由於墨家的非儒主旨，在中國哲學史上墨家一直被視

---

[57] 陳榮捷說：「在中國古代直至漢代（西元前206-西元220）初期，最偉大的兩個學派是儒家及墨家，它們至少自西元前五世紀至三世紀主宰知識界，並且相互激烈抨擊。」（Chan 1963：211）

[58] 參照 Schwartz 1985：168。

為偏離正軌的學派。墨家獨特的理論突出顯著，但對於往後中國哲學發展幾乎毫無影響。然而，我們不應該僅因其未受中國人心靈所賞識，而視墨家為無足輕重。我們首先應當欣賞其多面向的涵蓋，如 Alice Lum 所言：「除了被稱反儒家、功利主義者及邏輯學家，墨子已經被公認為法家學派的前驅、中國第一個宗教教派組織的創立者，以及社會福利政府的提倡者。」[59] 我們應當進而反思其學說，並運用其理論來作為我們既有思維模式的挑戰。

　　當代學習亞洲哲學的學子常會覺得墨家學說特別具有吸引力，因為它代表一種烏托邦思想。如果所有人都能兼相愛，那麼世界上將無戰事、無互鬥、無爭執也無殺戮。如果所有人都能忘記人我之別，那麼我們就無須擁有財物，也不至於當有人過於飽足時，卻有人受飢餒之苦。如果所有人都能待他人如待己，那麼就不會有貪婪妒忌，而所有人都將可互惠互利。如果所有人類都能消除分裂，那麼各國之間不會有衝突傾軋、種族之間也不會有敵對歧視。簡言之，若墨家理想得以成真，就如約翰‧藍儂（John Lennon）之歌〈想像〉（Imagine），世界將合而「為一」。

　　墨子的理想世界只有在我們徹底改變人類行為時才有可能。而要達成這種全面的行為改造，我們首須改變人們慣有的思維模式。這個目標雖然未必可能，然而並非全然不可能。如 Lum 所言：

　　　　墨子指出一旦建立了道德絕對客觀的規範，社會的條

59　Lum 1977：187.

件就將開始改進，因為可以教導人民為了所有人的共利而正確運用他們的良知。墨子以此道德規範作為他哲學的基礎，宣稱藉由人民的自覺努力，所有的惡禍諸如貧窮、戰爭、飢餓及政治混亂皆可得以消弭。墨家的「工作倫理」可解讀為全體人類共同為持續運作的社會利益而生產勞動。墨子在推動他的理想時，是相信他的學說能夠切實達成人類的整體福祉。[60]

　　因此我們對於墨子的最後評論，容或是用他自己的實用主義標準：如果他的主張盛行，是否真的能為天下人謀取更多的福利？

延伸討論問題

1. 我們偏愛自己所愛的人在道德上站得住腳嗎？我們如此是否很自私？如果考慮到這種私愛是人類衝突（甚至戰爭）的根源，道德導師們是否應當倡導兼愛？
2. 我們對他人是否應該全部視為人類的一分子而給予平等關愛？墨子的理論是否在道德層面上比儒家站在更高的平台？
3. 人與人之間缺乏兼愛確實是強者壓迫弱者、多數抑制少數、富人欺凌窮人的原因嗎？提倡兼愛是否能消除這些危害？
4. 墨子的兼愛學說與孔子所言之恕道「己所不欲勿施於人」，或是孟子的「老吾老以及人之老，幼吾幼以及人之幼」主張，本

60　Lum 1977：187.

質上有何不同？

5. 在孔子倡導禮樂與墨子強調社會效益之間，何者能導向更好的社會？你認為禮樂對社會的效益是什麼？

第六章

老子

概論

詮釋老子的《道德經》本是費力徒勞的工作，先說名為「老子」之人，也許從不曾存在。其次，原作者或未冠以《道德經》之書名，更可能本書並非一人的專著。這本經典的寫作背景充滿爭議。傳統觀點認為《道德經》作者年代稍早於西元前六世紀的孔子，是由一位名叫老聃的長者西出函谷關之前，回應守關官員請益所寫下。另一廣為人知的傳統觀點主張本書成於西元前三到四世紀間，作者李耳以「老子」為筆名，刻意隱藏自己的真實身分。而當代學者較能接受的說法則認為《道德經》來自不同作者思想的彙編，現傳版本約完成於西元一世紀。

無可置疑的，文本的歷史背景與真正的著作歸屬會影響到內容的詮釋，尤其是《道德經》的風格及內容明顯不一致。劉殿爵（Lau）認為「《道德經》不僅像是一部選輯，甚至個別篇章

也像是由不甚連貫的章句組成。」[1] 因此他建議我們最好從較簡短的章節，而非完整的篇章，來理解內容文義。即便劉殿爵承認《道德經》呈現一貫的思考，他也不認為我們可從中獲得系統嚴謹的思想。陳漢生（Hansen）則主張《道德經》「具有一致的風格語氣，開展真正的道家思想。」[2] 註釋《道德經》的學者們有的因《道德經》內容太不連貫，所以特別強調「道」的本質與治術間的差異。有些則認為其內容相當一致，便極力加以詮解來消弭表面上的前後矛盾。因此之故，我們有了數量極為龐大的《道德經》譯本及詮釋本。

　　《道德經》的英譯超過七十本，再加上數百冊的注釋。雖然眾多注釋者對文本有非常歧異的看法，但他們都一致同意《道德經》的文字艱深，哲學義理重要。[3] 詮釋的困難有時是因為古人以文言書寫而且不使用標點，而某些至關重要的段落以不同的斷句方式即會造成哲學涵義大相逕庭。顯著的例子就在《道德經》的開宗明義第一章，然而各種分歧的註解，似乎都能和原文相容。所以，有時我們竟會發現即使是彼此相反的解釋，在文本上都很可信。

　　本章我們不會假設《道德經》僅有一位作者，但是會盡力

1　Lau 1963：xiii-xiv.

2　Hansen 1992：210.

3　史華慈（Schwartz）曾說《道德經》是「所有中文著作中最艱深而且問題重重的文本」（Schwartz 1985：192）；傅偉勳也說這本書「可能是最難解、最具爭議性，卻也是最重要的形上學著作」（Fu 1973：367）；劉殿爵（Lau）指出《道德經》這本小書「世代相傳，對中國思想的深遠影響遠遠超過這本書的長度」（Lau 1963：vii）；葛瑞漢（Graham）稱之為「展現在反邏輯的領域中另一種睿智的巨著」（Graham 1989：218）。

以融通的方式把《道德經》看作是有一致性的內容。並且我們沿用慣例，以「老子」來指稱這部經典的作者群。我們會聚焦於老子的三個主要哲學主張：(1)「道」的性質以及如何能認識或呈現「道」的可能性，(2) 倫理德性的主張，特別是「無為」之德，(3) 政治理想以及最高的執政手腕。我們會探究老子的形上學思想跟其切實的倫理學和政治哲學之間的關聯，並以此彰顯出後者事實上是前者自然導致出來的主張。

「道」及語言

老子哲學中最引人入勝的概念是「道」。此概念最初指的是天之道與人類世界之正道，但在《道德經》中更發展出極豐富的形上學意義。[4] 老子的《道德經》作為「道」家學派的根源無庸置疑。儘管目前西方學界普遍以 the Way 來翻譯儒家「道」的討論，卻慣以譯音 Dao 直接指稱老子的「道」，因為實在難以找出英文與之相對應的概念。[5] 中文的「道」有多重意義，顧立雅（Creel）歸納說：

> 「道」原意為「道路」，後代表「方式」與「方法」，

4　例如史華慈（Schwartz）的提問：一個在儒家思想中主要指稱社會及自然秩序的語詞，如何成為指稱某種神秘實在的語詞？（Schwartz 1985：194）

5　顧立雅（Creel）書中談到：「道」這個字被 G. G. Alexander 譯作「神」或是「創生天地萬物偉大永恆無限的第一因」；被 Paul Carus 和 Jean Pierre Abel Remusat 譯作「理性」（the Reason）；被衛禮賢（Wilhelm）譯作德文的 Sinn，有「意義、理智、心靈」的意思。見 Creel 1983：304-311。

也用於「指出道路」，或是「告知」。後來演變出「行為方式」的意涵，以及具有道德意義的「原則」，同時「道」被很多思想家用來指稱自身的學說。6

　　從上述解釋中可見，「道」可作為名詞，也可作為動詞。作為名詞，英譯本大寫字母的 Dao 可指終極唯一的形上學實在，或指一般性的道德原理與思想學說。作為動詞，「道」可以就人的行為方面意指「跟從」，或就語言使用方面意指「言說」。我們解讀《道德經》的一項挑戰就是老子的「道」似乎包含前面所有意涵，所以我們必須謹慎依據文意脈絡來詮釋各語句中「道」的涵義。

　　《道德經》開卷首章老子曰：「道可道，非常道；名可名，非常名。7 無名，天地之始；有名，萬物之母。」8 此章精

6　Creel 1983：302.

7　在這裡大多數英譯本都是將第一個「道」字詮釋為獨一特定名稱，因此加上了定冠詞（the）而譯為「the Dao」或「the Way」。但是中文裡並沒有單數與複數名詞的明確區分，所以不清楚為何不把老子解釋為用一個不定冠詞（a）來指稱「道」，就如老子也未使用定冠詞（the）來指稱「名」。要是我們把這兩句經文看作是一致的語法，那麼我們似宜用 a Dao 來取代 the Dao，就如同「名」是翻譯為「a name」。因此我在這裡是採取艾文賀（Ivanhoe）的譯法：「A [Dao] that can be followed [or：be told of] is not a constant [Dao]. A name that can be named is not a constant name.」此處英文譯為 a Dao，並非預設的確有個獨一的「道」。不過，依我自己的詮解，老子的確是預設有一個獨一的「道」作為世界的終極實在。

8　《道德經》第一章的下半段經文，充分代表文言文的不同斷句會影響義理詮解的典型範例。此二句的另外讀法「無，名天地之始；有，名萬物之母」，則是把「名」當動詞用。我認為這兩種讀法皆可以接受，不過，我還是採取較常用的英譯來做為「無名」與「有名」的一個區別，英譯本見

確點出老子思想主要的關注之一：道與語言之間的關係。如先前所提，老子的「道」作為名詞具有多重意涵。其中一層不可否認的意義是以「道」來表示終極的實在，或說是「如其所然的實在（reaslity as it is）」。此終極實在無以名之，換言之，它是無法用人類語言來說明的。於此層面，道是「不可言詮」的。作為一個無法言喻的存在，「道」是天地的起始，而天地象徵整個自然世界的架構。「命名」帶來物體的分類，因此是萬物生成之母。《道德經》開宗明義：我們所理解的世界，其實是如其所然的實在與人類在語言中使用的概念相結合的結果。

　　然而，此簡單論點包含一些極難解答的形上學問題。「道」如何創生宇宙？「道」與宇宙的生成關係，是時間上的先於宇宙，而作為宇宙論上宇宙初始的源頭，還是邏輯上的關係，而作為本體論上萬物存在的基礎？「道」與世界目前的關係又為何？「道」，如某些學者所說，僅是世界的總體，抑或另些學者主張，是先於世界的存有狀態？「道」為何難以言詮？如果「道」無法以任何語言描述，我們又要如何談論？如果「道」確實無法描述，我們對其的認知之路是否封閉？我們終究有辦法了解「道」是什麼嗎？正是為了嘗試解決這些疑問，註解《道德經》的學者們提出了眾口紛紜的意見。

　　關於「道」與世界之間的關係，部分學者認為「道」只是世界的總體，因此既不先於也不獨立於世界整體。[9] 另有學者認

Ivanhoe 2002：1。

9　例如傅偉勳採此觀點，他說：「老子形上學的核心是聚焦在自然本身，或說萬物如其本然（的全體），而不特別論指超越自然之上或是在自然背後的存有。」（Fu 1973：369）

為老子清楚指出「道」本身是自己存在的狀態，而且「道」常被老子敘述為「無」（the Non-being），「無」先於「有」並且據以生成「有」。[10] 在後者的陣營中，部分學者解釋「道」與世界之間的生成關係如時間序列，因此世界起始於非存有（無）。[11] 反對者則認為生成關係僅是比喻「道」在邏輯上的優先，因為世界始終存在，並且從來沒有非存有的狀態。[12]

---

10 徐頌鵬主張在老子以「道」作為終極實在的概念中，「道」獨立存在，是即「道」的本質。整個世界僅是此本質的「用」或是「顯現」。他說：「『道』作為終極實在即是『無』，是非存有、非有任何物的存在，或可以說是空虛。」（Hsu 976：203）康德謨（Kaltenmark）說老子所謂的「道」是「絕對的虛空」，不可見、不可知覺，而先於「一」。（Kaltenmark 1969：40）若此，那他也是認為「道」是獨立於世界整體之外的實體。牟博似亦採同樣詮釋，而且認為「道」有先驗的特性。（Mou 2000：429）T. P. Kasulis 主張「道」有兩種意義，其一是代表「終極、難以言詮的絕對……『絕對』這一詞指出「道」超越所有的對立與矛盾。」（Kasulis 1977：383-384）在這個絕對的意義上，Kasulis 更將老子的「道」概念與「無」等同，並且主張「無」事實上是先於有，而為萬物終極的根源（同前 p. 386）。

11 葛瑞漢（Graham）似採取這種觀點，他說：「透過這樣的語言把道當作是本身具有名字而且是萬物之母，這段話將邏輯的順序轉換為生成的順序。」（Graham 1989：222）劉殿爵在翻譯第一章時，用英文過去式 was 來描述無名是存有的起始、有名為萬物之母。所以他似亦認為生成是種時間的順序。朱伯崑指出後期道家都將老子有生於無的敘述理解為「宇宙創生」的歷程。（Zhu 1998：55）朱伯崑本人也詮釋老子思想屬於討論宇宙生成的宇宙論，而非關於宇宙邏輯次序的本體論（同前 p. 49）。

12 馮友蘭有段時間也提倡這個觀點，他說：「老子此言，並非說曾經有個時間只有『無』，後來有個時間『有』生於『無』。而只是說，我們若分析物的存在，即會看出在有任何物之前，必須先是有『有』……此處所說的是屬於本體論，不屬於宇宙發生論。它與時間、與實在，都沒有關聯。」（參考傅偉勳文章的引述，Fu 1973：379）史華慈（Schwartz）似亦採取同

關於「道」和語言的關係，有些學者指出「道」對老子而言基本上不可言說，是以我們完全無法談論「道」是什麼。[13] 如果「道」確實不可言說，那麼老子在書中描述「道」的整個方案等於是自打嘴巴，因此其哲學只能視為詭論之言。另一些學者反對這種看法，而宣稱老子書中表明「道」不可道的段落，可以給予不同的解讀和詮釋。[14] 我們也許永遠無法完全理解作者的意

樣觀點，而把「道」稱為萬物「統一的原理」、「動態的秩序」或「全體有機的模式」。他認為事物的構成元素和關係會改變，但是統一的原理則永遠存在。（Schwartz 1985：194-195）在這個意義上，「道」對於萬事萬物可能有邏輯的優先性，而非時間的先在性。

13 此為最普遍的詮釋，例如葛瑞漢（Graham）說：「語言的難處並非在於它們完全不適切，而是在於它們的描述總不能完美適當」（Graham 1989：219）。史華慈（Schwartz）也說：「在此處……我們看到的是不斷要言及不可言及的一種矛盾的努力」（Schwartz 1985：198）。丹托（Danto）首先聲明「道」不可言說，然後再設法界定道之不可言說的模式。他提出如此的推測，「道」之所以不可言說，是因為「道」存在於「在名〔語言〕與所名〔這個世界〕之間一個不可名的空間」，但是並未對此說法加以捍衛。（Danto 1973：54）顧立雅（Creel）解釋「道」之不可言說，是因為「道」是個「不可分割的整體」，所以我們不可能找到任何恆常的字詞來指稱它。（Creel 1983：320）康德謨（Kaltenmark）則解釋因為名字是私密的，因此不宜用來指稱「道如此至高無上的原理」（Kaltenmark 1969：28）。

14 例如 Dennis Ahern 也說：「劉殿爵 Lau……曾說沒有任何名稱或描述能恰如其分地用在『道』之上。但若此為真，則老子之書（至少其中某些部分）即在嘗試不可能之事。……我會論證出……幾乎沒有什麼證據可以支持這個道不可言說的主張」（Ahern 1977：357）。Ahern 主要的論證是，所有老子書中被人討論的這些段落，都可重新詮釋為「只是要強調在論及『道』時，需要有特殊描述的語詞」（同前 p. 381）。牟博似亦反對「道」的不可言詮性。他認為「由於永恆的『道』永遠運行，而且持續變化以超越自身有限的維度，是以任何目前能夠描述『道』特質的用語，都僅僅能

圖，或是評斷這些不同詮釋的價值所在。不過，我們可試著審慎分析文本，來檢視哪些觀點最能為老子的論述所支持。

在老子的描述中，我們看到他對「道」的本質以及「道」在宇宙初始所扮演的角色有不同的解釋。我們可以將「道」的特性列述如下（我們將會注意到這些特性不全然一致）：

（1）「道」是「無」

老子說：「天下萬物生於有，有生於無。」[15]「有」指存有本身，而「天下萬物」指的是有限形狀與形式的個別存有。此處老子對（1）無（2）存有（3）天下萬物，明確區分出時間或邏輯上的進程。「道」作為存有本身或是一般存有的究極根源，似等同於純粹的無。然而老子又說：「故常無，欲以觀其妙；常有，欲以觀其徼。[16] 此兩者，同出而異名，同謂之玄。」[17] 從這段話中，我們似乎見到老子對「有」與「無」模稜兩可，有如一個銅板的兩面。無和存有彷彿是始終存在於宇宙之中，並且僅在有與無產生之後才得到不同的名稱。此處老子如何來界定「無」並不清楚，但至少明顯在某個層面而言，「道」可以等同

勉強抓住『道』以有限的方式表達出其有限維度的部分」（Mou 2000：435）。但是牟博主張，此並非意味任何對於終極關懷的語言努力都終將徒勞無功。

15　《道德經》四十章，英譯本 Chan 1963：160。

16　另一種常見的斷句讀法「常無欲」與「常有欲」來自對文本的不同解讀。劉殿爵（Lau）、艾文賀（Ivanhoe）及許多其他學者都採取此詮釋。但我不認為老子會規勸人們要經常保有欲望，再者，當老子說「此兩者，同出而異名」，他也不可能將消除欲望等同於保有欲望。因此，我採用陳榮捷的英譯。

17　《道德經》第一章，英譯本 Chan 1963：139。

於「無」。

（2）「道」空虛而其用無窮

老子說：「道沖，而用之或不盈。淵兮似萬物之宗。」[18]
又說：「天地之間，其猶橐籥乎？虛而不屈，動而愈出。」[19] 此
處一個合理的解釋是老子認為「道」是萬物的本體，而生成萬物
是「道」的作用。萬物於存在中生滅，但本體永不耗盡。本體越
是生成，越多萬物存在。既然本體本身並不定著在任何特殊的物
之上，其本質即是空無的。若此詮釋正確，則老子亦給予「道」
一個本體上的地位，以其作為萬物的基礎。

（3）「道」恆常永久

老子說：「寂兮寥兮，獨立而不改。」[20]「道」恆常乃描述
其不變的本質。老子也說：「復命曰常，知常曰明。」[21] 此處
「道」被描述為「永恆」。根據老子的看法，「道」含括萬物，
是以沒有限定。「道」永恆存有，因為即使個別事物會消滅，但
作為全體的「道」永不消滅。個別事物的存在無常，因個別的存
在皆困於時間的限制。老子說「道可道，非常道」，一旦我們用
個別語言來描述「道」，它就變得受限制、被侷限住，並被特殊
的描述所窄化。一旦有所設限，我們即無法見到完整的「道」。
從這些論點，我們可了解「道」的恆常永久是來自於「道」含括
一切的本質。

（4）「道」涵括天地，先於宇宙存在

18　《道德經》第四章，英譯本 Lau 1963：8。

19　《道德經》第五章，英譯本 Lau 1963：9。

20　《道德經》二十五章，英譯本 Chan 1963：152。

21　《道德經》十六章，英譯本 Chan 1963：147。

老子說：「有物混成，先天地生……可以為天下母。」[22]
又說：「天下有始，以為天下母。」[23] 此兩段引文似乎支持認為
老子論及「道」與世界之間的關係有時間序列，而非僅是本體論
或是邏輯次序的詮釋。在此處「道」被稱為「天下母」，即如我
們將在下面第（11）點詳加描述，老子賦予「道」女性的特質。
在這層面上，老子對「道」的理解全然不同於儒家，因為儒家的
「道」概念通常象徵父性的存在。不過，儒道兩個學派不約而同
地將「道」作為宇宙創生及統治的原理。

（5）「道」創生世界

老子說：「故道生之，德畜之，長之育之，亭之毒之，養
之覆之。生而不有，為而不恃，長而不宰。」[24] 又說：「道生
一，一生二，二生三，三生萬物。」[25]「天下萬物生於有，有生
於無。」[26]「夫唯道，善貸且成。」[27] 在以上這些引文中，老子
所說的是「道」生成萬物。是以在他的「道」概念中明顯有宇宙

22　《道德經》二十五章，英譯本 Chan 1963：152。

23　《道德經》五十二章，英譯本 Lau 1963：59。中文並無任何動詞時態的
　　區別，所有常見的英文譯本，本句通常用過去式，例如陳榮捷的「there
　　was a beginning of the universe」、艾文賀（Ivanhoe）的「the world had a
　　beginning」、理雅各（Legge）的「the [Dao] which originated the world」等
　　等。這個過去式的用法，蘊含「道」和世界的時間序列。

24　《道德經》五十一章，英譯本 Chan 1963：163。

25　《道德經》四十二章，英譯本 Chan 1963：160。關於老子「一」、「二」
　　和「三」可能的真義有多種詮釋，此處我不擬詳加分析，將在本章談到
　　「陰」與「陽」時再充分討論。因為在同章中老子也論及陰與陽，所以
　　「二」極可能指的是「陰」和「陽」。

26　《道德經》四十章，英譯本 Lau 1963：47。

27　《道德經》四十一章，英譯本 Lau 1963：48。

創生化成的意涵。

（6）「道」一而混成

老子說：「天得一以清，地得一以寧，神得一以靈，谷一以盈，萬物得一以生，侯王得一以為天下貞。其致之。」[28] 此處他所說「一」即是「道」。又說：「有物混成，先天地生。」[29] 既然「道」是一而混成，即無法以人的認知加以刻分。此「道一」存在於宇宙生成之初，萬物必須得之於「道」然後才能有各自的屬性。

（7）「道」不可經由感官察覺

老子說：「視之不見，名曰夷；聽之不聞，名曰希；搏之不得，名曰微……是謂無狀之狀，無物之象。」[30] 又說：「道之出口，淡乎其無味，視之不足見，聽之不足聞，用之不足既。」[31] 老子於此似強調我們以感官作為認識「道」的方式並不恰當。若「道」不可知覺，則即無任何可察覺的物理屬性。進而言之，既然我們無法聽聞「道」，因此不會有來自「道」言辭的授權誡命。「道」不會干預人間事務，而我們只能感覺「道」存在，卻無法加以觀察。

（8）「道」不可言詮

老子經常強調描述「道」的困難。就所有的描述都必須借助於語言而言，「道」是不可言詮的。所有可能的描述至多僅能近似於「道」真正的本質。老子最終給予對道的敘述極為神秘模

28　《道德經》三十九章，英譯本 Chan 1963：159。

29　《道德經》二十五章，英譯本 Chan 1963：152。

30　《道德經》十四章，英譯本 Chan 1963：146。

31　《道德經》三十五章，英譯本 Chan 1963：157。

糊，他說：「道之為物，惟恍惟惚。惚兮恍兮，其中有象；恍兮惚兮，其中有物。」[32]「道」之難以描述，是因為道無法嵌合入我們的概念體系。人類概念之形成，是建立在人類覺知事物類別之間異同的基礎上。然而，「道」超越所有區分別類，因此無法為人的概念所捕捉。我們綜合（7）和（8）之所述，可以明白對於道，人的知識必然有所限制。不僅人的感官無法覺知「道」，人有限的認知能力也無法認識「道」。我們甚至可以說「道」之不可言詮，正是因為我們的認知之路被封閉住。

（9）「道」不可名之

因為道是我們無法覺知、無法分類、無法敘說的，所以我們也無法為「道」命名。老子說：「道常無名……始制有名，名亦既有，夫亦將知止，知止可以不殆。」[33] 在此段經文中，老子提出要用我們的語言慣例以及概念體系來描述「道」之不可能。我們賦予萬物名稱，是要以此來區分辨認它們。我們命名程序的同時亦即在為事物標記界線，此亦何以我們不宜為「道」命名。此處可見到老子基本的兩難：他在談論這個他名之為「道」的東西，然而這東西根本不能命名為「道」，因為實際上它不能有任何名稱。老子如此解釋自己的兩難：「吾不知其名，字之曰道，強為之名，曰大。」[34] 也就是說，老子的整個方案就是在給我們

32　《道德經》二十一章，英譯本 Lau 1963：26。

33　《道德經》三十二章，英譯本 Lau 1963：37。

34　《道德經》二十五章，英譯本 Ivanhoe 2000：25。中國哲學「道」通常稱為「大道」，中國人名與字的區別，在於親近家人朋友互相稱名，公開場合以字來互稱。艾文賀（Ivanhoe）解釋：「『名』與『字』之間有些典故，傳統中國社會個人不會在公開場合使用自己的名，因此可理解作者是說自

一個對於他無以名之，卻又不得不勉強稱之為「道」的完整論述。

（10）「道」以自然為模式

老子說：「人法地，地法天，天法道，道法自然。」[35] 老子此處所說的「自然」[36]不可能是我們所知的自然世界之全體，因為此一觀點牴觸世界來自「道」創生化成的看法。[37] 王慶節詮釋老子的「自然」不過是「萬物作為其本然的過程，亦即是萬物自成之、自長之、自己而然的自然過程。」[38] 劉殿爵（Lau）顯然亦採取相同詮解來英譯此句經文：「人以地為模式，地以天為模式，天以道為模式，道以自然而然（that which is naturally so）為模式。」[39] 馮友蘭用「自發」（spontaneity）、「天然」（naturalness）來分析「自然」。他說：「『道』並非超越世界之上之物，它在世界之中且無所不在。道即是全體。不過是何者的全體？是世界之自發天然的全體。」[40] 以上所有這些論點皆同意不把「自然」視為與「道」自身分開的實體。

己不熟悉『道』，僅認識其表面，又或許是說不合適以真名來稱呼不熟悉的事物。」（Ivanhoe 2000：89，n. 53）

35　《道德經》二十五章，英譯本 Chan 1963：153。

36　此處中文用詞「自然」，英文可譯為 Nature、naturalness，多數學者認為譯作 naturalness 較適宜。

37　劉笑敢說：「『自然』絕非意指我們所理解的自然世界的『自然』，即使作為名詞，『自然』字義基本上仍是形容詞，指『自然的』而非『自然』。因此翻譯為 naturalness 或 spontaneity 更為貼切。」（Liu 1998：424）

38　Wang 1997：291.

39　《道德經》二十五章，英譯本 Lau 1963：30。

40　引自 Creel 1983：312。

　　老子「道法自然」的「法」之涵義並不明確。如果「法」
是作為「典範」或「效法」的含義，那麼人們行為的最高指引實
際上就是自然或自發，而天、地、人之「道」實際即為同一。在
這個文意脈絡中，「道」似乎是作為道德原則，而非作為形上學
原理。在下一章節的討論中，我們會看到老子對於「道」的自然
觀與其道德主張的「無為」之間有緊密的關聯。

　　（11）天「道」是女性原理，代表柔軟、被動、如嬰兒等類
似屬性。

　　老子說：「玄牝之門，是謂天地根。」[41] 此處老子賦予
「道」一個更特定的性格：在《易經》中所強調的女性原理。
基於此理解，康德謨（Kaltenmark）稱老子「道」「本質上是個
女性化的實體」。[42] 老子自己如此解釋：「我獨異於人，而貴食
母。」[43] 似乎對老子而言，「道」的基本作用是生養萬物。《道
德經》以擬人化的特殊性別來詮釋「道」可能是源自在女性生育
過程中子宮的功能。「道」被等同於負責孕育滋養生命的母性力
量。《道德經》將「道」描述為沖虛如淵，但仍為萬物之宗，此
亦似為隱喻性的聯想到女性的子宮。[44]「道」的所有跟人類德性
有關的道德屬性（德），也似乎是來自老子（同時也是傳統中國
人）所歸屬於女性的德性，譬如服從、被動、柔順、順應之德。

　　從以上《道德經》的引文，我們可以歸納出老子對「道」

41　《道德經》第六章，英譯本 Chan 1963：142。
42　Kaltenmark 1969：37.
43　《道德經》二十章，英譯本 Chan 1963：150。
44　如康德謨（Kaltenmark）所言：「在『老子書』中母性、女性、神奇的子
　　宮，和虛空概念緊密連結。」（Kaltenmark 1969：43）

的觀點。老子的「道」字似有多種用法，其一似乎是主張「道」超出經驗世界的限制，因而本身具有超驗的（transcendent）地位。於此意義之下，「道」似乎存在於整個宇宙的初始（或者是先於宇宙而存在）。我們可推測在老子的看法中，吾人所在之經驗世界並非始終存在。宇宙之初先有「道」，「道」生成「有」並創生萬物。在這個意義上的「道」似乎等同於世界的起源。道既然先於我們而存在，即存在於我們的經驗世界之外，因此是「超驗」的。

　　老子的「道」另一種意涵是內在於世界，而為世界本然存在的模式。我們亦可視之為世界萬物的自然模型。以此意義而言，「道」在整個宇宙生成之後並不會因而消失，因為它就是萬物及其自然作用的全體。「道」仍然可作為萬物的生成原理，因為個別事物生生滅滅，而新的事物不斷創生。每一新的創生必須遵循先前的模型，而這些模型即作為代表整體的「道」之一部分。每一單獨個體從無至有的生成原理亦可視為「道」的本身，是以「道」之作用永不止息。個別生物最終會殆滅而「道」永不消失，如此我們明白何以老子說「道」恆久不盡。

　　「道」的超越義及其內在義並非必然彼此衝突，因此我們不必涉入學者們爭辯老子「道」真正的意涵為何。老子清楚地描述「道」為世界的全體，但也談到「道」之生成世界。超越的道與內在的道可能僅為「道」的兩個面向，或是兩個時間階段。古代中國哲學家似皆採世界始終存在的觀點，而老子或許是中國第一位哲學家去質疑宇宙是否有初始、是否「有」來自於「無」。他的理論將「無」假定為「有（存在）」所從生的來源，然而老子似乎並非將「無」看成絕對的空無。中文的「無」字，在這個

文意脈絡中我們翻譯為「非存有」（non-being），符合老子常
用此字作否定形式，例如「無為」是「不作為」，「無名」是
「沒有名稱」。若「無」亦採此意涵，即是「有」的否定——存
在的缺席，而代表「沒有存在」，而此「無」並非本身有其獨立
自存的狀態。老子認為「有存在」（what is there）及「沒有存
在」（what is not there）相輔相成，他說：

> 三十輻，共一轂，當其無，有車之用。埏埴以為器，當
> 其無，有器之用。鑿戶牖以為室，當其無，有室之用。[45]

　　如果容器沒有「無」，就無法用以裝盛，而稱不上是個容
器。如果房間沒有「無」，即使有窗戶牆壁，也不是個房間。由
此我們可以理解為何「無」（非存有、沒有存在）能生成萬物，
也能明白何以存有和非存有互相獨立而又相互補足。「無」生
「有」，但亦內存於「有」。
　　至於「道」和語言的關係，我們可以說「道」之所以無
名，是因為道的存在先於人類之概念系統和語言的引進。一旦人
類用語言為物體命名而加以區別，萬物即被「創造」出來了。在
這樣的分析下，則「有物混成」與「萬物紛紜」之間的關係，僅
僅是無名／無區別的世界與有名／有區別的世界之間的關係而
已。或者我們可以說是語言之前的世界（pre-language world）與
語言之後的世界（post-language world）之間的關係。在抽象的
意義上，人類藉由命名而「產生」萬物，而另一方面，「道」已

45　《道德經》十一章，英譯本 Ivanhoe 2002：11。

經生成萬物但未加以命名。如果真有此語言前的世界而老子稱之為「道」，那麼此世界即非我們的概念系統所建構。換言之，老子並未抱持「道」是我們人類所創造或建構的可能性。「道」即是萬物「自然存在」的模式。我們僅能透過觀察天地之運作而模仿「道」。世界自然存在之道先於我們人類本身的存在，而且是我們概念的來源。即使沒有人類、沒有語言、沒有概念，世界自然存在之道依然存在。

老子「道」的含義尚有第三層用法，前面所列第（10）及（11）論點已詳明。於此意義之下，「道」具有道德面向，代表人類正確的行為方式。在此脈絡中，老子最常使用「天道」來取代單獨的「道」一字。這個意義下的「道」是人類道德的來源或最高指引。在此，老子的形上學與其倫理學融匯在一起。在下一節，我們將探討「道」在這層面的概念，以及其與「德」之間的關聯。

在某些方面，老子的形上學觀點可與當代的「形上實在論」做比較。[46] 形上實在論（Metaphysical realism，以下簡稱MR）基本上包含下列主張[47]：

---

46 在當代分析哲學的論述中，「形上實在論」與「科學實在論」經常互換使用，或至少是緊密結合，但兩種理論有不同的觀點，我們無須一併接受。科學實在論強調科學的可信度，宣稱在歷史上新繼起的科學理論通常可看做是更接近真理。在此觀點下，人類最終可能會達到「科學的完成」，能「給予這個世界之存在方式一個真確而且完整的描述」。老子即使生活在現代的科學世界，也不會接受科學實在論。對他而言，科學作為人類投射於世界的一部分，注定了無法掌握世界的存在之道。

47 此摘要來自普特南（Hilary Putnam）在其書（*Reason, Truth and History.* Cambridge：Cambridge University Press,1981, p. 49）的語句，以及 Ernest

〔MR1〕世界是由獨立於人類心靈的真實存在所組成，此實在外在於我們人類的構想和我們的概念體系。

〔MR2〕所謂的真理，涉及思想與世界存在模式之間的對應（correspondence）關係。

〔MR3〕對於世界的存在模式只可能有一種「真」的而且完盡的描述（儘管我們也許永遠無法透過語言來表達，或甚至可能永遠無法獲知世界的真實面相）。48

　　首先，老子對於無名之「道」、終極的「非存有」或是概念形成前的「存有」本身所持的觀點近似於〔MR1〕。在老子的形上哲學中顯然有個實在是超越人類的構思以及人類語言的約定成俗，對此真實存在他稱之為「道」，確然獨立於人類的心靈。其次，老子也不會排斥〔MR2〕，因為他確實認為只有當我們的思想與「道」有對應的關係，我們的思想才會為真。不過，老子對真理的概念以及對應的關係，與當代形上實在論者的主張不同。當代形上實在論者通常是用「命題」或是對知識採取語句的處理，所以他們所謂的「真」值，僅存在於陳述的命題或語句與

LePore 和 Barry Loewer 簡述普特南對形上實在論的描述（"A Putnam's Progress." Midwest Studies in Philosophy XII,1988：459-473, p. 460），但我特意更改一些說辭。普特南稱為「獨立於心靈的物之全體」（the fixed totality of mind-independent objects），我改為「獨立於心靈的實在」（mind-independent reality），「言詞或思想—符號」（words or thought-signs），我改為「想法」（thought）。我不認為這些對語詞的小小修改會改變形上實在論的原意，但這修改確實讓我們更可以透過形上實在論的分析來詮釋老子的觀點。老子認為世界的實在確實獨立存在於我們的概念之外，但物體的區別是來自語言／符號的約定慣例。所以，儘管老子主張終極實在獨立於人類心靈，他不會稱這個終極實在為「物的全體」。

48　括號內語句是 LePore 和 Loewer 所加（LePore and Loewer 1988：460）。

世界的事態之間有對應的關係。但是對老子而言，真理並非命題，因此他所尋求的對應，並非是我們的陳述與「道」本身之間的關係[49]，而是我們的理解、行為和「道」之間的關係。我們永遠無法期望能藉由概念及語言來給予「道」任何精確的描述，但我們可期望藉由適當的思考與行為，來給出「接近」世界真實存在狀態的表象。

這種對於真理的接近（approximation）即是老子看待自己理論的方式。對老子而言，對世界存在的狀態僅可能有一種真實的描述，而老子所有對「道」的陳述，儘管不是充分適當的，但是仍然被他視為對「道」唯一真實的表達。老子說：

> 吾言甚易知，甚易行。天下莫能知，莫能行。言有宗，事有君。夫唯無知，是以不我知。知我者希，則我者貴。[50]

從此段話語中，我們清楚見到老子並不認為他的理論僅僅是相對於自己的概念體系而為真，或是其他不同的理論也可能同樣為真。由此看來，整部《道德經》可以理解為彰顯老子對〔MR3〕之主張的擁護（而拒斥相對主義）。

---

49 陳漢生（Hansen）分析老子對於知識的看法時指出：「西方或印度分析知識時，著重於命題知識（〔knowing-that〕），中國，尤其是道家的，批判理論著重於連帶實踐技巧的實用知識（知道去做或是知道如何去做〔knowing-to or knowing-how-to〕）」（Hansen 1981：322）。同樣地，我主張老子對於真理的概念，也不能看作是表達某種命題／語句和世界某些事態之間的關係。

50 《道德經》七十章，英譯本 Lau 1963：77。

在形上實在論之主要批評者普特南（Putnam）看來，形上實在論的內在理論不一致，因此站不住腳，他說：

> 理由是：這個理論基於以下的假設，即我們可以設想一個徹底脫離我們所有信念的世界，而給予一個完整的呈現。但是為了要設想這種呈現，我們對人類語言所指涉的實體的所有設想，必須要獨立於我們對這些實體的任何信念。然而，我們已經知道獨立於我們對於這些實體的所有信念之外，我們是無法對它們有任何的設想。[51]

在老子哲學中我們可見到類似的難題：如果「道」先於語言存在而且不可言說，那麼老子如何能嘗試以語言來掌握它？如果「道」獨立於人類心靈而存在，那麼老子自己又如何能理解「道」？如果「道」不可察覺感知，那為什麼老子自己能獨自見「道」？如果我們對「道」所嘗試作的描述和論述注定是不恰當的，那麼老子又如何能用「雌」、「沖虛」、「無為」、「常」、「大」、「恍惚」、「虛靜」等字詞來描述「道」？我們可以說老子用了半部《道德經》來描述「道」，而由於這個方案本身是自我矛盾的，是以整部《道德經》可被視為是一部充滿詭論的著作。

---

51 此處引用 Gary Ebbs 對普特南論證的解說，出自 "Realism and Rational Inquiry," *Philosophical Topics* 20（1），1992：1-33, p. 17.

「德」與無為

對老子而言,道德是建立於人的行為之符合「道」。行為
與道的對應關係是以一種規範的形式表現:人「應當」依道而
行。此規範要求所有人行為合乎「道」,老子曰:「孔德之容,
惟道是從。」[52]「同於道者,道亦樂得之。」[53]「物壯則老,是
謂不道,不道早已。」[54] 從這些敘述,我們見到老子懷抱這樣的
信念:只有當人的行為合於自然之「道」才是善的,道德在於模
仿「道」,而且「道」超越於人類對善的概念。既然僅有一種道
德模式是善的,可見道德不是相對於不同的觀點或文化。老子必
然會拒斥道德的相對主義,而這理論常與道德「反實在論(anti-
realism)」相連結。如史華慈(Schwartz)所言,老子「並未完
全擺脫『價值判斷』」。[55] 對老子而言,善本身即具有其固有的
價值。

老子之書在日後被冠以《道德經》之名,意即「道與德的
經典」。「道」與「德」這兩個關鍵概念緊密關聯。老子說:
「孔德之容,惟道是從。」[56] 康德謨(Kaltenmark)對「道」與
「德」的關係有很好的詮釋:

> 「德」的概念總是蘊含效能及專屬特性。每個生物體都

---

52 《道德經》二十一章,英譯本 Lau 1963:26。
53 《道德經》二十三章,英譯本 Lau 1963:28。
54 《道德經》三十章,英譯本 Lau 1963:35。
55 Schwartz 1985:204.
56 《道德經》二十一章,英譯本 Chan 1963:150。

擁有某種天生或是後天得來的能力，這就是它的「德」。
所以「道」與「德」在意義上彼此相近，但是「道」是宇
宙遍有、未受決定的秩序，而「德」則是使個人能夠完成
特定行動的美德或潛能。[57]

　　我們或可將「德」視為「道」之應用。當人在行為中運用
「道」，他們即獲得「德」。如果其他生物的存在方式表現出
「道」，它們同樣也是「德」的例證。沿此脈絡，「德」定義萬
物存在之「應有的模式」。

　　遵循且精通「道」的人，即是擁有大「德」之人，亦即老
子所謂的「聖人」。當「德」這個一般名詞特別運用於人時，它
包括許多人類的德性，例如由於「道」幽微不明，老子說：「古
之善為道者，微妙玄通，深不可識。」[58]老子又言，「知其雄，
守其雌，為天下谿。為天下谿，常德不離，復歸於嬰兒。」[59]這
些引文說明老子所認可的德性，不過是「道」的特質，包括微
妙、玄通、柔順、容納、謙讓。老子的整個道德哲學即建構於此
等德性之上。在此文意脈絡中，老子的形上「道」帶有道德的面
向，而代表人應當如何自處。

　　如前所述，名稱的功能是將事物及屬性標示為不同的範
疇類別，而彼此截然對立劃分。即使形上的「道」是先於分
類命名，然而道德之「道」似已位於這些範疇之中。葛瑞漢

57　Kaltenmark 1969：27.

58　《道德經》十五章，英譯本修改自 Lau 1963：19。

59　《道德經》二十八章，英譯本 Chan 1963：154。

（Graham）形容老子的倫理觀點似乎是在所有的對立概念中偏好負面的價值，他說：「在老子顛覆那些廣為接受的描述時，他最特別的主張就是在一系列的對立關係中反轉所有正面的描述。」60 葛瑞漢將對立詞語中正面的詞類列為範疇〔A〕，包括「有」、「有為」、「知」、「盈」等等，而否定的詞類他列為範疇〔B〕，包括「無」、「無為」、「無知」、「虛」等等。葛瑞漢說：「在指導弱者的生存策略時，老子經常建議〔B〕勝於〔A〕，被動勝於主動……」61 在另一方面，陳漢生（Hansen）則認為老子實際的忠告是對立本身的反轉：「老子告訴我們，我們可以翻轉所有傳統的好惡，因為這些好惡無法提供恆常不變的指導，有時候，相反的指導（亦即反轉價值的給予）會更好。」62 相反於葛瑞漢的看法，陳漢生認為老子的重點不在於提倡負面的價值，而是在教導人們忘卻正面和負面之間有什麼實際的區別。沿此理路，康德謨（Kaltenmark）也表示：「道家認為所有的社會價值皆為偏見，故而錯謬，因為它們遮蔽真實而使我們陷入矛盾的惡性循環。重點是要藉由超越對立來擺脫此一惡性循環。」63 在這裡我們見到兩種不同的詮釋：一是賦予負面的德性較高的地位，另一則主張消除，或是超越，正負兩種屬性之間的區別。在下一章我們將看到莊子的道德理論就是一種超越所有價值的形式，然而在老子的思想中，我們確實看到他對負面屬性的提倡。

60　Graham 1989：223.
61　Graham 1989：223.
62　Hansen 1992：223.
63　Kaltenmark 1969：48.

　　老子思想中最強調的負面性道德原則就是「無為」。根據
王慶節的歸納，「無為」至少有三種詮釋：（一）字面的解釋
「無所作為」；（二）主體在其行為中「沒有意向／欲望」；以
及（三）一種柔而不剛，順從而不強求的作為。[64] 第一種解釋與
行動有關，其他兩種解釋則關乎行動者的態度或心態。葛瑞漢
顯然抱持第一種詮釋，因此以「不作為」（do nothing）來翻譯
「無為」。[65] 他認為不作為是「在事物本身已經運作良好時，不
作任何干預。」[66] 傅偉勳亦採取「不干預」的解釋，他說：「萬
物不受干擾可以自發地運作，此解釋（『無為』）何以會『無不
為』。」[67] 史華慈（Schwartz）對「無為」的詮釋似乎屬於第二
種，因為他將人為刻意努力當作是與老子的理想相反。[68] Ahern
則主張老子的「無為」只是要消除「世俗的欲望」，而非所有的
欲望，因為即使聖人仍渴望「以謙沖無擾的方式領導人民」。[69]
Kasulis 則似乎採用第三種解釋，宣稱「『無為』是指稱一種非
自覺性的回應方式」，他認為老子的理想是以聖人回應事物的
自然形態，而不加以人為造作。[70] 老子自己對無為原則的論點似
乎可以同樣支持這三種詮釋。我們或可說老子的「無為」概念是
融合了這三種作用：（一）當事物進行順利時，不以人為干預；

64　Wang 1997：302-303.
65　Graham 1989：232.
66　Graham 1989：232.
67　Fu 1973：384.
68　Schwartz 1985：309.
69　Ahern 1977：367.
70　Kasulis 1977：391.

（二）當聖人必須有所作為時，能夠消除個人的或自私的欲望；

（三）在聖人的所有行動中，都應符合自然之道，而且避免人為干擾介入。

　　無為之德是特別配與聖人或是執政者的。從老子之強調「為無為，則無不治」[71]，我們可見到執政者無為之目的，並非不顧世間事務，而是為了確保世間的和平及秩序。但是，把無為當作政治原則的難題是：當人間事務不正常運作時，無所作為有何助益？當聖人見到世間因人類競爭與貪婪而過度掠奪，他如何能透過消除一般世俗的欲望來恢復秩序？當聖人有意決定「不尚賢」、「不貴難得之貨」、「不見可欲」，或是當聖人想使人民虛其心、弱其志、使人民無知無欲，難道他不是已經在干預當前的社會狀態？從這些難題，我們可以看到老子的無為思想並不是要去「矯正」世界。對於一個秩序已經崩壞的世界，他所提供的不是一個實際上能重整人間秩序的方案。他展現的只是一種理想的境界。無為而治的方法最適用於樸素原始的社會，當人們僅有基本的自然需求。如果每個人僅遵循自然的需求，而聖人確保稻穀悉心耕作、動物妥善養育，植物枝繁葉茂等，則社會將有充足的資源來滿足每個人的需求。老子確認所有不自然的欲望皆來自社會人為的制約。在他的世界觀中，人性基本為善，而自然世界基本上是和諧的。是以，越少人為的干預，人類的社會也會越好。

　　如史華慈（Schwartz）所指出，老子強調人應當無為或是不要介入的主張，與荀子之重視人為改造與教化形成強烈對比。對

71　《道德經》第三章，英譯本 Lau 1963：7。

荀子而言，「慮積焉，能習焉，而後成謂之偽——是生而為人的榮耀。」[72] 荀子和其他早期儒家一樣，強調文化和道德修養的重要。對他們而言，文化正是人的價值所在。老子的觀點恰好相反，認為文化是人類的病根來源。此即是何以對老子而言，最好的理想世界是一種質樸未化的原始社會狀態。

老子的政治理想

老子的政治理想與其道德理想緊密相連。劉殿爵（Lau）指出，老子的「聖人」一詞幾乎一貫是用來指涉理解「道」的執政者，而對比於……「民」。[73] 他進一步主張：「當老子提及天道或天地之道，其中都蘊含了對聖人（亦即對執政者）的教導。」[74] 老子的道德教導確實主要是為執政者而設，而在老子的期望中，執政者應該是道德完美的人。在這方面，老子的政治觀實近似於孔孟。

然而，老子關於政府的功能以及對執政者的道德理想，則持與儒家全然迥異的觀點。他如此描述自己的理想社會：

> 小國寡民，使有什伯之器而不用，使民重死而不遠徙。
> 雖有舟輿，無所乘之；雖有甲兵，無所陳之。使民復結繩
> 而用之。甘其食，美其服，安其居，樂其俗。鄰國相望，

72　Schwartz 1985：309.

73　Lau 1958：357.

74　Lau 1958：358.

雞犬之聲相聞，民至老死不相往來。[75]

在此政治藍圖中，老子描繪的理想國是種簡樸、原始、反工業技術而自給自足，人際無需過度往來的小國寡民生活。

老子承認一旦人民知道自己可以擁有更多，他們就不會滿足現狀，因此他倡導無知，他說「絕學無憂」。[76] 為何學習對世界有害？老子不也是在向人們宣導去學習他的學說嗎？老子特別拒斥的是三種知識的學習：（一）社會差別的知識（包括善惡、美醜、貴賤、精粗、好惡等等之區別）；（二）感官知覺的知識（例如經由感官能力做出的精微區別）；以及（三）儒家與其他道德學派所教導的道德知識（尤其是儒家對四種核心德性：仁、義、禮、智）。這三種形式的知識在老子看來，正是邪惡的根源。

首先，社會的價值區別將自然產品分為人之所欲以及人之所惡，此即人類競爭及最終衝突的主要因素。例如，天然鑽石和水晶可能看來很相似，但是人類卻給予鑽石更高的價格。人們被利誘去生產甚至可以矇騙專家眼力的人工仿鑽，然而「真」鑽與「人工」鑽二者的價值卻有天壤之別。如此價差利潤可以導致詐騙、偷竊、搶劫甚至謀財害命的行為。社會對價值所作的差別判斷是許多人類惡行的罪魁禍首。老子說：

天下皆知美之為美，斯惡已。皆知善之為善，斯不善

75　《道德經》八十章，英譯本 Ivanhoe 2000：83。
76　《道德經》二十章，英譯本 Chan 1963：149。

已。故有無相生，難易相成，長短相形，高下相傾。[77]

老子如此告誡執政者（聖人）：「不尚賢，使民不爭；不貴難得之貨，使民不為盜；不見可欲，使民心不亂。」[78]

其次，老子譴責感官刺激的擾亂心靈，以致心靈失去其原初的平靜。老子認為理想的心靈狀態應如嬰兒：「我獨泊兮其未兆，如嬰兒之未孩。」[79] 嬰兒早期的心智並不知道如何作區別也並未有所好惡，老子形容是「沌沌兮」[80]。然而由於感官受到刺激，感官所作的區別越來越精細，而原本並非天生的欲望也越來越多。老子說：「五色令人目盲；五音令人耳聾；五味令人口爽。」[81] 舉例而言，我們可以設想一個品酒師的培養過程。品酒新手可能無法分辨梅洛（Merlot）紅酒與卡本內蘇維濃（Cabernet Saivignon）的分別，但是經過練習，他可以學會辨認出酒中單寧（tannin）的含量、甜度與酸度的平衡、葡萄的品種、橡木桶的香氣以及酒的成熟度等。他越能區分辨識，就越會渴望品嘗更香醇的美酒。以這種方式，人透過感官不斷地受到刺激而獲得高超敏銳的辨別能力，而這樣的辨識能力與人的欲望擴張有緊密的連結關係。習慣濃重口味的人即不容易再享受清淡的飲食，聽慣響亮聲音的人即難以很快適應低調的共鳴。一個人要是在各種感官的辨識能力上都變得非常敏銳，就會遠離無差別心

77　《道德經》第二章，英譯本 Chan 1963：140。
78　《道德經》第三章，英譯本 Chan 1963：140。
79　《道德經》第二十章，英譯本 Chan 1963：150。
80　《道德經》第二十章，英譯本 Chan 1963：150。
81　《道德經》第十二章，英譯本 Chan 1963：145。

的道家理想。

最後，老子也排斥我們對一般性道德教條的學習。他說：

> 大道廢，有仁義；智慧出，有大偽；六親不和，有孝慈；國家昏亂，有忠臣。[82]

人們可能會問：老子如此是否倒因為果？是因為推行道德使得大道衰退，還是因為大道衰退故須推行道德？如果大道之廢並非源自道德家的教化，那麼放棄道德教化並不能重新恢復大道。或許老子想要達成的不是僅僅在放棄道德教條，而是配合他提倡回歸原始社會狀態的理想。這種回歸原初，不管是如嬰兒之樸，還是如原始社會之簡，似乎正是老子的終極目標。為實現此目標，老子所建議的方法是逐漸減低或甚至「棄絕」個人以及整個社會得自生活經驗或文化發展的所學。道家與儒家最主要的相異點或許可用老子之言來總結：「為學日益，為道日損。」[83]

奠基於人民之無知的政體很容易會變成操控、剝削、苛待人民的政體。然而，老子政治哲學強調執政者的德性。治國者必須是能體現「道」與「德」的聖人，他們不運用技巧或詭術取利於百姓。老子強調執政者必須「無私」，他忠告聖人效法天地之不為己，因此首先必須含蓄謙讓。理想的執政者內斂涵藏，不為民所視所聞，不經常發表言論，不會總是要引人注意，或是要求他人讚揚自己的功勞。能夠以百姓福祉為先的執政者，反而更能

82　《道德經》十八章，英譯本 Chan 1963：148。

83　《道德經》四十八章，英譯本 Chan 1963：162。

保存自己。老子說：「聖人無常心，以百姓心為心……聖人在天下，歙歙焉；為天下，渾其心。」[84] Kirill O. Thompson 如此詮釋老子的政治理想：

> 道家觀點與西方的無政府主義理論相類似，兩者皆偏好人民的自由結社，都對官方機構的治理缺乏信心……對道家而言，任何普及的制度或法律結構在本質上就是適得其反的，不僅是因其繁重嚴苛，而且是由於法政制度試圖在原本不可避免為多元化而且流動性的群體之上，強加一個僵硬統一的規範法則。……更有甚者，這種制度與法律結構架設起一個充滿虛假人為關切的柵格，而使人民遠離他們原本的生活傾向。[85]

我們在這裡見到老子的政治哲學與韓非子的法家思想截然不同，儘管韓非子也採用許多老子的學說。這兩者之間的根本差異是法家的目的在於加強制度性的掌控，而老子則反對所有此類機制；法家將德性當作取得政治成功的手段，而老子則視德性為政治的最終基礎。

84　《道德經》四十九章，英譯本 Chan 1963：162-163。

85　Thompson 1990：176-178. 老子的政治觀點常被與西方無政府主義理論作比較。然而安樂哲（Roger Ames）指出：「道家政治思想與西方無政府主義理論之間重要的區別，在於道家，基於其把個人與政府看作是相互對應的概念，並未以政府是人為機制而反對它，而是視政府為擬如家庭般的自然機制。老子當然反對高壓統治與威權政府，但是尤其重要的是，他更關注非高壓威權的聖王之治。」（Ames 1983：35）

　　如同對於柏拉圖的政治理想國，我們也可以同樣提出這樣的問題：老子是否真正是在倡導此一政治理想？這些主張如何可能實現？柏拉圖或許半真誠半帶嘲諷，但他至少藉由蘇格拉底的談話提出實踐其理想之城（kallipolis）的一些可行策略。但是老子卻不曾論及他的理想是否可實現的問題。跟柏拉圖的提案相反，老子反對接掌世界而將之塑造成任何特定的形式，老子說：「將欲取天下而為之，吾見其不得已。天下神器，不可為也。」[86] 老子反對任何武器的使用以及所有的戰爭，他說：「夫佳兵者不祥之器，物或惡之。」[87]「以道佐人主者，不以兵強天下。」[88] 孟子認可正義之戰；荀子亦曾論及如何加強國家的軍事武力。但是對老子而言，戰爭不僅是「道」衰落的象徵，亦是「道」敗落的原因。不管戰爭的起因有任何正當的藉口，最後都不可能有好的結果。從歷史記載中我們看到老子的政治哲學是針對他的時代——其為名副其實的「戰國」時代——的一種反應。也許他對自己所見感到厭惡，而不認為任何矯治措施對當時的病禍可能有效。對他而言，文化與文明正是造成社會問題的主因。他拒斥儒家的禮儀道德學說，因為這些教導正是文明進程的一部分。他要求人們回到早期樸素原始社會的呼籲，代表了他對整個文化和文明的拒絕。

86　《道德經》二十九章，英譯本 Ivanhoe 2000：29。
87　《道德經》三十一章，英譯本 Ivanhoe 2000：31。
88　《道德經》三十章，英譯本 Ivanhoe 2000：30。

結語

　　先秦儒家皆珍視文化和文明的貢獻，老子則倡言回歸自然或自然本身。如果「道」以自然為典範，而人的行為必須依循「道」的模式，那麼人越不去努力有所成就，則會越接近「道」。以此推論，我們可見到老子對「道」性質的形上觀點、他對無為原則的倫理主張，以及他對回歸原始的政治理想，此三者皆相互一致。

　　老子的哲學對於中國哲學的開展具有顯著的貢獻，因為它開闢出哲學探詢的新方向。尤其是，老子對宇宙起源以及有與無之間關係的論述，引導後來宋明儒者致力於探討形上哲學。他對於如何過美好人生的想法，由莊子繼續發揚光大，深刻影響中國知識分子的心境。在中國歷史上有句俗話：「入世為儒；出世為道。」以儒家態度處理世俗事務，而以道家態度退返個人的空間。中國知識分子對外是以儒者為志，而內心則以道者自許。最後一點是，雖然老子的政治理想從未在中國的歷史中實現，而且可能永遠難以在任何世上的政體實現，卻在許多中國繪畫中成為美學的原型。中國山水畫所傳達的意象是對道家單純、平和、遺世之烏托邦的精神嚮往。我們可以總結說，老子哲學對中國人心靈的影響，完全和儒家思想一樣重要。

延伸討論問題

1. 如果「道」不可言說也無法命名，老子如何能加以論述並稱之為「道」？他描述「道」是否犯了內在不一致的錯誤？

2. 你是否認為老子的教導太過於悲觀、太負面、太被動？不競爭及不行動能成就什麼？

3. 你是否同意老子，而接受「無為」是最好的道德態度？無為是個人行為以及治理人民最好的方式嗎？

4. 老子對社會病根的診斷是正確的嗎？消除分別心就可以減少人類的欲望，並且最終可以減少人類的衝突嗎？

5. 老子反智反道德嗎？他的教導是否真能達成他所說的宏遠目標？

第七章

莊子

概論

　　如果老子思想的難解是因他言簡意深，態度嚴肅，那麼莊子（約西元前399-前295）的文字更難詮釋則是因為他的文筆恣意汪洋，詼諧不拘。莊子透過寓言、神話、滑稽志怪以及奇幻故事來傳遞他的哲理。讀者要區分其中的文意是正經八百的或僅是諧意反諷的並不容易。正如李亦理（Yearley）所言：「世上很少作品如《莊子》一般如此吸引人又充滿神秘；它引人入勝但同時又難以掌握。」[1] 陳漢生（Hansen）亦有如此精采的描述：「莊子具有獨特的哲思風格。他書寫哲學的奇幻作品……這種風格令讀者猶疑不安，然而又如哲學糖蜜般吸引我們。他那種精湛而又難以捉摸的文筆，使得嘗試去解讀的人同時感到挫折、愉

1　Yearley 1996：152.

悅而又充滿挑戰性。」[2] 無怪乎解讀莊子作品有差距極大的相反
觀點，而每位詮釋者皆能引用足夠的文本來支持自己的理解。然
而，這不是意味著原文本身充滿矛盾。幾乎沒有詮釋的學者會否
認《莊子》文本背後涵藏精湛高深的哲思。因此，讀者在閱讀
《莊子》時的首要任務就是必須先了解莊子思想的整個圖景，而
將他的不同思路整理出一個連貫的理論。

　　整部《莊子》有三十三篇，分為內篇七篇、外篇十五篇以
及雜篇十一篇。[3] 傳統中國及當代西方學者幾乎一致同意，〈內
篇〉無疑是莊子所作或至少真正代表他的思想，而〈外篇〉則由
莊子的追隨者所撰寫，至於〈雜篇〉，儘管有些學者認為其中某
些篇章是莊子所寫，但多數皆對作者來源存疑[4]。基於此共同觀
點，本章的分析主要集中在〈內篇〉的義理[5]，〈外篇〉與〈雜
篇〉將只選用某些章節來輔助闡釋〈內篇〉所表達的主要思想。
據稱〈內篇〉的各章標題是由原作者所賦予，因此，我們對各章
中某些不相連的段落，會在同一標題下視為表達相同主題來處
理。

　　內篇的第一篇〈逍遙遊〉呈現出莊子對自己思想的引介，
或可說是辯護。他的學說常被批評為太過高遠無用。莊子在文章
中以幾則故事來說明他的觀點，指出眼光短淺的小知之人，難以

2　Hansen 1992：265.

3　《莊子》篇目大約在四世紀初已經建立，英譯參照 Watson 1968：13-14。

4　例如葛瑞漢（Graham）認為〈雜篇〉第二十三到二十七篇，以及第三十二
　　篇的作者是莊子，見 Graham 1983：4。

5　對《莊子》全書詮釋的學者傾向於找到莊子更多對先驗主義之「道」的形
　　上討論，然而這不是〈內篇〉的主旨。

明瞭真正宏偉廣大的事物。第二篇〈齊物論〉6討論各種學派理論之間徒勞無用的爭辯，同時也舉出論證駁斥真知的可能性。有些學者認為這是《莊子》一書最重要的一篇。第三篇〈養生主〉提出數種養精保命的方法，例如避免追逐知識名利、遵循自然之道，以及安時而順命。第四篇〈人間世〉比較儒家面對當時亂世所採取的方針（例如主動出仕以期糾正無道暴君、盡到自己的責任義務等）以及莊子的建議：保持無用。莊子建議若是一個人無知、無德、無才，就不會受到君王徵召出仕。保持自己無用以作為自保之道，其實是唯一能成就自己大用的方法。在接下的三篇中，莊子提出三種生存的理想境界。第五篇〈德充符〉展現他的倫理觀：道德來自內在，而無法以外在行為（或外表）來評價。最高的道德目標是與自然一致，意即摒除個人的好惡偏見。第六篇〈大宗師〉對於「道」以及真正得「道」的真人，展開形而上及隱喻性的描述。本篇相當複雜，充滿涵意深奧的故事，而其間聯繫的主題似乎是指出永恆之「道」涵蓋萬事萬物。真正得「道」的真人是那些理解生命的所有情境都是「道」的體現，因

6　〈齊物論〉的篇名含義自古以來即有爭論。較被接受的詮釋是「物齊」之論──「A Discourse on the Equality of Things」，大部分英譯都沿用此一傳統。然而，另一有力的觀點主張正如標題所示，是關於不同的「物論」，而作者意圖平齊各種理論。此陣營的學者認為〈齊物論〉全篇旨在駁斥各派的理論，因此莊子不可能會對自己的文章亦稱之為「論」。他們建議英譯為「Equalizing Theories of Things」──齊「物論」。但反對此說的學者則認為中文裡「物論」一詞是在莊子時代極晚之後才引入的。我認為最好的英譯是在吳光明的文章中看到的「On the Equality of Things and Theories」──論「物與論之平齊」。此譯法避開以上兩種詮譯的對立，且合於全篇內容。

而能以寧靜知足的心態知命順命的人。最後，第七篇〈應帝王〉觸及莊子的政治理想。串連本篇中幾段看來不連貫的段落之中心思想，似與老子的「無為」想法相當接近。與老子不同的是，莊子並未給出任何達致政治成功的詳細策略。[7] 他給帝王（以及任何有心求道的人）如此簡單的箴言：「亦虛而已。至人之用心若鏡，不將不迎，應而不藏，故能勝物而不傷。」[8]

　　由於莊子的思想內容與許多西方哲學的議題密切相關，所以莊子向來是比較哲學的熱門主題。他被與以下的西哲作為比較研究，例如德希達（Derrida）語言解構主義觀點及語言懷疑論[9]；普特南（Putnam）對於意義、真實與實在的討論[10]；羅蒂（Rorty）的反表象論（anti-representationalism）及多元主義[11]；Sextus Empiricus 與 Theaetetus 的懷疑論[12]；亞里斯多德的存有與同一性[13]；尼采的生命與文化哲學[14]；維根斯坦的世界建構（world-making）[15]；海德格的絕對具體個殊性（radical concrete particularity）[16]。本章無法概括所有這些議題，此處我們將集中

7　正如顧立雅（Creel）所說，雖然老子「對君王諸侯宰相如何獲取及掌握權力給予大量的忠告」，莊子卻「對政治漠不關心，甚至是無政府主義。」（Creel 1970：6）

8　《莊子·應帝王第七》，英譯本 Watson 1964：95。

9　Yeh 1983；Berkson 1996.

10　Lee, J. H. 1998.

11　Lee, K. S. 1996.

12　Kjellberg 1994, 1996；Raphals 1996.

13　Li 1993.

14　Parkes 1983；Hall 1984.

15　Wu, L. C. 1986.

16　Owens 1990.

探討〈內篇〉三個關鍵主題：莊子如何看待真理與知識、莊子的道德理想以及他的生死哲學。

真理、實在與知識

莊子對真理與實在的觀點，已經被廣泛標貼為「相對主義」、「懷疑論」、甚至是「極端相對主義」和「極端懷疑論」。[17] 在本章節中，我們要檢視莊子對真理與實在的觀點，以及他對人們認知真理與實在之可能性的看法。為了要釐清近代分析哲學家們對莊子所做的複雜論辯，我們首先來檢視學者們對莊子所訂定的各種標誌。[18]（此段討論是最好的例證，顯示當代學者如何可以對古代中國哲學家所關注的議題進行哲學辯論。讀者們若對這些辯論不感興趣，則可略過此段。）

17　儘管當代分析學家通常以懷疑論的不同形式來談莊子，還是有人主張莊子絕非懷疑論者，例如，參見 Sun 1953；Cheng 1977 的觀點。

18　為了簡要論述，其他有些詮釋不列在此討論。其中之一是 Deborah and David Soles 所主張的知識論的虛無主義。他們主張莊子認為「任何對知識的討論都是沒有意義的」，所以是知識論的虛無主義者（Soles 1998：161）。他們說：莊子「並不是說知識是我們或許可有卻剛好缺乏的，而是說知識這概念根本沒有意義或知識這範疇無法有個例」（同前引）。根據 Soles 的看法：知識論的虛無主義不同於極端懷疑論，因為懷疑論者仍然在意最終獲得真正的知識，而知識論的虛無主義者僅是宣稱追求知識毫無意義。他們認為對莊子而言，沒有「無特定視角」的知識，也沒有「天眼般的透視」視角。所有的知識形式皆同樣受限，是而無法令人滿意。然而，在他們將莊子歸為此種極其負面的看法同時，他們似乎忽略了莊子也大力描繪「真人」和「至人」——也就是對「道」具有真知的人。

極端（強義）懷疑論或視角主義

陳漢生（Hansen）根據他對〈齊物論〉一篇的解讀，將莊子標誌為極端懷疑論（radical skepticism），以及他所稱之視角相對主義（perspectival relativism）。視角相對主義主張所有的觀點都是來自某種特定的視角，因此所有觀點在該視域內皆為真。極端懷疑論主張我們永遠無法認知絕對的真理，因為在我們的認知界域之外沒有所謂的「真理」。陳漢生認為對莊子而言一切爭論之聲「皆為『是』，至少是皆為『自然』」，而且，「從宇宙的角度來看，所有的方式都同等有效，沒有任何一個立場具有特殊的地位或保證。」[19] 陳漢生之所以會採此觀點，是因為他沒有看到道家之用「道」字附有任何形而上的意義。依照他的詮釋，「道」對莊子而言僅是一種論述的形式，或「分類（命名）的架構」，因此只是語言的約定成俗。既然在人類心靈之外沒有獨立的實在界，我們永遠無法認知任何獨立於人類概念之外的絕對真理。

弱義懷疑論或語言懷疑論

弱義（soft）與強義懷疑論（hard skepticism）不同之處在於弱義懷疑論容許懷疑論者有選擇性的懷疑對象。弱義懷疑論並不堅持人們永遠無法獲知「任何」事情的真理，它只是提議人們在某些領域無法獲知真理。當代學者特別指出語言才是莊子所質疑

19　Hansen 1983：35-39.

的對象。Mark Berkson 解釋所謂的「語言懷疑論」是主張：「語言不可被視為傳遞世界真實圖像的工具。以命題形式的表述根本不可能給予對世界的『真實說明』。」[20] 艾文賀（Ivanhoe）說：「這種懷疑論是種特殊的知識懷疑論，它既未隱含任何有關萬物存在方式的主張，也未在原則上排除其他可能幫助我們理解並符合世界事物的認識方法。」[21] 換言之，艾文賀認為莊子所懷疑的是針對人類以知性來掌握「道」，或是人類使用概念及語言來描述「道」的可能性，但艾文賀並未將莊子歸為極端的懷疑論。他把莊子的懷疑論證看作是知識論的，而非形上學的主張。

治療性懷疑論或方法學懷疑論

治療性懷疑論（Therapeutic skepticism）是對莊子的分析哲學評論者中一種流行的詮釋。[22] 依此詮釋，莊子本人的哲學信念甚至不真正是懷疑論。莊子僅是用懷疑來作為方法或治療，以解除人們由於對「道」無知而受到的束縛。他的目標是要消除人們在認知真理時總以為己是而他非的錯覺。因此，莊子的懷疑論是用來啟蒙一般人，讓他們明白他真正的重點：有關「道」的至高真理。瑞麗（Raphals）區分三種懷疑論：作為議題的懷疑論；作為推薦的懷疑論；以及作為方法的懷疑論。她認為：（一）莊子顯然是將懷疑論作為一種方法，以駁斥其他既有的知識宣稱；

20　Berkson 1996：98.

21　Ivanhoe 1996：199.

22　見 Berkson 1996；Chinn 1997；Kjellberg 1996；Schwitzgebel 1996 and Van Norden 1996。

（二）莊子可能是以懷疑論作為一種推薦，建議人們中止判斷；
但是，（三）莊子顯然並未持有知識不可得的懷疑論議題。[23] 治
療性的以及方法學的懷疑論都與極端懷疑論無法相容，因為他們
的倡議者並不否認知識的可能性。因此，這兩種解釋都將莊子歸
入比上述「弱義懷疑論」更溫和的形式。

非對稱相對主義

非對稱相對主義（Asymmetrical relativism）是由 Robert
Allinson 所提出。他主張莊子區分兩種意識領域：一是代表一般
人未覺醒時的無知，另一是代表聖人醒覺狀態的真知。在層次較
低的無知領域中，真理會因不同觀點而相異，但是在層次較高的
真知領域裡則不會有相對性的真理。Allinson 說：「相對主義僅
存在於聖人對習道者的對話情境裡。當一個人得到了聖人的真
知，就會理解相對主義僅具有啟發上的價值。」[24] 我們可以看到
這個詮釋近似於先前所提的治療性懷疑論，是把懷疑論看為僅僅
具有轉型過渡的啟發作用。這個觀點與世界實在論的觀點相容，
因為在較高的認知層次上，我們是可以明白真正的實在。

反理性主義或神秘主義

葛瑞漢（Graham）將莊子歸為反理性主義。[25] 他解釋莊子

23　Raphals 1996：26-49.
24　Allinson 1989：23.
25　另外還有其他學者也同意葛瑞漢（Graham）反理性主義的詮釋觀點，例如

嘲諷理性且拒絕任何經由理性獲得知識的主張。不過葛瑞漢反對以視角主義來解讀莊子，他認為莊子確信某些人的知識技巧勝於其他人，因此並非所有的知識都受到懷疑。有真知的人，心如明鏡，順著事物的必然變異而隨映其象，「應而不藏」。26 葛瑞漢認為這是「在認知客觀實在的過程中，貶低或否認理性的地位」27，所以是反理性主義。Jung Lee 等學者的結論則認為莊子的觀點實際上是種神祕主義，他認為即使莊子堅信我們的語言及概念體系會依觀點視角而有所不同，莊子也不相信實在本身會因觀點而不同。如果我們放棄所有的概念體系而改以運用一種「提升的能知模式」（heightened mode of noesis），我們即可「以直接而無中介的方式」來理解實在。28 葛瑞漢的反理性主義詮釋以及 Jung Lee 的神祕主義詮釋都指出莊子提倡一種不同的知識模式：放棄理性，而採用葛瑞漢所言的「純粹自發性」或是 Jung Lee 所稱的「一種特別的神祕認知，以宏觀直接見到事物本來樣貌的認知方式」29。根據兩位學者的看法，莊子的觀點是只要我們運用此不同的認知模式，真正的知識即可能達成。

實在論

　　實在論最簡單的形式，就是指世界事物有事實上的存在。

　　羅大維（Loy 1996）及 Mark Berkson（1996）。
26　Graham 1983：9.
27　Graham 1989：194.
28　Lee, J. H. 1998：458-459.
29　Lee, J. H. 1998：463.

真實界的存在並不依賴於心靈意識。世界並非人類的概念所建構；相反地，我們本身是世界的部分。這種素樸實在論與任何形式的懷疑論皆不互相排斥。在上列五種理論之中，唯一與這種實在論不相容的是視角主義。視角主義或者主張沒有任何單一的客觀實在，或者主張相對於多樣視角而有多元的實在。實在論的主張則恰恰相反。正如我們在先前幾章的討論顯示，實在論是所有古代中國哲學家的基本預設。當代學者中將莊子思想歸為實在論的有 Russell Goodman、Siao-Fang Sun、Mark Berkson 及艾文賀（Ivanhoe）。[30]

　　以上的摘要顯示出學者們詮釋莊子的困惑以及混亂的處境。本書採取的結論是綜合實在論，相對主義，以及懷疑論：莊子對於「道」及世界全體持實在論、對於人的概念體系及判斷持相對主義，而他對真知是否可能則持懷疑論。[31] 即使莊子懷疑語言探尋真理的功能，他也從未懷疑真理本身的存在，而真理本身可被稱之為「道」或逕稱為「真實存在」。對莊子的真理概念 Siao-Fang Sun 提出一個極有助益的分析：在哲學家提及「真

30　Goodman 1985; Sun 1953; Berkson 1996; Ivanhoe 1996. Berkson 及艾文賀（Ivanhoe）並未特別將莊子標識為「實在論」，但 Berkson 說：「世界有其存在的方式，一種真實存在，即根本的『道』。」（Berkson 1996：118）艾文賀說：「『道』是形而上的概念，是世界模式和歷程的深層結構。」（Ivanhoe 1996：201）在我看來，這兩位學者都是提出了「道」實在論的詮釋。

31　在我已發表的文章中曾論述這些觀點的結合，構成普特南（Putnam）所定義的「內在實在論（internal realism）」，此處將不再贅述。參見"A Daoist Conception of Truth：Laozi's Metaphysical Realism vs. Zhuangzi's Internal Realism"（Liu 2003）。

理」一詞時，常有兩種意涵，一是形上學的意涵，在此意涵下「真理」等同於實在本身或真實存在；另一是語意學的意涵，在此意涵下「真理」是語句陳述的屬性之一。[32] 當我們把此區分應用於莊子的真理觀，可見到莊子對形而上意涵的真理採取實在論，而對語意學意涵的真理則採相對主義。此外，由於莊子懷疑我們是否能夠認知形而上的真理，所以對於我們的知識採取懷疑論立場。簡而言之，莊子秉持下列論點：

1. 實在論：「道」獨立存在於我們的視域及概念體系之外。「道」是真理、真實存在，或世界存在之本然。

2. 概念相對主義：我們所有的思想都在我們的概念體系之內，而且我們的判斷總是反映我們自己的觀點。

3. 知識懷疑論：我們永遠無法獲知絕對的真理，也永遠無法使用語言對其加以描述。在語意學意涵上沒有真理存在（論點來自以下論證 A 及 B）。

此處提出幾個莊子用以支持概念相對主義（論點 2）的論證。莊子從不同的角度來闡明自己的觀點：

〔A〕好惡相對性的論證

民溼寢則腰疾偏死，鰌然乎哉？木處則惴慄恂懼，猨猴然乎哉？三者孰知正處？民食芻豢，麋鹿食薦，蝍且甘帶，鴟鴉耆鼠，四者孰知正味？[33]

---

32 Sun 1953：138.

33 《莊子・齊物論第二》，英譯本 Watson 1964：41。

莊子的論點可整理如下：

1. 我們的判斷取決於我們的自然／身體結構，例如，人類認為旱地適宜人居，但泥鰍喜好濕地；人類覺得肉類美味，然而麋鹿喜食青草。

2. 不同的身體結構產生不同觀點。

3. 因此，所有的判斷都是根據特殊觀點而形成。

4. 因此，在身體結構不同的主體之間不可能有普遍性的判斷。

根據上述論證，不同的物種具有相異的身體／生物結構，而他們的判斷必然已被決定或受到天生構造的影響。對人而言是好的，可能對其他物種則否，因此「好」與「壞」是僅適用於某種特定觀點的判斷語詞。既然這些判斷是相對於視角觀點，它們不可能表達客觀的真理。

莊子更進一步論述，不僅價值判斷，而是所有語意學意涵的真理，或說是我們判斷的真理，都是相對於言說者的觀點為真：

〔B〕判斷相對性的論證

　　天下莫大於秋豪之末，而大山為小；莫壽乎殤子，而彭祖為夭。[34]

莊子此段看似矛盾的陳述，是用以說明概念的相對性。天

34　《莊子‧齊物論第二》，英譯本 Watson 1964：38。

下之物沒有比秋毫之末更細微，但在螞蟻眼中，秋毫可能是龐然大物。泰山固然高大，然而在巨人眼中仍算微小。同樣，自飛蛾角度看來，早夭的孩子可能壽命很長，而從靈龜的角度觀之，人間壽命最長的彭祖為早夭。我們的概念劃分世界的方式並不能反映事物之間真正的區別，因此，我們的判斷不擁有絕對真理的屬性。

　　然而此論證僅指出我們的概念範疇不能反映真實存在，並未建立極端相對主義萬物均等的觀點。即使泰山以絕對語意來說並不「大」，至少比秋毫之末「更大」。莊子所要否定的僅是任何絕對性的概念，而非否定真正的比較以及真實差異的可能性。如果我們因為秋毫之末可以從某種視角來看被認為「大」，就得出結論毫末真的為「大」，那我們就是誤解了莊子的論證。在外篇〈秋水〉第十七中，當有人提問是否可以判斷天為「大」，莊子回答「否」，因為「又何以知天地之足以窮至大之域」[35]。換句話說，「大」或「小」，作為我們的概念範疇，無法獨立於來自不同視角的比較而適用於任何事物。因此，我們的概念不能對世界存在事物作如實的劃分。

　　我們用對此論證較好的理解方式整理如下：

　　1. 所謂的大、小、老、少等等之別，皆因所用標準之不同。

　　2. 在不同的標準下，同一件事物可同時稱為大，或為小，同時為老，或為少，以此類推。

35　《莊子·秋水第十七》，英譯本 Watson 1964：99。

3. 但事物本身不可能既為大又為小，或同時是老又是少。

4. 因此，我們對於對象及其屬性的概念範疇，不能反映出事物的真實狀態。

〔C〕觀點相對性的論證

> 物無非彼，物無非是。自彼則不見，自知則知之。故曰：彼出於是，是亦因彼。彼是，方生之說也。雖然，方生方死，方死方生；方可方不可，方不可方可；因是因非，因非因是。36

莊子此段論述不僅指出觀點的相對性，還指明觀點本身的相互依賴性。37 若無「此」，則無「彼」；若無「非」，則無「是」。離開了所有的概念體系，或是從無境之鄉（nowhere）的觀點，則任何陳述皆無法成立。因此，我們若要判斷陳述的真假，首先需評估此陳述所嵌入的概念體系。對於人類構想為真的語句，在其他生物之構想下則不必然為真；自個人觀點為真的陳述，在其對手眼中則很可能為假。語句沒有獨立於各人視角的絕對真假值；陳述本身並不具有內在的真理價值。

莊子這個論證可整理如下：

36　《莊子・齊物論第二》，英譯本 Watson 1964：35。

37　Jung Lee 對此段文本提出很有趣的分析，他說：「對莊子而言，所有的判斷都奠基於指示語詞（demonstratives）的相對情境性（indexicality）。這點更鞏固他概念相對性的看法」（Lee 1998：456）。所以，他認為「此」和「彼」是一種對於相對情境指示語的討論。

　　1. 若無一組相反的概念相互對比，則所有判斷都無法使用其中任何一個概念。

　　2. 兩個對立的概念也同時相互依賴，其中任何一個概念若非已預設與其對立的概念，則無法應用。

　　3. 因此，我們要使用一組對立概念中間的一個概念來作出判斷，就同時必須有另一個判斷運用與其相反的概念。

　　4. 因此，沒有對立，則判斷無法成立，沒有任何判斷是普遍而且絕對為真。

　　既然我們一般的知識是相對於觀點立場，沒有任何知識可為唯一的真知。對莊子而言，超越所有觀點的唯一真理是我們不可得、不可知的。由於莊子相信這個絕對真理是我們無法得知的，他經常發出評論：「我如何能真的知道（何以知）？」[38] 如果我們依照西方分析哲學的定義，說「知識」是「實際為真而且有理由佐證的信念（true justified belief）」，那麼即使當我們以為自己的信念（相對於我們的觀點）有理由可佐證，由於我們不能確知吾人所信是否實際為真，我們永遠無法獲得真正的知識。在這層面上，莊子對於人類知識所持的態度可被視為懷疑論者（前論點 3）。

　　莊子另舉出一些論證來支持他對知識的懷疑論：

　　〔D〕夢的論證

38　何莫邪（Harbsmeier）指出：「莊子從未明確斷然宣稱我們不能知，他只　　是不斷提問：『我們如何能知？』他並不堅守人們不能知的武斷意見。」　　（1993：25）

　　夢飲酒者，旦而哭泣；夢哭泣者，旦而田獵。方其夢
也，不知其夢也。夢之中又占其夢焉，覺而後知其夢也。
且有大覺而後知此其大夢也。[39]

此論證可整理如下：

1. 夢境對我們而言，如同清醒時一樣真實。
2. 在夢中，我們永遠不知道那僅是一場夢。
3. 因此，當我們自認清醒時，也許我們不知此身正在夢
中。
4. 因此，我們永遠無法確定判斷自己是否清醒。

〔E〕爭議不可能平息的論證

　　既使我與若辯矣，若勝我，我不若勝，若果是也？我
果非也邪？我勝若，若不吾勝，我果是也？而果非也邪？
其或是也，其或非也邪？……吾誰使正之？使同乎若者正
之，既與若同矣，惡能正之！使同乎我者正之，既同乎我
矣，惡能正之！使異乎我與若者正之，既異乎我與若矣，
惡能正之！使同乎我與若者正之，既同乎我與若矣，惡能
正之！然則我與若與人俱不能相知也。[40]

39　《莊子・齊物論第二》，英譯本 Watson 1964：43。
40　《莊子・齊物論第二》，英譯本 Watson 1964：43-44。

此論證可重組如下：

1. 對真理的不同判斷必然是相對於不同的觀點。

2. 因此，兩個不同觀點的人無法決定何者的判斷為真。

3. 如果第三方的裁決偏好其中一方，則其真理判斷亦相對於此方的觀點。

4. 如果第三方不同意原來的雙方，那麼他僅是基於第三種觀點提出第三種判斷而已。

5. 即使在不同的觀點之間能夠達成協議，這個協議也只是相對於該協議的特定觀點。

6. 因此，沒有任何第三方真的可以決定誰是對的。

7. 因此，要平息論辯永遠不可能。

莊子在〔D〕提出一種笛卡爾式的論證，說明人不可能知道其人此刻不在夢中。如果我們連此刻是否在作夢都無法知道，那麼所有我們以為真的判斷都可能為假，個人根本無法確認自己的判斷是否為真。此如笛卡爾的夢論證（Cartesian Dream argument）一樣具有說服力。於論證〔E〕，莊子表達為何在理性論述以及共識的基礎上不可能獲得真理的理由。我們常傾向於認為一個陳述越有大多數人共同接受，該陳述就越可能為真。然而莊子此處指出，對於任何判斷，永遠有對立的判斷存在。共識不能保證陳述為真，而最多顯示出對話者持有相同的觀點。我們可將莊子的看法與現代民主制度以大多數決定的概念進行對比。我們可以延伸莊子的論點而思考，如果「二對一」不能保證真理，那麼九十九人對一人亦同樣不能確保真理。真理不是由多數人的意見來決定——多數人的意見僅代表眾人適巧採取同一觀

點，而其他的觀點亦同樣有正當性（或同樣沒有正當性）。不管有多少人持有相同的意見，真理是不能依靠意見來決定的。論證〔Ｄ〕和〔Ｅ〕支持同樣結論：我們永遠無法確知無疑。我們所有的知識皆相對於我們的理解與我們的觀點，超越視角的真知對我們而言是不可能的。無論我們宣稱何者已知、何者為真，都必然是僅僅相對於我們的概念體系。

不過，儘管莊子強調我們的好惡、概念以及判斷都是在反映我們自己的視角，他的看法還是要與視角主義區分開來。視角主義的主張如下：

〔P1〕我們判斷的真假是相對於我們的觀點。即使不同的論述彼此對立，只要各自是相對於言說者的視角為真，那麼，不相容的陳述皆可為真。因此，所有的判斷皆同樣為真。

然而，莊子僅指出我們所有的判斷皆是奠基於我們的生物構造、我們的文化以及我們的視角而形成。他沒有說我們的文化或是觀點可以「使我們所有的判斷都為真」。莊子說：

> 是以聖人不由，而照之于天，亦因是也。是亦彼也，彼亦是也。彼亦一是非，此亦一是非。果且有彼是乎哉？果且無彼是乎哉？彼是莫得其偶，謂之道樞。[41]

在此莊子所謂的「道樞」是指「道」的立場，而從「道」的立場出發，「此」與「彼」的分別皆得以解消。莊子所提倡的真理概念奠基於對任何區別（包括是與非、善與惡、彼與此等

41　《莊子・齊物論第二》，英譯本 Watson 1964：35。

等）的否定。不過，他並未徹底消除絕對意義的「真」與「假」
之間的區別。對莊子而言有一個明確的謬誤，就是人提出自己的
觀點作為唯一正確的觀點，莊子說：「未成乎心而有是非……是
以無有為有。」[42] 但是轉換到視角主義的層次，而將視角看作是
真理的決定因素，或是聲稱所有的真理皆平等真——並不會更
好。莊子說：

> 化聲之相待，若其不相待……是不是，然不然。是若果
> 是也，則是之異乎不是也亦無辯；然若果然也，則然之異
> 乎不然也亦無辯。[43]

莊子此處用悖論指出真正的「是」並無對立，而最高的
「真理」實際上是解消真假之間的區別。他提出的真理概念是所
有觀點的綜合：

〔P2〕真知就是否定視角知識的知識。真理並非相對於視
角觀點；相反地，真理超越所有的觀點。

和〔P1〕視角主義的主要論點對比之下，莊子的主張如
下：

〔P3〕我們的判斷都是相對於我們的視角。

〔P4〕我們的判斷都是相對於我們的視角，但是，真理並
非相對於視域觀點。因此，我們的判斷無一為真。

換言之，莊子並非主張是一切觀點同樣為真，而是主張一

42　《莊子・齊物論第二》，英譯本 Watson 1964：34。

43　《莊子・齊物論第二》，英譯本 Watson 1964：44。

切觀點必然為假。他所提出的實際上是視角主義的反面。

若我們將莊子所論的「真理」分為兩個層次，可能可以更明白他的觀點[44]：

〔真理 1〕：此為一般人所採用的真理概念；這種真理相對於視角觀點成立（亦即語意學意義的「真理」）。

〔真理 2〕：此為超出人們真假概念之外的真理概念；此種真理超越一切人類的視角並且是「道」的明確呈現（亦即形上學意義的「真理」）。

既然莊子主張有一種終極真理（真理 2），並非相對於特定的視角而為真，而且真理 2 勝於真理 1，我們就不可將莊子視為視角主義的支持者。此真理 2 並非我們俗人所能視之為真，因為當我們稱之為「真」時，它就被帶回真／假概念之循環內。莊子此處之所論，是要泯除所有的區別，並且終止所有事實／價值的判斷。真理 2 並非建立在我們的概念與世界存在方式之間的對應，因為此種對應全無可能。事物之於我們或是出自我們的觀點，都必然已經內在於我們的概念體系，而不同的概念體系根本無法彼此競爭何者最能夠符合世界之本然。

不過，莊子之宣稱我們的想法以及我們的敘述都不可避免地被我們的視角與我們的概念體系所限定，並不會導致他下結論主張實在本身即被不同視角所限定，或是說在不同的概念體系之外，並無獨立的真實存在。我們可以論證世上沒有所謂「無觀者

44　成中英也將真理為兩個層次，他認為莊子的懷疑論與莊子的「道」形上學，「彼此相互加強而形成一個構建理論的辯證過程，將較低層次的（有限的）真理以及較高層次的（無限的）真理區別開來。」（Cheng 1977：141）

的觀點（a view without a viewer）」，而不需同時宣言世上不可
能有「無觀者的世界（a world without a viewer）」。莊子當然從
未宣稱實在是相對於各個視角或概念體系的，他也從未主張對於
實在本身並無事實可言。我們或可說莊子對我們以語言表達實在
真實性的能力抱持懷疑態度，但是他並未質疑實在本身的存在。
對莊子而言，「道」如老子所設想的一樣真實，但是任何對於
「道」的人為的描述（包括他自己的）皆注定失敗。莊子說：
「六合之外，聖人存而不論。」[45]因此，莊子本人並未花費心力
去詮釋「道」。他了解沒有任何語言敘述能告訴我們「道」的真
理——即使他自己的言論也僅僅相對於他的概念體系。轉而代
之，莊子採取隱喻、寓言、詭論及故事等等手法，來替我們描繪
一個應有目標的心理圖像。[46] 他對「道」所作的陳述不應被視為
具有確定真值的聲明。就如 Siao-Fang Sun 所言：「有關『道』
的陳述既不真也非假，因為我們對其既無法確定也無法否認，既
不能證明，也不能反證其為真。」[47]

　　然而，即使莊子肯定「道」或「真理 2」的存在，他並不認
為對於「道」的知識容易獲得。首先，並非人人皆有必需的智慧
和心態以學習此種真知。莊子並不認為有關「道」的知識可透過

45　《莊子‧齊物論第二》，英譯本 Watson 1964：39。
46　莊子對「道」最接近的描述是以下這段有如詭論的語句：「夫道，有情有
　　信，無為無形；可傳而不可受，可得而不可見；自本自根，未有天地，自
　　古以固存；神鬼神帝，生天生地；在太極之先而不為高，在六極之下而不
　　為深；先天地生而不為久，長於上古而不為老。」見《莊子‧大宗師第
　　六》，英譯本 chapter 6：Watson 1964：77。
47　Sun 1953：145.

理性或經驗探索而獲得。對於「道」的全面理解，人們需要培養一種更高層次的直觀悟解，莊子稱之為「明」。一旦人理解「道」涵蓋一切，即能以此更高層次的「明」來看清所有的區別和特殊差異。換言之，人之具有「明」的直觀悟解是來自人真正理解「道」之後。然而，並非人人都能擁有高層次的「明」。莊子說：「瞽者無以與乎文章之觀，聾者無以與乎鍾鼓之聲。豈唯形骸有聾盲哉？夫知亦有之。」[48] 在《莊子》一書中有許多故事提到為師者告誡弟子尚「不足」以學習「道」的知識，因而拒絕他們來學習「道」。或許正如華茲生（Watson）所言：「多數古代中國哲學家的思想皆針對政治的或知識的菁英，《莊子》則是為精神上的菁英而書寫。」[49] 此外，即使有人真正了解「道」，他們也無法教授給別人，因為沒有人為的敘述可以適當表達「道」。在〈知北遊〉一篇中談到「道無問，問無應。」[50] 事實上，整部《莊子》書中那些知「道」（或說是形上義的「真理」）的人被描述得虛幻神妙，彷彿很不真實或至少看起來「非人」。莊子的意旨在於確認有形上意義的真理及真知，但真知對人類而言幾乎不可得。普通人的知識僅能視為「小知」和「小識」，而這種知識正是莊子抱持懷疑論的對象。

　　老子和莊子皆認為名稱及語言描述是對「道」的割裂。然而，老子著重於詮釋這個獨立於心靈的實在，莊子卻努力說明我們對這個獨立於心靈的實在既不可知，亦無法描述。如果任何概

48　《莊子‧逍遙遊第一》，英譯本 Watson 1964：27。

49　Watson 1964：5.

50　《莊子‧知北遊第二十二》，英譯本 Watson 1968：244。

念體系都無法得以正確地掌握「道」，那麼道家本身的概念體系當然亦不能做到。老子尚慨歎「知我者希」[51]，能夠理解及跟隨他的「道」的人寥寥無幾，然而，莊子卻從未自誇自己的觀點正確。以此看來，莊子的整個哲學比老子的哲學更具有內在的一致性。

總結言之，對於世界存在的模式，莊子是個實在論者，但對於我們構想世界的方式他則是個相對主義者。他承認「道」獨立於心靈而存在，此「道」涵蓋一切存有並且超越於經驗世界。莊子說：「如求得其情與不得，無益損乎其真。」[52] 他的種種論證顯示出我們永遠無法獨立於我們的視角之外，而求得有關世界存在之本然的概念。但是他從未如極端相對主義者一樣認為所有觀點皆同樣正確。在本書的分析中，將莊子詮釋為懷疑論者，以及將他詮釋為相對主義者，之間並沒有不可解的矛盾。對於我們認識「真理2」的能力，莊子是個懷疑論者，但是對於所有其他有關真理（「真理1」）的宣稱，他則是個相對主義者：真理1之真都是相對於不同的觀點。

道德理想與至人

關於莊子的道德哲學，當代分析學者們主要的爭議，是在於他是否堅信道德相對主義，亦即認為對與錯無法獨立於各自的視角。在此種觀點之下，由於客觀標準不存在，我們永遠無法說一件事是絕對正確或錯誤的。陳漢生（Hansen）將莊子的理論

---

51 《道德經》七十章。作者添註。
52 《莊子·齊物論第二》，英譯本 Chan 1963：182。

歸為「視角相對主義」，而除他以外，其他許多當代分析學者也都將莊子標識為各種不同形式的相對主義。黃百銳（Wong）將莊子歸為「道德相對主義者」，因為莊子否認任何為道德作理性辯護的可能性。[53] Paul Kjellberg 認為莊子贊同「弱義的相對主義」，意即相信「價值會隨著個人及情境而改變」，但是莊子是反對「強義的相對主義」，意即主張價值完全由個人決定：「對某些人為善的，不過是他們所認為對他們而言是善的。」[54] 按照這類的詮釋，在莊子看來沒有客觀決定的價值，根本善或根本惡並不存在，而且行為也不能在客觀上說是較好或較壞的。

在反對這種詮釋的學者中，有些人辯證莊子不是採取「視角相對主義」，因為莊子在「道」的觀點與我們的觀點之間做出明顯的區分，並且認為「道」的觀點勝於我們的觀點。例如艾文賀（Ivanhoe）主張莊子並未排斥善與惡、好與壞之間有終極客觀的區別。若是我們違反自己或事物的本性生活，便是較差的生活方式；若是我們遵循自然而活，便是過上更好的生活。這派學者們找到文本的支持，指出《莊子》書中強調「道」與萬物同一；「道」涵藏萬物一無所拒；「道」對待萬物一視同仁。莊子所讚揚的「道」似是公正法則的最高典範。從「道」的觀點——或者我們也可說從「天」的觀點，萬物平等而且沒有是非善惡之別。然而在人世間，卻必須有此等區別。如果「道」的視角勝於人的視角，那麼我們是否應該，或者能夠，採取「道」的視角？我們如何能生活在人世間，卻採取「道」的視野而把萬物看作在

53　見艾文賀對黃百銳論點的解釋及評論（Ivanhoe 1996：202-9）。
54　Kjellberg 1996：14.

價值和重要性上完全平等？

　　艾文賀（Ivanhoe）主張莊子對「天」的視角之描述是用來作為一種「心理治療」，以「提醒我們在這個宏闊體系中我們只佔一個很小的部分」。[55] 因此，我們無須放棄我們人類的視角，而僅需記住我們的視角只是更大體系中的部分。另外，Mark Berkson 則主張我們應當向聖人看齊，效法採取「道」的視域。Berkson 認為個人一旦得到天之視角，便能平心看待人生的歷程（生、老、病、死，等等），而不會被外在事務所困擾。「我們之能逃離以人為中心的視角主義困境，就是完全放棄所有個人的觀點體系，而藉由天以萬物為整體的視野，明徹顯示萬物的相對性及其終極的平等性。」[56] 李亦理（Yearley）認為莊子有激進的同時又有傳統的面向。在激進面，莊子是勸告我們去看待生命如「光影戲劇、一系列閃過的鏡框，或是圖案變化不停的萬花筒。」[57] 我們應當慶賀生命中每個找到自我的生命情境。藉著莊子用心若鏡的比喻，李亦理繼續說道：「鏡子不作對與錯的判斷，不管孩童是被殺害還是被拯救，它一概映照影像而無分別。鏡子不欲攫取鏡前經過的任何事物，只是讓所有可欲的對象來到鏡前然後姍姍離去。」[58] 在他這樣的詮釋下，一個心如明鏡的人不會因生命中的不幸而傷痛，不會依戀任何人或任何事物，也不作任何對錯的判斷。這樣的人也許看起來甚至不是個人。這真的是莊子的看法嗎？如果是，那麼莊子為什麼要主張忘卻道德區

55　Ivanhoe 1996：200.
56　Berkson 1996：108.
57　Yearley 1983：130.
58　Yearley 1983：133.

別、去除情感依附本身會是個道德理想？

　　要了解莊子對道德理想真正設定的內容，我們首先要區分他對道德理想境界與道德理想人格的描述。然後我們才可以試著去了解個人應在何處安身立命。

道德理想境界

　　莊子認為道德與不道德的分別，是孔子等人所提出的人為區分。根據莊子所言，道德的理想境界是人們自然有德而甚至從未思及道德概念本身。他對理想倫理狀態與理想社會狀態的描述顯然與儒家的思考不同，莊子如此表述：

> 泉涸，魚相與處於陸，相呴以溼，相濡以沫，不如相忘於江湖。與其譽堯而非桀，不如兩忘而化其道。[59]

　　當魚在水中，並不自覺水的重要，也不煩惱其他魚類的生存。但是當牠們脫離水泉時，即須相濡以沫試求共同存活。同理可見，當人們生活在「道」的世界裡，他們並不知「道」的存在或其他人是否有德，但當人們脫離了「道」的世界，則必須教化道德以防止每個人陷入混亂的深淵。莊子這則道德故事的寓意在說明，社會本身自然而然「有道德（be moral）」，遠比靠儒家教化而「成就道德（made moral）」更好。

　　《莊子》外篇的〈知北遊〉中描述老子對孔子說：「則君

59　《莊子・大宗師第六》，英譯本 Ivanhoe and Van Norden 2003：231。

子之道，彼其外與！萬物皆往資焉而不匱，此其道與！」60 於此
短暫對話中，儒家的願景（一個道德改造的世界），與道家設定
的完美模型（道的理想世界），顯出清晰的對比。在這篇文章裡
老子（此處作為道家的代言者）指出，人生無非是轉瞬即逝的存
在狀態，而這些改變僅僅是陰陽的組合變化。整個人類社會的歷
史在時間中也只不過是「道化」過程的一瞬而已。當孔子試著以
道德教化改進社會，他只是以狹隘的眼光來看待「道」。道德教
化盡其善也只能表面上改變人們的行為；並不能作為所有存在真
正的根基。因此儒家的道德教化無法真正代表「道」。另外來
說，「道」無私無盡地滋養萬物的存在。「道」的世界永恆存在
而非人可理解，它無法分割為聖王之世或暴君之世，因為不管是
聖治還是戾治，也都不過是道化世界裡短暫的瞬間。莊子的重點
似乎是世界萬物既非道德也非不道德，因為道德不是自然本身的
一部分。「道德」是人的概念，僅適用於人的行為。「道」的世
界超越人的領域；是方外之域（the realm beyond）。在「道」的
世界，沒有欠缺或不足，萬物皆有「道」的完美維護。因此，
「道」的世界是個不需要道德教化的世界——它並非經由道德改
造人們而達成，而是自身即是道德的理想境界。

　　要達到莊子的道德理想境界，每個人皆需學習「道」。如
果所有人都能忘掉分別心，則不會有衝突紛爭，不會有恐懼憤
怒，而且人人皆能無怨無尤地接受自己的處境，而「相忘乎道
術」。61 於此世界中，執政者無須為了治理百姓而有所作為，因

60　《莊子・知北遊第二十二》，英譯本 Watson 1968：239。
61　《莊子・大宗師第六》，英譯本 Watson 1964：84。

為最佳的治理即是無為而治。[62] 每個人都會自治自理，遵循自然而生活，換言之，道德的理想境界即是每個人皆成為道德的理想人物。

道德理想人物

莊子把他的理想道德人物稱為「至人」、「真人」、「神人」，並加以許多怪誕神奇的描述。這種人物不畏艱難險惡；冰火不侵，餐風飲露，雲遊四海而不久留。[63] 作為「道」之大德的典範，真人對於其命之所遇皆漠不關心，而對於其身之所處亦泰然自若。「古之真人，不逆寡，不雄成，不謨士。若然者，過而弗悔，當而不自得也。若然者，登高不慄，入水不濡，入火不熱。」[64] 在莊子對這些「超然」存有的描述中從未提及他們的家人、身分、背景。他們被描繪為沒有人類情緒或任何人情的依戀。似乎這些道德理想人物並非是真正的人，而更像是「道」本身的擬人版。

對於這種超人存在之本質的合理解釋，就是將其視為我們的精神。我們精神不受空間所限，因此得以自由遨遊；我們的精神不是物體，因此不會被冰火所傷；我們的精神不依賴於食物滋

---

62 莊子假借孔子代言，說：「相造乎道者，無事而生定。」《莊子・大宗師第六》，英譯本 Watson 1964：84。

63 「肌膚若冰雪，淖約若處子，不食五穀，吸風飲露。乘雲氣，御飛龍，而遊乎四海之外。其神凝，使物不疵癘而年穀熟。」《莊子・逍遙遊第一》，英譯本 Ivanhoe and Van Norden 2003：207。

64 《莊子・大宗師第六》，英譯本 Ivanhoe and Van Norden 2003：230。

養，因此可以餐風飲露。一旦人達到此種精神層次，就不再受到任何物理或地域的侷限。莊子講述刀藝高超的庖丁故事。[65] 庖丁在他的刀藝上展現對「道」的精熟。庖丁解釋他如何能掌握靈巧精湛的解牛技術而不傷刀刃：

> 始臣之解牛之時，所見无非牛者。三年之後，未嘗見全牛也。方今之時，臣以神遇，而不以目視，官知止而神欲行。依乎天理，批大郤，導大窾，因其固然。技經肯綮之未嘗，而況大軱乎！……彼節者有間，而刀刃者无厚，以无厚入有間，恢恢乎其於遊刃必有餘地矣，是以十九年而刀刃若新發於硎。[66]

從這個故事我們領悟到我們若能發揮自己的精神去直觀地掌握事物的本質，就總能在人生路途中找到空間，靈活應付生活而不為阻礙所困。我們必須應用「以无厚入有間」，換言之，我們必須減低自我意識，順其自然；放下固執堅持的態度而不要強為所難。人若能做到如此，即是善於「養生主」（莊子書第三篇的篇名）。

然而在人的世界中，我們經常會遇到阻礙。並非每個人都能成為完美之人；並非所有人間事務都能依照「道」的自然模式來開解。完美至人的生命方式適合「道」的世界，而其餘人的生

---

65 庖丁可通稱廚師，或是名叫「丁」的廚師，英文我選譯為 Cook Ding。

66 《莊子‧養生主第三》，英譯本 Ivanhoe and Van Norden 2003：220，我引用時曾稍加修改。

活或行為僅能去符合「道」。但人間世遠遠不及「道」的世界，因此，已經得「道」的個人，還是得生活在「人間世」（莊子書第四篇的篇名）。得道的人若欲生存於人間世中，就必須將所學的完全放棄，不然就得接受同時代人的惡評及奚落。莊子假借孔子的言談，來對他的理想人格與孔子為人作比較：「孔子曰：『彼遊方之外者也，而丘遊方之內者也。外內不相及。』」[67] 由此段話清楚可見，莊子本人亦明瞭他的道德觀點實際上並不適用於人間世。人活於世間，即須懂得如何在其中生存。他們會受到嘲弄和批評（如同莊子承受來自友人的嘲諷），但仍應當盡力保身而避免受到傷害。要是一個人特立獨行，對社會階級區分完全嗤之以鼻，他就會引人注目，最後被人或褒或貶。因此，莊子展示的理想人格並非是在提供我們如何在人世間做人處事的倫理理想，而是指人精神的理想境界，也就是「遊方之外」。[68] 換言之，個人應當讓心靈在「道」的境界中逍遙遊（莊子書第一篇的篇名），使得其精神不會被人間所侷限。不過，用方外之境的標準而悲嘆人世間的缺點，亦非善道。莊子最終的理想人格目標是個人同時成為方內與方外之民，並且能自在優游於此二領域中。如莊子所云：「天與人不相勝也，是之謂真人。」[69]

在實踐層面，莊子建議在人間世有三種處世之道：

67　《莊子・大宗師第六》，英譯本 Watson 1964：83。

68　如吳經熊（John C. H. Wu）所言：「莊子並不像後來頹廢的道家們那般相信長生術的追求……當他提到『真人』之刀火不侵，長生不死，他只是在談論人的精神或心靈，而與肉身無關，因此才能存在於時空界域之外。」（Wu 1963：19.）

69　《莊子・大宗師第六》，英譯本 Ivanhoe and Van Norden 2003：231。

1.「無用」。莊子講述許多事物有「用」的故事，其中「無用之用」具有高度價值卻也常被質疑。莊子說：「山木自寇也，膏火自煎也。桂可食，故伐之；漆可用，故割之。人皆知有用之用，而莫知無用之用也。」[70] 無用是隱藏自己的光彩避免引起他人注意，免於被執政者徵召服事，以及避免引來追隨者。我們可看出此為莊子本人處於崩危時代的自我保全之道。在莊子所描述的小故事中，老櫟樹對視它為「不材」的木匠言：「且予求無所可用久矣，幾死，乃今得之，為予大用。使予也而有用，且得有此大也邪？」[71] 在此老櫟樹等於是莊子的代言人。馬絳（Major）對此的解釋貼切：「莊子書中的重要主題之一乃基於此命題：『無用』是在動盪而且讓人不滿意的世間得以安身的關鍵，而相反的作風，擁有傳統視為有用的才華特質，卻會為本人帶來傷害與不幸。」[72]

2.「安命」。《莊子》書中所說的「命」不是指一種被某種至高無上存在所決定的命運；「命」僅指個人實踐夢想或理想的限制性。〈秋水篇〉中莊子提到：「我諱窮久矣，而不免，命也；求通久矣，而不得，時也。當堯、舜而天下無窮人，非知得也……時勢適然。」[73] 如果外在環境已是動盪難平的狀態，卻有人還相信自己有能力可以改變，即如：「汝不知夫螳蜋乎？怒其臂以當車轍，不知其不勝任也。」[74] 人生並不保證人的努力必有

70　《莊子・人間世第四》，英譯本 Watson 1964：63。

71　《莊子・人間世第四》，英譯本 Watson 1964：60-61。

72　Major 1975：265.

73　《莊子・秋水第十七》，英譯本 Watson 1964：106。

74　《莊子・人間世第四》，英譯本 Watson 1964：59。

所回報；許多事情皆在人力控制之外。當一個人看到自己雄心壯志的限制時，就應當安之若命，坦然以對。

3.「懷抱『道』的觀點並且對待萬物一視同仁」。莊子無用與安命的建議或許顯得太消極，然而，他的哲學並非僅關乎存活而已。前兩種態度是人要安享自然壽命所必須擁有，如此才能有餘力去追求如大鵬之「宏偉」。道家最根本的教導在於讓人擁有「道」的觀點及對「道」的理解，而人需要漫長過程的心靈準備才能躍入「道」的境界；就如大鵬之起飛需要積風深厚。[75] 為了要能體悟「道」的真理，人們所需要的心靈準備始於忘卻道德、禮樂、教化等等。換言之，人們首先必須忘掉人間的束縛。在第六篇《大宗師》中敘述孔子最出色的學生顏回最終能「坐忘」，就連孔子也想向他學習。[76]

總而言之，對於在人間世的芸芸眾生，莊子並未指定以「道」那種對眾人與萬物絕對無私的觀點來作為個人處世的引導。教導「道」的觀點，是用以慰藉那些已然見到理想世界，卻明白身處濁世的落寞心靈。在莊子看來，儒家的道德教化僅能用來補救一個已經崩壞的世界，但永遠無法從零開始來建立道德理想的世界。在另一方面，如果每個人都追隨「道」，如果每個人都能成為「至人」，那麼在人間世亦可能實現道德理想世界。不過這也許只是一個夢想或是癡心妄想。因此，儘管人應當讓自己的精神遨遊於此理想世界中，但與此同時，人生活在人間世，就

---

75 《莊子・逍遙遊第一》，英譯本 Watson 1964：24。
76 《莊子・大宗師第六》，英譯本 Watson 1964：87。

應該逆來順受，「託不得已以養中」[77]，以涵養自己的心靈。如此，我們就不只是「存活」於人間世，而且是在「道」的境界中「活出光彩」。

莊子的生死哲學

死亡與病痛是否確實在本質上固有負面價值？莊子許多關於死亡與形體殘缺的討論或許令當代讀者最感錯愕。他提議死亡不過是生命的另一個新階段，到來時應予以慶賀。[78] 莊子舉出許多形體殘缺的人為例，來闡明我們不必因身體的殘疾而悲嘆，反而應當坦然接受。[79] 有些學者認為莊子關於死亡與殘疾的論點，是為了刻意打擊一般人的價值觀，從而解放他們自我執迷的心態。[80] 而另外一些學者則認為莊子確實相信人的身體微不足道，而死亡與殘疾所影響的只是身體，因此無須太過在意。[81] 莊子是

77　《莊子‧人間世第四》，英譯本 Watson 1964：58。

78　儘管莊子強調「生存保命」是人生的重要目標，他並未提倡我們對於自然死亡的恐懼。正如馬絳（Major）所說：「莊子認為人沒有任何理由在死亡自然來臨時感到恐懼，但是他同意人應該要盡力避免在殘暴反自然的人世中早夭。」（Major 1975：275）

79　葛瑞漢（Graham）指出：「莊子〈內篇〉對那些形體殘缺、先天不全、肢體被刑戮的罪犯，表達出明顯的關注。這些人能夠接受自己的處境而在內心無所改變。這種關注在後世的道家，甚至是在《莊子》全書中，談到的並不多。」（Graham 1989：202）

80　此亦為先前所談的「治療性」的觀點，參考艾文賀等人的論述：Ivanhoe 1996；Van Norden 1996；Graham 1989。

81　羅大維（David Loy）說：「道家和佛家皆同意人的自我身分或是自我連續性並不存在，這就意味我們實際上是貶低存在的一切來珍愛虛幻的事

否確實認為生與死具同等價值？若果真如此，他這種觀點能有多少說服力？以人類的自然反應，我們通常都是珍惜生命與健康，而厭懼死亡與病痛。但是，死亡與病痛是否本質上確實具有負面價值？

莊子廣泛討論死亡的自然價值。對他而言，道德理想人物面對死亡應當能淡然處之。他說：

> 古之真人，不知說生，不知惡死；其出不訢，其入不距；翛然而往，翛然而來而已矣。不忘其所始，不求其所終；受而喜之，忘而復之。是之謂不以心捐道，不以人助天。是之謂真人。82

根據〈至樂〉篇記載，莊子面對妻子亡故也持如此態度。莊子妻去世後，友人惠施前來弔唁，未見莊子哀悼之情，反見其鼓盆而歌。惠施叱責道：「與人居，長子老身，死不哭亦足矣，又鼓盆而歌，不亦甚乎！」莊子如此回答：

> 是其始死也，我獨何能無概然！察其始而本無生，非徒無生也，而本無形，非徒無形也，而本無氣。雜乎芒芴之間，變而有氣，氣變而有形，形變而有生，今又變而之死，是相與為春秋冬夏四時行也。人且偃然寢於巨室，而

物。」（Loy 1996：53）

82　《莊子·大宗師第六》，英譯本 Chan 1963：192。

我噭噭然隨而哭之，自以為不通乎命，故止也。[83]

　　無論故事真假，此言揭示出兩個重點。首先是態度的改變，莊子從一般對於所愛逝去的反應，到學會從更高遠的視角來看待個人的生命。其次，莊子的第二種態度違逆社會的規範，並且以常人標準會視之為墮落和古怪。無怪乎莊子會說：「天之小人，人之君子；人之君子，天之小人也。」[84] 似乎「道」的視角與人的視角自然相互衝突。莊子於此清楚推薦「道」的視角，並且主張我們對死亡應當學習如同對待生命一般去慶賀。

　　為了評估莊子對於生、死、健康、疾病的主張，我們首先將他的看法表現為論證的形式：

　　〔F〕對死亡狀態無知的論證

　　　予惡乎知說生之非惑邪！予惡乎知惡死之非弱喪而不知歸者邪！麗之姬，艾封人之子也。晉國之始得之也，涕泣沾襟；及其至於王所，與王同筐床，食芻豢，而後悔其泣也。予惡乎知夫死者不悔其始之蘄生乎！[85]

　　此處莊子以麗姬的故事來闡明我們沒有人真正知道死亡究竟如何。就我們所知，我們也可能正過著虛幻的生活，而死亡來臨才是真實生命的開始。我們害怕死亡，但是我們其實沒有什麼

83　《莊子·至樂第十八》，英譯本 Watson 1964：113。

84　《莊子·大宗師第六》，英譯本 Watson 1964：84。

85　《莊子·齊物論第二》，英譯本 Ivanhoe and Van Norden 2003：217-218。

理由恐懼。生命的期限越短，也許死亡的跨度就越長。死亡未必是壞事，就如同活著未必是好事，莊子的論點可整理如下：

1. 當我們活著，我們不知死亡是如何。
2. 我們恐懼死亡，因為那是與活著不同的狀態。
3. 但據我們所知，此不同狀態或許會比目前更好。
4. 對有可能會更好的未知狀態感到恐懼是不理性的。
5. 因此，我們不應當害怕死亡。

〔G〕死亡功能論證

> 夫大塊載我以形，勞我以生，佚我以老，息我以死。故善吾生者，乃所以善吾死也。[86]

在此段文本，莊子假設不同生命階段應有不同的功能，而他將死亡列為生命的一個階段。

1. 生命有不同階段，包括出生、成長、老化和死亡。
2. 每個生命階段都有其自身的功能。
3. 生命的功能使我們勞碌，死亡的功能讓我們休息。
4. 沒有生死的階段共同存在，我們的生命將不完整。
5. 因此，如果我們認為活著是善的，那麼看待死亡也應認為是善的。

86　《莊子・大宗師第六》，英譯本 Chan 1963：194。

　　莊子是否能夠成功說服我們，對死亡感到恐懼其實是不自然而且不理性的？他所提的論證是基於兩個形上學假設，首先，有另外一種存在的形式是不必然始於吾人之生，也不必然終於吾人之死。不過，莊子對「來世」的觀念不同於西方一般的概念。人死後仍可繼續的存在模式不必然包括對今生的持續記憶或今世的自我身分，而可能僅是無意識的塵土與物質存在。[87] 從「道」的觀點來看，此種存在仍是自然的一部分，因此與我們死亡之前所擁有的存在並無不同。生死具有同等價值，因為總是有「某種存在」的形式留存。此生命觀在〈知北遊〉一篇裡有更深入的解釋：

> 生也死之徒，死也生之始，孰知其紀！人之生，氣之聚也，聚則為生，散則為死。若死生為徒，吾又何患！[88]

　　於此段文本，我們看到莊子對生命不僅是視之為從生到死的過程，而是把生與死都視為整個物化過程的兩個階段。一般來說，所化的實體不過是「氣息」或能量（氣）。能量凝聚而形成不同的物體；當物體死亡或分解時，則將能量再度釋回於宇宙。因此，若放大視野觀之，則個人的生死對宇宙大氣並無增減。

　　其次，我們的愛生懼死是來自我們對自我及自身的執迷。

87　人死後是否仍對今世有所知覺是個沒有定論的問題。就如我們所見，麗姬的故事所預定的假設是我們到了不同的世界後仍然可以記得生前對死亡的恐懼而感到後悔。但莊子本人不會相信任何一種來世的形式，因為他的態度基本上是：「吾惡乎知之？」

88　《莊子·知北遊第二十二》，英譯本 Watson 1968：235。

如果我們對自己不那麼過於在乎，那麼在我們死後會出現別種物體存在之事應該沒理由對我們造成困擾。的確，「我們」將不復存在；「我們的身體」將在地下「為螻蟻食」[89]，但是，我們生命的能量（或說是我們的精神）將返回風中，而我們的身體物質則會成為其他生物的養分。因此，我們若能忘記自我和自身，確實不應被自己的死亡所困擾。葛瑞漢（Graham）說：「似乎……對莊子而言，人生最終的考驗是能直視自己身體朽化的事實而毫無恐懼，能接受自身的化解為宇宙物化過程中的一部分。」[90]

　　於此兩項假設之下，要是我們問「我們能做到嗎？」即已預設結論，因為「我們」當然無法做到。「我們」一詞已然結合自我（或眾自我）的概念。對我們而言，要求我們看待死亡具有和生命同等的價值，即是要我們放棄自愛、自我身分以及人際關係。Russel Legge 認為《莊子》思想中完美的至人是化其心靈為「群體心靈」。「至人之知與其他人之知唯一的區別是至人具有包容性，而他人之知則是排他性的。此即至人超越的本質。至人沒有與他者區分的自我認同。他之從自我解脫出來使這種群體心靈成為可能，而他的自由即在於此。」[91] 因此，除非我們首先學

89　《莊子・雜篇・列御寇第三十二》談到莊子將死之前，囑咐弟子不要為他厚葬，他說：「吾以天地為棺槨。」當弟子表達他們擔心烏鳶啃食老師的屍體時，莊子回答，無論是天上的烏鳶，還是地下的螻蟻，都同樣會噬食他死後的屍體，則「奪彼與此，何其偏也！」英譯參考 Watson 1968：361。

90　Graham 1989：203.

91　見 Legge 1979：18；引文原為斜體字「His freedom from self makes this possible and in this is his freedom.」

會放棄自我執著,莊子駁斥對死亡恐懼之合理性的論證對我們而言將無法成功(放棄我執是佛學第一課,本書稍後將討論這個觀點)。

循此脈絡,我們可以解讀著名的莊周夢蝶故事。

> 昔者莊周夢為胡蝶,栩栩然胡蝶也,自喻適志與!不知周也。俄然覺,則蘧蘧然周也。不知周之夢為胡蝶與,胡蝶之夢為周與?周與胡蝶,則必有分矣。此之謂物化。92

此非再度如笛卡爾的夢境論證。在此,莊周夢蝶所闡明的是「物化」的概念。在萬物永恆變化的過程中,人的自我認同不再穩固,可能於某個階段是人,而另一個階段是蝴蝶,此為「道」的相同元素變化為不同的外觀形式。如果我們能明瞭此重點,就應該欣然接受死亡,因為吾人之死亡可以開啟物化至下一階段的大門。

莊子的第二項任務是讓人們擺脫對形體外表的執著。第五篇〈德充符〉中,他列舉出許多天生醜怪,或苦於殘疾導致形體不全,或因受到身體刑罰而失去肢體器官的人,以顯示出對於人內在美德的展現,其外表其實並不重要。

莊子以一個故事為例,來說明他對各式各樣的形體均同等看待之觀點。有人因病而嚴重曲僂變形,當友人問他是否怨憎身體的畸形變異時,此人如此回答:

---

92 《莊子・齊物論第二》,英譯本 Ivanhoe and Van Norden 2003:219。

　　浸假而化予之左臂以為雞，予因以求時夜；浸假而化予
之右臂以為彈，予因以求鴞炙；浸假而化予之尻以為輪，
以神為馬，予因以乘之，豈更駕哉！且夫得者時也，失者
順也，安時而處順，哀樂不能入也。此古之所謂縣解也，
而不能自解者，物有結之。且夫物不勝天久矣，吾又何惡
焉？[93]

　　縱使很少有人真能被此種論點說服，莊子真正的意圖並非
在宣稱所有的形體狀況皆具同等價值。真正的公雞會黎明報曉，
真正的吊索可以用來捕捉鴿子，但是此人的身體如此變形如公雞
吊索，會失去人身原有的功能。腳有殘疾者無法如常人奔跑，眼
盲者無法視，失聰者無法聽，這些身體的缺陷確實造成生活的不
便。如果我們將莊子的觀點詮釋為辯稱形體不全與健全的身體狀
況並無不同，便是將他視為詭辯家，然而莊子固非如此。莊子所
欲表明的，是說當人的身體狀況已如此殘疾不全，則只能泰然接
受。人可以幻想其身體可能具有新的功能以自得其樂，但是除非
他記住重要的是他的精神而非身體，他是不可能真正知足的。

　　基本上，莊子的生命哲學以及他對為人處世的看法近似於
古代的斯多葛學派（the Stoics），而此學派亦是在亂世中發展出
來的。當人無法改變既有的現實，則只能不斷改變自己對現實的
觀點。當我們不再認為生命悲慘，生命即不再悲慘。莊子之所以
展現他的生死觀以及他對健康或殘疾的看法，不是僅僅為了顛覆
一般人的世界觀來建立他的理論目標。他的哲學實際上有個實用

93　《莊子・大宗師第六》，英譯本 Chan 1963：197。

的目的，是為了要幫助人們安然面對艱困的命運。即使他一直談到「方外」的論點，但這些言論仍是基於他對「人間世」的關懷。[94] 在莊子的學說下，儘管為了存活在人間世，人應當以人的視角認識世間的區別，但人還是可以懷抱「道」的視角來泯滅所有人為的區別。如此，人可以解放自己的心靈而在「道」之域中「逍遙遊」。採取人的視角幫助我們應付身邊的環境；採取「道」的視角則幫助我們遁入內在的精神世界。失去前者，會帶來傷害；失去後者，則會帶來悲苦。因此，這兩種觀點不應當相互阻礙。

結語

莊子以其看似閒適的態度去面對動盪不安的時代，在中國古代哲學家中卓然而立。如前所述，古代中國哲學家們的共同關懷是如何找到重整世界秩序、道德教化執政者與老百姓，並確保社會平安和諧的最佳之道。大部分哲學家耗費一生的黃金時光，努力去尋求君王任用以實踐他們的理想。然而，莊子任憑機會來臨卻鄙棄政治職位。西元前二世紀一位歷史學家記載了這個著名的故事。某位君王派遣使者以重金勸誘莊子出仕，莊子如此答覆：

> 子獨不見郊祭之犧牛乎？養食之數歲，衣以文繡，以

---

94 謝文郁的闡述相當貼切：「莊子試圖分析的明顯並非宇宙論，因為他對《道德經》的批判中，明確排拒探究萬物起源的可行性。他實際上是要深入探討人的存在問題。」（Xie 2000：484-485.）

入太廟。當是之時，雖欲為孤豚，豈可得乎？子亟去，無污我。我寧遊戲污瀆之中自快，無為有國者所羈，終身不仕，以快吾志焉。[95]

　　這個記載跟其他類似的故事讓許多學者認為莊子是利己主義者（egoistic），只在意自己的心靈自由而罔顧世界的政治改造。有些學者甚至認為莊子的整個哲學思想都環繞著他玩世不恭的態度，因此我們也無須對他的說法太當真。[96] 但是，隱藏在莊子戲謔嘲諷的言語背後，其實是有其沉重、嚴肅而入世的一面。在莊子的時代，世人極容易由於暴君一時興起而遭受嚴酷不合理的刑罰。莊子常以故事為例，舉出某人失去腿足、額頭被烙印或受到劓刑。此顯示當時人要避開酷刑而安度一生極為不易。莊子的教導是在亂世的生存之道。他最樂於以孔子做對比，其中帶著深度的敬意與溫和的批判。孔子一生以「知其不可而為之」著稱。[97] 莊子認為孔子所嚮往的周文盛世永無再現的可能，而孔子所夢想的未來遠景也遙不可及。人最好能認識自己既定的命運，而看清自己對無所逃遁的境遇加以抗拒是徒然無用的。〈人間世〉說的極為清楚：「天下有道，聖人成焉；天下無道，聖人生

95　《史記‧莊子傳》。相同的故事也出現在《莊子‧列御寇第三十二》，英譯本見 Watson 1968：360-361。

96　例如 Eric Schwitzgebel 就可能持此詮釋立場。他說：「莊子自己可能也未對自己的主張嚴肅以待……因此我懷疑，假使讀者們不怎麼相信他的話語，莊子會不會感到困擾。」（Schwitzgebel 1996：72）

97　《論語‧憲問第十四》，英譯本 Chan 1963：43。

焉。方今之時，僅免刑焉。」[98] 基於此一動機，莊子極力抨擊與
其同時的其它學說，並且倡導自己「無用之用」的哲學。[99] 莊子
的生命哲學給予中國歷來許多知識分子心靈的慰藉，而對當代世
界之人也理應如此。

延伸討論問題

1. 莊子的宇宙觀是什麼？他主張萬物平齊且無價值差別的意義為
   何？

2. 莊子的「宇宙為一」的意義是什麼？莊子的形上觀是某種一元
   論嗎？「一」與「多」的關係如何？莊子的意思是「一」創生
   「多」嗎？

3. 什麼會阻礙人認識「道」？我們認知最根本的限制是什麼？我
   們能否消除這種限制？

4. 你認為莊子要告訴我們如何在這個價值平等的宇宙中自處？他
   要教導人採取怎樣的態度？他的主張是否太激進？

5. 莊子所謂的「自然」究竟是什麼？如果人自然而然是愛生惡
   死，那麼人們貪生怕死是否符合自然？

6. 莊子的道德思想與儒家有何不同？哪一方的論述更吸引你？理
   由是什麼？

98　《莊子・人間世第四》，英譯本 Watson 1964：63。
99　《莊子・人間世第四》，英譯本 Watson 1964：63。

第八章

韓非子

概論

　　韓非子（約西元前280-前233）一般被稱為法家的集大成者。[100] 法家是戰國時期（西元前403-前221）著名的政治思想學派。戰國時期中國分裂，諸侯彼此兼併割據，而其中秦王最具野心與能力，想要統一中國。韓非子是韓國貴族，據稱是荀子的弟子，但對儒家的政治哲學很不滿意。在學習早期法家創始者的思想後，他決定先對其母國的韓王，稍後並向秦王，推銷法家的治術。依據司馬遷《史記》（約西元前二至一世紀）可靠的紀載，

---

100 英文的「法家（legalism）」一詞源自於「法令（law）」一字。以韓非子為代表的這個學派最早稱為「法」家。因此英譯「legalism」頗為適當，而且亦廣為多數的譯者所接受。但韋利（Arthur Waley）卻獨排眾議，譯為「the Realists」（現實主義學派），他的理由是這個學說主張統治必須基於「當前世界實際運作的事實」（Waley 1982：151）。

韓非子患有口吃，因此全力著書立說，而成為中國古代最多產的思想家之一。韓王無法貫徹他的治國建議，因此韓非子轉向別國宣揚自己的學說。秦王讀過韓非子的著作，極為讚賞，便邀請他到秦國而有意任用他為卿相。不幸的是，曾與韓非子一起求學於荀子門下的李斯當時是秦國的宰相，他憂懼韓非子的學識才華會威脅自己的地位，因此指控韓非子仍忠於韓國。李斯成功地煽動秦王的疑慮，將韓非子送入監獄。雖然秦王不久即後悔，但在君王改變心意之前，韓非子已喝下李斯送來的鴆毒。不過，日後秦王以韓非子的思想為本而征服群雄，成為中國第一位皇帝（始皇）。歷史上中國政治架構的主要精神亦是建立在韓非子哲學的基礎上，此外，韓非子關於統治的建議也形成中國政治文化的原型。

　　韓非子著作日後編纂為《韓非子》五十五章，雖然有些學者懷疑其中部分篇章的真偽，但學者們對於整部作品表現出的連貫思想和風格似仍有共識。英文翻譯作品目前僅存一部絕版的廖文奎全文英譯本[1]，華茲生（Watson）的譯本（*Han Fei Tzu：Basic Writings*）只選譯最重要的十二篇，而其他英譯選集的摘錄則更少。在中國思想史上，韓非子學說常被忽略，可能因為他更著重治術的實用性，而較少深刻的哲學思考。韓非子在傳統中國的知識分子（尤其是宋明儒者）的心中常被輕忽，因為他的學說是從執政者，而非從老百姓的角度出發。在研究中國哲學的當代學者中，韓非子思想也未受到應有的重視，唯一的例外是 1970 年代晚期到 1980 年代，中國大陸從馬克思主義與毛澤東思想的

1　廖文奎 Liao 1939。

觀點，重啟對法家研究的興趣。2

　　如 K. K. Lee 所言，法家並非由任何特定的意識形態所啟發，他們主要關注如何建立政治秩序與行政效率。3 韓非子的著作的確是主要關於統治的實用性指導。他列舉許多歷史事件作為申論的依據，並以其為本提出建議。他的政治理論是建立在經驗性的研究，而非建構於理想主義的角度。不過，在他實用的政治指引中也隱含他對人性、人類社會以及政府功能的看法。本章將基於整部《韓非子》，而著重討論他哲學中的人性論，以及他基於此觀點所產生的政治思想。

人性與社會控制

　　韓非子的基本預設是人的本性是以自利為中心的。4 跟他的老師荀子不同的是，韓非子對人性原初自然狀態的哲學論辯並無興趣。他的主張是根據經驗研究而做出。在韓非子的用法中，人性只是由「人行為的自然傾向」所構成，而其中一個最主要的傾向是我們都謀求擴大自己的利益，同時避免損傷自身。韓非子不認為人這種利己的傾向是「惡」。他只是視之為事實，並且試圖

2　參考期刊 *Chinese Studies in Philosophy* 在這幾年間的文章：Liang, E. 1976；Liang, L. 1976；Ti 1978；Tong 1982／83；Yang 1978。此外，成中英的一篇文章開頭即說明了這股研究熱潮的歷史背景（Cheng 1981）。

3　Lee 1975：31.

4　許多學者皆持相同觀點；林義正稱韓非子這種人性觀是「心理利己主義」（psychological egoism），即人類天生自利（Lin 1989）。亦請參考 Wang 1977；Ho 1988；Goldin 2001。

解釋如何在這種人性特點的基礎上，有效達到穩定社會秩序的目標。不過，韓非子接受其師荀子的看法：公民行為與道德思想都是「人為（偽）」的，是社會制約的結果。荀子認為，對人的制約要透過禮儀教化的社會機制來達成，而韓非子則認為這只能透過法令與刑罰來實現。

韓非子說：

> 醫善吮人之傷，含人之血，非骨肉之親也，利所加也。故輿人成輿則欲人之富貴，匠人成棺則欲人之夭死也，非輿人仁而匠人賊也，人不貴則輿不售，人不死則棺不買，情非憎人也，利在人之死也。[5]

透過這些事例，韓非子指出人類社會是一個利潤與利益緊密相連的網絡，某人的損失可能是另一人的收益，一個行業的成功可能完全來自其他行業的敗落。每個人都會自然而然要追求其個人利益的最大可能，因此，有些人會期望他人的損失或敗落也是非常自然的。韓非子對於這種心態沒有任何價值評斷。他認為人人都是天生利己的。

個人的心態不只受到其職業的影響，亦取決於外在環境。韓非子說：

> 故饑歲之春，幼弟不饟；穰歲之秋，疏客必食；非疏骨肉愛過客也，多少之實異也。是以古之易財，非仁也，財

5　《韓非子・備內十七》，英譯本 Watson 1964：86。

多也；今之爭奪，非鄙也，財寡也。[6]

　　韓非子似乎認為人們通常具有相同的道德屬性，比如善良與慷慨（或是相反的屬性，例如無情與吝嗇），但是他們卻會由於外在環境的差異而顯現出不同的行徑。若是如此，則此等道德屬性即非人類固有本性的一部分。人在某種程度上是所屬社會經濟環境的產物。像慷慨與善良這些道德特質可以在環境好時被提升，然而情況不好時這些道德特質很快就會消失。

　　韓非子亦主張人們天生好逸惡勞。如果百姓放任自己輕鬆懶散，就會怠忽工作，如果百姓怠忽職守，政府就無法維持對人民的掌控，當政府失去掌控力，社會即會陷入混亂。[7] 因此，為了要讓社會正常運作，執政者不能仰賴於人民的自動自發。執政者的任務就在於建立一個有效的系統以激勵人民工作勤奮。

　　韓非子以語源學的方法比對中文的「公」與「私」二字，而指出最初倉頡造字時，必然已知公與私相對立的道理。「公」字是「私（厶）」加上背反符號「八」。[8] 如果公共利益與私人利益本來即互相對立，那麼個人的加強利己必然會阻礙社會的公利。換言之，如果人們被允許去依據他們的自然傾向而行動，則社會只會受到傷害。若人生而好逸惡勞，執政者為了公共利益，就必須用極端的手段迫使人民為公益而行。僅僅讓百姓順憑己意

6　《韓非子‧五蠹第四十九》，英譯本 Watson 1964：98。

7　參照《韓非子‧心度第五十四》。

8　韓非子說：「古者蒼頡之作書也，自環者謂之私，背私謂之公，公私之相背也，乃蒼頡固以知之矣。今以為同利者，不察之患也。」《韓非子‧五蠹第四十九》，英譯本 Watson 1964：106。

而為，必會導致國家的混亂腐敗。此即何以韓非子認為，如果我們將私利的增長與公利的擴張畫上等號，最終只會導向災難。

韓非子反對以儒家的道德教化作為社會管理的方針。他主張即使有些真正有德之人會不需外在的激勵而自然依德而行，但大多數人的行為都不過是趨利避害。唯有法令與刑罰可以有效遏止大眾破壞社會的行為。人類普遍愛利益，惡傷損，因此，運用厚賞和重罰能有效控制人民的行為。正如馮友蘭所說，人對私利的考量，正是賞罰制度可行的基礎。9

用以下的例子，韓非子如此申論他的觀點：

> 今有不才之子，父母怒之弗為改，鄉人譙之弗為動，師長教之弗為變。夫以父母之愛，鄉人之行，師長之智，三美加焉，而終不動其脛毛，不改；州部之吏，操官兵、推公法而求索姦人，然後恐懼，變其節，易其行矣。故父母之愛不足以教子，必待州部之嚴刑者，民固驕於愛，聽於威矣。10

對這個論證的反駁，我們固然可以指出這個論證的結論是來自對單一案例的普遍歸納。即使韓非子的論點於此案例成立，也無法佐證他認為只有實行法令與刑罰才有效的觀點。然而，韓非子的信念是每個人都是像這位不才之子，總是會有時候對父母的愛不為所動、對鄰居的勸誡不聽、對師長的教導不服從。因

9　馮友蘭《中國哲學史》第一卷，英譯本 Fung 1983：327。
10　《韓非子・五蠹第四十九》，英譯本 Watson 1964：103。

此，律法與威權是唯一能確保成功的社會掌控手段。

總結言之，一般人通常偏好物質享受，但願養尊處優，聲名顯赫，而不希望過得貧困傷亡、勞苦卑屈。要作為一個成功的統治者，君王必須了解人民的喜惡，而成功地管控人民，以達成統治者的利益。統治是一種社會掌控的形式，而社會掌控是來自對人民想法的了解。韓非子特別強調要管理社會，賞與罰乃不可或缺。各種形式的獎賞能激勵人民作出特別的行為，甚至可以激勵軍人在戰場上戰鬥捐軀。嚴酷的懲罰，尤其是體罰，也可以抑制人民的某些行為，例如即使有人看到地上掉落的黃金也可做到路不拾遺。賞罰的最終目標，就是維持社會秩序。韓非子說：

> 夫嚴刑者，民之所畏也；重罰者，民之所惡也。故聖人陳其所畏以禁其邪，設其所惡以防其姦。是以國安而暴亂不起。吾以是明仁義愛惠之不足用，而嚴刑重罰之可以治國也。[11]

由此看來，韓非子相信嚴刑峻法是掌控社會唯一有效的方法。我們可以將韓非子的想法與孔子做個比較：

> 子曰：「道之以政，齊之以刑，民免而無恥；道之以德，齊之以禮，有恥且格。」[12]

11　《韓非子・五蠹第四十九》。

12　《論語・為政第二》，英譯本 Chan 1963：22。

　　法家與儒家對於律法與德行的比較，將是我們下一個要討論的議題。

道德與政治：法家與儒家的對照

　　法家與儒家之間的主要差異，在於他們對政治與道德之間的關係所採取的立場。儒家認為道德是政治不可或缺的元素，理想的執政者應當是個「聖王」；理想的政府功能應該是以德化民。在儒家的觀點之下，理想社會的實現是來自於聖王透過道德典範的樹立，而感化所有人民都能自發地遵循道德。相對來看，法家將政治與道德分離。政治關乎治理人民，而不是去以道德改變人民，道德改造應該留給道德家與教育家。在這方面，法家認為政治是「非道德的（amoral）」── 無關乎道德的評價與道德行為。

　　儒家將遠古社會視為理想模型，孔孟常以古代聖王堯舜作為理想執政的典範。然而，韓非子則認為古代世界不能作為後代社會的樣板。他對人類歷史的發展有革新主義（progressive）的看法：當時代改變，法律與政策也需隨之改變。韓非子認為古代社會資源豐沛而人口稀少，是以容易推廣慷慨、友善與誠實等德性。古時的人更為單純，面對的誘惑更少。可是在韓非子的時代世界已經變得更複雜，而社會中人際互動也更加糾結，因此再也不能期望如古代堯舜般去治理人民。韓非子說：

　　　　夫古今異俗，新故異備，如欲以寬緩之政、治急世之

民，猶無轡策而御駻馬，此不知之患也。[13]

　　馮友蘭從歷史學家的角度，說明在古代社會國家的規模較小，君主與臣民之間是私人的關係。因此，禮節規範足以作為掌控社會的手段。但是，當國家擴張後，執政者與人民之間的關係拉遠，即難以其個人的道德規範來維持社會的秩序。此時，頒布法令即成為必要。[14] 孔子與老子都期望能回到古代，韓非子則希望與時俱進。儒家與道家專注於理想，法家則著重於現實。儒家與道家立基於潛能性，法家則是建立在必要性之上。

　　與儒家「聖王」的學說相反，韓非子主張治理人民之要既非執政者的美德，亦非執政者對人民的愛護。他說：

> 夫聖人之治國，不恃人之為吾善也，而用其不得為非也。恃人之為吾善也，境內不什數；用人不得為非，一國可使齊。為治者用眾而舍寡，故不務德而務法。[15]

　　特別有賢德的人確實存在，若這些人成為君王，是有可能如儒家學說所描繪的，他們會對人民產生壓倒性的道德影響。但正如 K. K. Lee 所言：「卓越的人如鳳毛麟角，而對執政如此重要的事，我們卻期待偶然碰巧遇到聖王或救世主的出現，這是極其可笑的。」[16] 如果說我們需要等上好幾代才會有聖王出現、如

13　《韓非子・五蠹第四十九》，英譯本 Watson 1964：101。
14　Fung 1983：313.
15　《韓非子・顯學第五十》，英譯本 Ivanhoe and Van Norden 2003：341。
16　Lee 1975：45.

果聖王的軼事只出現在古代的傳說中，那麼以聖王之道德感化力為基礎的政治模型，就不能作為最適合所有國家在所有時代中的形式。「個人的魅力太過短暫，而平庸性又太過普及於人。只有法律，不因人而異、持久、內在，而且能夠加以修正，才應該作為公民／政治秩序的框架。」17 在這方面，我們可以說儒家強調聖王及道德感化可能比較具有理想性，而法家則提供了一個更切實的政治模型，建立在法律，而非個人特質上。

對於執政者的仁慈與博愛，韓非子或許會同意馬基維利（Machiavelli）的主張，在統治方面，讓人民懼怕更勝於受到他們的愛戴。韓非子說：

> 今不知治者必曰：「得民之心。」欲得民之心而可以為治，則是伊尹、管仲無所用也，將聽民而已矣。民智之不可用，猶嬰兒之心也。18

韓非子對於人民做出判斷的觀點，顯示出他對人類的理性懷有比墨子更深的不信任感。韓非子甚至不認為人能夠出於理性而自利，正如嬰兒會「然猶啼呼不止，嬰兒子不知犯其所小苦致其所大利也」19，人們常不明白他們若能暫時放棄眼前的利益，將會很快得到長期的利益。因此，執政者不能期望他的政策會受到人民的歡迎並樂於遵守，即使這些政策是有利於人民的。

17　Lee 1975：45.

18　《韓非子‧顯學第五十》，英譯本 Ivanhoe and Van Norden 2003：341。

19　《韓非子‧顯學第五十》，英譯本 Ivanhoe and Van Norden 2003：341。

韓非子認為執行任何政策的正確方法，就是訴諸法令與刑罰，他指出：

> 夫嚴家無悍虜，而慈母有敗子，吾以此知威勢之可以禁暴，而德厚之不足以止亂也。夫聖人之治國，不恃人之為吾善也，而用其不得為非也。恃人之為吾善也，境內不什數；用人不得為非，一國可使齊。為治者用眾而舍寡，故不務德而務法。[20]

即使執政者真正受到人民愛戴，他仍不能期望人民會將他的利益置於他們自己的利益之上。執政者的仁愛與慈悲固然能取悅人民，但是多數人只會利用執政者的善意而變得難以管控。即使有部分人會因執政者的美德或仁愛而對其效忠，執政者也不能期望每個人都會遵守他的法令。統治權不應基於偶發性的成功，而必須有成功的保證才得以有效統治。

韓非子並未否認所有的規則都會有例外：並非所有人都會因嚴懲而受到管束，或因重賞而受到激勵。還是有些人接受了道德的改造而真正的有德。儒家所倡導的道德教化並不全然浪費氣力，因為它的確可使部分人藉由內心的善意而主動立意為善。但是，這樣的教育方法成功有限——即使像孔子這樣偉大的人也只得到七十二位真誠追隨他的弟子。韓非子認為要想掌控社會，我們需要找到適合大多數人的方法，而不是僅根據少數道德人士所提出的理想性方式。孔子的看法或許正確：「民免而無恥」，法

20　《韓非子・顯學第五十》，英譯本 Chan 1963：253。

律只能管制人民遠離罪刑，而只有德行可促使人民舉止光明正大，「有恥且格」。但是，多數人的行為目的是趨利避害，因此，治理人民的重點不在道德修養，而在法律。韓非子稱此為統治的「必要性」，他說：

> 不恃賞罰而恃自善之民，明主弗貴也，何則？國法不可失，而所治非一人也。故有術之君，不隨適然之善，而行必然之道。[21]

此外，韓非子認為統治的最高目標，是君王擁有對其臣民「絕對的」控制。在這個目標下，個人道德主義者只能被視為最危害社會的「蠹蟲」。那些有德之人是執政者無法以重賞嚴罰來威脅利誘的，因此，對於目標在於使人民依照其意志行動的執政者而言，這些人非常危險。韓非子不僅認為儒家的道德教化無法改造整個國家，而且認為這對執政者造成巨大的威脅。執政者對人民的期望是他們守法與服從，而不是他們有德而且自動自發。如 Lee 所言，韓非子多次強調，「私德很可能成為公眾之惡」[22]。韓非子說：

> 不棄者，吏有姦也，仁人者，公財損也，君子者，民難使也，有行者，法制毀也，有俠者，官職曠也，高傲者，

21　《韓非子·顯學第五十》，英譯本 Chan 1963：254。

22　Lee 1975：41.

民不事也，剛材者，令不行也，得民者，君上孤也。[23]

　　為了進一步檢視他的論證，我們可將韓非子的論點整理如下[24]：

　　韓非子論證 ＃1[25]

　　1. 根據人的天性，沒有人比父母更愛自己的兒女，然而，並非所有子女都必然溫順。

　　2. 執政者不可能愛他的子民勝過父母之愛兒女。

　　3. 因此，即使是仁愛的執政者，也一定會有難以統治的人民。

　　4. 因此，仁愛不是政府運作的方式。

　　韓非子論證 ＃2[26]

23　《韓非子・八說第四十七》，英譯本 Liao 1939, vol. 2：248。
24　以下這些論證乃是自韓非子的原文改寫，並未詳盡表述他所有的論證，但是足以代表他通常推論的思路。
25　韓非子說：「人之情性，莫先於父母，皆見愛而未必治也，雖厚愛矣，奚遽不亂？今先王之愛民，不過父母之愛子，子未必不亂也，則民奚遽治哉！且夫以法行刑而君為之流涕，此以效仁，非以為治也。夫垂泣不欲刑者仁也，然而不可不刑者法也，先王勝其法不聽其泣，則仁之不可以為治亦明矣。」《韓非子・五蠹第四十九》，英譯本 Chan 1963：257-258。
26　韓非子說：「夫必恃自直之箭，百世無矢；恃自圜之木，千世無輪矣。自直之箭、自圜之木，百世無有一，然而世皆乘車射禽者何也？隱栝之道用也。雖有不恃隱栝而有自直之箭、自圜之木，良工弗貴也，何則？乘者非一人，射者非一發也。不恃賞罰而恃自善之民，明主弗貴也，何則？國法不可失，而所治非一人也。故有術之君，不隨適然之善，而行必然之道。」《韓非子・顯學第五十》，英譯本 Chan 1963：253-254。

　　1. 箭矢並非自然筆直，木材也不是自然成圓形，然而熟練的技工可運用強化與彎曲的工法，製作出箭矢與車輪。

　　2. 人並非天生良善，然而執政者可經由賞罰來矯正人民的行為。

　　3. 即使有一支箭矢自然而直，或是一塊木頭自然成圓，此皆偶然的產物，不會被熟練的技工所重視。

　　4. 同樣，即使有些人天生良善不需以賞罰來治理，他們也都是極少數的特例。

　　5. 人的作為應該依照必要性，而非依照機會性的原則。

　　6. 因此，執政者應該訴諸賞罰，而非訴諸部分人民的天生良善。

　　韓非子論證 ＃3[27]

　　1. 即使孔子本身是他所教導的仁義之學的道德典範，也只有七十位弟子跟隨他。

　　2. 反之，一個擁有國家主權的昏庸之君，卻在全國之內無人敢叛亂。

　　3. 因此，大多數的人屈從於權力，而只有很少數人能被仁義所感化。

---

27 韓非子說：「仲尼，天下聖人也，修行明道以遊海內，海內說其仁，美其義，而為服役者七十人，蓋貴仁者寡，能義者難也……魯哀公，下主也，南面君國，境內之民莫敢不臣。民者固服於勢，誠易以服人，故仲尼反為臣，而哀公顧為君……今學者之說人主也，不乘必勝之勢，而務行仁義則可以王，是求人主之必及仲尼，而以世之凡民皆如列徒，此必不得之數也。」《韓非子・五蠹第四十九》，英譯本 Chan 1963：258。

4. 因此，以仁義教化作為統治之術既不實際，也不可能。

韓非子論證 #4[28]

1. 教導德行可勸誡人們為善，而運用法律可禁止人們作惡。

2. 在任何社會有德之人都是少數，而大多數人只在乎他們觸犯法律的後果。

3. 治國的目標應在於禁止「所有」人民的犯錯，而非在於提升少數人的善行。

4. 因此，執政者必須致力於法治，而非道德教化。

韓非子主張政治和道德的議題互不相干。這個看法是沿自他對人類行為自然傾向的觀點。如果大多數的人自然傾向對自己利益的提升，並且尋求違法犯紀也不被逮捕的機會，那麼執政就需要有個能夠有效治理多數人的方案。不過，韓非子的論證很有問題。他第一個論證中的第一個前提就過度簡化家庭關係。並非叛逆的孩童皆來自父母寵愛的家庭。根據現代的經驗，受虐兒比起滿富愛心家庭養育的孩童，更容易對社會造成破壞。至於第二個論證，首先我們可以指出類比無效。人不是木頭，因此即使自然界的直木是偶然遇之，也不能說自然為善的人只是例外。其次，他的結論不能成立。由於缺乏經驗上的反例，我們可以暫時

28　韓非子說：「夫聖人之治國，不恃人之為吾善也，而用其不得為非也。恃人之為吾善也，境內不什數；用人不得為非，一國可使齊。為治者用眾而舍寡，故不務德而務法。」《韓非子・顯學第五十》，英譯本 Chan 1963：253。

同意韓非子的主張，人並非天生為善。但這並不能因此證明賞罰是控制的「必要手段」。其他的統治方法即使並非更為有效，也至少可能同樣有效。對於第三個論證我們要指出，以昏庸之君對比孔子是不恰當的。確實，在政治領域裡個人的說服力是來自他的政治位階，但這不表示具有政治地位並配合孔子的道德教化，不會比昏君制定的律法更具強大效力。最後，關於第四個論證，我們需注意他這個不合理的互斥選項。即使道德教化可促使百姓為善，而法令可禁止百姓作惡，我們也無須從中擇一。道德教化和法律制裁對於治理國家都不可或缺，大多數的百姓被教導向善，而少數頑劣分子則以法律防止其作惡。韓非子的法家觀點──統治人民「唯一的」必要手段是法令和刑罰──是無法從他的論述中推理出來的。

　　韓非子的觀點若僅是主張道德教育應該留給更能有效提升人民道德素質的其他機構，則他的政治哲學至多是不完整的，而不是非道德的。但是，在他的著作中廣泛表達出來他對道德主義者和知識分子的懷疑與批評。他譴責那些自發追求道德和知識的人，指稱他們不僅對執政者無用，更對社會極其危險，理由很簡單：因為賞罰對這些人無效。韓非子的政治哲學旨在建立執政者絕對的掌控，而非為了社會本身或是多數人民。他不僅是主張道德教化在政治上無能為力，更是主張政治事務中應當排除道德。他的道德和政治觀點不僅是政治應該是「非道德（amoral）」，而且應該是「反道德（anti-moral）」。

　　從儒家的角度來看，一個政體僅採用法令和刑罰來作為社會控制的手段，正是最徹底的反道德，如 K. K. Lee 解釋：

這個刑罰裁量的概念本身就帶有功利的精神，似乎意味著在鼓勵意圖犯罪的人事先以理性去計算他犯法會產生的得失，而以此計算為基礎來決定是否值得付出代價。這樣將是道德本身的敗壞，因為儒家——義務倫理學的道德觀點是要求無論行為後果如何，人皆須做出正確的事。[29]

為了加以分析評論，我們應該檢視韓非子排斥道德作為政治要素會帶來的缺點。在理論上，如果人們相信人性原本自利，而且私利與公利相牴觸，那麼每個人都可能會是國家潛在的敵人。法律的功用僅是管束人民而且預防各種對社會有害的行為——這是消極意義的法律。同時，如果人們的心態是在權衡比較他們作惡可能帶來的好處與受到刑罰可能帶來的傷害，那麼執政者對於惡行的懲罰就必須盡其可能的嚴酷。此一理論若付諸實踐，將導致殘酷的刑戮，包括各種形式的凌遲和酷刑，甚至有各種殘暴惡毒的處決方式（如腰斬、車裂、剝皮、烹煮、活埋等等）。法家創建了殘酷無情的政治結構，政府恫嚇其人民全面服從，不容任何異議。這種專制主義極易導致暴政，因為若執政者的行為變得不理性，也無人加以監察。不幸的是，法家思想成為中國古代統治者的實際意識形態。歷史上許多法家學者遭受自己學說的惡果；早先於韓非子的法家商鞅被五馬分屍，韓非子同學李斯被處以腰斬。相較之下，韓非子最終飲鴆而亡似乎可視之為「寬大」的處置。

---

29 Lee 1975：40.

統治的實用綱領：法、術、勢

　　韓非子作為法家的集大成者，綜合前人所強調的法、術、勢三派學說。「法」是指一套頒布的行為法則，其中包括特定的刑罰。根據王曉波的分析，韓非子的「法」概念就其積極意義而言，是注重權威性而得到人民的尊重與自願服從；就其消極意義而言，則是藉由對犯罪者的確實制裁來有效防止惡行的發生。30 強調公法是法家的一項重要貢獻。韓非子之前的商鞅（卒於西元前 338 年）將法令刻上石碑並置於市集，以致全國人民皆知觸犯律法的可怕後果，而不是等犯罪事實發生後才制定法令刑罰，因此在他治理期間社會秩序良好。韓非子說明法令的重要特徵就是令境內全民莫不聞知：「法者，編著之圖籍，設之於官府，而布之於百姓者也。術者，藏之於胸中，以偶眾端而潛御群臣者也。故法莫如顯……是以明主言法，則境內卑賤莫不聞知也。」31 一旦法令頒布後，執政者或行政官員也不能任意更動。以此言之，法律的頒布為人民提供了一些保護。不過，史華慈（Schwartz）指出：「認為『公布』刑法的意義就是朝著『民主』邁進，或是幻想法家自己並不相信統治階級的極權專制，這……肯定會產生誤導。」32 在法家政權下，律法並不需人民的認可，法令的主要功能就是掌控社會和規範人民。

　　韓非子並不認為法令本身即足以鞏固政權。法令適用於一

30　Wang 1977：39.

31　《韓非子・難三第三十八》。

32　Schwartz 1985：327.

般人民；而為了管理與他親近的官員或宮廷內院的妻妾子女，君主需要掌握「術」。人總是會試圖找到晉升自己的方法，而那些最靠近統治者的人可能會輕易奪權。「術」是指操縱和控制他人的各種技巧或方法，馮友蘭稱之為「君主御臣下之技藝」[33]。韓非子所指的術並非行使於整個社會，而是專門針對官吏和親屬。他認為君主及其臣相們之間必然存在利益衝突，「主利在有能而任官，臣利在無能而得事；主利在有勞而爵祿，臣利在無功而富貴。」[34] 臣子們會盡力欺瞞君王，以獲得不應有的獎賞並避免該受的懲罰。因此，臣相們如果未受監控，將成為君王最大的敵人。在中國古代的王室中，君主通常妻妾成群，因此也擁有許多後裔。這些妻妾皇子經常彼此爭鬥，而皇子有時為了確保儲君合法繼位的身分，甚至會與君王本人爭鬥：

> 故后妃、夫人、太子之黨成而欲君之死也，君不死則勢不重，情非憎君也，利在君之死也，故人主不可以不加心於利己死者。[35]

王室的家族關係與平常百姓家不同，因為其間的利害關係甚大，此即何以君王必須運用治術來管理王室家族。由於臣相和親屬都接近君王，得以迅速窺知君王的心意，因此，君王運用治術時必須非常謹慎。韓非子說：

33　Fung 1983：318.
34　《韓非子・孤憤第十一》。
35　《韓非子・備內第十七》，英譯本 Watson 1964：86。

> 法者，編著之圖籍，設之於官府，而布之於百姓者也。
> 術者，藏之於胸中，以偶眾端而潛御群臣者也。故法莫如
> 顯，而術不欲見。36

　　第三個統治要素「勢」，是指地位在上者的權力和權威37，並與治術密切相關。韓非子說：「術者，因任而授官，循名而責實，操殺生之柄，課群臣之能者也，此人主之所執也。」38 換言之，君主善運用治術即能確保政治權勢，而最重要的兩種控制手段是刑與德，韓非子稱之為統治的「二柄」。他如此解釋：

> 何謂刑德？曰：殺戮之謂刑，慶賞之謂德。為人臣者
> 畏誅罰而利慶賞，故人主自用其刑德，則群臣畏其威而歸
> 其利矣……今人主非使賞罰之威利出於己也，聽其臣而行
> 其賞罰，則一國之人皆畏其臣而易其君，歸其臣而去其君
> 矣，此人主失刑德之患也。39

36　《韓非子・難三第三十八》，英譯本 Chan 1963：256。

37　在政治的文意語絡中，「勢」這個概念比「權力」和「權威」兩個概念更為複雜，正如韋利（Waley）所指出，中文的「權力」、「影響力」、「力量」，和中文的「地位」、「處境」、「局勢」意義完全一樣（Waley 1982：181）。在韓非子的用法中，「勢」是指一個人憑藉政治地位或周圍環境獲取權力。在政治的文意語絡之外，此字詞也表示事情在自然發展中必然的傾向。Peter R. Moody 稱之為「所有決定性條件的總和」，頗為恰當（Moody 1979：320）。這裡我沿用慣例，強調此一概念的政治意義。

38　《韓非子・定法第四十三》，英譯本 Chan 1963：255。

39　《韓非子・二柄第七》，英譯本 Watson 1964：30。

換句話說，要穩固政權的方法即在於掌握支配賞罰的權柄。如果君主放棄行使獎懲的角色，就會很快失去權力而旁落到實際執行賞罰的人手上。政治權勢並不會因個人的政治地位自動而來，而是來自對於賞罰的控制。不過，若個人並未具有適當的政治地位，也無法建立政治的威勢。此與個人的美德或聲譽無關。如我們先前所述，韓非子曾指出孔子以智慧和美德廣受尊重，但人民卻不遵從他的教導。反之，能力品德皆遜色的人一旦登上王位，即可要求主權範圍內所有的人聽令。這兩者能有效要求人民服從的差異之處，即在於他們的政治權勢不同。

為了嚴密監控臣相，君主需要確認他們是否言行一致，韓非子特別稱此統御術為「形名參同（亦稱『刑名』）」。「形」是指實際呈現出來的行為表現，「名」是指頭銜職位和主張。韓非子說：

> 人主將欲禁姦，則審合刑名者，言異事也。為人臣者陳而言，君以其言授之事，專以其事責其功。功當其事，事當其言，則賞；功不當其事，事不當其言，則罰。[40]

在韓非子要求形名相符，或可說是行事與言語相符時，他強調即使臣相行事逾言，或是表現超越職責所需，他們仍應受到懲罰。此統御術旨在確保群臣忠於各自的主張及職守，從而使任何人不會自誇無力完成之事，或是僭越旁人的職位。他對名刑相符的強調是要警惕君主不要仰賴聲譽或政治黨派。若君主根據旁

40　《韓非子・二柄第七》，英譯本 Chan 1963：256-257。

人推薦或讚譽來任用官員，則群臣將會作表面工夫，而不是實質工作，並且可能會結黨營私。因此，君主必須訴諸嚴罰厚賞，以防弊端。韓非子說：

> 明君之道，臣不陳言而不當。是故明君之行賞也，曖乎如時雨，百姓利其澤；其行罰也，畏乎如雷霆，神聖不能解也。故明君無偷賞，無赦罰。[41]

君主運用賞罰的手段，強化他的堅持群臣職務表現需要名實相副，此即治國之術。

若君主期望精確掌握群臣的意圖和行為，即不可任其窺知自己的好惡。若臣相們得以揣摩上意，則僅需做出表面工夫即可打動他。是以，韓非子建議君王必須喜怒不形於色：

> 道在不可見，用在不可知。虛靜無事，以闇見疵。見而不見，聞而不聞，知而不知。知其言以往，勿變勿更，以參合閱焉。官有一人，勿令通言，則萬物皆盡。函；掩其跡，匿其端，下不能原；去其智，絕其能，下不能意。保吾所以往而稽同之，謹執其柄而固握之。絕其能望，破其意，毋使人欲之。[42]

韓非子這些實用的統治要領是為了專制的君主政體而設

41　《韓非子・主道第五》，英譯本 Ivanhoe and Van Norden 2003：301。

42　《韓非子・主道第五》，英譯本 Ivanhoe and Van Norden 2003：299。

計。民主共和體系可能只須法律即已足夠，因為民主制度有監察制衡的體系可以發揮功能而確保政體的運作。當民主系統健全時，即使領導人平庸或閣員狡猾奸詐，也不會發生嚴重而長久的禍亂。至於君主政體，權力只集中在一人手上，而王位則相當不穩。權力不僅讓人腐敗，對權力的強烈渴望也使人腐敗。在君王的周遭，不只大臣，包括妻妾、皇子、兄弟甚至宦官，都可能伺機謀篡。法律本身不足以防止內部的篡奪，因此，君王必須隨時警戒，不可輕信任何人。他絕不可只聽從一人之計，也不可對任何人傾訴心聲。他不可顯露自己的真實情感，但必須讓其他人戰戰兢兢。即使他不應令人放下職責而親自處理每件事情，也絕不能讓他人有機會接管控制權。他必須將所有事務委派群臣，僅有一事例外：他絕不能放棄執行監督來考察群臣的行為與其職位和主張相符合。藉此統御臣下之術，君主得以行使權力並且維持其政治權勢。在統治上，「術」與「勢」這兩個要素是對「法」的重要補充。韓非子認為治國之道和統治之術，最終是來自老子的思想。

韓非子與老子：道與無為

　　無論韓非子的政治觀點與老子如何不同，他仍將自己的哲學靈感歸諸於老子。他的書中有兩篇闡述老子與道家思想的文章，在此他超出應用性的政治哲學而進行形上學的論述。[43] 韓

---

43 這兩篇即為〈解老第二十〉及〈喻老第二十一〉，其中表達了與其他篇章明顯不同的抽象哲學思考。當然不少學者懷疑這兩篇的真實性，例如華茲

非子遵循道家的傳統，而賦予「道」本體論的地位。韓非子將「道」定義為萬物存在的原因與宇宙的起源。他說：「道者，萬物之所然也，萬理之所稽也。」[44] 在這段論述中，韓非子引介「理」的概念與「道」作對比。他是第一位對「理」進行哲學分析的人，而日後「理」成為華嚴宗和宋明理學形上學的關鍵概念。韓非子如此區分「道」與「理」：「道」永恆普遍，「理」是萬物內在的個別原理。「理」是每一個別事物存在的秩序；「道」沒有固定的內容，而是呈現在所有個別事物和所有個殊的「理」之中：

> 理者，成物之文也；道者，萬物之所以成也。故曰：「道，理之者也。」物有理不可以相薄，故理之為物之制。萬物各異理，萬物各異理而道盡。[45]

萬物皆有其「理」，以此與他物區分，我們也許可稱之為「分辨之理」。韓非子說：「凡理者，方圓、短長、麤靡、堅脆之分也。」[46] 他亦認為永恆的「道」需要個殊的「理」來體現，因此，在現有世界之上不存在形而上的空懸之「道」。然而，即

生（Watson）的《韓非子》節譯本 *Han Fei Tzu: Basic Writings*，即未選譯這兩篇。然而韓非子在其他篇章裡，仍有雖然較為簡要卻類似的論述，讀者可以參見〈揚權第八〉，在其中他也對「道」做出詮釋。因此，主張他的實用政治理論的靈感是來自老子的抽象哲學是合理的。

44　《韓非子・解老第二十八》，英譯本 Chan 1963：261。
45　《韓非子・解老第二十八》，英譯本 Chan 1963：261。
46　《韓非子・解老第二十八》，英譯本 Chan 1963：261。

使所有個別事物都消散，所有的殊理都失去其物質基礎，「道」還是將永遠存在：

> 故理定而後可得道也。故定理有存亡，有死生，有盛衰。夫物之一存一亡，乍死乍生，初盛而後衰者，不可謂常。唯夫與天地之剖判也具生，至天地之消散也不死不衰者謂常。而常者，無攸易，無定理，無定理非在於常所，是以不可道也。[47]

韓非子所描述的是一個單層的本體架構，在其中「道」即使不為時空所局限，也不是超越於物理界之上。此即是說，「道」含括每一個特定之「理」，因此，它不能等同於任何單一的「理」。個別事物都有其時空限制，但是「道」本身不為時空所界限。個殊的「理」不可應用在異於自己類別的事物上，而「道」則適用於萬物。「道」是一，而「理」是多。韓非子對於「道」概念的理解確實近似於老子。

韓非子的統治哲學向老子借鑑許多概念——但加以法家的色彩。他主張統治者之於人民，就如「道」之於宇宙萬物。「道」無為而成就萬事萬物，同樣道理，君主治理整個國家應遵守無為的原則。他說：

> 道者，萬物之始，是非之紀也。是以明君守始以知萬物之源，治紀以知善敗之端。故虛靜以待令，令名自命也，

47　《韓非子・解老第二十八》，英譯本 Chan 1963：261。

令事自定也。虛則知實之情，靜則知動者正。[48]

　　君主預先建立官僚系統，使每位臣相都能有自己的職責以及相稱於名位的職務。然後，君主應退居幕後，暗中虛靜謹慎觀察整個運作。安樂哲（Ames）解釋這個概念，認為執政者是「整個政府運作機械中權威的人性化身」。他解釋機械具有許多單獨的零件，每個零件都依照適當的程序運作。執政者如果干預系統的任何部分，即是「將隨機元素引入原本會自動正常運轉的系統中」，最終將破壞其運作。[49]

　　即使韓非子論及種種治術的操控，他仍堅持基本的原則是無擾無為。根據老子思想，聖人無為而無不為。而韓非子如此詮釋「無為」：

> 故有智而不以慮，使萬物知其處；有行而不以賢，觀臣下之所因；有勇而不以怒，使群臣盡其武。是故去智而有明，去賢而有功，去勇而有強。群臣守職，百官有常，因能而使之，是謂習常。故曰：寂乎其無位而處，漻乎莫得其所。[50]

　　韓非子意指整個政府應當建立在群臣守職及法令制度的基礎上。群臣制定並執行法令，人民則知法守法。君主應擔任監督

48　《韓非子·主道第五》，英譯本 Ivanhoe and Van Norden 2003：298。
49　Ames 1994：51.
50　《韓非子·主道第五》，英譯本 Ivanhoe and Van Norden 2003：298-299。

者，他的職責僅是監察群臣的工作，當每位臣相盡忠職守，君主便無需做任何事。因此，執政者於此官僚體系中並無職位，而是超越於體系。君主運用「形名參同」的手段，得以查核並確保整個體系運作完善：「有言者自為名，有事者自為形，形名參同，君乃無事焉，歸之其情。」[51] 正如 K. K. Lee 所解釋：「從執政者的角度看來，一旦法令的機制啟動運轉，他就可以令其平穩如常運作，而無需進一步直接干預。」[52] 當君主達此目標，即是體現「道」俯察而無為之德。

韓非子將老子的反智思想具體注入到他的法家政府，他說在明主之國：「無書簡之文，以法為教；無先王之語，以吏為師。」[53] 似乎人民只要知曉法令及君王的旨意，而無須博學廣聞。在國境內不僅不需要道德良師與知識的教導，甚至經典古籍或現代學說也都可棄如敝屣。他這一觀點後來導致惡名昭彰的秦始皇焚書坑儒事件。對於與他同時代那些遊走諸國的學者，韓非子也非常鄙視，根據他的判斷，這些人既不事生產，又毫無所用，他們既不耕稼，也無舉重或拚戰沙場之力。若老百姓見此等學者閒散度日仍能獲利，他們也會想成為學者，而國家就很少願意耕作或上戰場的人民。因此，君主不應鼓勵做學問，反而應嚴懲學者，如此百姓就會知道此類行為的不良後果。一個像莊子那樣自在無為的道士，也是執政者的敵人。莊子拒絕君王任用，寧可清貧卻自由自在。如果一般百姓也像他一樣不為名利所動，君

51　《韓非子・主道第五》，英譯本 Ivanhoe and Van Norden 2003：298。

52　Lee 1975：34.

53　《韓非子・五蠹第四十九》，英譯本 Chan 1963：260。

主即難以操控他們。在這裡我們看出道家與法家的基本差異：道家強調自然和自主，而法家重視的是操縱和控制。

在道家的模式下，執政者不僅不應顯露個人的情緒好惡，而且也應該沒有任何的情緒好惡。他應當確實是一個公正不偏的觀察者，任憑萬事萬物依照其原有的歷程發展，而對其結果不做任何價值判斷。相較之下，法家模式的統治者有其個人的計畫目標：要完全控制自己的臣民和屬下。他之喜怒好惡不形於色，僅僅是作為實現其目標的治術形式。他是個心機家，而非觀察者。正如韓非子解釋「無為」的力量：「明君無為於上，群臣竦懼乎下。」[54] 此種險惡的政治氛圍，與老子所提出自由無擾的統治方式，顯然大相逕庭。

結語

總結言之，在韓非子的社會政治藍圖中，沒有個人與自主的空間。他所倡導的政治理論最終是向執政者獻媚，以國家秩序為中心。他的社會將是集體社會，他的政府將是極權政府，而即使他理論中的執政者並非是反覆無常的暴君，也難以確保哪位暴君不會以韓非子學說中的操控技巧來強化其個人權力。正如 Peter Moody 的總結：

在儒家思想中，執政者必須服從絕對的道德標準，那是他永遠不能正當地違背，而他統治的合法性就取決於他能

---

54 《韓非子・主道第五》，英譯本 Ivanhoe and Van Norden 2003：298-299。

否能固守這些標準。在法家思想中，唯一的標準就是權宜之計，而且當然嚴格說來，執政者甚至沒有任何義務去採取權宜之計。只要執政者有制定法令的意願以及執行該法令的意願和權力，沒有什麼法令是他不能頒布的。然而，執政者亦無任何法令是他「必須」頒布的。[55]

換句話說，縱然韓非子未倡導極權主義本身，他的理論也沒有防止統治可能往極權的方向發展。

其次，在韓非子的政治世界觀裡並無個人意見與自主治理的餘地。法家社會中每個人都必須遵守上級頒布的法令，任何人都不可挑戰現有的體制或意識形態。這種政治體系與建立在信任人民知性和德性之上的民主制度完全相對立。我們應注意到，人民教育對於民主制度的成功不可或缺，而壓制人民知識對於法家政府的安全則至關重要。知識和思想會給予人民尋求不同觀點和其他體制的能力。當一個國家的目標是要統一人民，多樣性就絕不是會受歡迎的現象。因此，在韓非子法家世界的願景下，老百姓成為在單一統治者之下的群聚動物，這是一種令人窒息的社會。這也是為何後來儒家一致反對法家並責難韓非子的主要原因。

第三，韓非子之後的許多歷史先例顯示出法家思想並無法防止暴政。我們應該指出法家所犯的最主要錯誤，就是社會管理不可賦予法律絕對的權力，而且政治也不能與道德劃分。社會秩序應當透過道德教育來實現，以使得大多數的人都不會想要阻礙

55　Moody 1979：323.

公共利益。法律應當只是作為安全防護網，來捕捉那些從道德教
化縫隙中墜落的少數人。同時，執政者必須具有道德品質，才不
會濫用權力並將整個國家任其宰割。

　　持平而論，我們也應當了解韓非子本人並未完全忽略人民
福祉。他相信一個由公共法令所規範的穩定極權主義政體，遠勝
於古代歷史中在開明賢君和殘酷暴君之間擺盪的政體。他還認為
由無上強權統一的國家，也比處在眾多諸侯國之間持續不斷的戰
事更為可取。以他的觀點，儒家崇高的理想主義是導致當時亂世
的原因，只有全面實行法家思想，才能結束動盪，恢復國家和平
與社會秩序。人民所在意的是長命富貴，而這目標只有在法家治
理之下才能達成。韓非子如此為自己的觀點辯護：

　　　而聖人者，審於是非之實，察於治亂之情也。故其治國
　　也，正明法，陳嚴刑，將以救群生之亂，去天下之禍，使
　　強不陵弱，眾不暴寡，耆老得遂，幼孤得長，邊境不侵，
　　君臣相親，父子相保，而無死亡係虜之患，此亦功之至厚
　　者也。[56]

　　在這段引文中韓非子所闡述的理想國，在精神上與孔孟並
無太大差異，因此，在韓非子政治哲學背後，確實存在有「人文
主義的目的」。[57]

56　《韓非子·姦劫弒臣第十四》，英譯本 Liao 1939, vol. 1：124；我引用英譯
　　時略有修正，在我的英文原著中以方括號標示。
57　Wang 1977：48.

延伸討論問題

1. 韓非子主張政治應該是非道德的，這是正確的看法嗎？你是否同意作為一種社會管控手段，道德充其量只是無效的，而且甚至會是危險的？

2. 在以不信任人民為基礎的法家政治模式，和以信任群眾為基礎的民主政治模式之間，那一個更能得到經驗事實的支持？

3. 你是否同意為了社會秩序，個人自由應予最大程度的縮減？你是否認為我們目前社會的許多難題，都是因為人民過度自由所引起的？社會秩序比個人自由更重要嗎？

4. 鑑於各國不斷發生恐怖攻擊，你認為我們政府未來的新方向，是否應該加強管控人民並對社會敵人採取更嚴厲的懲罰？

中國佛學

中國佛學概論

　　印度佛學之融入中國哲學，是中國哲學史上獨一無二而又
奇特的現象。其獨一性在於沒有其他外來的哲學像印度佛學這
樣，對中國哲學的整體發展產生如此巨大的影響。而它的奇特性
是在於印度佛學的宗教背景、形而上理論、倫理信念，以及印度
文化中的生命關懷，不僅對中國人是陌生的，而且甚至與中國文
化互相衝突，卻居然能夠造成如此大的影響力。[1] 中國思想家一
方面吸收了印度佛學的基本教義，另一方面更選取某些特定的主
題而加以改造。因此，中國佛學由印度佛學逐漸蛻變而發展出自
己的特色。

　　亞瑟・賴特（Arthur Wright）把印度佛學與中國哲學的融合
過程分為四個階段[2]：

　　第一階段：預備階段（約西元 65-317）

　　第二階段：本土化階段（約西元 317-589）

1　方立天（Fang 1989）對於中國當時的社會背景與時代文化為何能如此接受
　　印度佛學有很好的分析。

2　Wright 1959.

第三階段：接受和獨立發展階段（約西元 589-900 年）
第四階段：融攝階段（約西元 900-1900 年）

　　根據馮友蘭的《中國哲學史》，印度佛學通過域外弘法者的努力，最早是在西元一世紀進入中國，起初，佛學思想和佛學概念傳入時是借用道家思想和道家概念來「格義」。這不僅是因為在那個時代的知識分子中，道家思想（或者更確切地說是一個過度強調避世和超脫的頹敗道家思想）廣受歡迎，更是因為這兩種思想流派之間確實有某種相似之處。舉例來說，老子的「無」概念或是莊子的「坐忘」概念，被借用來試圖闡釋佛學中「空」和「無我」的概念。但這種「格義」有可能過分強調表面上的相似性，而忽略了兩者之間更多基本預設的不同。還有，用這種「格義」方法之目的僅僅是使人們對印度佛學這種外來思想能夠有些熟悉感，而不會太拒斥，但不是質疑或修正它。所以，在最初傳入的預備階段和本土化的階段，佛學都還不能被看作是中國哲學史上的一個思想流派。直到西元六世紀，中國化的佛學才開始出現。

　　在中國佛學的整個發展過程中，曾出現了諸多的中國佛學宗派，他們的修行方法和哲學理論各不相同。在本書的第二部分，我們將篩選四個最具哲學意義的主要宗派[3]：唯識宗（the Consciousness-only School）、華嚴宗（the Huayan School）、天台宗（the Tiantai School）和禪宗（the Chan〔Zen〕School）。我們應當知道，佛教從根本上講是一種宗教思想，因此它包括了

3　這就是為什麼本書沒有著墨在中國民間最流行的修行法門淨土宗。

修行法門和哲學體系。但是本書只針對這些宗派的哲學意義進行
分析，而有關修行的方法則大致不予討論。

　　然而在我們分析這些宗派之前，我們首先應該對佛學的基
本教義有一定的了解。它最初是在西元前六世紀的時候由一個叫
喬達摩‧悉達多（中國人稱為「釋迦牟尼」）的人在印度建立
的。他開悟後，被尊稱為佛陀，意為「尊貴的人」或「覺悟的
人」4，因此，教派稱作「佛教」。按照阿部正雄（Masao Abe）
的解釋：「『佛陀』不是一個專有名詞，而是一個普通名詞。它
的意思是『一個覺悟的人』或『一個覺醒的人』。術語『佛陀』
是一個普通名詞，不但適用於喬達摩‧悉達多，而且適用於任何
覺悟者或對『法』，亦即真理，有覺悟的人。」5 中國古代哲學
家普遍接受「常識性實在論（commonsense realism）」的觀點，
亦即是對我們常識性觀點的肯定，把現實世界一切事物皆看作實
有存在。相對之下，佛陀則教導人們認識我們生活的世界和其間
萬物都不是真實的。因為這樣的教義，印度佛學可以稱為「空性
論」，而似乎與中國傳統思想格格不入。在傳統的佛學教義下，
我們所感知到的一切都是空的，因此是不真實的。我們平常人都
生活在一種誤以事物為真實的妄想或夢境般的狀態中，一旦我們
從這種妄想分別或夢中覺醒，我們就會意識到沒有什麼人和物是
如我們所想那樣。此時我們將放下我們的執著、分別、覺知、妄
想，而進入「空」（*emptiness*〔*Sunyata*〕）6的境界。這種境界

4　Shakyamuni 字義是「來自釋迦族的聖人」。參考阿部正雄的文章 "Zen and
　　Buddhism." *Journal of Chinese Philosophy* 3, 1976：236。
5　同前。
6　Sunyata 通常翻譯為「空」或是「空虛」，在佛學理論中它也指涉真理、實

叫做「涅槃」。在此有一點我們要強調的是，這種對我們能知所知世界的否認不是來自知識上的懷疑論。與道家老莊不同的是，佛學不是建立在知識論的關懷，探尋我們是否可知，或如何能認識實相（*Truth*）。它是基於教義信仰，認為只有「覺悟的人」（佛）才能認識到實相，而且實相根本不是有情眾生單憑感官和認知就能見識到的，實相需要修行心悟才能認識。

　　為了傳播「空」義，佛陀教義強調生命真諦從「苦」開始。[7] 這不是說生命中沒有任何事物能給我們帶來快樂，而是重點在於快樂轉瞬即逝，生活中沒有任何事物能給予我們永久的快樂。未得之前為苦，既得又失亦為苦，我們或許可以說快樂只是痛苦暫時的中斷。然而另一方面，苦難則是所有生命必須經歷的。根據當代著名中國佛學專家吳汝鈞的解釋，在佛教中苦難是「常態」，而快樂是常態中的異常：

> 　　就是說生命的本質仍然是苦，而樂只是在你生命歷程中對某種需求的供給剛巧達到一種適當程度而令人感到快樂而已。例如，當你由飢至飽，這在身體上的感受來說可算是樂，但若在飽之後再勉強進食，你便會感到辛苦……只在吃得適量時，才有樂的感覺。但這感覺不能持久，現在是樂，五個小時後，吃下去的東西漸消化掉，便不再感到

相或是本體。

7　根據印度學者 Radhakrishnan 的解釋，這種生命為苦，而世界萬物為受苦之因的思想不是佛陀的創見，而是源自印度的奧義書（Radhakrishnan 1962：277）。

樂，而是感到餓苦了。[8]

　　一個人一生中，必然會對自己所愛的人和事有種種貪著，最終這種貪著必然會帶來苦惱。一個人不管當時的願望是否得到滿足，他貪著的任何事物都會成為其痛苦的根源。如果他得不到自己想要的東西，自然會痛苦。但即便一個人得到所求，最終也會失去所得，因為沒有什麼是永恆不變的。一個人越是貪求某物，某物所帶來的痛苦也就越大。因此，佛陀得出結論：

　　　人生八苦，即是：生苦、老苦、病苦、死苦、愛別離（與愉快的事情分離）苦、怨憎會（接觸不愉快的事物）苦、求不得（欲求不得）苦、五陰（五蘊，即執著於色／物質形態、受、想、行、識）熾盛苦。苦常相伴。[9]

　　「無我」是一條佛陀重要的教義。佛所說的「無我」不僅要減免人們對現象我的執著，還要根除對永恆不朽的靈魂參與生命輪迴的執著。這種靈魂轉世的觀念深深扎根於印度文化中，佛陀時代的印度人普遍信仰的是婆羅門教義：一期生命結束，靈魂就會重新進入另一個不同類型生命中的循環，不同類型生命同時包括不同層次的生命，如神、半神（阿修羅）、人、畜生、惡鬼，最後是地獄眾生。存在被認為是一個無止盡的循環，從此生到彼生，此身到彼身，不但沒有永恆的快樂可得，且每個生命都

8　吳汝鈞著，《印度佛學的現代詮釋》。臺北：文津出版社，1994：31。
9　Kalupahana 1992：86。

要承受各種各樣的痛苦。個體此生的生存狀況受其前生行為造作的影響，因此，為了使個體的生存狀況更好，就需要積累善業，以便將來能上生善道。然而，佛陀拒斥這種相信有一種不變的，比如「靈魂」的，物質可以通過輪迴來反復投生的信念。儘管佛陀確實認為人類的存在像在生死之輪中往復，但他並不認為有一個永恆的實體存在於生死輪迴中。此外，在佛看來，最可怕的並不是輪迴到惡道，而是輪迴本身，因為出生本身就是苦的根源。一旦一個人出生，那麼衰老、疾病和死亡的整個過程就變得不可避免。他必須重新經歷求不得苦、愛別離苦、貪求之苦、依戀、執著、怨恨等等整個過程。因此，輪迴重生不是一件愉快的事情。解脫的終極目標是要了脫整個生死輪迴，永不再誕生到這個世界。

為了了脫生死輪迴，一個人必須完全離欲；尤其不應該欲執於生命本身，但也不應該欲望死亡。一旦個人意識到生活中沒有任何東西，包括生命本身，是值得欲求的，他就可以擺脫憂苦，而進入「涅槃」的境界。「涅槃（Nirvana）」的字面意思是「離苦」，即「寂滅」的境界。在到達這個境界後，人不會再重新進入輪迴的循環，從而獲得永恆的解脫。一個獲得了永恆的解脫的人可以被稱為「佛」——一個覺悟的人。佛陀的這個基本教義可以概括為「四聖諦」（*the Four Noble Truths*）：

苦諦（諸苦之相）

苦難是世間芸芸眾生的標誌。苦是存在的本質：生、老、病、死都是痛苦的根源，因為其中任何一種都不可避免地導致了

另一種苦的生起。與人相愛卻不得不分離是苦（愛別離苦）；憎惡一個人卻又不得不與之共處是苦（怨憎會苦）；欲求不滿是苦（求不得苦）；最後完全由「五蘊」（色〔或物質形式〕、受、想、行、識、）假合的報身也是苦（五蘊熾盛苦）。基於這些身心的造作，導致我們輪迴不息。

集諦（苦之根源）

令我們痛苦的原因是我們對無常世間的貪著。我們的貪著是來自我們的無明：我們不了解所有事物，包括我們自己在內，都僅僅只是因緣和合——世間所有皆是十二因緣（*the Twelve Causal Links*）的聚合，沒有什麼是永恆且獨立的存在。

滅諦（滅苦之法）

終極目標，一種平和寂靜，完全離苦的狀態，是可能達成的。

道諦（涅槃之路）

通往涅槃的道路指的是消除所有貪著欲念的方法。這種「道路」也被稱為「八正道（the Eightfold Noble Path）」，包括正見、正思維、正語、正業、正命、正精進、正念，和正定。

理解四聖諦的一個重要心理準備是意識到「我空」，只有

這樣個人才能從欲望、貪婪、憤怒和其他由我執所引起的負面
情緒中解脫出來。除了主張「我空」，佛陀還主張「法空」。
宇宙中所有精神的和物質的元素，都稱之為「諸法 dharmas」。
dharma 這個字詞同時也意味著「實相」，而在這種用法下，通
常是用單數大寫的「Dharma」來表示。從這兩個詞「Dharma」
和「dharmas」的語源學上，我們可以看到其中隱含的有關世間
法本質的本體論預設。簡言之，這個預設是指萬事萬物都是「一
法」（the One──Dharma）的一部分。我們在現象界所觀察到
的多樣性，是由於我們錯誤的覺知所導致的幻象結果。

　　釋迦牟尼佛關於「法空」的論點指出「法」不能獨立存
在，因此它們不是真實的。釋迦牟尼佛對一切法最基本的形
而上學主張為：諸法的關係是因緣和合生起，亦即「緣起」
（dependent co-arising）。10 根據這一觀點，沒有哪一事物能獨
立存在。任何事物的存在，從「生」到「滅」，都取決於世間
其他各種各樣的因緣。缺少任何一種主要因素，事物就不會生
起；而隨著其他因素的改變，事物也會產生不同的發展。影響
事物的因素稱之為「因」，可以是親因緣（主要因素〔primary
cause〕），也可以是助緣（輔助因素〔auxiliary cause〕）。例
如：對於植物的生長，我們會說種子是親因緣（主要條件），而
空氣、水等等是助緣（輔助條件）。沒有充分和必要的條件，
事物就不會生起。另一方面，受影響的事物被稱為「果」，而

---

10 根據 Kalupahana 的詮釋，佛學的核心概念就是因緣相生說。（Kalupahana
　　1992：x）達賴喇嘛用「緣生（dependent origination）」來傳達此概念。本
　　書此處以「緣起（dependent co-arising）」來表達這個理論。

這個「果」可以進一步成為事件另一個狀態的「因」。前因與後果之間的因果關係是二維的：因果之間存在一種歷時性（diachronic）和共時性（synchronic）的關聯。換句話說，不僅是世間事物之前的狀態造成了目前的狀況，而且各事物與當下的事務狀態也是有因果關係的。這種共時性的因果關係構成了一種部分與整體相互依賴的形式。此外，因果關係是雙向的：站在因果關係的不同角度上，兩個事物可以互為因果。比如，根據唯識宗的邏輯，第八識是前七識的成因，因為前七識是通過第八識之變現而來的。與此同時，前七識又是第八識的因，因為它們熏習第八識而後者僅僅是被熏習而成。[11] 因此，有一個複雜的因果網聯繫著亙古以來至永恆未來宇宙中的每一個現象。這種觀點可以被稱為「因果整體論」（causal holism），因為它呈現出一種整體的因果關係圖，在其中沒有任何事物能夠孤立於整個系統而存在。據此理解，世間萬法因緣和合而生，沒有什麼事物是可以獨立存在的。從這個意義上說，萬物都不「真」，因其沒有獨立的實體；萬法皆空，因為一切真實實體皆是空的。

在這樣的因果觀點下，科學的預測變得不可行。每個「因」的因果力量是無法測量的，因為任何既定的事件都沒有單一的「因」。即使我們能夠識別所有的「親因」和「助緣」，我們仍然無法考量它們的因果效力，因為這種因果關係被寬泛地定義為一種「互相熏習」（perfuming〔相互作用〕）的形式。「熏習」這個概念是佛學所獨有的因果關係理論。身處花室，發染馨香；行在霧中，衣衫漸濕。同樣地，任何事情的發生都肯定

11　詳見本書唯識章。

會慢慢地對主體或後來的事件產生熏習的影響。熏習的因果關係不能用物理的術語來分析，也不能以其量或質來衡量。它並不一定是種直接的因果關係，因其影響可能通過許多間接途徑來實現。有時，這種因果影響甚至需要一生或幾世才能看到。此外，熏習的因果關係不必然只發生在個體的生命之內──一個主體的行為造作會對另一個主體產生熏習的影響。熏習的因果關係沒有預設「因」有時間上的優先權，因為因與果可以同時存在。再者，熏習的因果關係並不一定是單向的：因與果可以互為因果。12 在某些情況下，熏習的因果關係也具有道德內涵，因為善行和惡行對人的性格有不同的熏習作用。

　　這種熏習的因果關係是專門針對有情眾生，能憑藉意志行動的眾生。因此，不誇張地說，一個人就是自己過去「業」（Karma）的產物。「業」是指一個人過去的意志選擇、意向性行為和人際關係，無論是前世或者今生，包括身、口、意三種，其影響可以從一個人的精神和身體狀況中表現出來。在 Robert Zeuschner 的分析中，「業果成熟」至少有六種方式：

　　1. 通過激發心理狀態，例如內疚和心理痛苦（或喜悅），來改變隨後的選擇；
　　2. 通過激發潛在的心理傾向或習慣；
　　3. 通過激發更強的心理狀態來引發強迫性的行為；
　　4. 通過造成決定過去行為招感現世，或是決定其人生命的長短和狀態的現實環境；

12　比如說，大樹為種子之果，但同時大樹之形態亦是種子之因。.

5. 通過決定其人來生的社會地位、財富、家庭條件、心智慧力等；

6. 通過決定其人來生的生命形態。13

因果報應法則（the karmic law）不是決定性的，因為在因果鏈的每一個連結中，主體的意志性行為或選擇都有可能產生不同的結果。按照佛陀的教法，接受業報的主體並不是一個自在永存的實體，而是一連串識意識流的一系列精神作用。然而，儘管佛陀擯棄了印度傳統的「自我」和「靈魂」概念，但中國民間的佛教徒通常承續了印度的傳統觀念，進而相信靈魂可以轉世。由於他們相信今生的生存狀況受過去（包括今世或前世中）的行為影響，他們對於現狀的心態是相當「宿命論」的，但對於未來，他們卻不是「宿命論」者。在熏習的因果關係和因果報應的基礎上，他們相信只要自己當下生起正行，擁有正思維，就能創造一個更好的未來。這種對客觀的（即不是由最高的神明來決定）獎賞和懲罰的信仰在中國佛教徒中非常普遍，背後的原因可能基於中國傳統中有個德福一致，惡行與禍殃相聯的「天道」之信仰。

佛陀強調「緣起」和「因果的相互連結性」（interconnectedness of causality），用以表明在這個現象世界中沒有「常」「恆」不變的事物。一切皆是因緣和合而成，一旦條件改變，事物就不復存在。因此，沒有什麼是真實的。要理解這一點，我們可以把自己想像成一個「紙牌屋」——一旦一張牌被移除，整個房子就會倒塌。我們當下的存在正是建立在我們出

13　參照 Zeuschner 1981：401-402。

生前因緣際會和錯綜複雜的關係之基礎上的，如果其中任何一種關係或事故沒有發生，我們就不會存在。我們認為我們的存在是理所當然的，並認為我們擁有自己的生命，但是我們應該意識到，有很多事情是我們無法控制的，有很多人在表面上跟我們毫無關係，然而從根本存在性來說，我們的存在完全依賴於這些事物和那些人。佛陀教導我們，凡夫犯兩個常見錯誤──「法執」與「我執」，因為他們不知道存在的本質在於因果關係。他們執著於「物」與「我」，把它們視為真實存在，因此，他們永遠陷於存在的束縛中。要擺脫這種束縛，個人需要洞察到其存在的本質，意識到這僅僅是十二因緣的呈現：無明、行、識、名色（一個人的心神與身體活動）、六入（六種感官）、觸、受（經驗）、欲求（或激情）、取（執著）、有（自我）、生、老死。十二因緣貫穿我們的過去、現在以及未來三世。我們過去的無明、貪欲、執著等成就了現在的我們；現在的無明、貪欲、執著等會導致我們來生的輪迴。除非我們能擺脫個己的無明，滅止所有的欲望、貪婪與執著，我們永遠無法從生死輪迴中解脫出來。只有這種理解，才能帶來覺悟，而引致我們真正的解脫。正如卡魯帕哈納（David J. Kalupahana）所說：

　　通過如理思維這一過程，一個人能夠使自己心境平和，並藉此磨礪心性，遠離貪愛，他不僅可以遠離憂苦，還有助於他人幸福。一旦擺脫激情而在生活中培養出一種平和無情的心態，得自在解脫的人能夠生起同體大悲之心。在死亡的時刻，隨著無明的消逝和心行的停止，他的意識即

將終止，而不會再輪迴重新進入另一期生命。14

　　了脫生死的輪迴，從對現象世界的癡迷執著中解脫出來，就是佛教的終極目標。

　　由於佛陀的教法是口頭傳達的，他的核心思想只能見於他幾個重要弟子編輯的經文。隨後世代相傳的各部派的佛弟子對這些精簡密傳的佛典做出不同的解釋，是以形成印度佛學的不同宗派。早在西元前五世紀就至少有十八個不同的主要部派對彼此的理論進行論辯。雖然他們都接受終極實在為「空」的核心理論，他們中間有一個主要的爭議點是，佛陀是否真的否認經驗世界的存在呢？其中有兩個主要部派又各有很多分支。一是宣稱「有」的部派（the School of Being），主張客觀事物因為「緣起」而存有，其分支中有主張「法有我空」的，有主張「法空我有」的，甚至有主張「我法俱有」的。另一是提倡「空」的部派（the School of Emptiness），爭辯說佛陀教導外部世界即是空。該部派主張無論物質還是意識都不是恆常存在的。整個世界是空的，實在本身也是絕對空的。另外還有很多部派對這兩種極端的觀點持綜合態度，這種觀點被「中觀學派」（the Madhyamaka School）所代表，也被稱為「中道學派」（the Middle School）。該宗派主張即空即有，同時非空非有──所有的法因「緣起」而有，同時（緣起有）即是空，因為事物沒有獨立的自性。由於各個宗派對「空」的概念有不同的解釋，他們對如何達到涅槃也有不同的教法。有的說需要脫離生死輪迴，有的

14　Kalupahana 1992：77.

說需要滅息感官和認知，有的說需要逐步地達到滅絕苦惱的解脫（漸修），有的說可以在一念之間達到涅槃（頓悟）。這些宗派都認為自己代表佛陀的真實言教。因此，如何判教成為佛學史一個很重要的題目。我們可以看到在中國佛學史上，尤其華嚴宗和天台宗，對佛陀的言教通過「判教」的方法，做了很多分類判別教法的嘗試。

在覺悟最終佛果方面，兩大主要系統——大乘佛教（Mahayana）和小乘佛教（Hinayana）——也有分歧。（不過，用「大」相對於「小」是明顯的偏袒大乘佛教。當代的學者更傾向於使用「上座部佛教」（Theravada）替代使用「小乘佛教」。儘管中國歷史上稱這些部派為「小乘」，我們仍遵循當代做法。）大乘佛教以普度那些無法自悟的眾生為目標，上座部佛教則關注有智慧得以理解佛陀教義者的自渡，並且強調個人的努力。上座部佛教最究竟的理想是達到終極覺悟境界的阿羅漢（arhat）[15]，能夠自我超越悲苦住涅槃之境。而大乘佛教更究竟的理想是發願覺悟有情救度眾生的菩薩（bodhisattva），菩薩者也能達到覺悟之境，但他們自願不離苦、不出輪迴，所以選擇不入涅槃，寧可留惑以住此世而潤生度眾。所以，對大乘學人來說入涅槃不是終極目標。他們更願化作一輛承載更多人入佛國的車乘。雖然阿羅漢或菩薩的境界都是他們希望達到的境界，但還有一個更高的境界——成佛，是為兩派學人的最終目標。最後，這兩個系統的區別還在於：上座部佛教認為只有一些特定的有情眾生具有成佛的可能性；而大乘佛教則教導每一個眾生都有可能成

15　譯注：小乘佛教認為阿羅漢就是佛果。

佛。前者的思想是建立在印度的種姓制度上，但因為中國哲學
（奠基於儒學）的基本肯定就是每個人都可以成賢成聖，所以大
乘思想才會勝過上座部佛教，而在中國生根發芽。16

　　早期佛教植根於「彼岸極樂世界」（other-worldly）的哲學
傳統中，而中國佛學則基於「現世關懷」（this-worldly）的哲學
傳承中。卜德（Bodde）說大小乘教義的區別跟中國思想的「現
世關懷」和印度思想的「彼岸極樂世界」有關17，因此中國佛學
隸屬於大乘佛教並對其思想教義發揚光大不足為奇。不過，相比
於上座部佛教的「阿羅漢」和大乘佛教的「菩薩」理想，中國佛
學在成就理想境界方面更進一步：它更關注成就眾生佛果。中國
佛學各宗派的共同關切就是在探討眾生是否皆具成佛的潛質，以
及眾生如何可以實際成佛。這個關切引起他們對「佛性」的討
論，而「佛性」的議題可以視為對古代中國哲學裡的「性善論」
之延續。中國佛學主要宗派的共同理念是：眾生皆有成佛的可
能，因為眾生皆具佛性。在中國佛學的定義上，佛性不是一個已
經實現的存在，而是可以證入理想狀態——佛果的潛質。在這個
意義上，中國佛學的佛性觀可以說是基於人性本善（孟子所言之
潛質義）的立場。

16　根據卜德（Bodde）翻譯馮友蘭《中國哲學史》的注釋，「小乘佛教比較接
　　近原始佛教的教義，而且至今在東南亞國家仍然是佛教的主流。大乘佛教
　　則是原始佛教的大幅度改良發展，更為複雜與詳盡，主要在東亞等國如中
　　國、日本發展，在中國尤其廣為流傳。」（Fung 1983, vol. II：238）
17　同前。

第九章

唯識宗

概論

　　偉大的朝聖者和翻譯家玄奘（西元 596-664）在中國佛學的發展中扮演了重要的角色。他引入並創立唯識宗。[1] 玄奘在中國歷史上是一位傳奇人物，因為他完成了一個幾乎不可能的朝聖之旅：為了親自學習印度佛學的典籍，他三十三歲時開始他的印度之旅，穿越中亞的沙漠和山川，赴印途中歷時四年，經歷

1　關於此宗的名稱有不同的英文譯名，例如 Representation-Only School（見 Hamilton 1938）；Mere Ideation School（見卜德所譯 Fung, Yu-lan 1983）；Mere Consciousness School（見 Wei 1973；Kern 1988），或 Mere Conception School（Kalupahana 1992）。本書英文版採用陳榮捷在他《中國哲學文獻選編》（Chan 1963）中使用的譯名 The Consciousness-Only（Wei-Shi）School。

許多磨難，九死一生。[2] 到達印度之後，十多年時間裡他遊歷、
參學，向諸多高僧大德學習。當他回到大唐（中國）時帶回了
六百五十七部經論。此後，他把餘生都致力於將梵文經典翻譯成
中文。他成立了一個譯經院，在其眾多弟子的共同努力下，生前
完成了七十五部經典的翻譯。

　　唯識宗最初由瑜伽行派的兩兄弟建立：無著（Asanga）和
世親（Vasubandhu）（四—五世紀）。中國唯識宗的思想源於世
親，玄奘編纂了關於其著作的論注。世親寫了許多重要論著，這
些論著成為印度各派佛教的主要典籍。唯識宗的理論基礎是世親
的兩部論著：《唯識二十頌》和《唯識三十頌》。《二十頌》主
要是對外道思想的破斥，是唯識宗思想的入門；而《三十頌》則
建立了唯識宗基本教義的理論架構。一部典型的佛學論文包括較
短的偈頌和作者對每一偈頌的長行解釋。《三十頌》是世親在其
晚年之時完成的，因此這部論代表了他最成熟的思想。然而，在
他離世之前，他並沒有時間去作注，此項工作就留給他的弟子們
完成。十大論師對《三十頌》寫了十部不同的注釋，他們對世親
每一偈頌的解釋都不盡相同。玄奘大師在學生窺基的請求下，將
這些論著進行編纂，而主要是遵從世親高徒護法（Dharmapala，
約 439-507）的觀點。玄奘將校過的注釋與其原來譯的《三十
頌》結合，糅譯為《成唯識論》。[3] 這部論文並不是簡單地將世

2　有關玄奘的《大唐西域記》啟發後代作家們寫出關於朝聖之旅的多種版
　　本，其中最知名的是吳承恩的《西遊記》，首次在 1592 年出版，並成為中
　　國文學中四大名著之一。

3　窺基在《成唯識論述記》中記述了玄奘寫《成唯識論》的背景，以及在諸
　　多注釋中，護法的注釋為優選於其他注釋。這被大多數學者認為是真確的

親的頌文翻譯而已，而是對唯識思想理解的精選。並且，在玄奘的譯作中，他會使用帶有略微不同內涵的中文來補充原始理論。是以，這部著作代表了玄奘的觀點，而不僅是世親的。[4]

玄奘的《成唯識論》分為十卷，該論首先斷除凡夫對我及法之實存的執著，又對八識進行詳細的分析——分解各識的意涵、功能及其間相互關係；然後，為了進一步精化教義，該論破斥了諸多外道的不同觀點；最後，該論介紹了許多達到解脫，覺悟智慧的修行方法。因此，玄奘稱其為《成唯識論》。[5] 現在，此書已成為中國唯識宗思想的代表作。

本章的闡述是基於玄奘譯的《唯識二十頌》及《成唯識論》。[6]《二十頌》和《三十頌》（《成唯識論》是基於《三十

紀錄。然而，近代 Dan Lusthaus 挑戰窺基的敘述，而質疑十種注釋的存在或者甚至質疑護法注論的事實。Lusthaus 猜測關於《成唯識論》糅譯的故事是窺基自創的，目的是要保障他在唯識宗的地位。見 Lusthaus 2002：ch. 15。

4　根據 Hamilton 和 La Vallée Poussin 的比較研究，在玄奘的文本中，有時包含一些詞語，在其他藏本、梵本，或甚至其他漢譯本中找不到相類似的表達（見 Hamilton 1938）。在 Dan Lusthaus 對原典、玄奘譯的《唯識三十頌》，以及另一本《三十頌》的漢譯本之比較研究中，也顯示出玄奘的翻譯相當隨興自由發揮。見 Lusthaus 2002：ch. 12。

5　參照 Wei 1973：80-9。

6　不幸的是，研究此宗思想的英語資源有限。關於《二十頌》，只有一個 Clarence Hamilton（1938）的英譯本；關於《成唯識論》，只有韋達（Wei 1973）的一部完整的英譯本，是以 Louis de La Vallée Poussin（1928）的法譯本作為藍本。這兩部英譯作品現已絕版不印，只有一些為數有限的圖書館中有它們的複印本。Hamilton 的譯本大體上可讀，它包含許多以玄奘的弟子窺基的註解為基礎作的註腳。韋達的譯本保留了許多梵文術語，因此很難讀。我們還有可替代的讀物，是從陳榮捷《中國哲學文獻選編》

頌》成立的）除了包含了對當時其他相競哲學學派觀點以及常人
的錯誤觀點之駁斥，還包括對唯識教義理論的建構。本章首先解
釋唯識宗的基本教義，然後再分析他們破斥其他觀點的論證。第
一節解釋唯識宗的諸多論題。下兩節包含唯識宗創立者駁斥印度
各哲學學派的論證。這些論證展現了唯識宗理論背後出色的邏輯
推理。然而，對這些辯論不感興趣的讀者可以跳過這兩節。最後
一節處理支持唯識宗教義的具體論證，有西方哲學背景的讀者應
該對這些論證非常感興趣。

唯識宗的基本教義

　　唯識宗之所以得名是因為它強調無始以來，唯識無境，識
外無物。識的最根本形式被稱為「藏識」（阿賴耶）。如此稱
謂，是由於此識中含藏著諸法種子。藏識不僅限於某一識，每個
眾生（包括人和動物）都有自己的藏識。而且，眾生的藏識不是
隨生才有。在生命輪迴中，藏識從未消亡，累世輪轉，永無止
息。藏識在一期生命中受到累世習氣及其他情識的影響，這種影
響被稱為「熏習」（perfuming）。7 所以，在每一個生命之始，
有情各具藏識，並且受到不同程度的熏習。熏習引起藏識中的種
子現行。因此，有情各異，諸多各異的藏識變現才讓整個世界存

（1963，英文版第 23 章）中做的摘錄，關於原書的重要討論大多都包含在
內，所以值得推薦。Dan Lusthaus 所著的 *Buddhist Phenomenology*（2002：
273-350）也包含世親《三十頌》（*Thirty Stanzas*）的對應譯本。

7　關於這一概念的解釋，見本書佛學概論篇。

在起來。8

外在世界依識而存在

　　唯識宗否認外在世界是真實存在的（外境實有），這裡的「真實存在」是指「獨立存在」。唯識宗認為，在外在物體與夢中或想像中的虛幻影像並不相同的意義上講，外在物體確實存在；但唯識宗否認外在世界在「實在論」的意義上存在，亦即指世界具有在有情意識活動（感知、認知、理智、意識）之外的獨立存在。唯識宗也否認外在世界永恆存在，因為識本身處於永恆的遷流變化中。由於世界是識的顯現，所以不能獨立存在（唯識無境）。世界上的一切事物都是識所變現。事物不能獨立於識存在9，正如玄奘《成唯識論》所釋：「『唯』言遮離識實物，非不離識心所法等。」10 外在的世界非離識而有，因為它的存在就是識變現的結果。

　　對於「世界是識的變現」這個議題，我們可以通過兩種方式來理解：一種方式是說，現存的世界原本由我們的識所「創

8　關於 transformation 的細節，本章將在後面討論。

9　在中國的唯識宗中，「意識」（consciousness）和「心靈」（mind），以及「思想」（thought）和「認知」（cognition），常常被互用。然而，根據 Kalupahana 對世親哲學的解讀，這樣異文混用會造成對世親形而上學觀點的嚴重誤解，因為在 Kalupahana 看來，世親不是形而上學的唯心論者。他認為在漢譯本中把這四個術語混為一談，定為同義詞，是個很不幸的現象（1992：186）。不過，本章的重點介紹不是世親，而是玄奘對世親哲學漢本的修正，所以在本章我們仍然以兩個術語互用，並詳細說明玄奘本在哲學方面的唯心論主題。

10　Chan 1963：386.《成唯識論》CBETA 電子版，No. 1585：52。

造」；另一種方式是說，如果沒有我們的識的作用，我們現在所看到的世界不可能如此存在。或許我們可以說前者是從本體論的觀點來詮釋世界依於我們的意識而存在，而後者是從知識論的觀點來解釋世界依於我們的意識而存在。這兩種觀點都對「唯識」這一名稱提出合理可信的詮釋。

　　根據「唯我論（solipsistic）」的觀點，整個世界是一個單一自存的心識顯現，但是唯識宗的教法則與此相反。唯識宗的教法是多元論：識的數量與有情（包括人和動物）的數量一樣多。換句話而言，「唯識」不是指「唯我之識」。一個人根據其藏識變現一個世界；另一個人根據其藏識變現另一個世界。儘管每一個藏識都是獨一無二的，但是所有藏識大體上是相似的，因為它們大致以同樣的方式被熏習。因此，一個人生成的識境與另一個人生成的識境沒有多大不同。而且，由於世界是所有眾生藏識混合作用而成，所以它不會因為一個人而存在，也不會因為一個人而消亡。這可以用來解釋為什麼世界有某種程度上可觀察的規律性和一致性。客觀唯心主義稱世界由主體間共通性的心識（intersubjective minds）共同構成，據此，我們可以了解到唯識宗更接近客觀唯心主義，而非唯我論。

緣起論和世界的本質

　　唯識宗形而上學的理論是建立在佛陀基本教義「緣起」之上的，正如本書佛學概論中所解釋的，緣起可以被視為一個「因果網」，在這個因果網中，過去、現在、未來的一切事物都互相連結。現存的一個事物，必定會有諸多先前存在的因緣來作為其

存在的充分和必要條件。因緣不僅適用於外在的物質和事件，它也適用於我們的思想意識活動。唯識宗著重討論藏識的熏習。人的每一個行為都會在其藏識中留下印跡：善行善跡，惡行惡跡。因此藏識被熏習成不同的狀態，據此決定人在輪迴中的下一個生命形態。在這種意義上說，藏識是來世的種子。除此之外，藏識也接受來自其他眾生的所有識之信息，因此終極來說，一個藏識包含了世界諸法種子。

唯識宗強調世界存在的三種特性：

1. 遍計所執性（認為所想像或看到的是真實存在的特性）；
2. 依他起性（依靠其他因緣而產生的特性）；
3. 圓成實性（圓滿、成就、真實的特性）。[11]

這三性並不是世間萬物三個獨立存在的特性，而是我與諸法的三個面相（因此是一體三性）。對於這三性的通常詮釋是說：它們源於不同人的三種不同程度的理解：無明的人誤認為我法真實存在，因此萬物被誤認為是真實存在的，這是遍計所執性。佛陀（包括唯識宗）的教法是每一件事物都依其他事物而存在，因為萬物皆具緣起的特性，這是依他起性。最後，真正覺悟的人可以看清萬物在緣起關係之下並無實體存在，因此萬物本空，這是圓成實性。[12] 如果這種詮釋是正確的，那麼這三性所介紹的就不是事物本身的特性，而是不同智慧的人對事物特性的不

---

11 關於這三個詞語，還有許多其他不同但是都合理的解釋和翻譯。
12 參照 Fung 1983：329-330。

同認識。我們可以說外在物體是真實存在的（符合大眾思想）；我們也可以說外在事物以緣起的形式存在（符合佛陀及唯識的教法）；另外，我們更可以說外在事物全是空的（符合到達涅槃境界的智者見解）。只要我們了解它們論述的背景，這些觀點彼此並不矛盾。

玄奘的《成唯識論》運用著名的二諦理論來解釋每一法是如何具有三種看似不相容的特性的。二諦包括世俗諦（worldly truth）與勝義諦（absolute truth），是佛陀在不同情境下的講法以接引不同根性的眾生。

玄奘寫到：

> 謂依識變妄執實法，理不可得，說為法空。非無離言正智所證，唯識性故，說為法空。此識若無，便無俗諦，俗諦無故，真諦亦無，真、俗相依而建立故。撥無二諦是惡取空，諸佛說為不可治者。[13]

根據上面論述，二諦都是正確的，相互依存。因此，我們不必要執著於空和有。我與法緣起有，自性無。二諦其實有如同一個硬幣的兩面。正如世親在第 22 頌中解釋：「故此（圓成實性）與依他，非異非不異。」[14]玄奘在《成唯識論》中是這樣來總結這一章的「證唯識性」：「我法非有，空識非無，離有離

13　Chan 1963：389.《成唯識論》CBETA 電子版，No. 1585：53。
14　Chan 1963：393.《成唯識論》CBETA 電子版，No. 1585：61。

無，故契中道。」15 於此觀點之下，有宗與空宗之間的爭論就變得無關緊要了，因此，唯識宗可以說是取得了「中道」。16

轉識的三階段

唯識宗的獨到特性是對「轉識」的詳細分析。根據唯識理論，整個外在世界產生於八識：藏識（第八），思量識（第七），了別識（第六），眼、耳、鼻、舌、身識（前五識）。依據它們的特徵，八識可以進一步地分為三類：

1. 含藏大量深遠發展的種子，是世間萬物的起源17，唯第八識（藏識）屬於此類；
2. 一直處於恆審思量的過程，唯第七識（思量識）屬於此類；
3. 了別（所緣）塵境的所有層面，前六識屬於此類。

在這些識中，只有第八識（藏識）是整個世界的存有基礎。也就是說，唯第八識蘊含著諸法產生和發展的潛能（即種子），因此「轉識的過程」即是指藏識的變現過程，相應於它變

---

15 Lusthaus 2002：459. 《成唯識論》CBETA 電子版，No. 1585：52。

16 「The Middle Way」有時譯成「the middle path」，是梵文 Madhyamaka 的意譯。它是大乘學派其中一支派的名稱，其主要教義是非空非有，居於有宗和空宗之間。見本書佛學概論部分。

17 根據玄奘的《成唯識論》（*A Treatise on the Establishment of Consciousness-Only*），此識為異熟識，「它的果報將在後來成熟……因為它具備未來成熟的性質。」（Chan 1963：380）

現其他七識的方式。

在唯識宗中「轉」是指某種內在的向外展現的過程。如果這種「內在」指的是「內於心識」，那麼就沒有什麼可以被認定是外在的了，因為根據唯識理論：識外無物。所以，內與外的區別應該理解為：在眾生的心識與「其所認為的」心外之物之間劃一界線（在此意義上，有情的身體也是外在的）。《成唯識論》中說：「或轉變者。謂諸內識轉，似我、法外境相現。」[18] 由此來看，唯識宗主張外在世界僅僅是八識變現的結果。世界對於識並不是真的「外在」。

然而，當我們關注八識的三種轉變時，我們了解到內外之別不再適用，因為依據上文，八識都是屬於「內在的」。事實上，在《成唯識論》中定義「轉」有另一種觀點：「『轉』謂此識無始時來，念念生滅，前後變異。」[19] 在此定義下，「轉」是種由靜態進入動態的過程，是一個從生至滅，持續變化的過程。動態可以從靜態產生，因為靜態已經含藏著這些活動的種子或潛能。靜態可能永遠保持不變，然而在另一方面，動態的活動則會持續變化、消亡、更新。一旦識的靜態轉化為動態，前念產生現念，現念產生後念，識將變成意識流。正如《成唯識論》中寫到：「因滅果生，非常一故。可為轉識，熏成種故。」[20] 我們應以這種意義的「轉識」來理解轉識的三個階段。

18　Chan 1963：386.《成唯識論》CBETA 電子版，No. 1585：52。

19　Chan 1963：382.《成唯識論》CBETA 電子版，No. 1585：17。

20　Chan 1963：382.《成唯識論》CBETA 電子版，No. 1585：17。

　　唯識宗的一個重要特點是識的變轉不是按照線性順序，而是種週期性的循環。從佛教輪迴的世界觀可以了解到識變轉的循環過程。世界沒有絕對的開始，它一直處於永恆的生滅中。累世更替，沒有時間上的先後。類似於此，藏識亦非先於或後於其他七識。在一方面，藏識可以產生其他七識；另一方面，它也接收其他七識熏習的結果，因此能夠為將來的變現儲藏更多種子。藏識與其他七識互為因果，恆久不止。因此，如果我們說藏識比其他七識先存在，這種優先性一定是從邏輯角度而言，而不是由時間角度。從時間上講，藏識與其他七識同時存在，互相作用，相續不斷，以至於每一個單獨的識轉都沒有確定的發生時間。

　　依據這個理論，在每一個世界輪迴之始，藏識一定處於完全靜止的狀態——沒有活動，沒有意識，沒有功能作用。第一次轉變將靜止的藏識轉變成一種能變現的動識，這種識能夠主動地將無始以來含藏的種子轉化成現行，那就是為什麼第一識轉僅產生藏識自身。第二識轉則產生一種能動的識，即第七識（思量識），以思量為特徵。第三識轉產生了別識，此即與感官相聯繫的前六識。這八個識不該被看作各自獨立的實體，因為每一個識僅僅代表一種功能。世親用波與水的關係作類比來描述五感官識與藏識的聯繫：「依止根本識，五識隨緣現；或俱或不俱，如濤波依水。」[21] 我們通過類比可知，識的每一種形式確實是藏識的一部分，其中每個都在藏識受熏後顯現特定功能時出現或產生。可能這就是為什麼世親也稱藏識為「根本識」。在根本識作為基礎之上，各種心的功能顯現並成為八識。這八識進而互相作用影

21　《唯識三十頌》中第十五頌。《成唯識論》CBETA 電子版，No. 1585：49。

響，於是變現出（「轉」的第一意義）整個外部世界。

　　根據唯識宗，可感知物體的存在不是建立在我們的覺知上。前六識所感知和了別的不是別的，而是已在第八藏識中的蘊含，也就是諸法的種子。耿寧（Kern）在他關於玄奘唯識理論的研究中，稱種子為客觀現象，是本識內「客觀現象的部分或元素」。他引用玄奘所提出的論證：

　　　　若心心所無所緣相，應不能緣自所緣境。或應一一能緣
　　　　一切，自境如餘，餘如自故。[22]

　　正如前文所釋，在生命輪迴之中，每一個藏識都經歷多代熏習。因此，通過往昔經歷，它積累了大量熏習的種子。在第七識（思量識）的幫助下，六識在藏識的基礎上活動，而顯現外部世界。因為萬物皆是八識相互影響作用的結果，所以識外無物，任何事物都不能離識而獨立存在。是以，沒有純粹的外部世界。這就是為什麼此宗主張一切唯識的原因。

　　如果動態能藏的藏識與靜態未現行的種子有所區別，那麼哪一個是宇宙的存有基礎？《成唯識論》中說到：

　　　　〔藏識〕非斷非常，以恆轉故。恆謂此識無始時來，一
　　　　類相續，常無間斷，是界、趣、生施設本故，性堅持種令
　　　　不失故。[23]

22　Kern 1988：284. 原文見《成唯識論》CBETA 電子版，No. 1585：13。
23　Chan 1963：382.《成唯識論》CBETA 電子版，No. 1585：17。

　　換句話說，一旦識轉變，藏識的變現即成為宇宙形成的基礎。人們可能會追問，如果藏識亙古長存，自無始以來就已存在，那麼怎麼可能有所謂在第一次變現之前的存在呢？是什麼東西經歷了第一次的轉變？如果是某個東西經過第一次轉變並產生動態的意識流，那麼這個東西應該被認為是宇宙的最終基礎嗎？唯識宗並沒有處理這個問題。若是問難者更深入追究這個問難，將會犯下與印度非佛教學派（外道）在追究「最終實體」時的同樣錯誤。然而，我們也許能給予他們如下的回答。藏識無始以來已經存在，因為甚至時間本身（及空間）也是由藏識產生的。在唯識的循環世界觀裡，整個宇宙是一個超越時間和空間的連續體，而其中一代一代的世界相繼產生毀滅。每一個世代（world-stage）都有一個開始和結束，但是世界循環本身則不在線性的時間中或是廣闊的空間內。如果甚至時空都是識的變現，那麼藏識的確是每一個世代的存有基礎。在第一次轉識之前已經有的存在完全屬於不同的境界，不可能用時間或空間來測量。所以這個先後關係不是時間上，而是邏輯上的先後。對於唯識宗的涅槃概念，我們應該如此理解：涅槃不是在宇宙中一個隔離的地方（place），而是超越整個宇宙本身的一個境界（realm）。24 對於唯識宗，到達這個更高的境界就是終極目標。

---

24 不同佛學宗派對涅槃有不同解釋。上座部一致認為此術語是指一個分離的境界，在此方面，唯識宗教義更近於上座部，而不是大乘。見概論中解釋兩個部派的不同之處。

最終目標：轉識成智

　　從終極意義上來看，唯識宗對藏識的變現其實是採取負面的態度。當前七識在運作（或熏習）藏識而將藏在藏識中的眾多種子熏成為現行，其所熏的結果即是「雜染」（defilement，也常常被譯為煩惱）。由第七識的作用而帶來的雜染，會產生錯誤的我執心態：我癡（self-delusion）、我見（self-view）、我慢（self-conceit）、我愛（self-love）；來自於其他六識的雜染則引起一種誤認外部世界真實存在並且外在物質可以成為我們欲求目標的幻覺。唯識宗這種「變現產生雜染」的說法暗示著藏識的初始狀態是清淨的，但是因為被各種心理活動所染汙，然後變現自我以及外在世界。「有情由此生死輪迴，不能出離。故名煩惱。」[25]

　　一旦第一變現開始，整個最終產生外在世界以及人們在這個世界的各種系縛的過程就無法避免。因為在這個世界中系縛是所有苦的根源，所以，為了斷苦，我們不得不從開始就阻止變現的產生。換句話說，我們必須阻止靜態藏識變成動態；我們必須「捨棄」藏識本身。

　　根據《成唯識論》：

> 此識無始恆轉如瀑流，乃至何位當究竟捨？阿羅漢位方
> 究竟捨。謂諸聖者斷煩惱障究竟盡時，名阿羅漢。爾時，
> 此識煩惱麁重永遠離，故說之為捨。（此中所說阿羅漢

25　Chan 1963：383.《成唯識論》CBETA 電子版，No. 1585：30。

者，通攝三乘，無學果位。）26

　　如果一個人已經成就我與諸法本性的正見，他最終能捨棄所有執著與纏縛，斷除所有（有漏）情感，進入涅槃境界，獲得究竟之樂。這種覺悟或覺醒被稱為智慧。因此，唯識宗的目標即是轉識成智（transform consciousness into wisdom）。27

　　要達到涅槃需要什麼樣的智慧？在《成唯識論》的末尾，玄奘列出四種出世智慧（Four Transcendental Wisdoms）28：

大圓鏡智（The Great Mirror Wisdom）

平等性智（The Universal Equality Wisdom）

妙觀察智（The Profound Contemplation Wisdom）

成所作智（The Perfect Achievement Wisdom）。

　　大圓鏡智是一種不再有分別的心境，像一個完美清潔的鏡子，沒有染汙，因此反射出一切事物的真正本性（自性）；平等性智是一種對每一事物（包括自、他）都平等對待的心境，對眾生充滿悲心；妙觀察智是一種觀察一切事物的個性和共性的心

26　Chan 1963：382.《成唯識論》CBETA 電子版，No. 1585：18。

27　此處的 transformation 應賦予不同理解。轉識成智之時，就不再涉及來自雜染或習氣的三層變現。事實上，在這個過程中，有漏識會被剷除或至少會中斷。卜德（Bodde）用「翻轉」（turned over）來加強補充「transformation」在這個語境中的含義。他解釋：「此時，八識全部翻轉或轉變為……真智，而成為無染，亦即不參雜任何雜染的種子」（Fung 1983：338）。Dan Lusthaus 也使用「翻轉底盤」（Overturning the Basis）來解釋轉識成智的過程，他譯為「覺知力」（enlightened cognitive abilities）。（Lusthaus 2002：511）

28　Wei 1973：767-769.

境，沒有疑慮；成所作智是一種有意願去幫助所有眾生實現快樂與達成解脫的心境，有「成所作」之稱，是因為所成就的是眾生，而非小我。從這些描述，我們可以看出唯識宗理想的修學者完全是大乘的菩薩——對眾生充滿大悲，不為自己求安樂，但願眾生得離苦。要成為菩薩，第一步是要消除自他的分別，無私包容一切。第二步是要消除欣厭事物之間的分別，以致可以除去對人或事物的貪著。一旦心識完全無分別，它就會進入大智慧的心境，而終止妄識的變現。這就是唯識宗「轉識成智」的含義。

　　能夠轉識成智是因為四智已作為「種子」含藏在眾有情的識中。這些種子是「清淨的」，區別於受過去熏習而含藏的雜染種子。但是同時，這些清淨種子也需要適當的熏習以致現行成果。這就是為什麼眾善奉行，培養正見是很有必要的原因。[29] 一個人一旦積累了充足的正念正行，他就可能開始轉變的過程。轉識成智是所有八識的四層轉變。當第八識（藏識）終止了其他七識的雜染熏習，第八識就轉入大圓鏡智。當第七思量識變得清淨，它被轉變為平等性智。當第六識（五根所依）不再被染汙，它被轉變為妙觀察智。當前五識不再被染汙，它們就被轉為成所作智。一旦所有識都轉為智慧，它們就會處於「涅槃」境界，直到永遠。[30] 智慧帶來八識的恆久絕滅，據唯識宗解釋，這種境界

29　在玄奘《成唯識論》第九卷給出修行方法和成佛階位的詳細解釋。其中，玄奘描述聖道的五個位次：（i）資糧位；（ii）加行位；（iii）見道位；（iv）修道位；（v）究竟位。見 Wei 1973：669-809（全部有漏識轉為無漏識）。

30　Wei 1973：769. 譯注：字面意思是「直到永遠」，即以無漏智慧永遠斷除有漏心識。

是佛陀所說的真如（Tathata）。[31] 當一個人到達這種境界，就已成「佛」（世尊）。由於有情眾生本具四種出世智慧（清淨種子），所以有情眾生都可以成佛（都具成佛的潛能）。這種對有情眾生平等之認可，又是大乘學派的一個特徵。

正如世親在《三十頌》中總結：

> 若時於所緣，智都無所得，爾時住唯識，離二取相故。
> 無得不思議，是出世間智，舍二麁重故，便證得轉依。
> 此即無漏界，不思議善常，安樂解脫身，大牟尼名法。[32]

世親在此所描述的恆常法界永遠寧靜、喜樂、遠離苦惱、解脫生死的輪迴，就是究竟的涅槃。

總而言之，我們了解到唯識宗所認為的究竟實相，實際上就是永遠斷除對有漏識和虛幻的現象世界之執著。儘管唯識宗主張現象世界由識所變，而且把識視為現象世界的基礎，但它最終的目標是要將身心（現象世界和心識）俱泯。盧梭斯（Lusthaus）據此論證：基於這個原因，將唯識宗等同任何形式的形而上學唯心論是錯誤的。盧梭斯說形而上學的唯心論「主張

31　根據 Lusthaus 的解釋，「真如」是指「徹見一切，包括名相，本來如是」。他說：「主張『涅槃』是一個認知的對象是有問題的。佛教徒更普遍地，尤其是在大乘佛教中，用『真如』來指覺知之對象。」（Lusthaus 2002：255）由此來看，「涅槃」是一個本體論的境界，而「真如」是一個知識論的境界。

32　《唯識三十頌》中第 28-30 頌（Chan 1963：394-5）。《成唯識論》CBETA 電子版，No. 1585：66、68、75。

只有心是真實的，其他的任何事物都由心產生。」「然而，瑜伽
行派在自己著作中的論證卻很不同：識不是究竟實相或解脫之
法，勿寧說識是問題的根源。這個問題出現於凡夫的意識活動，
只有終止這些活動，問題才能解決。」[33] 我們或許可以說，唯
「識」的主旨當從兩個層面理解：從世俗諦來看，萬法依識而存
在，唯識實有；然而，從真諦（真如 True Thusness）或究竟實
相的角度來看，甚至識本身也不存在。在第一層面的世俗諦，唯
識同於唯心論；在第二層面的真諦，唯識則實際上是在譴責唯心
論。這二諦組成一門詭妙而複雜的哲學。

破斥諸法（外部世界）實有的論證[34]

梵語 dharmas 指各種事物，在這裡是指宇宙中所有廣泛的
現象，包括所有物質和心靈的事物。陳榮捷的《中國哲學文獻
選編》將 dharmas 翻譯為「元素」（elements）。我們在此將用
dharmas 來包括元素、現象、物體、事件等。唯識宗詳細地闡述
了佛陀所破斥的對恆久實體的執著——這種看法認定在我們觀察
的諸法背後有個不可變的實體，而這種實體超越人類的感知能
力，有如康德（Kant）所說的「物自體」（thing-in-itself）。

在《二十頌》中，世親建立了七個論證來破斥基於極微
（原子）的究竟實相或者論證外在世界為實有的本體論主張（問

---

33 Lusthaus 2002：533.

34 關於法執的討論首先出現於世親的《二十頌》注釋（the Commentary of
Twenty Stanzas），同樣的討論也紀錄在玄奘的《成唯識論》，此論是基於
對《三十頌》的論述，但原本《三十頌》中並沒有包含有關法執的討論。

難）。[35] 我們將列舉如下：

A1 物質基礎論

　　佛陀反對的一個主要的本體論觀點是印度的物質基礎論
（也以順世外道「the Cârvâka」知名）[36]，其觀點是物質是宇宙
的真相，所有物質是由不可再分的原子（極微）所構成。印度物
質基礎論者主張作為諸法基礎的實體就是原子（極微）。印度
物質基礎論者得出原子（極微）概念的方式與古希臘德謨克利
特（Democritus）得出原子概念的方式相似：事物不可能無限分
割，所以一定有最終不可再分割的基本單位。所有物質的最終的
基本單位是「原子」（atom）——字意就是不可再分割。物質論
者承認有四種原子（極微）：地、水、火、風。通過各種組合，
原子（極微）組成宇宙中不同的事物和現象，甚至意識或者任何
其他精神現象也是原子（極微）活動的結果。世界上沒有其他非
物質性的存在，所有的事物都可以被還原成物質。當眾多元素組

35　這些主張都來自世親同時期的思想學派。玄奘的大弟子窺基在他的述記中
　　對每一個理論都加以識別。Hamilton（1938）在他的註腳中列出這些注釋。
　　本書對這些學派觀點的解讀主要是基於以下的印度哲學概論：Chatterjee and
　　Datta 1968；Banerjee 1974；Raju 1971。

36　根據 Chatterjee and Datta，順世外道（Cârvâka）總體上代表物質基礎論者，
　　但這個詞的原意已經失傳。根據一種看法，Cârvâka 原本是一位闡述物質
　　基礎論的聖者的名字。作為類名，Cârvâka 源於這位聖者名字而指追隨這位
　　聖者教導的信徒，也就是物質基礎論者。根據另一種看法，Cârvâka 甚至原
　　本是一個常見的用於描述唯物論者的名字，或者因為唯物論者講授關於吃
　　喝玩樂的教義（carv—吃，咀嚼），或者因為他的言語令人感覺愉悅美好
　　（câru—美好，vâk—言語）。（Chatterjee and Datta 1968：55-56.）

成一個特定事物，這個事物就產生了，當它們分散了，就導致這些個別事物的死亡或消失。事物與現象世界處於持續變化之中，而原子（極微）則永不變化。所以，宇宙的真相即是這些原子（極微）本身。

為破斥這個理論，唯識宗持有以下觀點：

為證明：存在單一不可分極微的全部假設是不合理的。

1. 如果一個單一極微與其他極微一起組成物體，那麼這一單一極微必須有表面積與其他極微接觸。
2. 應有六個接觸面：上、下、左、右、前、後；
3. 是以，每一個基本單位（極微）已是一個由六部分組成的單位；
4. 是以，不可能存在一個不可分的單位（沒有部分組成）；
5. 是以，極微的概念是不可理解的。[37]

A2 多元論

另一個唯識反對的思想學派是勝論派（Vaisesika），主張世界是由極微的聚合而成。所有事物都僅僅是多個極微元素的合或集。勝論派經常被稱為多元論派，因為勝論派相信許多不同實體的存在。同時，因為此派承認外在世界的實存，所以它也被稱為

37　參照《唯識二十頌》中第十一頌及解義（Hamilton 1938：47）。

多元實在論。

　　勝論派的多元形而上學主張在我們通過感官所觀察到的諸多事物之特徵屬性的背後，有許多不同的實體。特徵屬性不能長久存在，它們完全依於實體而有。所謂的「實體」，具有兩個定義式特質：它既是「各種特徵屬性的基礎」，也是彼此可以「互相接觸」的唯一實在體。[38] 我們所看到的物體就是由各種實體所組成的。這些不同的實體分為九類：地、水、火、風、空、方、時、我、意。它們被稱為基本元素，並且，除了「方」（不占空間）之外，都是由不可分割的極微組成。如同物質基礎論者，勝論派也視極微為終極存在。但他們也主張極微沒有方分（不占空間），因為如果有方分，就可以再度分割而不再是極微。

　　世親對此理論的主要問難是這樣的：沒有方分（不占空間）的極微怎麼可能組成物體呢？為了破斥此派的理論，世親作了如下的論證：

　　　　為證明：物體僅僅是許多（不可分）極微的合集，這一理論不合理。

　　壹・對於不可分的破斥：
　　1. 如果極微不可分，它們就沒有方分（不占空間）。
　　2. 如果單一極微沒有方分（不占空間），那麼許多極微在一起也沒有方分（不占空間）。
　　3. 如果許多極微的聚合沒有方分，那麼所有這些極微將會

38　Raju 1971：144.

占據同一空間。

4. 如果聚合的極微與單一的極微占據同一個空間，那麼聚合的極微與單一的極微無別——這是很荒謬的結論。

5. 是以，物體僅是許多（不可分）極微合集的理論站不住腳。39

貳‧對於無形體的破斥：

1. 極微沒有方分（不占空間），因此他們應近似虛無40，沒有固態形體。

2. 沒有固態形體的事物不能形成影子，也不會彼此障礙。

3. 凡是對物體的部分為真，也就應該對其整體為真；因此，當系統是由性質相同的部分組成時，整個系統就不能有新添加的特徵屬性。

4. 是以，極微的聚合也一定沒有形體，不能形成影子，也不能造成障礙。

5. 如果極微聚合沒有任何形體，那麼所有極微將擠入一個極微，結果同樣荒謬。41

A3 一元論

佛學理論另一個主要對立者是一元論的吠檀多派（Vedanta School）。吠檀多哲學源於傳統印度哲學婆羅門教

39　參照《唯識二十頌》中第十一頌及解義（Hamilton 1938：47）。
40　此釋依據玄奘的大弟子窺基的述記。見 Hamilton 1938：51, n. 85。
41　參照《唯識二十頌》中第十三頌及解義（Hamilton 1938：51-53）。

（Brahmanism），在《吠陀》（*Vedas*）聖典中有所記載。吠檀多派的主要經典之一是著名的《奧義書》（*Upanisads*），為《吠陀》系聖典的一部分。[42] 在《吠陀》經典中研究的一個基本問題是：什麼是終極實相？婆羅門教普遍的回答是：終極實相是梵天。梵天（Brahman）這個詞一向被用來指涉「至上精神」，而其字面含義則為「持續生長」或「不斷擴大」。它可以相應於西方哲學中的「絕對」（Absolute）概念。[43] 在婆羅門教中許多部派對梵天的本質及其與我（「atman」，意指精神、靈魂，或是自我）的關係產生爭議。一些學派持有「梵天」與「我」是兩個實體的觀點，故稱為二元論者；其他一些學派認為梵我絕對是一體（梵我一如），所以，世界完全是一體的，就是梵天本身。根據這些學派，我們所體驗的現象世界是梵天的神力（Maya）所創造的幻象。要獲得真理的智慧，我們必須超越現象世界的多元性而認識到根本存在是一。這種觀點稱為一元論。為破斥這一理論，世親作出以下論證：

　　為證明：整個世界是一體的觀點是站不住腳的。

　　1. 如果，根據這一理論（一元論），由感知對象所構成的整個外部世界是一，那麼，在種種物體之間就不會有空間的區分

42　根據 Raju，「Vedanta 的字義是 Veda 的末尾，因為《奧義書》（*Upanisads*）是《吠陀》（*Veda*）的最後部分，因此《奧義書》也是指《吠陀》的最終教義。《吠陀》以不同的哲學教化不同智識水準的人，而 Vedanta 的對象是那些智識最成熟的人。」（Raju 1971：49）

43　Raju 1971：49.

和物體的區別；

　　2. 但是，如果整個世界是一體的，並且沒有空間的區分，那麼我們就不可能從一個地方前進到另一個地方：踏開一小步就可以到達每一個地方。這很荒謬。

　　3. 如果整個世界僅是一體並且沒有物體的區別，那麼一個單獨的空間會同時容納不同的物體，比如大象、馬，並且彼此之間沒有空隙（因為每一個事物一定充滿整個所占空間）。這也很荒謬。

　　4. 是以，整個世界是一的理論不可能成立。44

破斥實我的論證45

　　雖然唯識宗認可識的存在，但此宗並不認為識是一個以物質形式存在的實體（subsisting entity）。他們認為，識是一系列活動著的意識流，它並不屬於任何特定的我。堅持有個「我」作為所有這些心理活動之基礎這一觀點，是與佛陀「無我」的基本教義相違的。唯識宗不僅否定我的實體（我的真實存在），而且否定我的恆久性。識的本質在於它是連續變化的：一旦心念或覺知產生，它立即被新的念頭或覺知代替，正如前所釋，在意識流中，前一念引生現一念，依次相應地現一念引生後一念。再者，由於因果的傳遞以及意識流的相續並不局限於一期生命，若堅持

44　參照《唯識二十頌》中第十四頌及解義（Hamilton 1938：55-57）。

45　對「我執」的討論出現在玄奘的《成唯識論》中，但並不在世親原本《三十頌》中。

實有一個「我」，具備現有的人格特點、感受、思想、人際關係等，以其作為意識流的主體，這是很不合理的看法。因此，唯識宗主張識是存在的（自無始以來），但自我（self）或「我」（I）不存在。

盧梭斯（Lusthaus）用「他變」（alterity）這一術語解釋意識流的永恆變化。他說：

> 一念因果的瞬間性同時保證了他變（〔alterity〕，亦即〔becoming otherwise〕）的永恆性。在因果成立的每一瞬間，為使因之為因，果之為果，因一定不同於果。在剎那生滅的同時（依據佛學，生滅僅是一剎那），一個他變過程形成，而我執漸漸從中建立。[46]

換句話說，識的本質就是永恆的他變，從一念進入下一念，因此沒有什麼可以作為永恆的真我和持續的實體。凡夫對自我認定（self-identity）的執著是源於一個錯誤的假象以及一種空想抓住一個不存在事物的無用企圖。正如盧梭斯（Lusthaus）所言：

> 為了要在源源不斷的心念上安立一個穩定的自我或身分認定，人們往往會嘗試去抓取執持那一剎那。但是，剎那本身僅僅是「他變過程」（becoming otherwise）的一剎那，任何自我身分（identity）同時是他變的身分，從一個

46　Lusthaus 2002：428.

我不斷不斷地變成他者……事實上，佛學的他變概念要求
「我」是一個完全不穩定而又多變的身分，以至於它永遠
不是一個自我。[47]

　　從這一解釋中，我們可以了解為何唯識宗承認意和識，而
反對我或者靈魂。

　　唯識對於實我的破斥，同樣可以分為不同論證，針對不同
的實我理論而一一破斥。這些其他外道學派（除了物質基礎論否
認靈魂的可能性之外）都承認一個有別於肉身的精神實體性存
在。跟隨印度婆羅門教的傳統，他們通常稱這個精神為「阿特
曼」（atman）。他們認為阿特曼是永恆不變，堅不可摧的。但
是，各學派對我（阿特曼）與肉身的關係解釋不同。第一種觀點
認為阿特曼如虛空一樣廣闊；第二種觀點認為阿特曼遍布於其所
駐存的身體；第三種觀點認為阿特曼如同原子（極微）一樣細
小。玄奘的《成唯識論》破斥這三種觀點，認為它們是「與理性
相矛盾的」。這三種觀點可以 B1、B2、B3 展示如下：

　　B1：【一者執我至量同虛空】阿特曼（實我）是常存、周
遍，廣大如同虛空本身的。它可以運行身體，而且是快樂和痛苦
的主體。

　　根據玄奘弟子窺基的注述，二元論的數論派（Samkhyas
School）和多元論的勝論派（Vaisesika School）持此理論觀點。
為破斥這個理論，玄奘在《成唯識論》中進行以下論證：

47　Lusthaus 2002：428.

破斥 B1 的觀點：

1. 如果我常存周遍，廣大如同虛空，那麼所有不同的我將會擠入一個我中，因為它們都如虛空一樣廣大。

2. 是以，所有眾生都共用一個我。

3. 但是如果所有眾生共用一個我，那麼當一個眾生造作並感果的時候，或者當一個眾生解脫的時候，所有眾生都會如此。這是荒謬的講法。

4. 所以「我是永恆的，周遍的，如虛空一般廣大的」這一理論違背理性。[48]

B2：【二者執我至而量不定】阿特曼（實我）是永恆唯一的，它充滿身體，與身體的範圍一樣大。

窺基將此理論歸於外道的尼乾子派（Nirgrantha School）和耆那教派（Jainism）。為破斥這個理論，玄奘在《成唯識論》中作出以下論證：

破斥 B2 的觀點：

1. 如果我充滿全身，隨身大小，那麼我將是可分割的。

2. 如果我可分割，那麼它就不是一。

3. 是以，這個主張單一的實我充盈色身的理論是違背理性

48　參照窺基，《成唯識述記》，CBETA 電子版，No. 1830：22-23。原文見《成唯識論》CBETA 電子版，No. 1585：2。英文見 Chan 1963：375；Wei 1973：15-17。

的。49

　　B3：【三者執我至如一極微】阿特曼（實我）是常存且唯一的，但是它極小如同原子（極微），在身體內運行而產生出各種行為。

　　窺基將這一理論歸於外道的獸主派（Pasupata School）（此派崇尚獸神〔Animal-Lord〕）以及外道的遍出派（Recluses）（此派「出離諸俗世間，即是出家外道之類」）。為破斥此理論，玄奘《成唯識論》作出以下論證：

　　破斥 B3 的觀點：
　　1. 如果實我（atman）之體有如原子（極微）之至細，那麼實我會太小以致不能引起整個身體運動。
　　2. 如果要用實我的運作來解釋身體的活動，那麼實我必須自己在身體的各個部分來回運動。
　　3. 如果實我會來回運動，那麼實我就非恆非一。因為永恆體一的事物是不能經歷運動和變化的。
　　4. 是以，這個理論無法建立一個具有一致性的「實我」觀點。50

49　參照窺基，《成唯識述記》，CBETA 電子版，No. 1830：23。原文見《成唯識論》CBETA 電子版，No. 1585：2。Chan 1963：375；Wei 1973：15-17.

50　參照窺基，《成唯識述記》，CBETA 電子版，No. 1830：23。原文見《成唯識論》CBETA 電子版，No. 1585：2。Chan 1963：376；Wei 1973：17.

　　《成唯識論》更深入地破斥了不同佛學學派提出的關於「我」的本質的三個觀點。這些學派的理論是基於他們對佛陀教義「五蘊」（five aggregates）的不同解讀。佛陀否定任何永恆持續「我」的存在；取而代之的是佛陀將凡夫所認定的自我分析為僅僅是五種功能的集合：色蘊（身體器官）、受蘊、想蘊、行蘊和識蘊，是為五蘊。不同佛學學派在「我」及五蘊關係的分析方面有所不同。其中一個學派認為「我」等同於五蘊（五蘊為我），窺基將此觀點歸於瑜伽行派（Yogacara School）。[51] 瑜伽行派的教義可以扼要表明如下：

　　B4：【一者即蘊】實我等同構成個人的五蘊（色、受、想、行、識）。

　　為破斥此理論，玄奘《成唯識論》中作出如下論證：

　　破斥 B4 的觀點：
　　1. 這個學說主張五蘊為實我，其中五蘊包括五根的感官知覺和其他心理活動，如思想和意識等。
　　2. 但是五根是身體的組成部分，因此屬於有滯礙的物質性。

51　關於此理論還有另外兩種不同說法：一種主張我離於五蘊（「離蘊」），另一種主張我既不同於五蘊又不離於五蘊（「與蘊非即非離」）。因為這兩個觀點並沒有賦予「我」新的內含，而玄奘的破斥僅是表明它們理論的不一致性，所以本書在此略去他對這兩個觀點的討論。（詳情見《成唯識論》CBETA 電子版，No. 1585：2。）

3. 屬於有滯礙物質性的事物不是永恆的。

4. 並且，心理活動一直在遞換中。

5. 一直在遞換的事物也不是永恆的。

6. 是以，以「我」為五蘊而可以永恆的理論是站不住腳的。[52]

通過這個破斥論證，我們可以看到唯識宗與其哲學源頭的瑜伽行派是怎樣的不同。唯識宗主張唯「識」，因此五蘊中的其他四蘊實際上都是識的變現。在這四蘊中，身體和五根是物質性的（色法），而唯識宗否定物質世界的存在。所以，此宗並不認為身體和五根是真實存在的。再者，唯識宗破斥「我」的觀念及任何對「永恆我」之觀念的執著。對於唯識宗來說，沒有任何東西是永恆不變的，甚至識本身也不是永恆的，在恆常變化的意識流中並沒有永恆的實體。安立任何對法界或對「我」的執著，都與佛陀的真實教義相違。[53]

52　參照《成唯識論》CBETA 電子版，No. 1585：2。Chan 1963：376；Wei 1973：17-19.

53　不同的佛學宗派在詮釋佛陀教義時往往各異，並且有各自所依的經典，似乎佛陀並沒有一致的教言。根據唯識宗的解釋，一些教義適合小智之人或初學者。此宗聲稱只有唯識是佛陀的真正教化目的（密意）。正如我們在下兩章將看到的，天台宗和華嚴宗也將佛陀的教義分析為不同的階段或層次。

建立唯識觀點的論證[54]

在玄奘的《成唯識論》中，問難者說：「由何教理唯識義
成。豈不已說。雖說未了。非破他義，己義便成。應更確陳成此
教理。」[55] 也就是說，破斥他派並不足以建立唯識的精義。為了
對此進行回答，玄奘以唯識為主題加以論證。玄奘的論證是以世
親的原論為基礎。在《二十頌》和《三十頌》中，世親回答了反
對唯識教義的其他問難，這些回答可視為對此宗的進一步辯護。
關於玄奘對世親論證的解讀，我們將關注其中兩個論證：第一個
是關於外部世界（器世間）的本性；第二個是關於他心（other
minds）知識的可能性。通過這兩個論證，我們可以更進一步理
解唯識宗的理論。

四事不成難（關於外部世界四個特徵的問題）[56]

對於任何一個常識實在論者來說，關於唯識宗教義的一個
主要困惑會是：如果整個世界由識所生，那麼為什麼它不能完全
依照我的意想呈現？為什麼在我不想它的時候它不消失呢？基於
這個疑問，質難者提出四個問題：「若有心無境，則四事皆不
成」：首先，如果一切唯識所現，存在於吾心，那麼我為什麼必

---

54 此論證出自玄奘的《成唯識論》第五卷第二章〈以教理成立唯識義〉（韋
達分的章節）。參照 Wei 1973：507-525。

55 《成唯識論》CBETA 電子版，No. 1585：52。Wei 1973：507.

56 這一問難在《唯識二十頌》頌文 1-2 及論中解答。見《唯識二十論》
CBETA 電子版，No. 1590：1。

須要旅行到一個特定地點才能看到當地的特定事物？第二，如果每件事都由我的識決定，那麼為什麼它只能發生在特定的時間，而不是由我的意願來決定它出現在其他時間？第三，如果有眼疾的人可以看見他們視野內的細線或小飛蟲57，那麼為什麼這些細線或小飛蟲不能被其他人看見？為什麼單一意識不能決定外部世界？最後，如果一切唯識所變，那麼事物怎麼可能有任何真實的作用呢？（例如，食物可以充飢，飲料可以止渴，刀可以致傷，衣服可以保暖，藥可以療病，毒可以致死等等。）再者，既然所有的事情和行為僅僅是由某人的心識所變現，那麼我們怎麼還能讓任何人對他或她的行為負責呢？世親列出這些破斥，指出問難者的質疑，在唯識的理論下，世界的四種特質不能成立，此即「四事不成難」。世界這四種特質包括：

1. 處決定：空間的決定性
2. 時決定：時間的決定性
3. 相續不決定：外境的內容是由輪迴的眾生共同決定，而不是由一識決定。
4. 作用：事物擁有真實的作用

我們可以整理世親對以上（外道）質難者觀點的破斥為如下的論證：

57　此處所描述的是我們稱謂的「飛蚊症」，指人們在視野中看見漂浮的黑色細線，這可能是由於許多細小的神經細胞在視網膜上投影導致。

　　1. 有辯論說：世界不可能僅依識而存在，因為世界擁有四個特點：處決定，時決定，相續不決定，及有真實作用。

　　2. 但是在我們夢中的影像也可有前兩個（處決定，時決定）和最後一個特點（有真實作用）。比如說，在夢中我們看到的物體也有固定的處所、時間，有時它們也有真實作用，例如，人在夢中也有遺精現象。

　　3. 再者，在生命輪迴中，不同有情由於過去共業所感而可以共同看見同一法界，儘管這個法界並非實有，而為幻想。58

　　4. 夢中及幻想中的事物皆非離識而存在。

　　5. 是以，僅僅因為外在事物擁有以上四個特點就認為它們能離識而存在是不正確的。

　　唯識宗通常用夢來比喻生命。當我們做夢時，我們不可能知道我們在做夢，唯有當我們醒來之後才知道之前的經歷是一場夢。同理可證，當我們正在體會生活中某些經歷，我們不會知道這些經歷並非真實的。只有在我們獲得覺悟之後，我們才能真正理解整個外在世界如何僅僅是識的顯現，是由識建立的。我們夢中的「物體」取決於我們的想像；外在世界的「物體」依於我們的意識，二者都不是真實獨立存在的。雖然如此，依玄奘的觀點，二者還是有所不同。他說：「應知諸法有空、不空。」59 也就是說，諸種依識而生的現象仍有不同的真實性：夢中的物體既

58　這是對原本的擴譯。見《唯識二十論》CBETA 電子版，No. 1590：1。原本中使用餓鬼和膿河作為說明。要理解此理，讀者必須知道在佛學中關於不同有情輪迴轉世的全部情節以及關於地獄眾生的討論。

59　Chan 1963：389.《成唯識論》CBETA 電子版，No. 1585：53。

不真實、又為空（非真而空）；緣起事物的本質則既非真、又非空（非真非空）。這一論述再次確定了唯識宗在諸法「有或無」的辯論上的中道地位。

　　在前面問難者的反對觀點中的另一個挑戰是：夢境、幻覺和想像都是對於特定個體而言，但是外在世界則不依於任何特定個體而存在。有眼疾的人可能在他們的視野中看見細線和小蟲，但其他人卻看不見，可見世界不依於個人想像而存在。世親對此的破斥表明：世界是緣起的，不依於個體的識，而依所有有情眾生的共識。同趣（相同法界）的眾生的藏識一定以相同的方式被熏習，因此他們的識共同變現一個大體上一致、普遍的世界。60 在一個共業所感的世界，個體完全不能任憑意願或是由於錯覺而改變世界的面貌。所以，問難者提出的這些反對觀點並沒有打倒唯識的觀點。從這一破斥，我們還可以看到唯識宗的主旨是不同於唯我論的。

有關知他心的問難61

　　唯識宗否定外部物質（器世間）的存在，但不否定他心的存在，因為他心也是識。再者，此宗也承認自識能了知他識（他

60　正如陳榮捷所解釋：「此宗認為心念恆常相續的規律是心法的特點，這可以用因果來解釋。在互為因果中，某些種子不斷地熏習，所以有相似種子的人們會以同樣的方式受熏習。」（Chan 1963：390）

61　這一問難世親在《唯識二十頌》頌文 19-20 及論中介紹，但世親的破斥並不令人滿意。玄奘在他的《成唯識論》中加以深入申論，下面這個討論是基於玄奘對第十七頌的論述。見 Chan 1963：391-392。《成唯識論》CBETA 電子版，No. 1585：52-53。

心智）的可能性。因此，問難者提出一個質疑：如果只有內識，沒有外部世界，那麼怎麼會有他心識的存在呢？另一方面，如果其他有情心識確實存在，那麼他們存在於我們自己心識之外，有別於我們自己的客體（根身）範圍，因此應是外部世界的一部分，那麼唯識宗怎麼能否定外在世界的存在呢？[62]

為了反駁這一系列推理，玄奘指出其他心識與其他物質存在之間的不同。這裡的「其他」是指離「我」之外的一切（此「我」為想像假立的）；據此用法，所謂的他心，是指個體我不視為自己心識的其他心識。但是，在這裡「外部」的含義擴展了，它指涉「外在於識」──外在於任何心識。在這個意義下，「識外無物」是指沒有任何東西是外在於「所有的識」。也就是說，其他心識是存在的，但是它們共屬於識世界之內，並不構成一個外部世界。所以說，其他心識的存在可以看作是識的其他形式，而它們的存在並不會否定唯識及其識外無物的觀點。唯識宗認可眾多心識，把它們歸屬於「他心」，但不認為他心可以構成一個離於所有心識活動的世界。

為建立不只有一識的觀點，玄奘在《成唯識論》中作出如下論述：

> 若唯一識，寧有十方凡聖尊卑因果等別？誰為誰說？何法何求？故唯識言，有深意趣。……識自相故，識相應

62　原問難是：「外色實無，可非內識境，他心實有，寧非自所緣，誰說他心非自識境。」（Chan 1963：391）《成唯識論》CBETA 電子版，No. 1585：53。

故，二所變故（識所變現），三分位故，四實性故，如是
諸法，皆不離識，總立「識」名。「唯」言，但遮愚夫所
執定離諸識實有色等。[63]

此處玄奘似乎承認人與人及其相應世界之間的差異性。既
然每一個世界皆為某個識所產生，不同的識因此變現產生多樣的
世界。唯識宗主張不同的識實際上可以覺知或者甚至創造不同的
現象界（物質世界）。舉個例子，凡夫看到的是河水，餓鬼卻看
到的是充滿膿血的河流。因此世界的本質是由有情共識所決定
的。因為不同有情的識可以覺知並建立不同的現象世界，我們必
須承認不同情識的存在。所以，其他有情的心識以及我自己的心
識都是存在的。正如玄奘所強調的，唯識裡的「唯」並不是「唯
我的」，用「唯」這個字僅是要遣除凡人對離識之外真存世界的
妄執。

當然，對他心的問難並不容易解決。儘管唯識宗在其多識
共存的教義上沒有矛盾，但他們仍需要解決不同有情心識之間如
何能夠相互影響的問題。換句話說，即使有關其他心識的本體問
題解決了，有關其他有情心識之知識論的問難仍需要破斥。每一
個有情的心識都會經歷其內部的三種轉化的循環，從第八識（藏
識）到第七識（我執），再到感知外物的六識，並回到藏識。那
麼它如何能走出內部循環而感知他心呢？我們可以通過藏識變現
這個理論來解釋心識的「感知他物」，因為這些物體僅僅是個體
識變現的結果。但是，對他心的認知則不能如此解釋，因為它們

63　Chan 1963：392.《成唯識論》CBETA 電子版，No. 1585：53。

不是僅為個體識變現的結果。再者，其他有情心識所變現的現象
世界也非我所能得，因為它們不是我心識的組成部分（也就是
說，它們不屬於我的心識）。因此，這個現象「我」僅存在於
個人心識所變現（創造）的世界中，而與其他有情心識或其他
現象世界並沒有直接的聯繫。在這種情況下，唯識宗的主體間
共通性的唯心論（intersubjective idealism）就似乎淪落為唯我論
（solipsism）了。

　　玄奘在嘗試破斥這一問難時使用鏡喻。《成唯識論》云：

　　謂識生時，無實作用⋯⋯但如鏡等，似外境現，名了他
　　心，非親能了，親所了者，謂自所變。64

　　如果我們運用這個類比，那麼我們可以說由識所變現的現
象世界如同鏡中影像；不同有情心識彼此相互影響，正如不同鏡
子可以映射彼此的影像。此鏡喻可以指明唯識宗「無有實義」的
觀點，一切皆是影像而已。但是這一類比在許多方面並不圓滿：
首先，鏡子不能自生影像；鏡子只是反映外部事物。所以，用鏡
來比喻識並不恰當。第二，在許多鏡子彼此相互反射影像時，它
們不可能避免複製本身已經在其他鏡中反射的影像。所以，這個
類比無法與「不同有情感知的不同現象世界可以共存」的觀點相
聯繫。最後，鏡子總是被動接收，從不主動觀察。它不可能以認
知的方式與其他任何一鏡互動。所以，用鏡喻來詮釋了知他心，
其實是否定這種知識的可能性。這樣下來，玄奘對解釋了知他

64　Chan 1963：391.《成唯識論》CBETA 電子版，No. 1585：53。

心之可能性的嘗試，最終成為一種承認他心知為不可能的「讓
步」。

　　世親的《二十頌》以討論了知他心的可能性作結尾。世親
如此回答：他心智如同自心智──有情對此二者皆不具有。當質
疑者問到為何有情既不能了知自心，又不能了知他心時，世親回
答：「由無知故，二智於境，各由無知所覆蔽故；不知如佛淨
智所性不可言境。」[65] 世親在此的主張是眾生有情都不能了知他
心，因此，當佛陀談及他心智時，僅僅是對無明的人說法（他們
錯誤地相信他心存在）。但是若是如此，那麼世親就是承認由於
唯識宗不能破斥有關他心的知識論問難，所以被迫否認他心的本
體論地位。這種讓步可能表明，對於唯識宗而言，他心難依然是
個沒有被破斥的難題。

結語

　　在本章我們可以看出，唯識宗的思想模式對當時中國哲學
發展而言有多麼新穎。唯識宗運用了許多論證，密切關注邏輯演
繹推理的形式，這是古代中國哲學家陳述思想時很少採用的方
式。唯識宗探討的許多問題，例如實體的存在以及實體與現象世
界之間的關係，在唯識之前還不是中國哲學的主要中心問題。唯
識宗教義也包括相信生命的本質是苦的，這是印度文化中根深
柢固的信仰，而不是中國文化的傳統。它以印度傳統中的「彼
岸」關懷（other-worldly）為基礎，並教導眾生泯除人的情感、

65　Hamilton 1938：77. 見《唯識二十論》CBETA 電子版，No. 1590：5。

欲望、家庭關係以及人情束縛，而其最終目標是到達涅槃。唯識宗將此理解為到達一個脫離於人類世界的法界。相對之，中國哲學基於人文主義——以人的世界為主題。整個唯識宗的要義與中國人基本的現世關懷互相矛盾，以致其在中國社會並沒有產生持久影響。因此之故，大約在八世紀中，唯識宗就在中國衰落，而其他與中國思想方式更能相容並立的教派則取而代之。

延伸討論問題

1. 如果我們沒有任何形式的感官覺知而言，和身體感受——無色、聲、香、味、冷、熱、飢、飽，對我們而言，這個世界仍然存在嗎？如果所有的有情眾生都沒有「感覺」（亦即非「有情」），世界還會存在嗎？
2. 如果我們的蘊育成長僅是通過集體心識或是集體身分，以致我們只能以「我們」來思考，我們還會有「自我」的觀念嗎？我們自我意識的基礎是什麼？
3. 你同意佛陀「我執是苦的根源」的言教嗎？你認為如果我們能消除對外在事物的欲望和執著，我們就會達到心靈真正的寧靜嗎？
4. 唯識宗說「無我」、「無法」的真正含義是什麼？

第十章

華嚴宗

概論

　　華嚴宗取名於《華嚴經》，英譯為「The Flower Ornament Scripture」，或又譯為「The Flowery Splendor Scripture」。[1] 這部廣博的佛學經典以非常華麗的語言來描述所證得的各種階位；它的繁複內容包括對正確世界觀之闡述以及對正確的倫理行為之界定。本經可能不是由單獨一人創作，而是一部由大約在西元一至二世紀之間在印度及其周邊地區流通的各種經典編撰而成的著作。[2] 據我們所知，沒有印度佛學的哪個宗派曾依此經典立宗。

1　本經從梵文 Avatamsaka 譯成英文有不同名稱，Thomas Cleary（1993）譯成「The Flower Ornament Scripture」；陳榮捷（1963）譯為「The Flowery Splendor Scripture」。

2　Chan 1963：406. 譯者注：根據桑大鵬的《三種華嚴及其經典闡釋研究》：「佛教傳說，三藏中的經藏含大、小乘經和律藏即於此時集結……按理，

　　華嚴宗，和與其同時期的天台宗一樣，都毋庸置疑是純粹屬於中國佛學的一個宗派。陳榮捷說華嚴宗「體現了中國佛學思想的最高發展」。華嚴宗的創始人是中國僧人杜順（557-640）。雖然華嚴宗的主要經典是來自於國外，杜順提出了新的術語來代替一些印度佛學的核心觀念，從而創立了華嚴宗。他提出用「理」這一術語來代表終極實在的「一真法界」。3「理」這一概念後來成為中國哲學裡最重要的概念之一。杜順用「事」（事物或事件）來取代傳統佛典裡的「相」（form）。4 這一替換顯示出他對現象世界萬事萬物的強烈關懷。華嚴初祖用這種巧妙手段來避免承襲《華嚴經》中對現象世界的否認。杜順又提出「理事無礙」的理論，這個獨創性的理念被後代的華嚴宗祖師們繼承發展。

　　華嚴宗二祖智儼（602-668）師從杜順，然而，一般公認華嚴宗真正的理論創始人是三祖法藏（643-712），因為法藏建立華嚴宗的系統化學說。法藏通過建立「事」之不同存在類別和「理」之不同自性存在的教義，系統地闡明華嚴哲學。他把法界分成「理法界」和「事法界」，並且強調這兩種法界「互為一體」和「等無差別」。他的「十玄門（Ten Mysterious Gates）」

《華嚴經》即在其內。」

3　根據張澄基的解釋，「理」這個字在不同語境中可以有「原則、普遍真理、理性、抽象、法令、物自體、判斷、知識等等蘊意。」（Chang 1971：142）

4　張澄基解釋「事」這個字在不同語境中可以指「事物、事件、個殊、具體、現象、物質，等等。」（Chang 1971：142）

理論對終極實在給出詳細地闡釋。5 法藏的理念之後由四祖澄觀
（738-839？）傳承。澄觀遵循著法藏的法門，提出著名的「四
法界說」：事法界（the Realm of Things）6，理法界（the Realm
of Principle），理事無礙法界（the Realm of the Non-interference
between Principle and Things），以及事事無礙法界（the Realm
of the Non-interference of All Things）。這四法界理論最終成為華
嚴宗根本的理論。

　　關於華嚴宗論原始著作的英譯本，目前有克利瑞（Clearly）
翻譯的整部《華嚴經》（The Flower Ornament Scripture）7，
以及他翻譯的四位祖師的不同著作。本章以 Cleary 翻譯的《華
嚴經》為主要詮釋根據，並且參考杜順的《華嚴五教止觀》
（*Cessation and Contemplation in the Five Teachings*），澄觀對杜
順《華嚴法界觀門》（*Contemplation of the Realm of Reality*）注
疏的《華嚴法界玄鏡》（*Mirror of the Mysteries of the Universe*

5　十玄門描述存在的十個基本特性，包括同時具足相應門，諸藏純雜具德
　　門，一多相容不同門，諸法相即自在門，等等。本章會介紹法藏的形上
　　理論時闡述這個理論。對十玄門名稱細節理解，讀者可以參照法藏的《金
　　獅子章》（Chan 1963：411-413）以及馮友蘭的《中國哲學史》（Fung
　　1983：341）。

6　陳榮捷（1963）翻譯為「the realm of facts」克利瑞（Clearly）翻譯為「the
　　realm of phenomena」，但是我認為在卜德對馮友蘭中國哲學史的翻譯中，
　　「the realm of things」最為貼切，因為它保留了中文的原義。

7　中文的《華嚴經》有不同版本，卷數不等。最主要的三種版本是 420AD
　　的 60 卷，699AD 的 80 卷，以及 798AD 的 40 卷。克利瑞（1993）英譯的
　　是最長的版本，有 80 卷，又稱為「八十華嚴」，分成 39 章。是一位僧人
　　Shikshananda （652-710）所輯。是以有些引文在克利瑞的英譯本有，在其
　　他較短的中文版則找不到。

of the Hua-yan），智儼的《十玄門》（*Ten Mysterious Gates*），法藏的《修華嚴奧旨妄盡還源觀》（*The Ending of Delusion and Return to the Source*）8，法藏的《金獅子章》（*A Treatise on the Gold Lion*），以及法藏對《華嚴經》的注疏9。

　　在某種意義上說，我們來「分析」華嚴宗的哲學其實是種自相牴觸。從根本上華嚴哲學是「反分析」和「反哲學」的。就其修行宗旨和宗教解脫而言，華嚴宗所提倡的是超越任何一種教義，並且甚至超越人類語言和概念的「頓悟」。《華嚴經》有云，「世間所言論，一切是分別，未曾有一法，得入於法性。」10 法藏也評論說：「迥超言慮之端。透出筌罤之表」11。意思是說究竟教義超越了語言與思想的界限。它可以穿透語言與觀念的陷阱。然而，既然本章的目的是要介紹華嚴宗的「哲學」，而非其宗教修行形式，我們只能盡量用語言來分析它的教義。

　　我們會將焦點首先放在華嚴宗的世界觀上。本章分成三節：第一節著眼於華嚴宗對世界和事物本性的解釋。第二節轉移到華嚴宗對於我們如何獲得世間知識的分析。我們會特別探討用語言與概念描述真如的根本困境。本章最後一節討論華嚴對道德主體的分判，並分析它的基本道德、宗教教義。我們會發現，儘

8　以上作品都選錄於 Cleary 1983。

9　選錄於 Chan 1963：409-414。

10　《華嚴經》菩薩問明品第十，英譯參考 Cleary 1993：300，之後註解同此類頁碼揭示，皆出自 Cleary 1993。

11　Cleary 1983：157. 法藏，《修華嚴奧旨妄盡還源觀》，CBETA 電子版，No. 1876：3。

管華嚴宗是依於《華嚴經》立派，有些原始佛典的主題並沒有被後來的華嚴祖師們所繼承，而有些由祖師們發展的主題則原先不見於《華嚴經》文本之中。[12] 在我們的分析裡，我們會盡量把不同觀點的作者標注清楚。不過終極來說，華嚴宗應該被視為一個連貫性理論，是由所有作者共同努力建立的學說。

華嚴形而上學

華嚴宗的形而上學理論最引人入勝，它直接反對唯物主義或者物理主義——也就是我們時下盛行的世界觀。對華嚴經形上學最確切的描述是一種主觀唯心主義，其觀點將物質世界看作是不真實的，因為物質世界的存在只不過是個體心靈的投射。在前一章中，我們看到唯識宗持有客觀唯心主義形式。華嚴形而上學的觀點不同於唯識宗：它不僅否認我們當下世界的真實性，也否認共業所感的世界的真實性。在這一章節，我們會分析五個主要組成華嚴形上觀的議題。

世間為心所造

《華嚴經》否認現象世界是真實存在的。現象世界指的是我們人類當下經驗的世界。在《華嚴經》中，這個世界被比作

---

12 作者添註：最明顯的一個差別就在於華嚴宗的形上觀。《八十華嚴經》的內容接近主觀唯心主義，而一些中國的華嚴祖師則採取實在論立場。所以學者對華嚴宗的形上觀會呈現完全相反的詮釋。見下節分析。

夢、幻、虛影、迴響，魔法師的幻術，或是鏡子裡的影像。[13] 我們周圍能察覺的每件事就像一個影像或是幻覺。作為鏡子之映影，客體「無方所」而且「無體性」。[14] 作為幻覺，客體沒有真正的開始或結束，也沒有確切的始點或終點。華嚴經文總結說，所有的事物都「無等無生無有相」。[15]

　　另外一種對事物不真實的講法，就是說它們是「空」的。所有佛學宗派的一個共同教義就是世俗世界的「空」，但不同的宗派對該術語給出了不同的解釋。我們可以把「空」的內涵概述如下：

　　「空性1」：沒有固有和獨立存在的自性；

　　「空性2」：不真實的；虛幻的；不存在的；

　　「空性3」：任何現象的特徵和知覺的特性都不存在；

　　「空性4」：空虛；虛無；空無。[16]

　　從天台宗觀點看來，現象界的客體在「空性1」的層面上是空的，但在「空性2」的層面上不是空的。從華嚴宗觀點看來，則不論是從「空性1」還是「空性2」的角度來說，整個現象界

13　《華嚴經》十忍品第二十九。Cleary 1993：880-886.

14　《華嚴經》如來現相品第二。Cleary 1993：175.

15　《華嚴經》華藏世界品第五。Cleary 1993：248.

16　「空」概念還有另一個意涵是佛教各派所否認的，亦即毀滅與終止的意思。在「空虛」與「毀滅」或是在「虛無」與「終止」之間的不同點是前者所描繪的是一種常態，而後者所描述的是一種對先前存在狀態的否定與結束。如張澄基解釋：「平常對死亡的理解就是毀滅與終止概念的最好例子：生命短暫存在，而後由於外因或是自然過程而毀滅終止，轉成為無。」（Chang 1971：63）在佛家看來，現象界本身已經是本性空無的，而本體界更是永恆空無，所以他們的空概念不能理解為這種短暫性存在的毀滅。

都是空的。在《華嚴經》中，我們看到經文對「空」字的使用是一貫結合「無」字，代表「沒有真實的存在」。如經所云，「法性本空寂……諸法無真實。」[17] 華嚴宗師之所以是用「空性 2」來理解「空性」，是因為他們做了如下的定義：

1. 諸法皆空＝諸法因緣生（事物存在依於其他因緣而起）；
2. 諸法因緣生（事物存在依於其他因緣而起）＝沒有固有的自性；
3. 沒有固有的自性＝不存在
4. 不存在＝不真實[18]

但是天台宗認為 3 不正確。天台宗不定義「存在」為「自足的存在」或者「永久的存在」。因此，兩宗可以同樣認可「空」的定義和事物自性的觀點，但對事物真實性仍持不同意見。

當「空」被用作根本實相（本體——在實在的經驗世界之外）的同義字時，它也有了不同的內涵。天台宗把「空性 3」歸諸於本體，因為本體超越我們的知覺與概念體系。但是天台否認本體本身是空虛的、是沒有任何內涵的。相對來說，華嚴宗則似乎把「空性 3」和「空性 4」都歸給實相，如經云：「三界一

17　《華嚴經》須彌頂上偈讚品第十四。Cleary 1993：375.
18　參照澄觀《華嚴法界玄鏡》，英譯見 Cleary 1983：105。

切空」。19 它也時常用虛空來暗喻本體。如果現象是在虛空中的物，那麼本體就是虛空本身，因此這個本體的概念就似乎意味著空虛和寂滅。

經云：

> 眾生及國土，三世所有法，如果悉無餘，一切皆如幻。幻作男女形，及象馬牛羊，屋宅池類，園林華果等。幻物無知覺，亦無有住處，畢竟寂滅相，但隨分別現。20

根據此經文，世間現象皆心之幻化。如果世間現象好比是魔幻師的戲法或者畫師的畫作，那麼魔幻師或者畫師就好比是心。「心如工畫師，能畫諸世間，五蘊皆從生，無法而不造。」21 據此來看，《華嚴經》以世界依心存現。這種形而上學觀點顯然是唯心論。

華嚴祖師們對經的論注也都有強烈唯心觀色彩，譬如二祖智儼云：

> 心外無別境，故言唯心。若順轉，即名涅槃。故經云：「心造諸如來。」若逆轉，即是生死。故云：「三界虛妄，唯一心作。」22

19　《華嚴經》須彌頂上偈讚品第十四。Cleary 1993：382.
20　《華嚴經》十忍品第二十九。Cleary 1993：880.
21　《華嚴經》夜摩宮中偈讚品第二十。Cleary 1993：452.
22　法藏《華嚴一乘十玄門》，英譯見 Cleary 1983：145。

三祖法藏亦云：

> 謂三界所有法唯是一心造，心外更無一法可得……謂一切分別但由自心，曾無心外境，能與心為緣。[23]

法藏進一步否認感知有外境作客觀根據，並稱「以塵無有故。本識即不生」[24]，相分乃是隨見分之作用所顯現者，故色攝於見分之心中，無心則不生。換句話說，是心的分別能力創造了世間萬物。真如本身本沒有區分諸多不同的行相境界；我們所感知的萬物萬色皆為心所妄造。

華嚴把現象世界（器世界）看作是心所妄造，並不是說認為心真的能「創造」一個真實的世界。如經所云：「諸法無來處，亦無能作者。」[25]也說：「心法猶如幻，世間亦如是，世間非自作，亦復非他作。」[26]世界有如魔幻師的戲法或妄心之為影，意象中的物體突然顯現在眼前，然而吾人不能認定臆想的事物在真正的時間中存在。因為事物從來沒有「生成」過，故此吾人也不能說它在任何時候「不復存在」。

因此，我們或許可以說華嚴宗是以反實在論的立場來看待這個世俗世界的。但是許多研究華嚴的學者似乎忽略了華嚴宗

23　法藏《修華嚴奧旨妄盡還源觀》，CBETA 電子版，No. 1876：5。英譯見
　　Cleary 1983：165。
24　法藏《修華嚴奧旨妄盡還源觀》，CBETA 電子版，No. 1876：5。英譯見
　　Cleary 1983：165。
25　《華嚴經》夜摩宮中偈讚品第二十。Cleary 1993：445.
26　《華嚴經》夜摩宮中偈讚品第二十。Cleary 1993：449.

這種主觀唯心論和反實在論的特點。27 馮友蘭和陳榮捷把華嚴哲學當成客觀唯心論的例證。從上述引用《華嚴經》闡述的理論解說中，我們應當看到華嚴哲學顯然是主觀形式的唯心論。馮友蘭認為華嚴的唯心論「更接近實在論，而非一種純粹的主觀唯心主義。」28 弗郎西斯・庫克（Francis Cook）也認為法藏「承續中國實在論傳統，是個實在論者。」29 他們心目中所謂的實在論是一種常識實在論——相信我們生活的日常世界是真實的。庫克為華嚴的實在論傾向辯護說：「空觀教義不能理解成對純意象所造物質世界的單純否定。它實際上承認自然世界的存在，但否認它有持續和獨自的存在性。事實上，它以否定『存有（being）』來肯定常恆的、永遠在完成過程中的『生化（becoming）』。」30 根據這種詮釋，我們生活其中的日常世界是一個不停地演進和變化的有機體，華嚴所否定的僅僅是獨立個體的自我存續，而不是整個有機體。那麼我們是否能夠接受這個詮釋，而把法藏大師看作是對華嚴宗做出革命的創新，轉化華嚴唯心論的精神成為實在論的立場？以下我們來專門研究一下法藏的觀點。

法藏這樣解釋《華嚴經》裡的夢幻喻：

謂塵相生起迷心為有。觀察即虛。猶如幻人。亦如夜

---

27 當然也有少數學者指出華嚴宗這種唯心論的色彩。請參照 Chang 1971 以及 Lai 1986。
28 Fung 1983：359.
29 Cook 1979：380.
30 Cook 1979：369.

夢。覺已皆無。[31]

　　如果我們所經歷的一切就像是一場夢，而有一天當我們從夢中醒來便會責其「不真實」，那麼我們目前生活的世界當然是不真實的。

　　法藏用「事法界」這個詞語來指涉我們的經驗世界。這個世界以「理法界」作為其本體存有依據。既然理法界是真實的，從這種意義上我們或許也可以說現象世界「存在」。然而，最終法藏還是否認了經驗世界的實在性。他說：「各無自性，由心迴轉；說理說事，有成有立。」[32] 因此，儘管法藏把法界分為「理法界」和「事法界」，但根據他的觀點，二者都是心的產物。法藏也把世間萬物（諸法）視為「心法」並且引用經文說，「諸法從緣起。無緣即不起。沉淪因緣。皆非外有。終無心外法。」[33] 他以極微小的事物（微塵），和極大的事物（須彌）為例，說：「如塵圓相是小，須彌高廣為大。然此塵與彼山，大小相容。隨心迴轉，而不生滅。」[34] 世界萬物無論小大長短，一旦出現在我們眼前，然後又在我們眼前消失，就像魔幻師的造出的幻影，既不可說生也不可說滅。同樣地，運動也只是一種表象；世上無真

---

31 法藏《華嚴經義海百門》，英譯本見 Fung 1983：356。另有一段意思相近的引文：「由夢者見有，有非是有，以夢者及所見，俱無所有故。」《華嚴經探玄記》第十五卷，亦為法藏所著。

32 法藏《金獅子章》，英譯本 Chan 1963：413。

33 法藏《華嚴經義海百門》，CBETA 電子版 No. 1875：1。英譯本 Chan 1963：414。

34 法藏《華嚴經義海百門》，CBETA 電子版 No. 1875：6。英譯本 Chan 1963：421。

正的動象。我們可以想像動畫片裡的動象：即使我們看到活生生的動作，實際上那只不過是一系列相繼不斷的靜態圖片而已。心如畫家，刻刻更新心念，由此呈現出每每更新的世界圖像。沒有任何外在的事物真正具有時間上的常久性，可以從一時刻延續到下一時刻。35

　　法藏進一步地否認所有感知特徵的實性，他稱之為「相」，他說：

> 如一小塵圓小之相。是自心變起，假立無實。今取不
> 得，則知塵相虛無，從心所生，了無自性。36

　　如果我們不能信任感官知覺能給予我們萬物本性的真相，那麼我們所歸納的所有萬物特徵都不是它們的自有屬性。我們所熟悉的世界，包括天、地、花、草、人、物等等，都只不過是唯心所造而已。從這個意義上說，「無心外法」——無一物能獨立於吾心而存在。這種觀點明顯地是一種唯心論。

　　在此我們可以總結，華嚴宗無論在其古印度的經卷闡述中，還是在其中國的華嚴祖師法藏的思想中，似乎都是一種唯心論，而不是實在論。事實上，對華嚴的教徒來說，肯定世間萬物存在的常識實在論，正是痛苦和煩惱的根源。要證得覺悟，我們首先要擺脫常識實在論的預設——也就是說圍繞我們的世界及其

35　張澄基把這個理論稱為佛學裡的極端短暫論（momentarilism），與恆久論
　　（eternalism）相對立。（Chang 1971：73）
36　法藏《華嚴經義海百門》，CBETA 電子版 No. 1875：2。英譯本 Chan
　　1963：416。

中的萬物都是真實的。

現象世界的多元性

　　根據華嚴經的教義，各種不同的心具有各種不同的心理活動，而造就不同的業。因為世界為不同的心理活動所造，是以不同心所造出的世界也必然會不同。經云：「譬如種子別，生果各殊異，業力差別故，眾生剎不同。」[37] 既然有無量無數的心，華嚴斷定就一定有無量無數的世界，各各千差萬別。「眾生各各業，世界無量種。」[38] 華嚴宗以個體心理模式作為個別構建之現象世界的根據。這些心理模式並非先驗決定的，也並非在每一心都恆長不變。世界與事物瞬息萬變，生生不息，不佔有時間的片段。如經所云：「能緣所緣力，種種法出生，速滅不暫停，念念悉如是。」[39] 心靈的心理模式也能妄造屬性不同的世界。在一剎那間，眾生所見的世界或如地獄，或如天堂。[40]

　　以唯識宗的觀點，有多少的眾生就有多少的心識。心有不同的意識狀態創造了現象世界。尤其是第八識，阿賴耶識或藏識，蘊含所有的世間現象的種子。然而，即使唯識宗同樣接受蘊含有各種各樣的心和各種各樣的「熏習」的藏識，但是唯識宗強調眾生因共業所感得一個共同的世界。從這方面來說，它提倡的

37　《華嚴經》華藏世界品第五。Cleary 1993：243.

38　《華嚴經》華藏世界品第五。Cleary 1993：246.

39　《華嚴經》菩薩問明品第十。Cleary 1993：301.

40　從這個意義上來看，十界的區分其實是建立於有情眾生的心理概念建構，而事實上存在界並沒有可分別的法界，吾人所見全為吾人之臆想。

是一種客觀唯心論（objective idealism）形式，與華嚴宗的主觀唯心論相異。客觀唯心論和主觀唯心論的不同之處在於，前者依然接受有一個客觀世界由不同的心所共有，但對於後者來說，心不一樣，世界就不一樣。《華嚴經》強調現象世界是由不同的知見和分別心共同作用的結果。「眾生身各異，隨心分別起。」[41] 因此不同世界的生成不是來自眾生的感官知覺，而是來自於不同心識的內觀和理解。[42]

　　《華嚴經》的多元世界觀正是其與眾不同的地方。當《華嚴經》描述現象世界時，它常用極度誇張的數字。例如，它說這裡有許多的世界體系如「有世界海微塵數」[43]，有「百億世界，千億世界，百千億世界，那由他億世界，百那由他億世界，千那由他億世界，百千那由他世界」[44]。最後，經又云：「無數無量，無邊無等，不可數，不可稱，不可思，不可量，不可說」的無量世界。[45]

　　因為現象世界由眾生的不同心理活動結果而成，眾生有多少，現象世界就有多少，如《華嚴經》所描述「數皆無量等眾生」。[46] 同時，每一世界內同樣包含有等數的世界：「一一世界

41　《華嚴經》華藏世界品第五。Cleary 1993：244.

42　在這方面，華嚴宗與英哲巴克萊的唯心論很不同，因為後者是用感官知覺得來的資料來建立感官世界（其名言：存在即是被知覺 To be is to be perceived）。華嚴的唯心論跟巴克萊另外一個不同點是巴克萊以最高存在（上帝）作為經驗世界的基礎，而華嚴宗則不將一心看作是現象世界的存在基礎。

43　《華嚴經》華藏世界品第五。Cleary 1993：213.

44　《華嚴經》光明覺品第九。Cleary 1993：296.

45　《華嚴經》光明覺品第九。Cleary 1993：296.

46　《華嚴經》世界成就品第四。Cleary 1993：188.

種，復有不可說佛剎微塵數世界。」[47] 或許我們可以說每一個世界體系是一個包含共存的有情眾生之世界，而每一眾生又都以其心識化生自己的世界。從這方面來說，我們不僅有世界體系的多元性，而且在每一個世界體系裡又有世界的多元性。

這些多重的世界不斷地遷流變化。《華嚴經》云：「一切剎種中，世界不思議，或成或有壞，或有已壞滅。」[48] 所有的世界皆賴於個體的心理活動。只要我們思想不斷地改變，我們創造的世界也不停地改變。一個世界剎那生滅；因此，沒有什麼是不變和穩固的。

多元的現象世界與本體存在同一平面上。打個比方，我們可以想像把眾多的全息圖（holograms）投影到同一平面上。每一張全息圖包含一整個世界，那麼眾多的全息圖可以在同一空間相互貫通。空間本身與眾多全息圖的總體性是一致的，但又與任何一個全息圖不同。經云：「以一剎種入一切，一切入一亦無餘，體相如本無差別，無等無量悉周遍。」[49] 就是說，所有多元世界裝在同一個空間並且所有的世界相互融為一體。因此，即使是《華嚴經》所說的多元世界，它也把相互貫通的多元世界詮釋為一體。經說：「不以彼世界多，故壞此一世界，不以此世界一，故壞彼多世界。」[50]

47　《華嚴經》華藏世界品第五。Cleary 1993：213.

48　《華嚴經》華藏世界品第五。Cleary 1993：243.

49　《華嚴經》華藏世界品第五。Cleary 1993：215.

50　《華嚴經》十定品第二十七。Cleary 1993：821. 不過這個世界多元觀似乎不為中國華嚴祖師所傳承。法藏把現象界詮釋為事法界，而且顯然只關切此界。或許我們可以解釋說在法藏看來的事法界，其實就是《華嚴經》描述的多元現象界之共存與互攝，只是法藏並不強調多元世界彼此之間的和

吾心亦為一心所造

　　假設世俗世界不過是我們心所妄造的產物和我們業行的結果，那麼我們的心就應當是隱藏在所有現象背後的實體性存有；也就是說我們的心應當是真實的。然而，華嚴宗並沒有賦予個體心比物質世界更多的實相。不真實的世俗世界不是僅僅為我們所經驗的外在世界，事實上我們也是這個世俗界的一部分。換句話說，我們的感覺、知覺和意識都是這個不真實現象世界的一部分，如《華嚴經》所云：「何等為世間法？所謂：色、受、想、行、識。」51 此外，我們的自我同一性以及我們的存在都是不真實的。如《華嚴經》云：「眾生不異幻，了幻無眾生。」52 即使是個人的業創造了世界，但實際上，「無作業者」53，「作者無所有」54。《華嚴經》更進一步否定了個別心的作用：「眼耳鼻舌身，心意諸情根，一切空無性，妄心分別有。」55

　　法藏解釋心不是「真實存在」，因為它們也沒有自性，必須依賴於實物，他說：「如見塵時，此塵是自心現。由自心現，即與自心為緣。由緣現前，心法方起。」56 先前我們已經解釋「空性」這概念等同於不同內涵的概念，而對華嚴宗來說，「依於其他的因緣而起」，「不存在」或者「不實有」，結果指的都

諸互攝等同。

51　《華嚴經》十無盡藏品第二十二。Cleary 1993：488.

52　《華嚴經》十忍品第二十九。Cleary 1993：880.

53　《華嚴經》十地品第二十六。Cleary 1993：751.

54　《華嚴經》菩薩問明品第十。Cleary 1993：301.

55　《華嚴經》菩薩問明品第十。Cleary 1993：300.

56　法藏《華嚴經義海百門》，英譯參考 Fung 1983：345。

是同一意思。

華嚴除了主張眾多的個別心具非實有之外，也同時假定有一真實心（One True Mind），一心創造一切諸心。如《華嚴經》提出，這個唯一的真心即是佛心，並且正是一心的力量能生種種心：「譬如一心力，能生種種心，如是一佛身，普現一切佛。」[57] 這個一心是永恆的，絕對的，包羅萬象的。法藏也說：「森羅及萬象，一法之所印。言一法者所謂一心也。是心即攝一切世間出世間法。即是一法界大總相法門體。」[58] 這個一心是萬物生起的根本原因，同時內在並且越超現象世界。

「一心」與「多心」之間的關聯，以及它們與本體和現象世界的關係，可如下圖所示：

多心　妄造		現象世界
一心　觀	（等同於）→	本體

根據「一心觀」之說，沒有生滅；無相無表象；無動無變。觀想的世界是本體（理法界）本身。眾多妄心分別，產生生、死，及種種相、動、變化。只要多元個體心能擺脫妄想與分別，多心就可以等同於「一真心」。一旦它們完成這個目標，所有的心都將歸於一心，由此，所有的世界都將歸於一個本體世界。這種「回歸一心」和「返本還源」是華嚴宗最究竟的教義。

57　《華嚴經》兜率宮中偈讚品第二十四。Cleary 1993：522.
58　法藏《妄盡還源觀》CBETA 電子版，No. 1876：1。Fung 1983：353.

整體論：法藏的「法界互俱」和澄觀的「法界無礙」

　　法藏通過多元世界的相即相入理論，來解釋他對每一世界內事事互相聯繫的觀點。他以金獅子為例，說明整個現象世界（即事法界）就像一個單一物體，其中每一部分與其他部分不可分離。缺少了獅子的任何一部分，整只獅子就不存在；沒有了整只獅子，獅子的任何一部分也不可能存在。同理，缺少了現象世界中的任何一個單獨的事物，整個世界也將不存在；沒有了整個世界，任何一事物也不能存在，因為整體與其他部分互相依存。這種觀點現在被稱為整體論（holism），這種理論認為特定體系的任何單獨部分都是整個體系的一部分，並且不能脫離於整體而存在。59 透過法藏的闡述，華嚴宗以其整體論的世界觀而聞名。60 克來瑞（Thomas Cleary）對這種觀點解釋如下：

59　與整體論相對的是原子論（atomism）。在當代語言哲學與心靈哲學中，整體論被視為與句子的意義以及真理，或是與思想的內容有關。與語言有關的叫做意義整體論（meaning holism）；與思想內容有關的叫做心理整體論（mental holism）。

60　美國學者庫克（Cook）認為法藏所提倡的近於一種有機整體論（organic holism），認定整個世界是一個有機體，其中的任何一部分都不可或缺。他說：「離開部分即沒有整體，而離開整體亦沒有部分。由此可見，構成全體的各單元完全不是各自獨立的個體；它們沒有獨立自存性。個人只是整個環境的功能，但同時也是整體本身。」（Cook 1979：378.）不過我認為將法藏的理論描述為有機整體論，是在他的世界觀中投射了太強烈的實在論。有機整體論將世界看作一個有機整體，因為整個世界是由全體進化而來的。但是法藏的整體論則是用一心作為本體，部分與全體相依相成，是因為一心含攝整個事法界。也就是說，法藏的世界觀不把世界看作是獨立自發的有機整體，因為世界本身是虛幻的。可以支援作者這個理解的一個論證是指出法藏的例子用的是「金獅子」而不是真正的獅子。整個金獅子

在華嚴的教義中，整個法界是一個結合所有存在條件的合流網，在其中所有事物彼此相互依存。……因此，為了更能體會個體和整體之間的關係，華嚴把多元整體看作是個別單元的構成部分，也同時把個別單元看作是多元整體的構成部分。個體的存在以其跟其他眾生以及跟整個合流網的關係來考量，同時整體亦是以其跟個別主體和其他眾生的關係來定位。[61]

法藏云：

第三同相者。椽等諸緣和同作舍。不相違故皆名舍緣。非作餘物，故名同相也。……若不同者。椽等諸義互相違背不同作舍。舍不得有故是斷也。[62]

這個表面上看來自相矛盾的論證可以分解如下：

1. 假設整體與部分不等同，那麼離開部分，整體還是可以存在，同時沒有了整體，部分也能存在。

2. 但是如果整體可以不靠部分而存在，那麼它就不再是由部分構成的整體；假設部分可以不依賴於整體而存在，那麼它們

是由同樣的質材（金子）建造，而不是一個有機體。

61 Cleary 1983：2.

62 原文見《華嚴一乘教義分齊章》第四卷。英譯引自庫克 Cook 1979：379. 出處為漢文大藏經 no. 1866，p. 508，col. a。作者添註：此處 Cook 似乎不是一字一句引全文。

也就不是整體的一部分。

3. 因此，整體與其部分必須具有同一性。

為了要正確理解這個論證，我們必須添加一個前提：

P1. 同一性意味著相互依存。

假如我們了解這裡所謂的同一性不是指自我同一性（各個物體等同於其自身），而僅僅是指必然的共存關係，我們應當可以接受這個論證為有效論證。

除了建立部分與整體兩者之間的互攝共依之外，法藏也對各個部分之間的相互依存進行詮釋。就每一部分都是整體的一部分來說，所有的部分在邏輯上蘊含整體，而整體當然含攝所有的部分。因此，所有的部分在邏輯蘊涵上互為因緣，是以會彼此之間相互示現。華嚴初祖杜順稱這種互相包含和互相滲透為「攝一入一，攝一入一切，攝一切入一，攝一切入一切。」[63]

為了闡釋眾多部分之間的相互示現，法藏用帝釋天的寶珠網「因陀羅網（the Net of Indra）」為譬喻。根據馮友蘭的描述：

> 因陀網為一珠網，每一珠中現一切珠，又現一切珠中之一切珠，如是重重無盡，此名「因陀羅網境界門」。[64]

63　杜順《華嚴法界觀門》，英譯見 Cleary 1983：113。

64　馮友蘭的《中國哲學史》下冊，頁 423。英譯引自馮友蘭的《中國哲學史》英譯本。Fung 1983：353.

　　另外一個華嚴祖師們常用的示範就是著名的「十玄鏡」。他們把十面鏡子排成一個圈，在圈中心放一支蠟燭。通過這種方式，每一面鏡子的反影都會映射到其他九面鏡子中，並且十面鏡子的每一面鏡子都包含其他九面鏡子裡的反影。以這種方式，他們顯示了反影的產生無窮無盡。

　　在澄觀的「四法界」理論裡，整體與部分兩者的相互依存關係叫做「理事無礙法界」，而部分與部分的相互滲透叫做「事事無礙法界」。前者描述本體與現象兩者的圓融；後者描述所有現象之間的相互共持和相互依存。事事無礙的理念是華嚴宗最具有創新性的理論。它超越了所有佛學宗派對本體與現象兩者關係的共同關注，而直接關注現象世界本身以及現象界裡的事法。它可以看作是對現象重要性的直接肯定。65 當被問及為什麼事相（現象）能夠圓融地互相存在，澄觀列了十個理由，其中第一條是所有事相都是由同樣的真心（Mind）變現的66。澄觀的思路是，假如事事法界有同一本原，那麼它們彼此之間就不會不相容。假如所有事相為一心（One Mind）變現，也就是說所有事相都是同一實體的呈現，具有同一自性，那麼它們之間就不會有任何衝突或是屏障。我們可以說澄觀的「事事無礙」是法藏整體論的一個更深地闡述。假如每一事物與另一事物互聯成一張網，那麼它們當然必須相互依存和相互支援。

　　另一個用來解釋整體性關係的理論就是「六相圓融」論。

65　傅偉勳解釋，把所有事物看作圓融共存是心靈進展的最高層次，在這個層次中「智者達到完全自然性與人文性的領悟，而見到世界上所有事物都是理法界本身所生成」（Fu 1984：241-242）。

66　要詳細研讀澄觀列舉的其他理由，請參照張澄基的解釋（Chang 1971：25）。

法藏以「金獅子」為例說明了這個理論：當我們看整只獅子時，我們看它的總相（totality）；當我們看獅子的每一部分時，我們看到它們的別相（individuality）；當我們看所有的部分，都是同一隻獅子的部分，我們看到它們的同相（similarity）；當我們看每一部分彼此各各不相同時，我們看到它們的異相（differences）；當我們看各各部分共同構成獅子時，我們看到成相（integration）；當我們看獅子最終會分解為各個部分時，我們看到壞相（disintegration）。在所有的個體中，甚至在整個現象世界上，都有這六相（總、別、同、異、成、壞）的展現。事物示現一相，並不代表它不能示現其他的相。從這方面講，六相觀是圓融的。這理論的重點是再度強調事物沒有獨立內存的自性。事物的所有特性與屬相都不過是來自心之所觀（contemplated by the mind）。不同的觀法產生不同的相，而唯一正確的觀法就是融匯所有視角而見到它們彼此圓融無礙。

　　雖然華嚴宗把整個法界的所有物體和事件視為相互依存和相互關聯，但是它並不認為事物之間存有真正的因果關係。假設事物之間存有真正的因果關係，就是假設因果為真，而且造因者亦為真。華嚴哲人都否定這兩種看法，在華嚴理論下，唯一真正的造因者應該是真心（Mind），一心能生諸心，再通過諸心的臆想進而創造諸多事相。儘管透過知覺我們能從果內辨別出有主因和助因的作用，但是終極來說，不管是因還是果，其實都只是由真正的動因——真心所製造出來的「附象（epiphenomena）」。

本體：「真如」或「理法界」

我們已經見到華嚴哲學區分存在的兩層面（二法界）。[67]
在世界的本質或本性的層面，用佛學專業術語，我們可以稱之為
「本體」（noumenon）或「真如」（True Thusness），或者用
法藏的名稱叫它「理法界」或「實體」。在現象的層面，我們有
現象世界為多元的說法，也有視我們的世俗世界為獨一的講法。
根據《華嚴經》的說法，存在多元的現象世界；因此，現象世界
與本體是多對一（many-to-one）的關係。不過，在法藏的說法
下，「理法界」和「事法界」好像只是一對一（one-one）的關
係。我們現在應該比較一下這兩種對二法界劃分的觀點。

在《華嚴經》裡，有時本體被譬喻為一塊鏡子，而現象
（相）或多元的現象世界被比喻成鏡裡的映射。《華嚴經》云：
「譬如淨明鏡，隨其所對質，現像各不同。」[68] 就好像當不同的
人來到鏡子面前，鏡子會如是反映出不同的人像而鏡子本身不
變，同樣地，不同的現象世界是由不同的精神活動所創，然而本
體本身也保持不變。正如映像不會改變鏡子的明淨，不同的世間
的煩惱也不會污染本體自身的清淨之性。

有時這個本體被稱為虛空（space），是包容顯示所有現象
或現象世界的處所。澄觀這樣解釋虛空之喻：

> 虛空中略取二義，一普遍一切色非色處。即周遍義，二

67　不過在這裡要特別注明，華嚴宗強調此二法界是「非二」，是等同的。
68　《華嚴經》菩薩問明品第十。Cleary 1993：301.

理含無外，無有一法出虛空故。即含容。[69]

　　他繼續解釋本體被喻比為虛空，是因其「無不遍故。無不包故」。[70] 從這個角度解釋，我們可知本體包羅萬象並且攝入所有個象之中。

　　以這些譬喻來看，本體好像是外乎現象的總相。鏡子包含鏡中所有的反影，但是沒有了映像後，鏡子仍然存在，且其乾淨與清澈的自性依然如是。虛空包納所有物質，但是就算沒有了物質，虛空依然還在。由此可見，《華嚴經》並不把現象的總相等同於本體本身。現象與本體在本質上自然相反：只有通過去除所有現象（所有映像，所有物質）才能看到本體（明鏡，虛空）原來的自性。

　　相對來看，法藏對本體與現象兩者之間關係的觀點則有所不同。比如法藏對理法界和事法界兩者的關係用金獅子來做譬喻。他把金喻為「理」，而把由金所做成的獅子喻為「事」。此無真正的獅子，它的所有特徵只不過是表相，真正存在只有金。因此，獅子有賴於金才能成相。然而，金作為實體，不通過獅子（或是其他的金物）的外相也不能示現；因此，金也有賴於獅子。是以，「金與獅子，同時成立，圓滿具足。」[71] 在法藏的觀點下，現象世界與本體之間如何相依共存，就有如金與獅子如何相依共存。以此譬喻，理法界即被看作體（substance），而現象

69　澄觀《華嚴法界玄鏡》CBETA 電子版 No. 1883：13。Cleary 1983：111.
70　澄觀《華嚴法界玄鏡》CBETA 電子版 No. 1883：13。Cleary 1983：111.
71　法藏《金獅子章》。Chan 1963：409.

界中的事法正是這個體之用（function）。離了體就沒有用，而離了用，體亦不能顯現。用即是體之用，但是用不即是體本身。根據這種觀點，本體與現象的相關性比在《華嚴經》所表述的更加嚴密：離開現象即無本體，反之亦然。由於事法界是由同樣的本體所構成（如獅子的部分都由金所構成），我們可以結論說事法界的全體就是本體本身（如金獅子的全體即是金本身）。因此，所謂的本體不外是整個現象事物的總和。

有時候這個本體被譬喻為海水，而現象或多元現象世界被喻為海波。華嚴初祖杜順經常使用這個譬喻，法藏亦如是。不管我們用金獅子還是水波之比喻來分析，我們都可以看到理法界與事法界不可真地分割或確實地區別。[72] 金是製成獅子之物；水是在波之下之物。離了金獅子總相，即沒有了金。離了波的總相，海水亦不為水。如杜順所說：

> 波無異水之波。即波以明水。水無異波之水。即水以成波。波水一而不礙殊。水波殊而不礙一。[73]

由此我們可知在杜順的哲學中，本體與現象只不過是同一世界的不同的狀態而已。就如杜順的解釋：「此理事融通，非一非異。」[74]

---

72 如黎惠倫所言，用水與水波的譬喻，「我們可以講涅槃真如浸潤於塵世的水波中，由此之故，後者的本質（濕潤性）跟前者（水）的本質亦無不同」（Lai 1986：3）。

73 杜順《華嚴五教止觀》CBETA 電子版 No. 1867：4。Cleary 1983：58.

74 杜順《華嚴法界觀門》CBETA 電子版 No. 1884：12。Cleary 1983：95.

　　澄觀更進一步地發展這一觀點。在他對杜順《華嚴法界觀門》的注釋《華嚴法界玄鏡》裡，理有時等同於「空性之理」；有時等同於「無本性之理」，有時又等同於「無自性本性之理」。換句話，理只不過是萬象之真實自性；亦即萬物實相。根據澄觀所說：

　　　今以即法為無我理。離於事外有何理耶。故理虛無體全將事法。本來虛寂為真理耳……故理即事耳。[75]

　　如果這種解釋能真正代表華嚴哲學，那麼法藏所說的「理法界」就不是真正的另外存在的法界，而不過是個不同的觀想（他所謂的「觀」），用以體認萬物之真性即為無自性、無自我、是「空」的。只要任何人能夠去除妄心，停止錯誤的心靈活動，其心就能住於涅槃境界，所有假相就會消失，正如風住而水波不起。澄觀有時把二法界稱之為「作為現象的本體」（事之理〔noumenon vis-à-vis phenomena〕），有時稱之「作為本體之現象」（理之事〔phenomena vis-à-vis noumenon〕）[76]，因為本體與現象都是同一事物的不同表相。由此看來，中國的華嚴祖師並不把本體看作是割裂於現象世界的另一種法界。這種解釋跟《華嚴經》對本體與現象的解釋有所不同。法藏的理論在澄觀的疏解下，不再把本體譬喻於反映現象的「明鏡」，或者是譬喻為包涵所有現象的「空間」。從本體的真實本相來看，它不過是現象的

75　澄觀《華嚴法界玄鏡》CBETA 電子版 No. 1883：11。Cleary 1983：104-105.
76　見 Cleary 1983：107。

總體。77

我們可以利用以下兩個圖表來對比這兩種觀點。從《華嚴經》的詮釋觀點來看，本體與現象二界的差異特徵可總結如圖表10.1 所示。而按照法藏的觀點，理法界與事法界兩者關係可總結如圖表 10.2 所示。

表 10.1 一與多之關係【《華嚴經》的觀點】

本體（一）	現象世界（多）
清淨的	染汙的
無始和無滅	生與死
平等無別	分別
非時間的（超越時間）	有過去、現在、未來
永恆的	有限存在
空的	多國土的
超越動與靜	運動與業行
無相	相與名
不可描述（超越言語表達）	可描述（語言）
非概念的	能被概念劃分的
無法感知的	能感知的
超越邏輯和哲學	屬於邏輯和哲學範疇

77 雖然華嚴初祖們將現象世界與本體界等同，他們並不如此而承認現象世界的真實性。事實上，他們所強調的重點是指出我們所在的塵世不過是虛空的本體界。換言之，他們強調的不是說本體有如現象界一樣真實，而是說現象有如本體界一樣虛空。

表 10.2 體與用之關係【法藏的觀點】

理法界（體）	事法界（用）
不變	不斷變化
無始和無滅	有形成與毀滅
永恆的	有限存在
單一和同一	多種形式和功用
自我完成和自足	緣起（從因緣生）
無相	虛幻（相）
純心所觀	諸心妄想

　　總結言之，華嚴的形而上學否認我們世界之真有，並把所有現象歸因於諸心妄造。它拒絕接受感官覺知和心理概念的可靠性，並將這些心理作用當作是現象產生的根源。《華嚴經》認為本體是一個無邊無際的虛空，虛空裡面萬物出現有如幻相。華嚴祖師們則或者將本體界視如一個沒有運動，沒有大小，無質無相的實體，或者將本體視如一個抽象的事相空性之理。不管其間看法差距如何，所有華嚴哲人似乎都認為實存於諸心妄作之外，有一個永恆的、超越時間的、完全平等的、無相的真如（True Thusness）。

　　假如一真法界或者真實自性與人們的知覺和思維（概念）體系不相應，那麼我們如何可能認知這個一真法界呢？如果我們不能運用我們的思維並且不能信任我們的知覺，那麼我們應該用什麼東西或能力去獲知實相（Truth）呢？在下一節，我們會繼續探討這個認識真如的課題。

華嚴知識論：語言和真如

　　華嚴佛者所接受的是一種語言懷疑論，其觀點是「不能把語言看作是一種能表達世界如其所是的媒介」[78]。如《華嚴經》云：「一切言說，於諸法中，無有依處。」[79]《華嚴經》又云：「語言說諸法，不能顯實相。」[80] 根據這種觀點，在我們的命題表達和事件的真實狀態之間沒有對應關係；我們的概念體系和事物的真實本性無法匹配。本節中會概述華嚴的論證，並解釋在華嚴佛者心目中認為更好的知識形態之內容。

　　對華嚴佛學而言，真理（Truth）是「不可思議的」。真理的不可思議性來自其不可描述性，而其不可描述性是源自我們語言的有限性。我們的語言無法捕捉事物的真實本質，因為語言有賴於我們對世界的感知。我們通過我們的感覺器官而獲得感覺經驗，但是通過這些感覺器官，我們只能得到那些感官所能感知的內容。真如（True Thusness）超越了我們的知覺和我們的概念。因此，它絕不能用我們的語言加以描述。[81]

　　根據羅伯特・M・吉密羅（Robert M. Gimello）的分析，對

78　引自 Berkson 1996：98。在本書的第七章討論莊子的哲學觀點時已經介紹過不同形式的懷疑論。

79　《華嚴經》十行品第二十一。Cleary 1993：462.

80　《華嚴經》須彌頂上偈讚品第十四。Cleary 1993：379.

81　克來瑞（Cleary）對這種哲學立場如此解釋：「心理建構的本質即是吾人用以認識世界的概念系統以及覺知體系。我們經驗世界的內容是相對於我們的覺知能力、覺知意識，以及覺知素材（sense data）。是以，我們可以看到世界的規律秩序其實是人類心靈對外界的投射或是建構，而非是一個客觀存在世界內部的固定本質。」（Cleary 1983：22）

華嚴佛者（甚至對大多數的佛學教派）來說，真理無法言說的另一個原因是因為我們的語詞對事物本質無法有任何指涉的內容（referential content）。因為萬物沒有固定的身分（identity），我們的語詞就無法指稱任何特定的種類。如吉密羅所言：

> 佛學的空性之終極真理是難以用語言表達的，不過這是從某種特殊的意義上來講的。它之所以難以言詮，不是因為我們的文字無法描述一種稱之為「空性」的超驗絕對的真理，而是因為我們的詞語缺乏指涉的內容，或是缺乏實質的含義。儘管在表面上以及在詞語的一般用法上，我們似乎是在指涉實物，但是此理為真，因為的確沒有真正被指稱的確定實體。由於世上沒有確定的物體被指稱，所以這些語詞不能真正地指稱。語言的指涉功能子虛烏有，實際上這正是表象幻影的主要妄造者之一。[82]

華嚴佛學對真理或是實在之不可思議性的另一個論證可以從《華嚴經》下面這段話引申出來：「法性本寂無諸相，猶如虛空不分別，超諸取著絕言道，真實平等常清淨。」[83] 稱一真法界為「如」（「如是」〔Thusness〕或「如彼」〔Suchness〕）是中國佛學宗派的一個常見的慣稱。這個術語所表達的是說一真法界或者事物的真實本質不過是「如其所是」，超越所有描述與形容。由於無法有任何一種合適的名稱，佛者姑且命名為「如是」

82　Gimello 1976：120-121.

83　《華嚴經》十地品第二十六。Cleary 1993：744.

或「如彼」。我們在本章第一節解釋，對華嚴宗來說，「如是」或「如彼」是無別，無異，無界限，無分割。一切即一（All is identified as One）。但是，人類之心無法避免會作出各種分辨判斷，而且我們對世界的描述正是建立在我們的區別能力上的。因此，我們的描述絕對無法捕捉真正的實相（True Thusness）。

這一論證可以總結如下：

1. 事物的本質就是它們的「如是」（Thusness）——以它本身如其所是的方式存在。

2. 當我們運用我們的思想和概念時，我們是以我們自己的言語對事物進行描述。

3. 事物如其所是都等同於一；但當我們描述事物時，我們必然要分辨它們。

4. 是以，我們的思想和觀念不能捕捉事物之如其所是。

5. 是以，事物的本質超越了思想與概念。

什麼是分辨？而分辨又有什麼錯呢？根據華嚴宗的看法，分辨不會必然地牽涉到態度和評價的差異；它可以如概念系統一樣，只是為了方便理解，將事物分成不同的種類而不加以評判高下。這種認識上的分辨是所有科學的基礎。事實上，要在我們的經驗世界裡生存，我們必須依賴於我們的分辨能力。然而，華嚴宗拒絕任何一種知識上的分辨形式。它所提倡的是一種真正能揚棄所有分辨的態度。華嚴宗持反對（常識）實在論的態度，在這個理論下，「反分辨」這個命題不是僅僅為一個「應該平等地對待萬物」的倫理主張，而是一個要求我們貶抑感官知覺並且放棄

所有心靈認知的呼籲。

　　《華嚴經》云：「言詞所說法，小智妄分別，是故生障礙，不了於自心。不能了自心，云何知正道？……斯人未能有，清淨法眼故。」[84] 從這段引文我們可以看出，華嚴宗堅持兩種知識的途徑：一種是常人根據他們的概念體系和心理模式來分辨物質；另一種則是被稱之為「清淨法眼」，是無分無別的觀視。《華嚴經》又云：「世間言語法，眾生妄分別……若見等無異，於物不分別。」[85]「若住於分別，則壞清淨眼。」[86] 由此我們可見「清淨法眼」跟「分辨之眼」正相反。唯有透過清淨法眼，人們才可以了知事物的實相。

　　那麼人們如何能獲得清淨法眼的認知途徑呢？華嚴宗學者一般認為這不可能從教理或研讀了知。教理和教義依賴於文字，而文字必然地會區別事物，是以教理和教義不能真正地告訴我們真如。那麼我們應該怎麼樣了知真如呢？杜順的答案是：親證能幫助我們了知真如。他說：「唯證相應，當自知耳。故經云，如人飲冷水，唯自知也。此意在言外，勿執言思理。」[87] 如果有人曾經親自體驗到消除所有分辨和區別的心境，那麼他就了知了真如之理。如此的體驗完全無法由文字教導——它純粹是一種個己

84　《華嚴經》須彌頂上偈讚品第十四。Cleary 1993：375.

85　《華嚴經》須彌頂上偈讚品第十四。Cleary 1993：377.

86　《華嚴經》須彌頂上偈讚品第十四。Cleary 1993：377.

87　杜順《華嚴五教止觀》CBETA 電子版 No. 1867：5。英譯見 Cleary 1983：61。杜順是在講述他的第四教《語觀雙絕門》時解析親證的重要性。在解說第五華嚴三昧門時，杜順也云：「致令斷惑盡迷，除法絕言，見性生解，方為得意耳。」《華嚴五教止觀》。英譯 Cleary 1983：61。

的體驗。

由於華嚴宗強調親身體驗是唯一可靠的知識途徑，它的知識論與西方的知識論傳統非常不同。假如真知只有通過個己的體驗才能獲得，那麼它是無法共享，無法推衍，也無法驗證的個體是否已獲得真知是旁人無從判斷的。同時，個體所認定的真知可能與他人不同，個人所學得的體驗也無法用言語表達給他人知道，除非他人通過他自己的親身體驗同樣達到理解所要求的層次。從這些方面上說，真知便成為了私密的知識——既不可分享也無法交流。

就華嚴宗對語言和真理兩者相聯性的懷疑來看，華嚴理論與早期道家很接近。假如這一真法界是獨立於人類的感知，那麼這個終極實在將永遠無法用我們的語言去表達，因為我們的語言是建立於我們的感官辨識而分成的概念範疇之上。不過，人類的覺知並不是唯一的認識途徑。早期的道家和華嚴宗都承認還有另外一種不同的知識模式，是依據於一個完全消解所有的分別分辨心，而認可「一切即一」的心理態度。要了知真如，個人必須採取一個完全不同的視角，莊子稱其為「道樞」，而華嚴宗稱其為「清淨法眼」。在本書後面我們會看到禪宗繼續發展華嚴的不依言教，提倡摒棄教義和追求「頓悟」之理。另外，華嚴宗對親證學習的認知方式之發揚，亦為後來的宋明理學家，尤其是王陽明，所吸收。

華嚴倫理學：佛、菩薩（覺悟有情）和眾生

「佛」這個術語在華嚴宗的論述裡有多種意思。一方面，

它可指涉歷史上的佛陀；另一方面，它可指稱已證得存在最高
境界的眾多之人。在某些語境中，它被用於表達宇宙的基本原
理；在其它某些語境中，它被用於代表一真法界本身。如克利瑞
（Cleary）在他翻譯的《華嚴經》裡指出，「『佛』的指涉從一
個體至一法界本性以及法界本性的示現。前文中指的『佛陀』，
可能在下文裡就變成『諸佛』。『佛』一字同時代表覺悟本身，
覺悟的範圍，或者那些已經覺悟之智者。」[88] 不過，根據華嚴宗
的標準，如果我們因此斷言「佛」這個術語多歧義，則不是正確
的理解。華嚴宗認為一佛與百萬塵剎中的無量諸佛是一樣的。在
某些語境中，這個術語似乎是指涉最高存在者（佛陀），出於對
眾生的悲憫心，不離涅槃境而示現於諸塵剎中。如華嚴經所云：
「一一塵中三世佛，隨其所樂悉令見，體性無來亦無去，以願力
故遍世間。」[89] 然而在某些其它的語境中，「佛」則是被客觀化
為法界的本身。

　　天台宗認為可以有無量無邊的諸佛，每一個眾生都是未來
佛。然而，華嚴宗則堅持只有一佛。根據華嚴宗的教義，佛出現
於諸世界和國地中，以導致我們誤認為有無量無數的諸佛，然而
此諸佛實際上都是一佛的示現。經云：「譬如淨滿月，普現一切
水，影像雖無量，本月未曾二，如是無礙智，成就等正覺，普現
一切剎，佛體亦無二。」[90] 華嚴也論證說當佛出現於世，它既不
是真的在那個世界，也不在那個世界之外，「譬如水中影，非內

88　Clearly 1993：1.

89　《華嚴經》世界成就品第四。Cleary 1993：201.

90　《華嚴經》兜率宮中偈讚品第二十四。Cleary 1993：523.

亦非外。」[91] 因此，即使在我們閱讀有關歷史上佛陀（釋迦牟尼佛）的生死時，我們亦應該明白真正的佛陀既不生於亦不死別於我們的世界。歷史上的佛陀生命故事只是用以教導人們證悟的一種手段。「佛」不應該等同於這位歷史上的佛陀。《華嚴經》又云：「一一佛剎中，一佛出興世，經於億千歲，演說無上法。」[92] 因為這一佛出現於諸塵世中，每一尊佛出現應該看作是一真佛（One True Buddha）的一個水中「倒影」（reflection）。從這個意義上說，佛是一種超越了時間和空間的至尊存有。

從一個更高的抽象層面來看，佛也被認為等同於整個法界。根據《華嚴經》文，這一物化的佛被稱之為「毗盧遮那佛」（Vairocana），意義為「光明遍照如來」。經文如此描述「光明遍照如來」：「佛身普遍諸大會，充滿法界無窮盡，寂滅無性不可取，為救世間而出現。」[93] 在這個描述裡，佛身大如虛空，包羅萬象。如同虛空一樣，佛通三世（過去、現在、未來）；是超越時間的存在。按照《華嚴經》中的看法：「佛」、「虛空」和「本體」都指同一物，一真法界就是佛自己，其身如虛空充滿整個宇宙，諸法皆是佛的示現。[94] 如《華嚴經》云：「佛身無有量，能示有量身。」[95] 庫克（Cook）稱這種觀點是一種

91　《華嚴經》十忍品第二十九。Cleary 1993：884.

92　《華嚴經》華藏世界品第五。Cleary 1993：250.

93　《華嚴經》世主妙嚴品第一。Cleary 1993：65.

94　根據《華嚴經》兜率宮中偈讚品第二十四，佛的示現會因眾生而有不同。經云：「佛隨眾生心，普現一切身。」（Cleary 1993：527.）是以，儘管華嚴也同樣宣示所有事象皆為一佛之示現，這個理論跟唯識論的客觀唯心論不同。

95　《華嚴經》兜率宮中偈讚品第二十四。Cleary 1993：524.

「泛佛論」（pan-Buddhism）。[96] 他說：「華嚴是這樣一種泛佛論形式，（因為根據華嚴精義）我們所理解的『佛』這個字不是一個事物裡的實體，也不是物質宇宙自佛生成的資料因或充足因。一切都是佛，因為沒有什麼不是空的。」[97] 當華嚴宗被看成是一種宗教形式或者道德說教時，它講示化身佛陀（personified Buddha）為眾生證入的終極目標。而當華嚴宗被看作是一種關於世界的哲學觀點時，它講示法身佛（objectified buddha）為真如法性。在華嚴體系中這兩種觀點並非互不相容。

　　對大多數的其他中國佛學宗派（比如天台宗）而言，證悟的最高境界是佛果（Buddhahood）。每一眾生都有佛性，並且都應該努力修行成佛。但是對華嚴宗而言，修行階段中最值得稱許的是菩薩的修行。菩薩界處在佛界與眾生界之間。菩薩修行圓滿成佛後也能入涅槃，不過出於對眾生的慈悲關懷，菩薩發願繼續留在娑婆世界，直至每一眾生都住入涅槃。[98] 法藏說：「今如來出現。全以塵無自性。法界緣起菩提涅槃。以為如來身也。此身通三世間。是故於一切國土，一切眾生，一切事物，一切緣起，一切業報，一切塵毛等，各各顯現。如上諸義。菩提涅槃等。為佛出世也。若一處不了即不成佛。亦不出現。何以故。由

96　Cook 1972：404.

97　Cook 1972：414.

98　因為菩薩已然進入超越時空的境界，他們可以說是不朽的。菩薩如芸芸眾生一樣通過生老病死走過塵世一趟，但是與眾生不同的是他們可以保留前諸世的所有記憶而再度重生入塵世。在這個意義上，菩薩可以說是「穿越世界」（trans-world）的存在。

不了塵處。仍是無明。是故不成佛。亦不出現也。」99 法藏又引經文：「經云：菩薩不住此岸。不住彼岸。而能運度眾生於彼岸。」100 換句話說，佛陀教育的主要目的不是為了達到自我最終滅度涅槃，而是幫助他人達到此目標之道。這種道德教化是中國哲學裡一種根深柢固的人文精神之反映。

對華嚴宗而言，涅槃不是一個獨立存在的世界，而是一個不同的心靈精神世界。也就是說，華嚴不是在提倡個人「被提升到」或者「進入」一個不同的存在世界。它所提倡的是一種不同的認知，一種不同的精神境界。《華嚴經》經文如此描述這種精神境界：「菩薩已到色彼岸，受想行識亦如是，超出世間生死流，其心謙下常清淨。」101 這種精神境界抽空所有的感覺和認知活動。如此看來，一個人要在他的一生中達到這個境界似乎是不可能的，而且如果他要在塵世有所作為，他也不能長久保持在這個精神境界裡。不過在另一方面，法藏又說一旦個人能夠從煩惱中解脫出來，就能達到這種涅槃的境界：「心安如海，妄想都盡，無諸逼迫，出纏離障，永離苦源，名為入涅槃也。」102 根據這種解釋，要長住涅槃，個人不必處於一種完全無認知和無意識的狀態。一個人只不過需要一種不同的道德態度：一個除盡欲望與索取的清淨心靈。

菩薩已親證了涅槃之境是永恆寂靜，可是他們不會永恆住

99　《華嚴經義海百門》CBETA 電子版 No. 1875：14。Fung 1983：358.

100　《華嚴經義海百門》CBETA 電子版 No. 1875：9。此為作者添註。

101　《華嚴經》十回向品第二十五。Clearly 1993：625.

102　《華嚴金獅子章・入涅槃第十》CBETA 電子版 No. 1881：6。（另有版本作：「永舍苦源，名入涅槃」。）英譯本 Chan 1963：414。

於涅槃之中。杜順以此悖論解釋菩薩的心靈狀態：

1. 因為有是空，所以不住生死。
2. 因為空是有，所以不住涅槃。
3. 因為空和有是一個整體，兩者都在，所以住於生死和涅槃。
4. 因為空和有能互為抵消，不住生死不住涅槃。103

　　如果菩薩想繼續留在娑婆世界，那麼他們就不能徹底脫離人類的煩惱。不過菩薩與眾生的不同之處，在於雖然兩者都身處事法界，但是菩薩不會遭受自身煩惱之業報。菩薩陪著眾生一直留在世間，但他們不像眾生那樣看待世塵。他們的內心清淨如諸佛；他們自願承受的苦難不會給他們帶來痛苦。他們的本心尊榮愉悅，但是他們對其他受苦眾生則充滿憂苦和悲憫。

　　菩薩的最大美德是悲心。他們願把他人利益放在自己之前，甚至於犧牲自我以成就他人。據《華嚴經》所云，菩薩暗自思維：

　　我當普為一切眾生備受眾苦，令其得出無量生死眾苦大壑。我當普為一切眾生，於一切世界一切惡趣中，盡未來

---

103 原文為：「以有即空故。不住生死。以空即有故。不住涅槃。空有一塊而兩存故。亦住生死亦住涅槃。以空有相奪兩不存故。不住生死，不住涅槃。」出自杜順《華嚴五教止觀》CBETA 電子版 No. 1867：4。英譯本 Clearly 1983：58。

劫，受一切苦，然常為眾生勤修善根。[104]

基於對眾生的慈悲，菩薩修苦行。他們不追求肉體上的舒適和享樂；他們只追求「無上智」。[105]

「無上智」對道德修養來說很重要，因為它是一種特殊的智慧形式，通過它使人能明白事物的真實本質是空：

> 菩薩善觀諸行法，了達其性不自在，既知諸法性如是，不妄取業及果報。無有色法無色法，亦無有想無無想，有法無法皆悉無，了知一切無所得。[106]

這種「了知一切無所得」是佛陀基本的教義之一：諸法性空。個人一旦了知諸法性空，必然不會再執著癡迷於事物。這是邁向菩薩果位的重要一步。

菩薩斷除了見思惑；他們對大小、善惡，或者無論什麼都沒有分別心。對華嚴宗的佛教徒來說，放棄概念和認識分別是消除欲望和價值判斷的第一步。《華嚴經》云：

---

104 《華嚴經》十迴向品第二十五。Cleary 1993：534. 作者添註：此乃出自《華嚴經》80 卷版本。譯者另外在《華嚴經》60 卷的十迴向品第二十一也找到相似語辭：「我當為一切眾生受無量苦，令諸從生悉得免出生死沃焦；我當為一切眾生，於一切剎，一切地獄中，受一切苦，終不捨離，我當為覺悟眾生，修諸善根。」

105 《華嚴經》十迴向品第二十五。Cleary 1993：539.

106 《華嚴經》十迴向品第二十五。Cleary 1993：565.

> 名色共生不離，此名色增長，生六處聚落，於中相對
> 生觸，觸故生受，因受生愛，愛增長故生取，取增長故生
> 有，有生故有生老死憂悲苦惱。如是眾生生長苦聚。107

　　對於我們當代人來說，一個人如何能夠徹底放棄名類和感
知是很難理解的，因為在這個世界上我們需要依靠感官功能來生
活與行動。華嚴的教義或許是教導一種不同的了知模式，源自我
們對諸法真性的理解。因為一旦我們知道諸法緣心和它們自性本
空，我們就或許可能超越來自我們覺知和概念的範疇分類。

　　對那些致力於解悟的人來說，一個更深的道德目標是要放
棄自我的概念。自愛與自利常被認為是人性的一部分。許多倫理
學理論都建立在自我論（egoism）的基礎上——甚至上座部的倫
理學理論也是本於自我論。108 因此，認定有自我不見得就是不道
德的或是不符合倫理法規的。然而，大乘佛教教徒，尤其是華嚴
宗的佛學者，則把自我概念視為萬惡之源和痛苦之因。經云：
「世間受生皆由著我，若離此著，則無生處。」109 也就是說，除
盡我執，才能終止再入生死循環。華嚴認為人的執著於自我是諸
苦之源，因為它會使人輪迴在這個世間。

　　決定眾生遭遇什麼樣的命都是由自他們自己所造的業：執
著自我，不識事物本性同一而妄作分別，索取和欲求那些本質皆

---

107 《華嚴經》十地品第二十六。Cleary 1993：708.

108 佛陀的一個基本教義就是無我。但是，對於上座部的佛教流派來說，自我
　　的了知解脫是修行的最終目標。中國的大乘佛教批評他們為「小乘」佛
　　教，就是因為後者的我執以及我愛。

109 《華嚴經》十地品第二十六。Cleary 1993：745.

空的事物，並沉迷於實際上與苦難同質的世樂。[110]因為這些原因，「眾生漂溺諸有海，憂難無涯不可處。」[111] 要想結束他們的痛苦，眾生必須從這個世界掙脫出來。他們必須拋棄概念、覺知、認知、與分別心；他們必須停止對自我的執著，放棄對他人、社會和國家的癡迷貪愛。最終極來說，他們必須把世間視為假相；把他們生命所經歷的一切視為夢幻。

對華嚴宗理論可能存在的一個哲學問題就是：自由意志是否可能？如早前的分析所現，在華嚴宗的理論下，甚至眾生都不真實。一切終究都源起於佛；諸心為一心所示現。這樣看來，所有人類的決定和行為都似有同一的虛幻狀態。真如裡沒有動原主體，沒有因果關係。如果一個人發願依著正路修行，她的決定不會是她自己一人的。《華嚴經》有時似乎暗示甚至眾生的道德信仰行為都不是由他們自己所造。經云：「佛普令其心生信解」。[112] 但是有時華嚴經亦歸功於眾生所發的「願」，例如，當經說到：「眾生非法器，不能見諸佛，若有心樂者，一切處皆見。」[113] 因此，華嚴的自由意志論和決定論似乎前後矛盾。根據中國華嚴祖師們「一即一切，一切即一」，「平等一如」，「無礙」和「圓融」的理論，個別的行動主體不能離他而單獨存在。所有眾生彼此相互影響；所有業行緣於他人的無量諸多行

---

110 根據《華嚴經》的講法，不是僅僅因為塵世的享樂最終會導致痛苦煩惱，而是塵世的享樂本身即是煩惱：「世間之樂無非是苦。」（〈十迴向品第二十五〉，Clearly 1993：535）

111 《華嚴經》菩薩問明品第十。Clearly 1993：301.

112 《華嚴經》世主妙嚴品第一。Clearly 1993：65.

113 《華嚴經》華藏世界品第五。Clearly 1993：250.

為。假如眾生不是原動主體並且不能自力提升道德修養，那麼他們對自己的善行（或惡行）也應該沒有任何道德上的責任。對善惡行為積累的獎懲倫理分配（比如佛家的「熏習」概念）是傳統佛學教義的根本，但是這種獎懲倫理不能在華嚴的整體論體系裡保留。對華嚴宗來說，這種理論的不一致性似乎是一個不能解決的難題。

結語

眾所周知，華嚴哲學對中國哲學後來的發展產生了深遠的影響。如陳榮捷所說：「宋明理學的主要概念，如理和氣，是從華嚴的理和事引申（即使不是直接）而來。宋明理學『一即一切，一切即一』的哲學更是明白無誤地烙上華嚴宗的印跡。」[114] 華嚴宗促進了中國哲學的發展，它的「理」概念就是華嚴所有貢獻中最重要的一環。[115] 如黎惠倫評論道：

> 中國大乘佛教中最複雜的教派華嚴宗所談的「理」展示出……兩個超驗的象徵——道與法——之結合，並且明確有力地表達了二者之間的結構性相互關係，是在印度和中國前所未見的。「理」的概念為永恆的真理探索提供了新的見地。[116]

---

114 陳榮捷《中國哲學文獻選編》第 25 章，英譯本 Chan 1963：408。
115 理的概念可追溯自《易經》。
116 Lai 1980：245.

根據吉密羅（Robert M. Gimello）的分析，中國祖師們用「理」這個詞去詮釋印度的「空性」的含義，對佛教哲學之精神產生了很重大的改變。他說：

> 「理」有智性的，而非實體的意義。它指涉規律和真理，但既不預設實體的存在，也不強調其不存在。對理的追尋，並不會開啟對一個本體論上名為「空」（或一個無法言喻的某物）或不定之物的追尋。[117]

當一真法界被定義為「理法界」，它呈現出比其伴隨的概念如涅槃或實體更為抽象的維度存在。在世上存在有一理統攝著整個法界嗎？理能「創造」或者「支撐」現象世界嗎？世間的每一件事物都能展現或參與這個理嗎？所有事物都共用這個一理，還是每一件事物有自己個體的理？對於現象世界中的各個事物，理的存在是邏輯性在先還是時間性在先呢？由於華嚴宗也堅持一心（佛心）為最後的實體，是以關於理和心兩者關係的問題亦隨之產生。這些都是華嚴哲學所引起的問題，可是沒人可以從華嚴哲學裡找到所有的答案。繼續進行追求新方法去分析理與事，或是理與心兩者之關係，等等，便主宰著下一個中國哲學時代——宋明理學。

---

117 Gimello 1976：125-126.

延伸討論問題

1. 華嚴宗對真如的看法是什麼？他們如何解釋世界？華嚴宗的世界觀與唯識宗的世界觀有何不同？

2. 華嚴宗有一個連貫性形而上學的觀點嗎？你怎麼理解沒有真實的世界和沒有真實的心？

3. 金獅子的譬喻是什麼？這個譬喻怎麼表示華嚴宗的基本教義？

4. 真如實相是否拒斥人類的認知和概念？如果我們不知道真如是什麼，我們依然能在這個世界中運作嗎？

5. 利他主義似乎是華嚴宗所提倡的道德原則。你認為在我們能享受我們的解脫之前，我們有一份終極的道德責任去幫助他人嗎？

第十一章

天台宗

概論

　　天台宗由智顗（西元538-597）創立，因智顗常住中國天台山並在此講學多年而得名「天台」。從它的名字我們就可以看出天台宗是真正意義上中國化的佛學宗派，而不僅僅是印度佛學的進一步發展。天台宗的主要依據經典是《法華經》（*Lotus Sutra*），全稱為《妙法蓮華經》（*the Sutra of the Lotus Blossom of the Subtle Dharma*）。智顗認為這部經是佛陀一代時教的最高深教義，圓滿開顯了佛陀教法的純圓獨妙。查普爾（David Chappell）稱《法華經》是天台宗的根本聖典[1]，華茲生（Watson）稱它是大乘聖典中最重要和最有影響力的一部經

1　在查普爾為斯旺森《天台哲學基本》（*Foundation of T'ien T'ai Philosophy*）一書所作的序言裡（Swanson 1989：viii）。

典。2 要理解天台思想，我們就必須從《法華經》開始。

　　智顗有兩部關於《法華經》的論疏。一部是《法華玄義》（*The Esoteric Meaning of the Lotus Sutra*），闡釋《法華經》的玄妙之義。另一部是《法華文句》（*The Words and Phrases of the Lotus Sutra*），對經文進行逐字逐句的解釋。他還有另一部關於修行法門的著作《摩訶止觀》（*The Great Calming and Contemplation*）。這三部著作都由智顗講說，其主要弟子灌頂筆錄整理，被稱為天台三大部。3 依照當代佛學專家吳汝鈞的解釋，其中《法華玄義》和《法華文句》尤其重要，因為「它們綜合彰顯了智顗極其成熟的天台思想，幾乎涵蓋了我們基本問題研究中的所有核心概念和哲學方法。」4

　　有志於研究天台哲學的英文學者最主要的困難是天台原典著作之多，加上英譯的不全與數量有限。僅有一小部分天台原典被翻譯為英文，而且往往只有部分被翻譯，其中更少得到詮釋，這都增加了英文研究的困難。除天台宗後期的許多論疏以外，僅智顗本身就有至少掛名了二十本論疏，或是由他本人所寫或是根據他的講說內容紀錄而成。天台哲學的不同英譯者基於不同的著作當為他們的注釋底本。比如多諾（Donner）和史蒂文生（Stevenson）著重《摩訶止觀》，但是他們只翻譯了這本書的第一章。斯旺森（Swanson）以《法華玄義》為依據來解釋天台哲學的基本思想，但是他也只翻譯了這本書的中間部分。在對天

2　在華茲生《法華經》翻譯的序言（Watson 2002：xvii）。

3　Donner and Stevenson 1993：5.

4　Ng 1993：10.

台佛學的闡釋中，查普爾（Chappell）選擇用《四教儀》（*The Fourfold Teachings*）為根據來詮釋天台哲學，但這本書的作者是十世紀的高麗沙門諦觀（Chegwan）。最後，陳榮捷在他的《中國哲學文獻選編》，馮友蘭在他的《中國哲學史》中都引用《大乘止觀法門》（*The Method of Cessation and Contemplation in Mahayana*）來解釋天台思想，儘管他們同時都認為這本書的作者是有爭議的（本書據說是由智顗的祖師慧思所寫）。智顗的思想實際上跟他的祖師慧思在很多方面有很大不同。慧思繼承印度佛學的唯心論傳統而認為世界的本質是心，但是智顗無疑否定了心是本體。慧思宣稱世間現象「僅僅是心的產物，因此是假象而無實的」[5]。但智顗明顯聲明世界不是佛陀或任何一心的產物。作者不認為慧思的《大乘止觀法門》代表了天台的哲學觀。本章中對天台的基本義理是根據智顗的觀點解釋的。因此本章對天台哲學的闡釋有別於馮友蘭所作的闡釋。關於智顗思想最完整性的英文研究著作或許要算是吳汝鈞（Yu-kwan Ng）的《天台佛學與早期中觀論》（*T'ien-t'ai Buddhism and Early Madhyamika*）了。他在這本著作中引用了上述提到的所有天台論疏及其他的資料。本章內容主要是依據中文典籍和中文論疏，輔以現有的英文翻譯。由於英文翻譯作品有限，我們將採用《法華經》、智顗的《法華玄義》和《摩訶止觀》的英譯作為英文資料的主要來源。我們也會參考馮友蘭和陳榮捷所翻譯的慧思的《大乘止觀法門》，但是要強調慧思的思想跟智顗並不完全相同。

　　智顗的哲學素養可以追溯到印度中觀學派（Madhyamika

5　見馮友蘭的介紹（Fung 1983：367）。

School）的創始人龍樹菩薩（Nagarjuna）。6 智顗經常提到龍樹菩薩的主要作品，很顯然他受中觀思想影響很深。但是與玄奘創立的唯識宗不同的是，天台宗並不僅僅是印度佛學宗派的另一個延伸。智顗大量地修改了中觀思想的基本教理而形成了天台宗的主要思想。斯旺森（Swanson）評述說，天台佛學的核心是智顗提出的「三諦」（Threefold Truth）觀念。7 大多數天台學者持同樣的觀點。然而，吳汝鈞不同意這個廣為接受的觀點，而認為智顗的佛性說（Buddha-nature）才是天台思想的核心。吳汝鈞認為三諦關注的只是理解實相的方法，而「佛性才是實相本身的事」，「從邏輯上來講，實相的概念先於認識實相的方法。」8 本章將會分析天台宗這兩個核心概念，並仔細辨別它們在理論上的聯繫。兩個概念都有關真理實相。根據 Siao-Fang Sun 所介紹的對真理（truth）概念的區別9，我們將對實相真理觀進行形而上和語義上的區分：真理的形上義指涉外在世界本身（在此語境稱為「實相」），或是如吳汝鈞所說「現象世界的真正本性」10；真理在語義上則是指我們對實相所作的描述之真值。當「真理」用於形而上義時，我們將用特定的詞語「實相（英文首字母大寫的 Truth）」來表示它的獨特性。當它用於語義學上時，我們將簡單地用普遍意義上的真理（小寫字母的 truth）來

6　根據灌頂在《摩訶止觀》前言中的解釋，智顗師從慧思，慧思師從慧文，而慧文是學習龍樹菩薩哲學的。

7　Swanson 1989：ix.

8　Ng 1993：x.

9　參考本書第七章對莊子真理論的討論。

10　Ng 1993：4.

表示。本章的分析中我們將會看到天台的「真理」概念很複雜，在不同的語境中可以有不同的解釋。

天台形而上學的真理概念：究竟實相

天台世界觀最獨特的特點是一實相理，即世間和涅槃同是一實相。智顗試圖通過不同解釋來消除一實相觀和早期佛學的二元世界觀之間的明顯分歧。他創出許多代表天台宗哲學思想的詞彙和術語，如「十法界」、「十如是」、「十界互具」和「一念三千」等等。雖然天台宗教義是本於《法華經》，但這些詞彙都未出現在《法華經》本書中。這些詞語構成了天台哲學思想的核心命題。我們需要依次一一解釋。

十法界與一實相

早期佛教把世間和涅槃分開，兩界的存在是互相對立的。世間的特點是輪迴的不斷循環，涅槃則是輪迴的終止。早期佛教所謂的「世間」並不單指我們有情眾生感受到的器世間，它包括存在的六界（叫做「六道」或「六法界」）下至地獄眾生，上至天人，中間包括旁生和人。[11] 所以，我們所謂的精神領域或者來生，例如地獄和天堂，也包括在世間。一個人的存在不是定義為一個個體以出生為開始，以死亡為結束；而是生死的不停循環。

11　印度的神和地獄概念跟西方國家不同的是印度的神和地獄眾生不是永恆地存在——他們也會死並重新進入下一期的輪迴。

達到涅槃就是徹底了脫生死，離開整個世間。早期的佛教中，涅槃就是實相，世間是不真實的。在前面介紹的唯識宗思想中，我們也看到儘管藏識是世間產生的原因，但它不是實相。究竟實相，或是真如（True Thusness〔Tathata〕）是所有識活動的寂滅。當一個人的識能轉染成淨，轉識成智時，即可達到涅槃。所以，世間和真如是不能同時共存的。

　　以下一個簡單的圖表能說明早期佛教所構想的二元世界（見表 11.1）。

表 11.1 世間和涅槃

世間		涅槃
1	地獄眾生	生死輪迴	
2	餓鬼	生死輪迴	
3	旁生、畜生	生死輪迴	
4	阿修羅12	生死輪迴	
5	人	生死輪迴	
6	天人	生死輪迴	

　　相對來說，天台宗的一個主要命題，就是主張世間就是涅

12　阿修羅（梵文）「是佛教六道眾生之一。其歸類不定，有時被歸屬於天道，有時被歸屬於鬼道或旁生。就屬於較高存在的天界的意義上而言，阿修羅是指居於須彌山頂或山側的惡神；就屬於較低存在的惡界的意義上而言，阿修羅是諸神的死對頭，居於感官欲望之界」。（*The Shambhala Dictionary of Buddhism and Zen,* Michael H. Kohn 英譯. Boston: Shambhala Publications, 1991: 13.）

槃，涅槃就是世間。天台認為實相只有一個，不是兩個。如智顗所說「純一實相，實相外更無別法。」13 他的弟子灌頂也如此解釋天台的世界觀：「無二無別；即事而真。」14 在天台理論下，這唯一的實相可分為十法界；最後的四法界是在早期佛教的六法界基礎上多加上的（見表 11.2）。前面四法界稱為「惡道」。它們代表最低、最痛苦的存在處境。接下來的二法界，人和天人，處於同一級別，這兩道都仍是凡夫而且苦樂參半。最後增加的四道被稱為「聖道」。它們包括小乘佛教能夠達到的最高果位「阿羅漢」，分為聲聞（Voice-hearers）和緣覺（Self-enlightened）。「聲聞」是指那些聽聞佛陀早期的教法並隨之修行覺悟的阿羅漢。「緣覺」是指那些自己悟道的阿羅漢。這兩種阿羅漢都已經達到寂滅的終點，而且他們都認為涅槃是世間的否定。他們對幫助其他人達到同樣的目標並不感興趣。在接下來的層次，我們看到大乘佛教的最高果位：菩薩（bodhisattvas）。菩薩也認為涅槃是修行的終極目標，但是而出於對一切尚未解脫的有情眾生的慈悲，他們選擇不住涅槃。最後，至高無上的果位稱作佛。根據《法華經》，諸佛能隨願自在來往於世間和涅槃，天台教法是主張每一位眾生應該以成佛為目的。

13 智顗《摩訶止觀》卷一 CBETA 電子版 No. 1911：2。英譯見 Donner and Stevenson 1993：114。

14 智顗《摩訶止觀》卷一 CBETA 電子版 No. 1911：4。英譯見 Donner and Stevenson 1993：127。

表 11.2 十法界

1	地獄眾生	生死輪迴
2	餓鬼	生死輪迴
3	旁生、畜生	生死輪迴
4	阿修羅	生死輪迴
5	人	生死輪迴
6	天人	生死輪迴
7	聲聞	涅槃
8	辟支佛（緣覺）	涅槃
9	菩薩	涅槃／生死輪迴
10	佛	涅槃

　　智顗認為「一切世間即是十法界」，「法界外更無復法」。15 法界之區分在於個體本身的業作因果，但是十法界並不是完全不相涉的獨立界。天台宗一條有名的教義就是其「十界互具」說。不過，天台所謂的「互具」並不是很容易理解的。最直接的分析是說在每一界之中另有十界的小劃分。如智顗所言：「此一法界具十如是。十法界具百如是。」16 另外一個分析是說每一界本身含有所有十界的種子或是潛在性，但是只有本界的特

15　智顗《妙法蓮華經玄義》CBETA 電子版 No. 1716：25；17。英譯見 Swanson 1989：181。
16　智顗《妙法蓮華經玄義》CBETA 電子版 No. 1716：17。卷二。此為作者添註。

性會顯現出來。[17] 第三種分析是說每一界同時亦即十法界全部：一切即一，一即一切。本書作者認為第三種詮釋最合於智顗的一實相說。依據這種理解，當智顗把世間分為十法界時，他並不認為這十法界彼此獨立存在。所以佛陀所住的涅槃跟地獄眾生所陷的地獄其實是同一世界，這也同時是現世有情眾生所處的物質世界。就如智顗所言：「一切法趣地獄。是趣不過當體即理。更無所依，故名法界。乃至佛法界亦復如是。」[18] 這樣說來，十界互具是因為十界本身都是同一世界的部分，其間並無真正的界域分化。

　　在早期佛教的六道圖和天台的十法界圖中，我們可以將它們共同持有的世界觀看作是一種「反物理主義」。當代的物理主義主張只有能服從物理法則，能被物理學檢視驗證的現象才存在。但是根據佛教的基本信念，現世不是唯一的現實——現世只是我們經歷過的各種生存形態的整體現實的一部分。此外，我們從出生以來所建立的身分並不是我們真正的身分——它不過是整個生命循環過程中的一個截面。從這個意義上講，「經驗世界」並不是我們出生後才有的經歷。它是我們所有作為地獄眾生、畜生、人、天人的全部經歷，而對於天台宗來說，它甚至包括我們作為阿羅漢、菩薩或者甚至是佛的經歷。

　　早期佛教和天台佛學（還有其他中國佛學的主要宗派）之間的最主要區別是：前者的終極目標是出離世間，進入一個完全

17　此解釋來自十六世紀一位中國僧人。見張瑞良（1988）〈智者之哲學方法〉，《臺灣大學哲學論評》，14：181。

18　智顗《妙法蓮華經玄義》卷二，No. 1716：17。英譯見 Swanson 1989：182。

不同的他方世界，然而根據後者，並沒有此世界和他方世界的區別。與早期佛教以脫離生死輪迴為終極目標相反，《法華經》言：「無有生死，若退若出，亦無在世及滅度者。」[19] 當生死流轉的凡夫界已經包含了四聖法界，個人就不再需要否定自己現有的經歷與情感，放棄現前的生活，以求到達涅槃。正如智顗所說：「生死即空，云何可舍？涅槃即空，云何可得？」[20]

心和世間

智顗說：「夫一心具十法界，一法界又具十法界、百法界；一界具三十種世間，百法界即具三千種世間。此三千在一念心。」[21] 這是天台宗著名的「一念三千」（英譯 one thought contains three thousand worlds）的理論[22]，或者如漢維茲（Hurvitz）翻譯為 the Trishiliocosm in a moment of consciousness（一識三千）。[23]

智顗所說的「具」是什麼含義呢？一念如何能具一切呢？我們可以說這裡有至少三種詮釋：

1. 能生造——這種說法接近於唯心論，把世界視為僅僅是

19　《妙法蓮華經》如來壽量品第十六，英譯見 Watson 2002：102。

20　智顗《摩訶止觀》卷一 CBETA 電子版 No. 1911：10。英譯本見 Donner and Stevenson 1993：188。

21　智顗《摩訶止觀》卷一 CBETA 電子版 No. 1911：71。英譯本見 Swanson 1989：13。

22　原來的中文短語（一念三千）沒有動詞，直譯為「one thought three thousand worlds」。「contain」一詞是譯成英文時加上去的。

23　Hurvitz 1962：275.

心識的建構。

2. 能覺知──這種說法與常識實在論（唯心論的相反，主張事物真實存在）相容，而強調感覺器官的作用。

3. 能心觀──這種說法至少與實在論不相排斥，更加強調心靈的認知功能。

有時智顗的說法讓我們傾向於第一種詮釋。他說：「三界無別法，唯是一心作，心如工畫師造種種色。心構六道，分別校記無量種別。」[24] 如果「具」真的是「生造」的意思，那麼世間就是心的產物，虛妄不實。這種解釋會使得天台的世界觀接近於唯識宗和華嚴宗的唯心論教義。

然而，智顗不是唯心論者。將天台宗「一念三千」的理論和唯識宗「阿賴耶識是諸法種子藏識」的說法聯想在一起，是對天台世界觀的極大誤讀。智顗並沒有宣稱唯心實有，世間萬法都唯心所造。在他的看法中，世間並不是佛陀之心的產物，也不是任何一心的產物。正如智顗所說：「實相之境，非佛天人所作。本自有之，非適今也。故最居初。」[25] 從這句話中，我們可以知道天台宗哲學從根本上說是一種實在論哲學。世界是客觀的世界，而不是佛陀或心所生造的。誠然，天台講「一念三千」，但是這一念並不因此而成為三千世間的本體（Substance）。對於智顗來說，世界同心一樣，空有不二。他解釋說：「若空不應具

---

24 智顗《摩訶止觀》卷一 CBETA 電子版 No. 1911：10。英譯見 Donner and Stevenson 1993：189-90。

25 智顗《法華玄義》卷二。CBETA 電子版 No. 1716：23。英譯見 Swanson 1989：210。

十法界，法界從因緣生，體復非有，非有故空。非空故有。」[26]
心非離物而實有，因為心依賴於外界而有認知內容。同時，世界
亦依賴於心的認知作用而具萬法。根據智顗的說法，心和法都不
能自主生起。由於心和法互為對方生起之緣，是以兩者相互依
存。心和法不能單獨生起。智顗言：「心無生力。緣亦無生。心
緣各無，合云何有。合尚叵得，離則不生。」[27] 由於心與法在本
體上的相互依存關係，心與法亦具有邏輯上的共存性——其一者
並未優先於另一者。正如智顗所說：「亦不言一心在前，一切法
在後，亦不言一切法在前，一心在後。」[28]

　　在這種心-法關係中，我們可見為什麼第一種對「具」的詮
釋不能被接受。至於其他兩種對「具」的詮釋，其中「能心觀」
比「能覺知」的範圍更廣。如果「覺知」被認為是有情眾生的感
官功能，那麼心是否真能「覺知一切法」（三千界）是很有疑問
的。但是要說心能毫無困難地「觀想一切法」，就不會有這種問
題。有情眾生以心觀想所有貪欲、執著、嗔恚和厭惡之對象，以
至於在生死輪迴中流轉而不能出離。聲聞、緣覺和菩薩皆心觀一
切法而能通達緣起性空，因此他們把世間和涅槃分別觀想為兩種
不同的境界。至於諸佛，則不僅能通達諸法實相緣起性空，而且
了然一切無非中道。是以諸佛能心觀諸法以及法界皆同屬於一真
法界。由此可見，十法界的產生其實是在於有情眾生的心觀，而

26　智顗《摩訶止觀》卷一。CBETA 電子版 No. 1911：20。英譯見 Donner and
　　Stevenson 1993：194。

27　智顗《法華玄義》。CBETA 電子版 No. 1716：20。英譯見 Swanson 1989：
　　198。

28　智顗《摩訶止觀》第五卷。CBETA 電子版 No. 1911：71。

非真正以心建構不同的界域。一念心可使眾生下到地獄界；一念心也可使眾生升至佛界。如智顗的工畫師妙喻所說：「還翻此心而生於解，譬如畫師洗蕩諸色塗以墠彩。」[29] 我們看到他所講的是同樣的畫布，同樣的世界，所不同的只是我們如何去塗畫或心觀。而對於心與世間的關係，我們正應當如此理解。

諸法本性：三諦

智顗的三諦可以說是界定天台宗義理的學說。智顗本人並未自詡為三諦的創始人。他也並未認為三諦是天台特有的新想法。他說道：「……三諦者。眾經備有其義。而名出纓珞仁王。謂有諦無諦中道第一義諦。」[30] 智顗三諦的思路來源歸於龍樹菩薩的偈頌：「因緣所生法，我說即是空，亦為是假名，亦是中道義。」[31] 然而，智顗的三諦與龍樹菩薩的說法在精神上有很大不同。龍樹菩薩宣揚二諦之理：一為勝義諦，一為世俗諦。世俗諦指世間一切法因緣而生，而勝義諦指一切法自性空。從世俗諦的層面，我們可以說一切法事相上為有；然而在勝義諦層面上，我們說一切法自性皆空。在龍樹菩薩看來，空是指「無自性」（devoid of self-nature）和「無多樣性」（devoid of manifold）。

29　智顗《摩訶止觀》卷一。CBETA 電子版 No. 1911：10。英譯見 Donner and Stevenson 1993：190。

30　智顗《法華玄義》。CBETA 電子版 No. 1716：31。英譯見 Swanson 1989：252。

31　《摩訶止觀》灌頂序言。CBETA 電子版 No. 1911：2。英譯見 Donner and Stevenson 1993：107。

一切法不能說有或無，它們只是空。

　　龍樹菩薩所強調的是空的一面，而智顗所強調的則是有的一面。前者理論強調「真空」，後者強調「妙有」。「真空」是指非有、非非有，亦即雙重否定。「妙有」是指即有與非有。對龍樹菩薩來說，一切法因為沒有獨立的自性而是「空」。但是對天台祖師來說，一切法則是由於因緣和合而為「有」。儘管「無自性」和「因緣和合有」表達的是同一個意思，兩個學說所強調的還是有細微的不同。因此，我們應該看天台宗的中道思想跟龍樹菩薩的中道思想不盡相同。天台宗的「妙有」概念成為中國佛學的主流思想。這一概念的引進更標示了中國佛學對早期佛學更進一步的脫離：早期佛學強調「非有」的空，而天台則強調空性的「妙有」。智顗說：「實相之相，無相不相，不相無相，名為實相，此從不可破壞真實得名，又此實相諸佛得法，故名妙有。」[32]在此他似乎是在宣稱世間法即實相。諸佛不需出離世間法而證涅槃。

　　智顗的三諦包括：

　　1. 假諦（The truth of provisional existence）[33]

　　2. 空諦（The truth of emptiness）

---

[32]　這一段來自智顗《法華玄義》，CBETA 電子版 No. 1716：135。

[33]　這一諦的中文字面意思是「虛假」，但是在英文翻譯為「provisional existence 暫時有」或「conventional existence 世俗有」。用「世俗有」是預設有人為如語言和描述的干預，但佛陀的教法不是關於人類約定俗成如何建構出物件事物的分化，而是強調萬物本質如是依賴於其他因素（自然或人為的因果環環相扣）存在。因此，作者選擇翻譯為「provisional existence」。

3. 中諦（The truth of the Middle Way）

假諦是說一切法（世間物事）假因緣而有。若無因緣和
合，法則不存在。因此，法有為假有、暫時有、緣起有。假諦所
強調的是「有」，是以承認世間法的現象是有。空諦是說一切法
無自性、無實在性，故一切法是空。從這裡我們可以看出天台
的「空」不是「空無」或「什麼都沒有」的意思，而是無實在
性。最後，中諦並不是指二邊的中間點，而是不即二邊，不離二
邊。超越有（有宗）和空（空宗）的兩極端，即是中道。利昂·
胡維茲（Leon Hurvitz）解釋它為二極端之間的「矛盾之全然解
消」。[34] 在智顗看來，「不依於有亦不附無，故名中道。」「問
若爾中道，唯應有一實諦。」[35] 在智顗的語法中，實相和中諦二
詞可以互用。中道裡的「道」一字表示宇宙中最高的真理。因
此，中道是實相的另一名稱，代表宇宙本身的最高真理。中諦將
實相簡單表述為：「一切法即假即空」。[36]

從三諦，我們可以看到諸法之真實本性以及實相本身。在
因緣假有之外，別無他界。顯示空性之界（涅槃）亦即是因緣假
有的世間法。由於世間即空即假，所以世間即中道。以對中諦的
引入，智顗消除了世間和涅槃的二元對立。三諦描述一個整合的

34　Hurvitz 1962：274.

35　均見於智顗《法華玄義》。CBETA 電子版 No. 1716：135; 32。英譯見
　　Swanson 1989：153。

36　一些學者認為中諦只不過是前二諦的重申。但在那種解釋下，中諦沒有在
　　中觀宗原有的二諦上增加任何新東西。作者認為中諦是對究竟實相本身的
　　一個重申，解釋為何實相既是世間也是涅槃。這一新諦把實在主義原則重
　　新注入中國佛學。

實相（或稱中道），即涅槃即世間，涅槃不離世間。三諦可看成是實相的三個方面。如智顗所云：「一實諦即空即假即中，無異無二。故名一實諦。」[37] 亦云：「三諦圓融，一三三一。」[38] 此即天台著名的「三諦圓融」說。

　　智顗認為十法界本身也印證了三諦之理。儘管法界依宗被劃分為十，但我們不能認為十個法界的分化是絕對的。十法界本身亦是即空即假即中。追隨其師慧思的講法，智顗將「十法界」三面的統一性簡單地用描繪成「如」（suchness）或「如是相」（such-like characteristics）。他說「十法界」具「十如是」[39]：如是相、如是性、如是體、如是力、如是用、如是因、如是緣、如是果、如是報、如是本末究竟。[40] 在這裡我們無法深入細緻地研究「十如是」的每一「如是」的含義，我們只能簡單說「十如是」僅僅表示我們想要探究的實相之理只是「如」──如同我們所見周圍的現象世界一樣。先前我們看到唯識宗將「真如」和識所變現的現象世界分離開來；華嚴宗把「如」看作是沒有分別割裂的實相整體。現在我們看到天台宗的不同教義：天台僅僅稱

37　智顗《法華玄義》。CBETA 電子版 No. 1716：133。英譯見 Swanson 1989：153。

38　智顗《法華玄義》。CBETA 電子版 No. 1716：32。英譯見 Swanson 1989：176。

39　天台的「如」理論要比我們在這裡解釋的複雜得多。智顗不僅僅講「十如是」，他還探討「百如是」和「千如是」是如何產生的。他說：「此一法界具十如是，十法界具百如是。又一法界九法界，則有百法界，千如是。」智顗《法華玄義》。英譯見 Swanson 1989：182。

40　智顗《法華玄義》。CBETA 電子版 No. 1716。英譯見 Swanson 1989：180。

「現象世界的種種如是」為「真如」本身。是以我們不再需要在世間之外另外尋找實相。世間即實相：這個實相之外沒有其他任何實相。

佛果、佛界和佛法

在有些語境中，《法華經》將佛陀描繪成有無量壽命，永在世間的存在。所有過去、現在、未來的一切諸佛都是這一「無量壽佛」的化身。如佛在《法華經》中所說：

> 其佛饒益眾生已，然後滅度。正法、像法滅盡之後，於此國土，復有佛出……如是次第有二萬億佛，皆同一號。[41]

這段引文似乎把佛陀看作永恆的上帝一樣，不僅全知廣愛，而且能自在隨意出入人世。英譯者華茲生（Watson）說：「從這裡我們可以看出，雖然早期佛教把佛陀視為一位歷史人物，但在《法華經》中，佛陀已然具有可以超越時空、永住於智慧和慈悲當中、無處不在、廣度一切眾生的形象了。」[42]

然而在天台宗對《法華經》的解讀中，佛不是一位擬人化的上帝，而是宇宙間客觀存在的基本真理——法性。永存的佛不僅示現為古往今來已出現的諸佛，而且也示現為一切有情眾生與無情事物。智顗強調對佛果（Buddhahood）本質有三種正確

41　《法華經》常不輕菩薩品第二十，英譯見 Watson 2002：110。
42　Watson 2002：xxvii.

理解：「果體具三義」，而其中一個是「體遍一切處」。[43] 儘管他偶爾也遵循《法華經》的講法而把佛當作是大慈大悲大雄力的至尊，但他更多的是用「佛」來表示客觀的「法性」。有時智顗也用佛果的概念來代表客觀法性本身，有時他稱實相（reality-as-it-is）為「佛法」或「佛界」。在這些語辭中「佛」的概念同宇宙的原理（或者我們稱之為「理」）本身一致。嚴格地說，佛界是十法界中的第十界，只有佛能住之界。但是由於十法界「互具」，佛界與其他九法界是同一法界，都是同一實相。換句話說，「佛界」和「法界」是同一界的異名。智顗說：「無量異名悉是實相之別號；實相亦是諸名之異號耳。」[44] 所以，其他名如「真如」、「如來」等等，是其他宗派精密分析其同異的焦點，但是在智顗的詮釋下，都不過是實相的「異名」。

　　如果「佛」被理解為宇宙的基本原理，而「佛果」僅意為實相的本質，那麼天台宗潛在的宗教意味就被大大縮減了。在天台教義下，佛陀並沒有創造這個世界，佛也不是一個特定的個體。天台宗將神秘主義從其理論中剝離，而更加關注如何能提升人對現世體認的實際層面。唯識宗認為現象世界的基礎是「藏識」，而藏識可指佛的識或每個人的識。在其世界觀下，世界的多元種子似乎是實質上被儲存在藏識內。華嚴宗將多樣化的現象世界稱為諸心所妄造，而諸心則是一真心之產物。相對之下，雖然天台宗同樣認為世界不出佛心，但是當他們把「佛界」與「法

43　智顗《法華玄義》。CBETA 電子版 No. 1716：16。英譯見 Swanson 1989：176。

44　智顗《法華玄義》。CBETA 電子版 No. 1716：134。英譯見 Swanson 1989：167。

界」，把「佛果」同「實相」等同為一時，天台宗的真心概念已經客觀化和外部化了。天台宗的哲學再也不是任何一種（不管是唯識宗的客觀或是華嚴宗的主觀）唯心論了。

　　總而言之，天台宗認為究竟實相不離現象世界，所以它沒有在現象世界之外設立一個本體或是物自體。我們所知的世界就是唯一存在的世界。天台與華嚴的不同，在於華嚴宗強調只有空的本體，其外毫無他物，所以我們居住的世界並不真實存在，而天台強調在我們居住世界和現有存在之外，沒有一個超越的本體界或涅槃界。前者將本體的空（emptiness）投射到現象世界的整體上，而後者把現象世界的真性（realness）投射到本體界本身上。在天台哲學下，沒有必要去尋找另一個更高存在之界。有如智顗所說：「離凡法更求實相，如避此空彼處求空，即凡法是實法，不須捨凡向聖。」[45] 這段話清晰地宣告涅槃並非存在於另一界。

　　儘管智顗認為凡夫對世界的認知是不全面或錯誤的，但天台哲學並非是知識論上的懷疑論。它並未質疑我們認識實相的能力。三諦即是這一實相的真理。下面我們將討論天台的知識論，或說其語義上的真理觀（truth in the semantic sense）。

天台在語義上的真理觀[46]

　　對真理概念作為我們命題或陳述的一個屬性，天台給予多

45　智顗《摩訶止觀》。CBETA 電子版 No. 1911：7。英譯見 Ng 1993：166。

46　作者添註：英文 truth 一字有形上學與語義學上的兩種意涵。在形上學方面，這個概念可以用中文的「實相」來表達，與英文的「reality」可以互用。但是在語義學上，作為命題的屬性，這個概念則必須用中文的「真理」來表達。見前文解釋。

重維度的意義。在一些語境中，智顗似乎認為真理可以多元化，即使不同的真理之間是相互矛盾的。在另外一些語境中，智顗似乎又認為諸多部分為真的命題可以相互補充，而共同描繪世界的真實樣貌。在一些語境中，智顗論證存在一真諦，但在另一些語境中，智顗又論證說沒有真理存在。下面我們將會把這些關於真理的不同論證分成幾類。

真理作為與實相或諸法本性對應之意涵

在智顗對三諦的說法中，我們看到他以三諦都與諸法本性相對應的理由而肯定三諦之真理性。一切諸法都是假有，真空（無自性）且都是中道（實相）的一部分。所以，三諦都表達真理（truth）。但是三諦之間是如何相互聯繫的？它們代表實相（reality）的三個不同方面嗎？還是它們共同顯示一真理（所以三諦要翻譯為 threefold truth 而不是 three truths）嗎？真理的真值有比較性嗎：一真諦優於其他的真理或是比其他真理更為真嗎？

對於三諦之間的關係至少有三種可能的詮釋，而它們似乎都在智顗某時或其他時的說法中都得到印證。第一個解釋是說三諦代表不同的理解層面，三層真理由假至空至中，每一層要比前一層更高深：

中	大乘的理解
空	小乘的理解
假	凡夫的理解

第二種解釋把三諦分為兩個層面，以「中」高於另外的兩邊之見[47]：

中（合 Synthesis）

假（正 Thesis）　　　　　　　　　　　　空（反 Antithesis）

根據第三種解釋，三諦一致，都在同一層面：

假＝空＝中

對於第一種詮釋，我們可以引用智顗的話來佐證：

> 有諦者，如世人心所見理，名為有諦。亦名俗諦。無諦者，出世人心所見理，名為無諦。亦名真諦。中道第一義諦者，諸佛菩薩之所見理名中道第一義諦。亦名一實諦。[48]

從這段引文中我們可以看出空（無）諦高於假（有）諦，而中諦（中道第一義諦）又高於空（無）諦。最終是只有中諦才能說是真正地符合諸法之性，即是最高真理。

---

47 Donner 和 Stevenson 似乎選擇這種解釋。他們說：「對於天台的思想家，只有中道是究竟的真實和基本真理。空和假有二諦是次要的派生，它們或是假的，或者頂多是為了用一種合於妄想經驗約定俗成的語言，以傳達中道的究竟實相而設計的暫有概念。」（Donner and Stevenson 1993：12）Swanson 似乎也採取同樣的詮釋。

48 引文出自智顗《維摩經玄疏》。CBETA 電子版 No. 1777：22。英譯見 Swanson 1989：13。

然而，智顗的另一個引文似乎是支援第二種詮釋的，把空諦和假諦都看作是同樣不真實的。智顗說：

> 今知俗非俗，俗邊寂然。亦不得非俗，空邊寂然。名息二邊止。49

在這段引文中，我們看到空諦是虛無主義的斷見，同俗諦一樣是偏歧錯誤的。只有中諦才是終極真理。

儘管以上兩種詮釋都可以用智顗的說法來引證，智顗對三諦真正的教義其實是三諦圓融。智顗著名的話「即空即假即中」50即可以支援這個看法。依據這第三種詮釋，單獨來看，三諦都代表了部分的實相（所以三者都沒有不對，也沒有表達錯誤的理解）；合在一起，三諦共同描述了究竟一實相（one ultimate reality）。這是它們為什麼稱為三諦之理（threefold）而不是三個諦理（three truths）的原因。如智顗所說「三諦圓融，一三三一。」51 在《摩訶止觀》中，智顗還說：「三種皆空者，言思道斷故，三種皆假者，但有名字故，三種皆中者，即是實相故。」52 如果有人接受三諦同一圓融之說，即是獲得了智顗所說

---

49 智顗《摩訶止觀》第三卷。CBETA 電子版 No. 1911：31。英譯見 Swanson 1989：118。

50 智顗《法華玄義》第二卷。CBETA 電子版 No. 1716：44。英譯見 Swanson 1989：182。

51 智顗《法華玄義》。CBETA 電子版 No. 1716：32。英譯見 Swanson 1989：253。

52 智顗《摩訶止觀》。CBETA 電子版 No. 1911：9。英譯見 Donner and Stevenson 1993：178。

的三諦之「全智」。《摩訶止觀》強調三觀三止，能運用止諦則雖見三而知一：

> 以諦繫於止，則一止而三止。譬如三相在一念心。雖一念心而有三相。止諦亦如是。所止之法雖一而三。能止之心雖三而一也。[53]

前兩種對三諦的說法並沒有錯，但不是最好的詮釋。

真理相對於不同理解和智慧之意涵

天台宗以其判教著名，亦即其對佛陀一代時教的判攝。佛家判教並非源於智顗，但他的判教系統被認為是最全面而且一致的。自從印度佛學傳入中國，中國佛教徒就被不同經典之間大量的教義差別所困惑。他們不想去爭辯哪一個理論對或錯，而是試圖用一個完整的體系來統攝所有經教。用判教的方法，中國佛學者認為不相容的教義僅僅是佛陀用來開悟不同根性眾生的種種權巧方便。[54] 智顗說：「夫教本應機。機宜不同，故部部別

53　智顗《摩訶止觀》第三卷。CBETA 電子版 No. 1911：33。此為作者中文版補充，英文版沒有此段引文。

54　根據查普爾（David Chappell）的解釋，「佛學在中國的發展之主要問題就是如何融合調節印度諸流派歧異牴觸的教義與修行。從西元一世紀至六世紀，越來越多僧人從印度帶來佛經佛典，代表不同流派，傳達佛祖的不同教導，而都宣稱是佛祖的最高教義。中國佛者進而體會這麼多的教義不可能全部表達一樣的真理。為了不排斥任何教派為假，他們採取大乘判教的方式，亦即指出佛祖在不同時境選擇不同方式給予不同教誨，用以點醒不

異。」[55] 從這個意義上，我們可以說真理的另一個意涵是：只要適合聽法者理解層面的教法即是真確的。

基於這點，我們可以對真理（truth）進行相對論性的分析：

當 P，Q，R 各自表達一個不同的真理，

對於聽眾 A，P 為真-A

對於聽眾 B，Q 為真-B

對於聽眾 C，R 為真-C

用這種判教方法，天台宗將佛法劃分為四大支流。每一支流都有各自的「諦」（真理）。天台的判教始於智顗，他把所有的佛學教義（經或論）分為四種，這就是著名的「四教」（Fourfold Teachings）[56]：

1. 藏教（The Tripitaka Teaching）：這指的是原始佛教宣稱出離世間並強調截然不同的涅槃境界的小乘教法。它適用於教化那些居於世間並只對自我解脫感興趣的小根劣智之人。其教導的真理是世間在假有層面是空的。根據這一教法，通往涅槃之正道就是出離苦聚之世間。如此，俗世與涅槃是彼此對立。

2. 通教（The Common Teaching）：這一教法為大小乘教派共用。它適用於教化那些能理解空的本質並承認諸法無真實自性

同根性智慧的眾生，能同樣達到覺悟的境界。」（Chappell 1983：21-22）

55　智顗《法華玄義》。CBETA 電子版 No. 1716：13。英譯見 Swanson 1989：165。

56　對四教的摘要介紹主要依據查普爾（Chappell 1983），再加上吳汝鈞關於中國佛學的《中國佛學的現代詮釋》一書中的探討而增補內容（Ng 1998：48-53）。

的人。它的諦理仍然是關於空性，只是認為空性的概念即是緣起。因此，這些教派不一定提倡出離俗世以達到涅槃。中觀學派就是這一教法的代表。

3. 別教（The Special Teaching）：大乘別教，適用於教化悲憫其他所有眾生的人。教化所要達到的目標是菩薩，那些發願幫助一切有情先於自己達到涅槃的人。這些教派強調每一個人都有與生俱來的佛性（Buddha-nature），都可以成佛。這一佛學教派的諦理是中道（Middle Way，the Ultimate Truth〔究竟實諦〕）。這些教派把中道等同於佛性。因此，一個人要證得諦理，就需要體認自身內在的佛性。為了體認佛性，此外還須先逐漸去除自己的煩惱（afflictions）。「涅槃」被詮釋為所有煩惱的止息，而不是另外一個世界。華嚴宗就是這一教法的代表。

4. 圓教（The Perfect Teaching）：究竟實相的教法，即中道本身。中道強調涅槃即世間。一個人不需要離開世間而進入涅槃。只有那些上根利智的人才可能聽聞這一教法。天台宗把自己的教法歸於此教。如同別教，它也提出中道即究竟諦理，也贊成一切有情皆有佛性。不同於別教的是它提倡頓悟。這一教法之下，煩惱不一定是壞事，而且涅槃之路甚至不要求煩惱的滅除。一個人可以即煩惱而證菩提。他需要的只是獲得圓滿智慧，認識到世間和煩惱不礙菩提。如《法華經》所云：「斯法華經，為深智說，淺識聞之，迷惑不解。」[57]

所有這四教都在教導佛祖真理之言，然而他們所教的內容

---

[57] 《法華經》譬喻品第三。英譯見 Watson 2002：51。

方法卻各不相同。因此真理之定義是相對於當機眾[58]而言的。這一真理概念跟下一個真理概念有密切的聯繫：真理就是凡能以達到目的之手段。

真理作為實用性的概念之意涵：「方便法門」

在《法華經》譬喻品第三中，佛陀講了一個關於一位大富長者想設法解救他的孩子們生命的故事。當看到他的房舍著火，長者非常擔憂孩子們的安全，但是孩子們當時正樂著嬉戲而拒絕聽從父親的警告離開火宅。長者於是告訴他們：「如此種種羊車、鹿車、牛車，今在門外，可以遊戲。汝等於此火宅、宜速出來，隨汝所欲，皆當與汝。」[59] 然而，等到他的兒子們到達安穩處之後，長者卻沒有給他們自己曾許諾的玩具車，而是給了他們裝滿寶物的真車。佛陀解釋說世間猶如火宅，而有情就像對自己的危險毫無察覺的無知小兒。他教給他們滅苦的方法以誘導他們出離憂悲苦惱，但最終他提供給他們的不是滅苦，而是佛陀的智慧。[60]

基於這個火宅喻的故事，智顗給出了關於佛陀教法存在矛盾的另一種解釋：它們都是用來使不同根性的眾生獲得真正覺悟的「方便法門」。如果一種教法能促使開悟的實際目標，那麼即使它說的是假話，它就是真諦。換句話說，真理的概念可以詮釋

---

58 譯者注：「當機眾」意為當座之機眾，指宿緣純熟，一聞教法，即可得度者，即此教法教化的對象──目標受眾或意向讀者。

59 《法華經》譬喻品第三，英譯見 Watson 2002：45。

60 全文來自《法華經》譬喻品第三，英譯見 Watson 2002：43-50。

為一種實用主義觀。教法之真不在於教法本身怎麼宣說，而在於它帶來了什麼（也就是它達到了什麼效果）。如果是這樣，那麼我們爭論相互矛盾的教法哪個才是真實的就沒有意義了。只要它們都能達到開悟眾生的實際目標，它們就都是真實的。

　　根據《法華經》，整個關於涅槃即是寂滅的教法就是這樣一種「方便法門」。佛陀就凡夫而說：「我知此眾生，未曾修善本，堅著於五欲，癡愛故生惱。」[61] 他接著說：「我為設方便，說諸盡苦道，示之以涅槃。我雖說涅槃，是亦非真滅，諸法從本來，常自寂滅相。」[62] 從此引文，我們看到《法華經》摒棄了根植於早期佛教以涅槃為獨立境界的整個信仰。智顗解釋這種「方便法門」只不過是另一種形式的真理。佛陀所說皆真實不虛：一些是與究竟實相相對應的真實教；一些是為小根劣智眾生開設的方便法門，但是兩者雖然有不同的真理意涵，無不真實。

　　因此天台哲學的真理觀不僅僅是一個語義學的概念，而且是一個實用主義的概念。這一實用主義意味的真理觀可能啟發了禪宗用各種不立文字的辦法來達到開悟的目的。從實用主義的角度來看，如果連假說或是半真理都可以被認為是真確的，那麼當頭棒喝等等禪宗方案只要有同樣的實用功效，也都可以認為是真諦。

真理作為層級性之意涵：「一真諦」

　　儘管「真理」可以相對於機眾根性來定義，但並不意味著

61　《法華經》方便品第二，英譯見 Watson 2002：14。

62　《法華經》方便品第二，英譯見 Watson 2002：15。

我們必須認可所有相對的真理都同等真確。甚至當我們看到：

　　對於聽眾 A，P 為真 A

　　對於聽眾 B，Q 為真 B

　　對於聽眾 C，R 為真 C

　　當 P、Q 和 R 各自表達一個不同的真理，我們仍然可以在聽眾 A、B 和 C 之間的智性和理解層面上作出如下區分：

　　C 優於 B，而 B 優於 A。

　　因此，我們可以得到：

　　R 優於 Q，而 Q 優於 P。

　　換句話說，我們仍然可將不同的「認可的真理」置於一個真理觀的層級結構（hierarchy of truths）中。這也是智顗所作的判教工作的根據。根據智顗，藏教置於所有佛學教義等級結構中的最底層，而圓教列於最高層。他把《法華經》攝入圓教。因此，據他判定，天台的中道代表著真理的最高形式。圓教教法適用於成為諸佛之人。[63] 由此可見，智顗的真理觀基本上是一個各種真理的層級體系──最底層的也被稱作「真理」，或者是因為它們是啟發鈍根眾生的方便法門，或者是因為它們能完成引導開悟的實用目的。「真理」從這個意義上來說是相對和功能性的。然而，在真理層級的最高端唯有一終極真理，亦即中道真諦本身。這也是儘管智顗探討多元真理，而最終仍宣稱唯有「一真

---

[63] 智顗對《法華經》的評價基於經文本身。在《法華經》中寫到經中的精妙佛法「是法非思量分別之所能解，唯有諸佛乃能知之」。《法華經》方便品第二。英譯見 Watson 2002：9。

諦」（One Truth）的原因。

　　智顗的「一真諦」理論可被視為源於佛陀在《法華經》中所說的佛雖宣說「三乘」（三條成佛之道），終究唯有「一佛乘」（Great Buddha Vehicle）。[64] 這其他的三乘可分別被視為是聲聞、緣覺和菩薩三條道路；它們也可以被視為藏教、通教和別教中所教導的教義。它們就像佛陀所說的長者和兒子們故事中的玩具車一樣——被用作方便法門，但不是究竟教法。因此，在天台的語法中，唯有單一真理，這不僅僅是在形而上學的意義上承認一實相，而且是在語義的意義上認可對實相唯一究竟真實的描述（也就是一真諦）。是以，天台宗的真理觀絕對不是相對主義的真理觀。

真理作為妙義之意涵：無諦

　　儘管有以上所有這些關於真理的討論，最終智顗宣稱真正的真諦是不可言狀、無法闡述、超越凡夫所能理解。《法華經》的全稱是《妙法蓮華經》，而智顗解釋「妙」字之意為「不可思議」。[65] 華茲生（Watson）指出此不可言說性是大乘佛教的一個共同特性：「大乘佛教一直以來都是堅持它的最高真諦究竟是無法用語言表達的，因為一用語言就落入分別，而違背了空性的一體性。」[66] 前章我們已經看到華嚴宗特別關注於證明語言概念的

64　《法華經》方便品第二。英譯見 Watson 2002：9。

65　智顗《法華玄義》。CBETA 電子版 No. 1716：21。英譯見 Swanson 1989：203。

66　Watson 2002：xxviii.

局限性；下一章我們將看到禪宗更進一步摒棄用語言來傳遞真理的可能性。

　　智顗是這樣介紹「無諦」之妙的：「融通無著是故言妙。開麁顯妙可解（云云）。諸諦不可說者。諸法從本來常自寂滅相。那得諸諦紛紜相礙。一諦尚無，諸諦安有。一一皆不可說。可說為麁，不可說為妙。不可說亦不可說是妙。是妙亦妙，言語道斷故。」[67] 真諦不可言說，因為語言表達有它的局限性——真理本身並非言語之建構。然而，智顗並不否定我們有了知或理解實相真理的能力。對於已經成佛的人（諸佛自身），「一真諦」（One Truth）僅僅是三諦（Threefold Truth）。他的「無諦」觀是對其他佛學宗派汲汲於口頭辯論何為佛陀真實意或何為實相本質的一種駁斥方式。當人們陷入言語思慮時，他們就見不到真正的目標——佛陀的智慧。因此，智顗感到有必要提倡「無諦」以引導佛教徒回到提升精神的追求。他提出這個問答：「問：若爾中道唯應有一實諦。不應言無諦也。答：為未得者執中生惑，故須無諦。實得者有戲論者無（云云）。」[68] 是以「無諦」可以視為另一種「方便法門」——這一次是智顗本人的運用。

天台的佛果、佛性和清淨心觀

　　天台對佛陀存在的詮釋與印度佛學的傳統是完全相反的。

67　智顗《法華玄義》卷二。CBETA 電子版 No. 1716：32。英譯見 Swanson 1989：255。

68　智顗《法華玄義》卷二。CBETA 電子版 No. 1716：32。英譯見 Swanson 1989：256。

佛陀在正統傳說中是一個離開王宮去尋找生命真諦的王子。經過多種嘗試，他最終獲得覺悟並開始教化大眾。不同的佛經據說都是他說教的紀錄。「佛陀」（Buddha）這個詞總是以單數形式作為特定的稱呼，即「the Buddha」（這個佛陀）。但在《法華經》中，這個詞經常用於複數形式，指涉實際上有成千上萬的佛，或者，正如《法華經》所說：「現在未來佛，其數無有量。」[69] 諸佛的數量是不可勝數的，因為他們包括所有過去已成就為佛以及現在和未來會成就之佛。他們與我們其他人無二無別，而且跟我們存在同一實在界中。當他們獲得真正覺悟之時，他們就會轉世間為涅槃。

如果我們所說的世間和佛陀所說的涅槃是同一實相，那麼我們從世間解脫就並不意味著我們必須進入另一種現實，而在於我們改變了對同一（self-same）現實的觀法。因此，住世間和入涅槃之間的差別只不過是我們的內在觀念和對這一現實的理解，而不是現實本身的不同。我們所有人有可能改變我們的誤解和錯覺而獲得真實的正見；我們所有人有可能獲得解脫並達到涅槃。這十足的可能性是基於我們無始以來都具有「佛性」的事實上。這一佛性的普遍性使每個人都有可能成佛並進入涅槃。智顗云：「今果三義妙者。體廣位高用長。體備萬德，眾善普會。」[70]「佛性」之詞即意為我們共同擁有與生俱來的萬德與眾善。

智顗界定「性」為「性以據內者」[71]，而把「佛性」界定為

69　《法華經》譬喻品第三，英譯見 Watson 2002：28。

70　智顗《法華玄義》卷一。CBETA 電子版 No. 1716：14。英譯見 Swanson 1989：169。

71　智顗《法華玄義》卷二。CBETA 電子版 No. 1716：18。英譯見 Swanson

佛之本具菩提智慧：「智即了因為佛性。」[72] 我們可以說「佛性」表示成佛的潛能。它是每一個人與生俱有的。如果每個人與生俱有佛性，那為什麼不是每個人都已獲得佛果並且成佛呢？在這方面天台的解釋並沒有不同於早期佛教：無明使人們不能成佛。但早期佛教把無明置於說明我們存在的十二因緣之首，而天台宗則不把無明視為我們存在的最初狀態。智顗用一個乞丐的比喻來解釋他認為我們內在都有佛性的觀點：

> 譬如貧人家有寶藏而無知者。知識示之即得知也。耘除草穢而掘出之漸漸得近。近已，藏開盡取用之。[73]

從此譬喻中，我們可以看到對於智顗，我們的佛性事實上是我們存在的最初狀態，並且我們需要做的只是清除我們的妄想和錯見，就可能重新擁有這一珍貴佛性。

然而，在天台建立的理論中，人性不是一味純好；它也有邪惡染汙。[74] 智顗強調染汙的人性與清淨的佛性無二無別。他說：「法性不異苦集。但迷苦集失法性。如水結為冰，無別水

1989：190。

72 智顗《法華玄義》卷七。CBETA 電子版 No. 1716：18。英譯見 Swanson 1989：190。

73 智顗《摩訶止觀》卷一。CBETA 電子版 No. 1911：13。英譯見 Donner and Stevenson 1993：214。

74 性惡說未見於智顗的天台三大部。它最先出現在他後來的著作《觀音玄義》。他的後人湛然把他的這一理論變成天台哲學的一個主要教義。所以性惡論通常歸於湛然。

也。」[75] 人性只有一個，它與佛性無二無別，普遍存在於所有人。廣泛地說，萬法皆有此清淨「法性」（Dharma Nature）。根據吳汝鈞的觀點，「智顗沒有把佛性限制於有情，而是把它的維度擴大覆蓋到無情。這是將佛性等同於法性，意為諸法或實體的本性。」[76] 如果萬物天生含有佛陀本性（nature of the Buddha），那麼萬物最終與佛融為一體。涅槃不是於自身或個體存在之外去尋找；涅槃僅僅是心的一種境界／狀態。而且心是本來「清淨」的。智顗說：「達苦集無苦集，即會法性。」[77]

　　既然世間即涅槃，我們的心即佛心，那麼我們的痛苦之源也就是我們的解脫之本。使我們好與壞的只有一個，而且是同一個源頭：心。如智顗對它的闡釋：「無明轉即變為明。如融冰成水。更非遠物不余處來。但一念心普皆具足。」[78] 這個主張的一個令人震驚的含義在於它與早期佛教教義相反，尤其是佛陀教導的四聖諦（苦，集，滅，道），而教導我們不需要去除我們的貪欲或煩惱。而且，我們不需要等到此生了結而獲得涅槃，以便日後不再重生。在我們此生，在我們當下（現前）一念，我們可以即刻進入涅槃。智顗說：「眾生即菩提不可復得。眾生即涅槃不可覆滅。一心既然。諸心亦爾。一切法亦爾。」[79]

75　智顗《摩訶止觀》卷一。CBETA 電子版 No. 1911：7。英譯見 Donner and Stevenson 1993：165。

76　Ng 1993：78.

77　智顗《摩訶止觀》。CBETA 電子版 No. 1911：7。英譯來自 Ng 1993：78。

78　智顗《摩訶止觀》卷一。CBETA 電子版 No. 1911：11。英譯見 Donner and Stevenson 1993：198。

79　智顗《摩訶止觀》卷一。CBETA 電子版 No. 1911：11。英譯見 Donner and Stevenson 1993：196。

　　既然世間即涅槃，我們的痛苦和解脫於是不可分離。智顗認為煩惱染汙不是需要滅除，而是要超越的。若無染汙，則無有淨化；若無無明，則無有覺悟。這一理念導向一個有意思的課題，即是惡不僅存在於我們本性中，而且是必不可或缺的。智顗說：

> 由惡有善，離惡無善，翻於諸惡，即善資成。如竹中有
> 火性，未即是火事。故有而不燒。遇緣事成即能燒物。惡
> 即善性，未即是事。遇緣成事即能翻惡。[80]

　　智顗的人性論因此既強調人性是清淨的，又強調人性是染汙的。

　　智顗的人性論被當代的中國學者稱為「性具」（containment in nature）思想。早先，我們已見對於天台來說，十法界互具，並且最終一心具十法界。如果是這樣，那麼心已經包含了修羅、畜生、餓鬼和地獄眾生界。換句話說，我們的心中擁有的——我們的負面情緒、邪惡思想和其他煩惱——可以把我們帶下地獄界。這些惡道因此具含於我們本性中，正如聖道亦具含於我們的本性中一樣。覺悟開解的潛能根植於我們的本性中，但是我們永久墮落地獄的可能也在我們的本性中。據當代中國僧人聖嚴法師所說，智顗的理論將「性」視為心的本性或實質。因此，對於智

80　智顗《法華玄義》卷五。CBETA 電子版 No. 1716：84。英譯來自 Ng 1993：171-72。

顗，如果心具三千，那麼則性具三千。[81] 此外，根據智顗，惡與
生俱來——它是我們本性的一部分。智顗說：「佛斷修惡盡，但
性惡在。」[82] 甚至諸佛也斷不了性惡的原因是他們需要知道何為
惡或如何戰勝邪惡，以便幫助其他有情。換句話說，諸佛需要先
親自經驗惡，以便他們能真正慈悲地對待其他人，而不僅僅是站
在超然卓越的位置上以一種屈尊俯就的方式對待他人。

　　智顗說：「性之善惡但是善惡之法門，性不可改，歷三世
無誰能毀。復不可斷壞。譬如魔雖燒經，何能令性善法門盡；縱
令佛燒惡譜，亦不能令惡法門盡⋯⋯ 豈能令善惡斷盡耶？」[83] 惡
就像可以用來建築善的材料。同樣地，我們可以說世間是涅槃得
以實現的基礎。我們的性惡和所在的世間都不需要被徹底消滅。
使我們覺悟的或轉變成佛之所以可能，完全在乎心。不過很重要
的一點是我們要了解，對於智顗來說，成佛的過程不是一個通過
外在熏習的轉化，而是一個內在覺醒的過程。利昂・胡維茲解釋
得很好：「當一個人做到這個內在覺醒，他將認識到其實什麼都
沒有改變。我沒有變成佛；我就是佛，一直都是。今昔之別僅
僅是昔日我沒有意識到此，而今我意識到了。」[84] 這一內在的覺
醒，即由心完成。

81　聖嚴法師《大乘止觀法門之研究》1997：195。

82　智顗《觀音玄義》卷一，CBETA 電子版 No. 1726：9。引自聖嚴法師《大乘
　　止觀法門之研究》1997：200。

83　智顗《觀音玄義》卷一，CBETA 電子版 No. 1726：9。引自聖嚴法師《大乘
　　止觀法門之研究》1997：200。

84　Hurvitz 1962：273。

　　根據智顗對「心」一詞的解釋，心是「反照觀察」[85]的功能；心之「對境覺知，異乎木石。」[86] 他進一步解釋：「心籌量名為意。」[87] 既然心的主要功能是「意」或「反照觀察」，那麼無明和覺悟都是心的兩個可能狀態。我們早先已經解釋「心具三千」——「心」，或智顗所說的「一念」，是在以實相的全體作為認識對象的意義上說，包含三千世界。智顗強調諸佛與凡夫在根本上無二無別。他說：「當知己心具一切佛法矣。」[88] 而且，任何人都應該理解己心「等佛心」。[89] 佛陀與凡夫不同的僅在於他遠離了錯誤思想而獲得通達實相的正見。智顗說：「當知佛之知見，蘊在眾生也。」[90] 他稱我們的心為「自性清淨心」[91]。智顗的清淨心之說似乎來自於他的老師慧思大師。慧思認為我們與生俱來都有清淨心，而且永遠不會失去。我們看不到

85　智顗《摩訶止觀》。CBETA 電子版 No. 1911：18。英譯見 Donner and Stevenson 1993：140。

86　智顗《摩訶止觀》。CBETA 電子版 No. 1911：18。英譯見 Donner and Stevenson 1993：272。

87　智顗《摩訶止觀》。CBETA 電子版 No. 1911：18。除了定義「心」和「意」，智顗還定義「識」為「了了別知名為識。」然而，他馬上又加上警告：「如是分別墮心想見倒中。」（同上）當我們處理天台術語的分析時，我們必須記住這個警告。

88　智顗《摩訶止觀》。CBETA 電子版 No. 1911：11。英譯見 Donner and Stevenson 1993：195。

89　智顗《法華玄義》卷二。CBETA 電子版 No. 1716：16。英譯見 Swanson 1989：177。

90　智顗《法華玄義》卷二。CBETA 電子版 No. 1716：16。英譯見 Swanson 1989：178。

91　智顗《法華玄義》卷二。CBETA 電子版 No. 1716：18。英譯見 Swanson 1989：190。

自己的清淨心是因為它被各種染汙覆蓋。慧思說：「此心無始以來雖為無明染法所覆，而性淨無改。」92 所以，我們不需要到別處去尋找覺悟。我們都是潛在的佛，而且我們的心即佛陀之心（或諸佛之心）。所有我們需要做的只是再現我們的本源清淨心，並恢復我們的內在良知。我們將在下一章看到，這一教法跟禪宗有極密切的契合性。

當心獲得覺悟，即是處在智顗所謂「止觀」（calming and contemplation）的境界。他解釋道：「止即是觀，觀即是止，無二無別，得體近由亦如是。」93「解脫通止。般若通觀。法身通非止非觀。三德各通止觀者。」94 天台所教的修道方法基本上是一個修心的自助方法——個人需要去重新發現自性清淨心和內在覺性。外的制裁不能達到精神的修鍊；經書教理也無法傳遞智慧。一個人需要體認到自己與生俱來的佛性本身足以令自己成佛，或者，正如正如智顗所言，此即「了因佛性」。95

結語

在天台哲學中，我們看到真正代表中國佛學的特性。天台

92 慧思《大乘止觀法門》。CBETA 電子版 No. 1924：2。英譯見陳榮捷《中國哲學文獻選編》英文版 Chan 1963：399。

93 智顗《摩訶止觀》卷三。CBETA 電子版 No. 1911：33。英譯見 Donner and Stevenson 1993：204。

94 智顗《摩訶止觀》卷三。CBETA 電子版 No. 1911：33。英譯見 Donner and Stevenson 1993：204。

95 智顗《法華玄義》卷二。CBETA 電子版 No. 1716：161。英譯見 Swanson 1989：190。

宗通過把「佛」的多元化命名，來降低印度佛教的單一神學趨勢。同時，通過提倡十法界代替六法界，天台宗融合了凡夫界與佛界。由涅槃即世間一說，天台宗消除了存在印度文化中的此世與彼世的兩極分化。由認可佛性的普遍存在，天台宗摒棄了早期原始部派佛教支持的等級制度。由強調實相的妙不可言，天台宗引導中國佛教徒避開對印度佛經拘泥的學習，天台的教法引致了一個名副其實的中國佛學宗派——禪宗的建立。

　　進一步來說，天台哲學不僅僅與傳統中國哲學銜接，而且引發了中國哲學發展的新方向。它對人性本善和人心本淨的肯定可以追溯到孟子的人性和人心觀。另一方面，它的對人性中內在性惡的接受也反映了荀子的學說。尤其重要的是，天台哲學關於佛性與清淨心之間聯繫的討論，更是為宋明理學中理學和心學之間長達多世紀的辯論鋪了道路。天台哲學無疑可被視為在先秦儒家思想與宋明理學之間的橋梁。

延伸討論問題

1. 天台宗的實相觀是什麼？他們如何解釋世界？與華嚴宗的世界觀有何不同？
2. 天台的術語「一念三千」是什麼意思？
3. 天台的三諦是什麼？我們如何理解天台的真理觀？我們可以接受一個僅僅是功能性和實用性的真理觀嗎？
4. 你同意我們可能是本性善良且有內在的佛性嗎？如果人性本善，為何很多人不能開發他們的內在善良？天台宗如何解釋我們道德上的匱乏？

第十二章

禪宗

概論

在六至八世紀的中國發展出來的禪宗一般被公認為是真正的中國佛學宗派。後來傳到日本更被發揚光大。因為禪宗是由其日本脈系介紹給西方世界的（尤其是通過日本學者鈴木大拙〔Daisetz Teitaro Suzuki〕的闡釋），在英語體系一般多以日文發音「Zen」為人所熟知。而「禪」字意為「靜慮」，是由梵文「dhyana」翻譯成中文的。1 據傳禪宗的教法起源於佛陀本人，

1　根據瓦特斯（Alan Watts）的看法，梵語中 dhyana 這個字最好不要翻譯：「英文的 meditation（靜慮）一般意味反思或是沉思，但是這字是對 dhyana 最誤導的翻譯。而其他可用的替代如 trance（坐忘）或是 absorption（全神專注）更糟糕，因為那些字有催眠著迷的意思。因此這個梵語字最好不要翻譯成英文字，而直接加入英文語彙，就如同我們加了 Nirvana、Tao 成為英語名詞。在佛學術語中，dhyana 包含內斂與靜思雙層意思，可以說是一

然而禪宗在印度的傳承並沒有明確建立。傳說佛陀秘傳深奧的佛法給一個弟子，而這種教法不同於他在大眾中宣講的佛法。這種深奧教法不依靠文字的經典，而是祖師們之間口口相授。據傳第二十八祖菩提達摩（470-543）在西元六世紀時來中國傳法，因此禪宗尊崇他為初祖。菩提達摩法脈繼續傳給慧可（487-593），僧璨（日期不詳），道信（580-636），弘忍（601-674）。在禪宗傳承裡，他們分別被尊為第二代、第三代、第四代及第五代祖師。[2] 但是弘忍之後禪宗分為北宗和南宗。南北兩宗都聲稱各自的祖師——北宗神秀（約 605-706）和南宗惠能（638-713）是真正的六祖。

　　根據《六祖壇經》[3]記載：五祖弘忍要求弟子各作一偈，誰的作品最能詮釋「禪」，他就選誰為傳人。那時在寺裡神秀是首座大弟子，而惠能是一個目不識丁的雜役。神秀寫出他的偈子後，所有弟子都認為他將毫無疑問地成為衣缽傳人。然而惠能聽見了神秀的偈子後卻頌出了另一首，在五祖心目中更勝一籌。弘忍深恐其他弟子可能出於嫉妒或鄙視惠能的出身而加害於他，於

　　　種統一的覺識。在一方面來說，dhyana 代表專一現有的意識，因為要有清澈的覺識就只能專注當下一瞬間，而不為過去或未來所干擾。西方的神秘主義者稱之為永恆的現有（the Eternal Now）。在另一方面來說，dhyana 是專一的意識，因為在 dhyana 的心境中沒有知者、知，與被知者之間的差別。」（Watts 1957：54-55）不過儘管他如此建議，dhyana 這個字在目前還沒有像 Nirvana 或是 Tao 如此成為英文中常見的名詞。因此在本書的英文版這個字還是用 meditation（靜思）來翻譯。

2　當代許多史學家質疑這個傳承的真實性。有人說菩提達摩的身分不明；有人說可能沒有僧璨此人。可參照 Hu 1953、Fung 1983，以及 Yamolsky 1990。

3　全名為《六祖惠能大師法寶壇經》。本章簡稱《六祖壇經》。

是在半夜秘傳衣缽給惠能並要他離開。惠能回到了他的老家嶺南，開始傳講。在五祖寂滅後神秀的弟子推舉他為六祖。多年以後惠能也贏得了大批追隨者。由此禪宗的另一派在南方形成。南宗和北宗之間的對抗持續了一百年。初期是北宗占上風。然而，最終經過惠能得力弟子神會的努力，南宗被朝廷認可為真正的禪宗。從此惠能成為了公認的禪宗六祖。

目前在論者中有一種共識，《壇經》裡講的這個故事可能是惠能的弟子，最有可能是神會杜撰的。因此我們不能肯定五祖是否真的將衣缽傳給了惠能。有些學者認為是神秀而非惠能繼承了從初祖傳承下來的真正的禪宗精神[4]。然而儘管如此，是惠能的教法，尤其是《壇經》裡揭示的那些教法，得以流傳並成為了禪宗心要[5]。鈴木大拙讚美道：「中國禪宗思想的發展在惠能之前或多或少都遵循印度模式，但在他之後禪宗開始走上了有中國特色的發展軌跡。」[6] 要想理解中國佛學本原的禪宗思想，我們應該研究惠能而不是神秀的教法。因此，我們分析禪宗時將會集中在起源於惠能的南宗上。沒有特指的情況下當本書提到「禪宗」或「禪」時，指的就是南宗，而且本書將《六祖壇經》作為禪宗的理論基礎。

4　例如楊惠南就認為神秀的教法是依從洪忍與道信的真傳，而惠能的看法則跟傳統歧路。見楊惠南（1988），〈道信與神秀之禪法的比較──兼論惠能所批判之看心、看淨的禪法〉，《臺大哲學論評》，11：205-225。

5　《壇經》紀錄惠能的生平，跟其他弟子接觸的軼事，以及他的教導。這本書或許最初是他的弟子所著，而後時日一久，本文受到增添而更多的傳聞故事被加入。這本書也許不是很可靠的史實記載，但是其中的學理內容對我們了解禪宗非常重要。

6　Suzuki 1964：85.

　　《六祖壇經》是一個具有偉大哲學意義的作品，如揚波爾斯基（Philip Yampolsky）所說：「這本書標誌中國佛學從強調抽象的涅槃到個體覺悟的轉變，適用於任何想要通過禪修體證內在佛性的人。」[7]《壇經》有多個版本的，但其中兩版脫穎而出。一個是十三世紀編輯的詳盡版，這一版其後成為禪宗的標準版。另一個版本更短更早，但是錯誤很多，是十九世紀末二十世紀初在敦煌出土的。[8] 本章的解析主要來源於這兩個版本的《壇經》，以及惠能對《金剛經》的注釋。我們也將會參閱兩位南宗大師的作品：黃檗（？-855）和臨濟（810-866），因為他們對禪宗後來的發展和轉型起了重要作用。

　　概括的說，禪的哲學精髓可以描述為清淨心的哲學[9]。禪宗教人回歸本心。五祖弘忍形容禪的傳承是師徒間以心印心。[10] 心的傳遞不依賴於言語文字的溝通。因此，禪宗大師減低了語言的重要性。他們對心和對語言文字的見解密切相關。在這一章裡面，我們將闡釋禪宗心的哲學和語言的哲學。但在開始之前，我們先仔細比較南北禪宗的不同主張。有一點我們必須注意：是南宗創造轉化了最初的傳承，從而確立了有中國特色的禪宗。該宗不離世間而尋覓菩提，不把佛陀描繪成至高無上的存在。它是關

7　Yampolsky 1990：249.

8　揚波爾斯基（Yampolsky）考據敦煌本為西元 830 至 860 年代之間的作品（Yampolsky 1990：90）。

9　許多修禪者或許會否認禪宗有任何有關心的「哲學」，他們會指出禪宗的一個基本教理就是反哲學化以及概念化。的確，禪宗的精神要義在於實踐，而非理論。不過，就像本書處理其他佛教學派一樣，本章的主旨是要分析這些宗教倫理學派的理論基礎。

10　Cleary 1998：11.

於平常人和尋常事物的哲學，而正是他們的日常性被禪宗看為有
至高的價值。

南北宗的理論分歧

即使有關神秀與惠能兩首偈之爭的故事也許毫無根據，南
北兩宗不同的教法和實踐仍是史實。北宗教導漸悟，南宗教導頓
悟。北宗強調禪坐的方法，在其過程中去觀照自己的心念；南宗
質疑坐禪的修行，聲稱在任何日常活動中，比如喝水、砍柴[11]，
都有可能達到開悟。此外，據數位禪學者的研究，北宗的理論基
礎是《楞伽經》，而南宗主要依據的是《金剛經》。[12] 在這節討
論，我們會通過分析神秀和惠能的兩首偈子來看看兩個宗派在哲
學上有何不同。

---

11 葛爾能（Richard Garner）說：「南宗的基本取向就是不取超越界以及現象
　界之別，而完全著重於日常生活的世界。」（Garner 1985：162）

12 當代學者似乎都同意從菩提達摩傳到洪忍的是《楞伽經》，但是惠能以及
　後代禪祖所強調的是《金剛經》。在敦煌版中有些檔案記載達摩把《楞伽
　經》傳授二祖慧可，口云：「我觀漢地，唯有此經，仁者依行，自得度
　世。」（引文見 Dumoulin 1994：308）另外在紀念神秀的一篇銘文中，
　也提到神秀特別尊重《楞伽經》，而且讓弟子讀這本經：神秀「令看《思
　益》，次《楞伽》，因而告曰：此兩部經，禪學所宗要者」（見 Dumoulin
　1994：322）。而在《壇經》裡，則記載惠能是在聽他人朗誦《金剛經》
　時得到菩提智慧。又有傳言說當五祖洪忍把聖袍傳給惠能時，他也講述了
　《金剛經》的要義來作為傳缽的真教。

兩首偈

神秀的偈：

> 身是菩提樹[13]，心如明鏡臺，時時勤拂拭，勿使惹塵埃。[14]

惠能的偈[15]：

> 菩提本無樹，明鏡亦非台，本來無一物，何處惹塵埃。[16]

神秀的偈子所表達的是，我們都有原本清淨的心，但是它常常被貪、嗔、癡所染（即所謂的「三毒」）。因此，我們需要對自心保持警覺和觀照來去除各種沾染雜念。這裡提到的「心」似乎是一個不活躍的實體，它能「時時惹塵埃」。如黎惠倫所提到的：「如鏡之心是被動的，是外在一切的容器。它很容易被煩惱雜念（塵）所扭曲。」[17] 真正的主體似乎是我們的自我——那個在監控、清理和擦亮心鏡的主體。如此，在原本的清淨心和觀

---

13 中文裡包含了對 Bodhi 的音譯：菩提，意思是開悟。歷史上的傳說是佛陀在菩提樹下得到開悟。

14 英譯見 Cleary 1998：8。

15 敦煌本裡還有另外一首偈：「身是菩提樹，心如明鏡臺。明鏡本清淨，何處染塵埃。」（Yampolsky 1967：132）為何有不同偈的原因不是很清楚。有些學者猜測是《壇經》作者用不同文字來表達同樣的理念。

16 英譯見 Cleary 1998：10。

17 Lai 1979：250.

照的心之間就存有一個二元性。而且要是沒有監控心夙夜匪懈的
辛勤觀照，我們的原本清淨心就不能維持下去。因此這是一個無
止境地尋求開悟的過程。涅槃則是個人謹慎小心努力的最終結
果：只要個人能設法拭去所有的塵埃，他終將達到開悟。但是這
首偈子並沒有提到終極解脫是個人可見的、可達成的目標。這首
偈子也證實了南宗的責難：北宗教導的是漸悟法門。

　　相對來說，在惠能的偈子裡面沒有所觀心和能觀心之
間或是清淨心與雜染心之間的二元性。甚至沒有一個開始的
「一」──因為本來就無一物。「本來無一物」的格言成為了禪
宗的基本思想。18 惠能的偈子指出神秀的錯誤在於把心看作實有
的本體或一個需要維護和時時清理的實體。惠能的教導是本無一
實心，因心非物。既然沒有一個實體，沒有本體，那就不會有被
沾染的可能。吾心本來清淨而且時時清淨。19 既然心不會為任何
事物所障礙到，所以我們亦不需要被世間微不足道的小事困擾。
一個人只要一朝能明白了這一點，他就能「當下」開悟。用黎惠
倫的說法：「開悟只不過是自心（燈）得以自己發光照明（燈

---

18 根據鈴木大拙的看法，「一旦惠能點出『本來無一物』，他就找到了禪宗
　的最主要鍵盤，而且這一句話可以讓我們理解他的教法跟前代宗師以及同
　期僧人之間的不同點。」（Suzuki 1964：24）是以這句話就是惠能具有革
　命性的宣言。

19 依照美國學者雷克（Steven W. Laycock）的分析，「用了心與鏡子的類比，
　神秀所提倡的是一個修養的過程：要像抹去塵沙一樣的無止過程。惠能的
　顛覆傳統就是不接受這種類比。……心本來就有大智，自性原本就是清明
　透徹的，而且沒有任何努力不懈的過程可以幫助我們落實原本開悟清明的
　本心。」（Laycock 1985：192）

光）。心就是它自己的證悟。」[20] 這種認識是南宗頓悟法門的基
礎。與神秀使用「沾惹塵埃的鏡臺」這個比喻不同的是，惠能經
常使用「被雲層遮蓋之日」這個比喻。如果我們的心像鏡臺一樣
堆聚灰塵，那它就不再清淨。但是，如果它只是像太陽被雲層暫
時遮蓋，那麼即使我們見不到太陽，它依舊光輝明媚。雲層不能
改變太陽光輝的本質；錯誤的觀念和習性也改變不了吾心清淨的
本質。

　　惠能的偈子對神秀的另一個微妙批評是：在神秀的偈子裡
描述了一種有意識的努力，有目標性的功夫。[21] 神秀的偈子用經
常拂拭鏡子塵埃來描述如何保持心的清淨，但在惠能看來，這還
是執著於清淨上面。他說道：「若言著淨，人性本淨，由妄念
故，蓋覆真如，但無妄想，性自清淨。起心著淨，卻生淨妄，
妄無處所，著者是妄。」[22] 這裡他強調的是「起心著淨，卻生淨
妄。」同時，惠能對成佛的看法是：免去所得心，才能證得菩提
智：「佛言實無所得心。而得菩提。以所得心不生。即生實相。
是故得菩提。」[23] 由此看來，如果一個人有意識地從事清理、擦
亮和成就的任務，那麼他就已經違背了佛陀最初的教導：不要抓
取，不要住著。因此，惠能的偈子意在指出神秀是如何地沒有理

20　Lai 1979：250.
21　值得注意的是，日後禪宗大師黃檗則依照此意而明白指出神秀的不足。當
　　有人問為何神秀沒有得到五祖的傳衣為祖，黃檗回答：「為他有心是有為
　　法。所修所證將為是也。所以五祖付六祖。」《黃檗山斷際禪師傳心法
　　要》。CBETA 電子版 No. 2012A：7。英譯本見 Blofeld 1958：64。
22　《六祖壇經》坐禪品第五，英譯見 Cleary 1998：35。
23　六祖注《金剛經》究竟無我分第十七，英譯見 Cleary 1998：127。

解佛學的真諦。

這兩首偈子潛在的理論分歧可以追溯到兩部主要的經典：北宗遵循的《楞伽經》和南宗遵循的《金剛經》。這兩部經教導的不同之處在哪裡？根據陳榮捷的總結，《楞伽經》強調的是究竟實相（Ultimate Reality），而《金剛經》的關注點是心（Mind）。[24] 不過，在《楞伽經》的理路下，心就是究竟實相。所以陳榮捷的分析不是很清楚。更恰當的描述兩經之別是：《楞伽經》對究竟實相的「一心（英文大寫的 Mind）」有形而上學的關注，而《金剛經》則從根本的倫理道德出發，關注的是作為自我覺醒基礎的個別心（英文小寫複數 minds）。

唯心

「唯心」（Mind-Only）是《楞伽經》闡述的主旨。[25] 這個一心（英文大寫的 Mind）有別於有情眾生的妄心。這個心被稱為「清淨心」或「一心」。普通人的心被稱為「染汙心」，這與清淨心相距甚遠。羅伯特・佐施納（Robert Zeuschner）解釋為「所謂的染汙心，是指心的思維活動：概念化、作判斷、區分主體與客體、有厭憎和渴望種種情緒，進以建構了我們的認知和經驗所運用的分類性概念框架。」[26] 如果這種詮釋是正

24　Chan 1963：426.

25　跟《華嚴經》不同的是，《楞伽經》排斥微塵存在的預設而只承認心的存在，是以唯心論名之。經文云：「微塵分析事，不起色分別，唯心所安立。」引文見《楞伽經》集一切法品第二，英譯見 Suzuki 1932：49。

26　Zeuschner 1978：69.

確的，那麼染汙心僅僅是人類（以及其他眾生）的認知活動，通過它我們所認識的世界（the world-as-we-know-it）才得以存在。但是我們所認知的世界不是真如。只有清淨心本身才有真如（True Thusness）的地位，是真正的如是（reality-as-such）。因此「心」有兩種意涵：一種是形而上的，純淨的，終極的；另一種是經驗上的，被染汙的，能覺知的。《楞伽經》中關於的「心」的兩種教義與大乘佛法的主旨是一致的。例如，《大乘起信論》介紹了「心」的如下兩個方面：「依於一心有二種門。所謂心真如門，心生滅門。此二種門各攝一切法。以此展轉不相離故。」27 依此經文教導為基礎，神秀也談到了兩種心：一種是有漏無明的染心，一種是無漏真如的淨心：「一者淨心，二者染心。此二種心，法界自然，本來具有；雖假緣合，互相因待。淨心恆樂善因，染體常思惡業。」28是以神秀的《觀心論》言「心是眾善之源，是萬惡之主。」29 吾人的淨心與染心本來不同，北宗的「二心說」理論由此建立。

　　《楞伽經》的「唯心」論點重申傳統佛學一般反實在論的宗旨。楞伽經文不斷重複唯有真心（Mind）是真實的；外在世界不存在於真心之外。在其世界觀中，真心與外境不存在二元對立。《楞伽經》所說的非二元是指所有事物都是真心的映射，

27　《大乘起信論》卷上，英譯見 Zeuschner 1978：71。

28　作者添註：此乃 Zeuschner 1978 的引文。他認為「破相論」（據傳為達摩所作，亦有神秀撰述之說）是神秀「觀心論」的別名。因為大藏經的「觀心論」未收前面的序文，是以他從「破相論」（T 2009〔48〕：367a）引出此文來詮釋神秀的看法。Zeuschner 1978：71.

29　神秀《觀心論》。CBETA 電子版 T85 n2833：1273。

「身資財所住，皆唯心影像」，因此「一切法自相共相空」。30
所有事物都沒有自性，都是空的。經中說：「以諸三界但是分
別，惟心所現，無有外物。」31 正如我們在唯識宗和華嚴宗所看
到的那樣，「唯心論」的相關論點是反實在論。在《楞伽經》
中，佛陀拒絕以實在論（有宗）的視角來認可有一個自存自在的
實在界：「我非不說寂靜空法墮於有見……一切法本無有……一
切法如幻如夢。」32 離開真心便沒有實體可言，所以我們當作外
境的世界其實並非存在我們的心識之外。

　　此外，根據《楞伽經》的觀點，說諸法皆為心之投射並不
能保證事物之存在，因為這些「投射」乃是由個體無明心的分別
造作所引發的妄影。《楞伽經》云：「譬如有人於水鏡中自見其
像。於燈月中自見其影。於山谷中自聞其響。便生分別而起取
著。此亦如是。法與非法唯是分別。由分別故不能捨離。但更增
長一切虛妄不得寂滅。」33《楞伽經》中所描述的分別心與外境
之間的因果過程，與唯識宗所提供的過程非常相似。以阿賴耶藏
識為基礎，《楞伽經》描述世界為心識所造：「藏識為因為所緣
故。執著自心所現境界。心聚生起展轉為因。……譬如海浪自心
所現境界風吹而有起滅。是故意識滅時七識亦滅。」34

　　個體心的各個心識對種種形色和聲音等進行分別，從而產

30　引文見《楞伽經》集一切法品第二。英譯出處來自鈴木大拙翻譯的《楞伽
　　經》。Suzuki 1932：106.

31　《楞伽經》無常品第三，英譯 Suzuki 1932：143。

32　《楞伽經》羅婆那王勸請品第一，英譯 Suzuki 1932：20。

33　《楞伽經》羅婆那王勸請品第一，英譯 Suzuki 1932：20。

34　《楞伽經》集一切法品第二，英譯 Suzuki 1932：109。

生眾相和眾物。相對來說，當一切心識停止，則能達到「證智」或開悟本身。也就是說，只有當分別意識停止時，個體才能進入涅槃。如《楞伽經》所言：「分別境識滅，如是說涅槃。」[35] 涅槃是指不生不滅，真實地看待實相如其本來，「言涅槃者。見如實處捨離分別心心所法。獲於如來內證聖智。我說此是寂滅涅槃。」[36]這種實相只能通過轉識成智來獲得。

相對於《楞伽經》「真一」（One）的教義，《金剛經》教導的似乎是強調「空」，如經所云：「凡所有相，皆是虛妄。若見諸相非相，則見如來。」[37] 不過，《金剛經》同時排斥所有在概念上區別「一」和「多」或「有」和「空」的概念。《金剛經》的基本教義是無所執著，其中也包括不執著於「空」的概念。經云：「無法相，亦無非法相。」又云：「是故不應取法，不應取非法。」[38] 經文中佛陀勸告人們拋棄法相和非法相的概念。他說：「何以故？是諸眾生……若取法相，即著我人眾生壽者。……若取非法相，即著我人眾生壽者。是故不應取法，不應取非法。」[39] 不僅無法無非法，同時也沒有眾生：「一切眾生，則非眾生。」不僅沒有眾生，也沒有自我：「如來說：有我者，則非有我，而凡夫之人以為有我。」[40] 凡夫住於我執，而成佛的

35　《楞伽經》集一切法品第二，英譯 Suzuki 1932：109。

36　《楞伽經》無常品第三，英譯 Suzuki 1932：172。

37　見《金剛般若波羅蜜經》，簡稱《金剛經》。鈴木大拙譯文見 Suzuki 1960：30。以下譯文來自 Suzuki 1960：27-39。

38　以上引文皆見於《金剛經》。

39　見《金剛經》。

40　見《金剛經》。

首要條件則是破除我執，一概否定我相與眾生相：「我相即是非相……離一切諸相，即名諸佛。」41 總結言之，《金剛經》強調的是一切諸相，即是非相。一切眾生，則非眾生。從以上這些《金剛經》引文中我們可以看出惠能的說法「本來無一物」是從何而來的。但同時惠能亦強調不能執著於空：「莫聞吾說空，便即著空。」42

　　總結言之，北宗和南宗都可以歸入「唯心」宗，但兩宗對「唯心」有著不同的闡釋。北宗的「唯心」理論接近於唯識宗的「唯識」理論以及華嚴宗的「唯心」理論，其共同教義為：這個世界是不真實的；外相是轉識或妄心的產物。因此，世界可以在本體論上被化約於「心」。南宗比較不強調這個世界的不真實性。惠能闡釋「唯心」是「萬法盡在自心」，而且，他的重點是教化起智：「不悟，即佛是眾生；一念悟時，眾生是佛。故知萬法盡在自心，何不從心中頓見真如本性？」43 換句話說，惠能不是教導整個世界只存在於我們的心裡，而是說如果我們看到心的清淨本質，那麼我們就會看到這個世界的萬法。同時，一旦我們了解心法一如，我們就會明白認識萬法真理亦能幫助我們明瞭自心。因此，世間便成為我們了解心的究竟實相的認知修養途徑。「心物一如」成為一種認知的主張，而不是本體論上的主張要將世界還原為心的產物。

41　見《金剛經》。
42　《六祖壇經》般若品第二，英譯見 Cleary 1998：17。
43　《六祖壇經》般若品第二，英譯見 Cleary 1998：20。

觀心與見性

　　依從《楞伽經》的教義，神秀的教法側重於「觀心」，「觀清淨」。[44]「觀」意為「去看」；在這個語境中，它是指在獨自禪坐時用心眼去觀察。心和清淨是一如的，也被稱為「清淨心」。「一切善業由自心生」，是以神秀說：「心者萬法之根本。一切諸法唯心所生。若能了心。則萬法俱備。猶如大樹所有枝條及諸花果。皆悉依根。」[45] 在無量的佛法中，心法是最根本的。八萬四千法門都是心的產物。如果一個人能理解心，那麼無數的實踐都將完成。通過保持初心和原本的清淨，人們可以察覺各種雜染。修行完全在於清淨其心：「所修戒行不離於心。若自清淨故一切功德悉皆清淨。」[46] 因此，在修業上我們需要特別勤奮地破除那些染汙心的執取和遮障。根據羅伯特·佐施納（Robert Zeuschner）的解釋，這種淨化過程始於控制「感官的活動」，因為雜染根植於感官知覺。[47] 比如說，我們的味蕾隨著我們的成長而變得複雜，而我們對食物的欲望也隨著辨識力的加強而增加。結果，我們失去了嬰兒般單純的食物享受。更有甚者，我們的心又作出連感官都無法知覺出的分別，比如說，我們的眼睛可能無法檢測天然鑽石和人造鑽石之間的區別，但因為前

44　見楊惠南（1988）的分析，〈道信與神秀之禪法的比較─兼論惠能所批判之看心、看淨的禪法〉，《臺大哲學論評》，11：205-225。

45　神秀《觀心論》，英譯見 Dumoulin 1994：323。作者添註：此段話其實是在《破相論》中。Dumoulin 認為《觀心論》與《破相論》實為同一，但後者一般是歸屬為達摩大師的著作。前面我們看到 Zeuschner 持同樣看法。

46　神秀《觀心論》。

47　Zeuschner 1978：74.

者被稱為「真」鑽，後者被稱為「贗品」，所以我們心中渴慕前者而非後者。這些分別心就是我們的欲望和不滿的根源。只有當個人的染汙心能夠從概念和障蔽中被淨化後，個人才能觀（beholds）其清淨心。

相較之下，惠能依循《金剛經》的教誨，將其看作是在闡釋「見自性」。惠能的《金剛經》注釋中說道：

> 夫金剛經者。無相為宗。無住為體。妙有為用。自從達摩西來。為傳此經之意。令人悟理見性。只為世人不見自性。是以立見性之法。[48]

在惠能的「見自性」與神秀的「觀心」之間，至少有兩個不同之處。其一，「見」描繪了一種比「觀」更警覺的精神狀態：前者意味著理解和知覺；後者則描繪一種被動地觀看或注視的行為。[49] 其二，「性」有「本質」之意，就如鈴木大拙所說：「『性』意味著沒有它就沒有任何存在是可能的或是可以想像的。」[50]「心」一字則沒有這種意涵。換句話說，性是我們永遠不會失去的，但是心則是我們可能迷失的。不過惠能並沒有放棄使用「心」這個詞；相反地，他以「性」通常被理解的方式來詮釋「心」。例如，他對《金剛經》中對「心」的見地如此解釋：「蕩然空寂。照用齊收。鑑覺無礙。乃真是解脫佛性。」[51] 由此

48　惠能《金剛經解義》序言，英譯見 Cleary 1998：85。
49　英文用「see」跟「behold」來表達這種區別。
50　Suzuki 1964：39.
51　惠能《金剛經解義》無得無說分第七，英譯見 Cleary 1998：103。

可見，清淨自在之心即是內在的佛性本身。惠能所感興趣的是有
情眾生的實有心（minds），而不是什麼抽象的一心（Mind）。
無論是在《金剛經》中還是在《六祖壇經》中，都沒有特別強調
染汙心。吾心不僅僅是「起初」清淨，而是「本自」清淨的。也
就是說，吾人的清淨心從未迷失，它的本性是永遠清淨的。透過
將注意力從「心」轉移到「性」，或說通過將「清淨心」等同於
「本性」，惠能建立了新的禪宗。在他的理論下，南宗排斥北宗
的「二心」理論，而與北宗分離開來。南宗專注於人人都本自具
足的佛性和清淨心。而且，惠能主張每個人的心中都保有佛性，
不僅眾生有佛性，即便萬物亦有佛性：「見一切眾生。皆有佛
性」[52]，「真語者。說一切有情無情皆有佛性」。[53] 此外，惠能
明確的表明：「一切眾生。本自是佛。」[54]我們的本性即是佛，
是以我們靠自己就能成佛。佛與眾生之別只在於是否見性：「見
佛性不名眾生。不見佛性是名眾生。」[55] 既然如此，那麼佛陀和
我們之間就沒有不可逾越的鴻溝：我們所需要做的就是看到這一
點。如果我們能看到自己是佛，那麼我們就會明白沒有必要去尋
求佛經或大師的教導。我們應該成為自己的老師，自求開悟。如
在《六祖壇經》中惠能所云：「凡夫即佛，煩惱即菩提。前念
迷，即凡夫；後念悟，即佛。前念著境，即煩惱；後念離境，即
菩提。」[56]

52　惠能《金剛經解義》一體同觀分第十八。
53　惠能《金剛經解義》離相寂滅分第十四。
54　惠能《金剛經解義》化無所化分第二十五，英譯見 Cleary 1998：137.
55　惠能《金剛經解義》，〈金剛般若波羅蜜經序〉。
56　惠能《金剛經解義》般若品第二，英譯見 Cleary 1998：18。

禪思

　　《楞伽經》主張禪思（「禪」本意為靜慮）作為止息妄念，進入涅槃的方法。根據佛陀在《楞伽經》中的教法，禪思有四種：一、愚夫所行禪；二、觀察義禪；三、攀緣真如[57]禪；四、諸如來禪。[58] 第一種禪是初學者所修，即那些認識到世間的不真實性，而以止念為目標的人。他們檢視自己的每一個念頭，逐一把它們放下，直到心靈達到無念的精神狀態。第二種禪是由那些超越第一種禪的人所修，可以進而去觀察實相的真實意義。這些人對事物的無我有更深的理解，而能隨順萬法觀察，所以稱作觀察義禪。第三種禪可以助人消融一切分別心。進入涅槃的人能做到這一點。第四種禪為如來所修的純粹形式。修這種禪法者心懸眾生，發願為眾生的離苦而獻身。[59]

　　北宗禪教導的漸悟法門，可以被看作是北宗淨心教義與禪修實踐的自然產物。因為凡夫的心都被染汙了，他們需要靜坐禪修來一個一個地審視自己的念頭，放下妄念。塵越掃鏡越明，妄念越除心越淨。這個過程需要持續的努力，因此它是「漸悟」。[60] 當一個人禪修時，他需要避開外在世界，把自己限定在

57　「真如 Tathata」意為「如是 Thusness」。見本書第九章的註釋。
58　四種禪見於《楞伽經》集一切法品第二。
59　以上解釋來自《楞伽經》集一切法品第二，英譯見鈴木大拙，1932：85。
60　史川奇（Ivan Strenski）認為「漸」有兩義：它可以指時間上的過程，跟「慢」（slow）等同，但也可以指階段式（graded）的，而階段性的開悟不見得是慢的（見 Strenski 1980：4）。不管我們在此如何理解神秀北宗漸悟法門的「漸」，有一點是確定的：即使最後的開悟可以是一剎那的跳躍，整個準備開悟的過程還是必須漸進的。

一個安靜的獨處之地。在《楞伽經》中，佛陀對弟子說：「如是分別汝應捨離。捨離此已說寂靜法。」61 也就是說，我們必須自己捨棄各種分別心，之後才能宣得寂靜的真理。這種獨自「靜坐禪思」的方法似乎是在《楞伽經》中所闡述的禪宗之原有教法。只有通過這種靜坐禪思，眾人才能達到平和寧靜的狀態。《楞伽經》言：「法與非法唯是分別，由分別故不能捨離，但更增長一切虛妄不得寂滅。寂滅者所謂一緣。一緣者是最勝三昧。從此能生自證聖智。以如來藏而為境界。」62 換句話說，靜坐者通過寧靜專一而達到化解各種分別心，從而產生最高層次的定慧，由此進入如來藏而獲得般若智慧——這是代表個人內心深處自我實現的最高境界。簡言之，《楞伽經》主張寂靜觀照自性，靜觀自有本心。這成為北宗實修的基礎。

　　惠能經常批評北宗特色的「坐禪」修行方法，他說：「住心觀淨，是病非禪；長坐拘身，於理何益？」63 他對神秀的追隨者這樣直言批評：「又有迷人，空心靜坐，百無所思，自稱為大，此一輩人，不可與語，為邪見故。」64 對惠能而言，所謂「禪」不是空心靜坐，而是不讓己心陷入反復思量一切世間善惡的修行而已。禪的境界就是見到吾人永恆的內在自性：「何名坐禪？此法門中，無障無礙，外於一切善惡境界，心念不起，名為坐；內見自性不動，名為禪。」65 這樣一種修行不要求我們單獨

61　《楞伽經》集一切法品第二，英譯見鈴木大拙 1932：108。
62　《楞伽經》羅婆那王勸請品第一，英譯見鈴木大拙 1932：20-21。
63　《六祖壇經》頓漸品第八，英譯見 Cleary 1998：61。
64　《六祖壇經》般若品第二，英譯見 Cleary 1998：17。
65　《六祖壇經》坐禪品第五，英譯見 Cleary 1998：35。

靜坐或是孤立於世間事情。我們在做任何事情，在任何時刻都可以完成禪。在日常生活中的每一時刻，一個人一旦看到清靜心的重要性並且能放下一切瑣碎的事情，那麼這個人就頓悟了。一個人在任何時候理解到他的真實自性本來清淨，就會不再自我糾結並即刻進入涅槃。根據鈴木大拙的解釋，惠能所宣揚的禪修「既不是寂靜主義，也不是純粹的安靜不動；而是在於行、動、作為、看、聽、想、記」；實際上，我們可以說這種禪修正是「在非靜思中達成的」[66]。

覺醒和自度

　　北宗和南宗都宣揚「自度」，他們稱涅槃為「自度界」。眾生自度之可能性是來自眾生本來足具的清淨本性。如果一個人能反觀這種本自具足的清淨本性，那麼他就能自度。我們已知北宗強調自我淨化，是要經過不斷地累積努力。因此，開悟是一種漸進的過程。[67] 對南宗而言，自度須要憑藉吾人運用與生俱來的智慧，重點在於不讓原本清淨心有所滯礙。惠能言：「於諸法相。無所滯礙。是名通達。」[68] 以金在礦山為喻，惠能言：

　　　　身喻世界。人我喻山。煩惱喻礦。佛性喻金。智慧喻工

66　Suzuki 1964：50.

67　不過《楞伽經》本身同時教導漸悟與頓悟。見《楞伽經》集一切法品第二，英譯見鈴木大拙，1932：49-50。有些學者也認為神秀本人並沒有教導漸悟，而北宗以漸悟為法門是南宗後代神會的誤解。

68　惠能《金剛經解義》究竟無我分第十七，英譯見 Cleary 1998：129。

匠。精進猛勇喻鏨鑿。身世界中有人我山。人我山中有煩惱礦。煩惱礦中有佛性寶。佛性寶中有智慧工匠。用智慧工匠。鑿破人我山。見煩惱礦。以覺悟火烹煉。見自金剛佛性。了然明淨。[69]

　　這段引文揭示了開悟要向內求，展現自我清淨本性。惠能又說：「發菩提心者。應見一切眾生皆有佛性。應見一切眾生無漏種智本自具足。」[70] 也就是說，那些渴望開悟的人應該看到眾生皆有佛性，應該看到所有人天生具有無污染的一切智慧。佛與迷惘眾生之差別就在於是否看到自身真如本性：「不悟，即佛是眾生；一念悟時，眾生是佛。故知萬法盡在自心，何不從心中頓見真如本性？」[71] 我們天生的智慧是我們的真如本性，有時候惠能也形容其為我們的「知識自悟」。惠能說：「自心內有知識自悟。若起邪迷，妄念顛倒，外善知識雖有教授，救不可得；若起真正般若觀照，一剎那間，妄念俱滅。若識自性，一悟即至佛地。」[72] 由此看來，南宗的教導是強調當下見到本心自性，做自己的導師，並且認知我們本有的佛性。開悟的過程是即時、豁然和自發的。

　　後代禪師黃檗把「自悟」解釋得更加清楚。我們不需要去追求開悟，因為開悟本是內在於我們的。他說：「菩提無是處，佛亦不得菩提，眾生亦不失菩提，不可以身得，不可以心求，一

69　惠能《金剛經解義》序言，英譯見 Cleary 1998：87。
70　惠能《金剛經解義》知見不生分第三十一，英譯見 Cleary 1998：143。
71　《六祖壇經》般若品第二，英譯見 Cleary 1998：20。
72　《六祖壇經》般若品第二，英譯見 Cleary 1998：21。

切眾生即菩提相。」73 根據黃檗的看法，佛性就是我們的本性，所以我們一直本來具有佛性，無需追尋。他說：「此性縱汝迷時，亦不失；悟時，亦不得。」74 如果是這樣的話，那麼就無需有意識的努力，無需「勤拂拭」了。

黃檗的弟子臨濟也說：

> 道流！佛法無用功處，只是無常無事，屙屎、送尿，著衣、吃飯，困來即臥，愚人笑我，智乃知焉。……道流！莫將佛為究竟。我見猶如廁孔。75

在精神上，臨濟這個講法極為接近莊子著名的格言：「道在屎溺」。南宗有別於北宗就在於它強調自由自在，順其自然。從這方面講，它更類似於早期道家的態度，尤其是莊子的想法。相對之下，我們可以說北宗的精進觀照內心較接近儒家的精神。

南宗「頓悟」教法不是僅僅為了破斥北宗的「漸悟」教法，更是直接地反對傳統印度佛學要求累世修行的教法。如臨濟所云：「只為道流不達三祇劫空，所以有此障礙。若是真正道人，終不如是。但能隨緣消舊業，任運著衣裳，要行即行、要坐即坐，無一念心希求佛果。」76 開悟不須以時間計量，萬世流

73　黃檗禪師《宛陵錄》CBETA 電子版 No. 2012B：3。英譯見 Blofeld 1958：82。

74　黃檗禪師《宛陵錄》CBETA 電子版 No. 2012B：4。英譯見 Blofeld 1958：93。

75　《臨濟錄》T47n1985：498；502，英譯見 Watson 1993：31。

76　《臨濟錄》T47n1985：498，英譯見 Watson 1993：26。

轉，累積善業。吾人應當持平常心，甚至不應以求佛為目標。關鍵就在於在當下那一剎那，起心見性。臨濟說他的教法完全是對付痼疾的當下良藥：「山僧說處皆是一期藥病相治，總無實法。若如是見得，是真出家。」[77] 另外，根據惠能的說法，轉智全在一念之間：「自性起一念善，得恆河沙惡盡，直至無上菩提。」[78] 一個善念就能清除掉我們過去所有惡行；一個惡行也可以毀掉我們過去所有善行。念念相繼，一念即能出入涅槃。故南宗所傳授的涅槃並非是這個世界之外的某個界域，而是個人擺脫癡迷與執著的一種精神境界。個人依然生活在這個世界，但他的思想已經穿越了塵世，這就是涅槃。同時，進入涅槃不能保證得到永恆的喜樂。在下一剎那間，他可能再會被負面的思想和情緒困擾而沉淪世間。人世間的種種戲劇故事讓人不斷地受到失落、妒嫉、絕望、怨恨、憂慮、痛苦的折磨。從涅槃到現世地獄，完全仗於一念之間。這就是南宗「頓悟」的基本教法。

南北兩宗理論差異的總結

總結言之，我們可以說北宗持的世界觀非常相似於唯識宗和華嚴宗的觀點：世界不是真實的。和華嚴宗一樣，北宗提倡只有心是真實的觀點。此外，北宗傳授獨坐靜修作為進入涅槃的手段。相比而言，南宗所持觀點和天台宗觀點較相近[79]。我們生

77　《臨濟錄》T47n1985：498，英譯見 Watson 1993：34。

78　《六祖壇經》懺悔品第六，英譯見 Cleary 1998：42。

79　《六祖壇經》中記載一位禪師玄覺非常精通天台止觀法門：「偶師弟子玄策相訪，與其劇談，出言暗合諸祖。」（《六祖壇經》機緣品第七。英譯

活的世界是唯一的世界。想要求得涅槃，我們並不需要避世、止
念，並把一切視為假相。其次，北宗關於心的理論是依於大乘佛
教中普傳的「清淨心／汙染心」二分的基礎上。它的淨化修心法
門則接近於要求日常自我反省的儒家精神。相比之下，南宗的心
觀念更近於道家的觀點。如黎惠倫所說：「南宗更忠實地接受莊
子所闡發的心觀點：是一個本然清淨，空靈，燦爛之心，沒有任
何雜染，如燭光一樣光明。」[80] 南宗提倡的修行法門也服從道家
的無為精神：悟道是在日常瑣碎的事務中。我們不用努力地去
「證得」，因為道就在我們日常所做的一切事中。

　　在以下的章節，我們會僅用南宗來作為禪宗的代表，從而
繼續分析禪宗在實相、在一心和自性，以及在自識和語言方面的
觀點。

形而上學：禪宗的實相觀

　　禪宗並沒有設立一個超越這個世間，在本體論上獨立的境
界。惠能明確說到：「佛法在世間，不離世間覺，離世覓菩提，
恰如求兔角。」[81] 當弟子志道問到《涅槃經》中的「寂滅」義，
疑惑「永歸寂滅，同於無情之物」，如何能有樂之時，惠能呵

見 Cleary 1998：56）惠能也在說法中多次引用《法華經》。禪宗和天台宗
的關聯不僅可從惠能的思想中看出來，Dumoulin 也指出禪宗四祖道信與天
台教法接近。（Dumoulin 1994：310）

80　Lai 1977：79.

81　《六祖壇經》般若品第二，英譯見 Cleary 1998：23。

斥志道：「汝是釋子，何習外道斷常邪見」[82]，而一意要離生滅來求涅槃。在他的解釋中，涅槃不是「斷滅生死」表面文字的意思。「生死已滅」意思是斷絕想念與執著：「剎那無有生相，剎那無有滅相，更無生滅可滅，是則寂滅現前，當現前時，亦無現前之量，乃謂常樂。」[83] 總結言之，惠能的實相觀是只有一個實相——我們的現實世間。

惠能試圖通過解釋，來化解許多佛學經典中對終極真如以及塵擾世間的兩界割離。例如，他解說《金剛經》所提到證聖果的人（「阿那含」——「不來」或「不還」之義）遠離這個世間的生死而「不來」，並不是說他們真正進入一個不同的世界，不再回轉，而僅是說他們放棄了欲念：

> 阿那含名為不來。而實無不來。是故名阿那含。阿那含梵語。唐言不還。亦名出欲。出欲者。外不見可欲之境。內無欲心可行。定不向欲界受生。故名不來。而實無來。亦名不還。[84]

惠能同時否定「彼岸」、「淨土」或「真如」這類術語是指一個單獨的本體境界。惠能說：「心迷則此岸，心悟則彼岸。心邪則此岸，心正則彼岸。」[85] 惠能解釋「淨土」——佛所住的

---

82 《六祖壇經》機緣品第七，英譯見 Cleary 1998：53。
83 《六祖壇經》機緣品第七，英譯見 Cleary 1998：53。
84 惠能《金剛經解義》一相無相分第九，英譯見 Cleary 1998：106。
85 惠能《金剛經解義》序言，英譯見 Cleary 1998：88。

世界，僅僅是：「清淨佛土。……心淨即佛土淨。」[86] 淨土在傳統上被認為是一個超凡的境界，是脫離生死輪迴的聖者可以進入和永居的世界。但是，在惠能的闡釋下，淨土只是清淨心的精神狀態。佛教徒所追求的「真如」──究竟實相──對惠能來說只是一種心的狀態。他進一步解釋說：「真者不變。如者不異。遇諸境界。心無變異。名曰真如。」[87] 因此，我們的目標不是要脫離這個世間的生死循環，而是要讓自心從對生死的癡迷恐懼之種種束縛中解脫出來。

即使《金剛經》裡有些地方似乎是在否定世間的真實性，惠能在注釋中也將其轉為是對心不同狀態的描述。如《金剛經》云：「一切有為法，如夢幻泡影，如露亦如電，應作如是觀。」[88] 惠能的注解為：「夢者是妄身，幻者是妄念，泡者是煩惱，影者是業障。夢幻泡影業，是名有為法。真實離名相，悟者無諸業。」[89] 換句話說，他並不把外界客物看作是心的幻影或妄想，而是說我們的心理概念和煩惱才是心的幻影或妄想。惠能把金剛經文的「夢幻泡影」解釋為對我們心識活動性質的一個譬喻性說明，而不是依文解意地認定為是對世間萬物存在的否定。

在這方面，禪宗的涅槃概念很類似於天台宗。入涅槃不是意味著我們必須死亡並且不再進入生死輪迴。涅槃界與生死輪迴界之隔離變得僅僅是比喻性的：當一個人能看清事物的本質並且不再迷戀執著其中，他已經住在涅槃的境界了。因此，在一念之

86　惠能《金剛經解義》莊嚴淨土分第十，英譯見 Cleary 1998：108。
87　惠能《金剛經解義》大乘正宗分第三，英譯見 Cleary 1998：92。
88　惠能《金剛經解義》應化非真分第三十二，英譯見 Cleary 1998：144。
89　惠能《金剛經解義》應化非真分第三十二，英譯見 Cleary 1998：144。

間，一個人可以立即進入涅槃，從而遠離世俗世界。

　　然而，「離實相外更無他界」，並不是說因此我們熟悉的現實世界是真的，或說我們就應當如事物顯現的樣子來看待它們。對於惠能來說，儘管我們的世界是我們生於中死於中的唯一世界，它畢竟是充滿了人類創造的種種虛假。他說：「了真即妄。了妄即真。真妄俱泯。無別有法。」[90] 人所創造出來的種種分別評判是來自人的標準，是以必然會扭曲了事物的本質。如果我們認識到這個事實，就應當避免用各種相對立的價值詞語來下評斷：「美」與「醜」、「好」與「壞」、「貧」與「富」、「聰明」和「愚癡」、「正義」和「非正義」等等。禪宗排拒社會的約定俗成以及社會的歧視分別。如果我們把禪宗的實相觀解釋為一種「實在論」，這只能是當作一種「後設哲學」（meta-philosophy）的詮釋；也就是說是一種對它的觀點作後設性的描述。禪宗本身絕不把自己的哲學劃別為「實在論」，因為任何名稱都是建立在概念的對立性之上。根據禪宗的看法，有宗和空宗的對立，就是建立在「有」和「無」之間不當的二元劃分上。惠能說：「欲言其實。無相可得。欲言其 。用而無間。是故不得言無。不得言有。有而不有。無而不無。」[91] 只有當我們徹底忘卻有、無、真、假之間的差別，我們才能真正理解禪宗對實相的看法。

90　惠能《金剛經解義》如法受持分第十三，英譯見 Cleary 1998：112。
91　惠能《金剛經解義》離相寂滅分第十四，英譯見 Cleary 1998：119。

禪宗的心與性觀[92]

　　有一句著名的禪宗精言：「即心即佛。」[93]這句話到底是什麼意思呢？在佛學的傳統中，「佛」一字可以指涉究竟實相本身；它也可以指歷史上的佛陀。但在這句語錄中，「佛」一字都不是用這兩個理解。在這個語境中，「佛」一字不是專有名詞，而應該是作為一個概名，指涉眾生的本性清淨，大智大悲；也就是說，「佛」一字是「佛果」一詞的同義字。由於在這個語境中的「佛」並不是指特定的人，而是指特定的屬性，是以禪宗弟子常常向其師父提出來的問題是：「佛是什麼？」而不是「佛是誰？」禪宗所言的佛性代表「成佛的可能性」；它是一個人能成佛的潛在助因。禪宗的教導是說每個人天生都本有佛性。禪宗祖師黃檗禪師解釋說：「諸佛與一切眾生，唯是一心。更無別法。此心無始已來，不曾生不曾滅。」[94]因為人人本具的佛性使人人皆可成佛，是以「佛」的第二個含義是「具有先天佛性之人」。

　　與孟子提倡的人性本善對比，禪宗並不設定「善」為人之

92　在禪宗，「性」與「心」無有差別。事實上，如果有人真要追究心與性到底有何差別，那麼就犯了禪宗祖師所說的執迷外道的錯誤。禪宗把佛等同於眾生的初心本性，不管是「心」還是「性」，都指涉人的固有存在狀態，然而後來在宋明理學中心學與性學的對辯卻成為其主要議題。

93　《六祖壇經》中有記載一個弟子（法海）請惠能大師講解「即心即佛」的意涵（機緣品第七，英譯見 Cleary 1988：44），可見惠能本人就已經常常用此教法，後來許多禪師都用這句精語來闡述禪宗的要義，黃檗的教法尤其強調這點。

94　黃檗禪師《傳心法要》CBETA 電子版 No. 2012A：379。英譯見 Blofeld 1958：29。

本性。根據惠能的看法，佛性的本質非善非惡，因為善惡之分是
人製造出來的分別。因此，說人性為「善」，將落入二元對立的
層面。另外，禪宗的佛性並不像孟子所言的「人性」，僅僅是一
種可能性。它更具有實在性。每個人一出生本自即佛，但是經過
長時間在經驗世界中的心理發展，一般人沒有顯現出他們本心的
原始狀態。是以，當一個人越接近自己內在的本性，他就越接近
成佛。覺悟是靠個人「回歸」自心本性而達成的。這是禪宗教導
的精髓。

　　前面我們已經解釋過，南宗對形而上學意義上的「心
（Mind）」沒有其對眾生之個體心（minds）那麼有興趣。它很
少談及「如是存在（Reality-as-such）」的「清淨心」。然而，
即使只講個人之心，也還有兩種不同概念。一個是先天的「本心
（original mind）」；另一個是後天發展、經驗性的心，有時被
叫做「因緣心（the conditioned mind）」。不過，儘管有兩種個
體心的概念，南宗還是否定北禪的二心論。南宗堅持本心與因緣
心並沒有什麼不同，因此我們只有一心，而非二心。但它也提出
二心為「非一」。我們如何理解這個在本心和因緣心之間的「非
一非二」的關係呢？

　　因緣心的特性就是「分別心」，鈴木大拙（Suzuki）解釋
說：「『分別』……意味著分析性知識，亦即我們在每天思緒中
所運用的相對性，衍生性之理解。」95 因緣心始於一個人出生後
與外界的各種接觸，眼睛感知不同的形色；耳朵感知不同的音
聲，所有這些知覺的資料都通過感官的辨識力去分類。名相引入

95　Suzuki 1964：51.

了；概念建立了，社會成俗常規開始成形，而價值系統被摻入社會的概念體系中。因此，我們的心識不僅是由生物性的因緣條件，同時也是由社會性的因緣條件所成就的。由於心靈被社會體系制約，總是要檢視事物間不同的品質和價值，是以我們失去了原始那個不作分別的本心。本心和因緣心「非一非二」，因為事實上只有一心，但它是一個在不同階段發展的心。一旦我們的心開始作分別，它就不再是本心了。

然而，要回復清淨本心，我們不需要回到嬰兒般認知前的懵懂初心。清淨心可以建立在已經發展了的因緣心之上，只要我們發現了正確的方法——正見。這個正見被稱為「無上智慧」（noble wisdom），這種智慧基本上就是要看到一切人和一切法本質上都有同樣的佛性。萬法之不同只是表相；在本質上一切法都是一樣的。一旦認識了一切法平等，我們便從而重建了「不分別心（nondiscrimination）」。這個不分別心與嬰兒無能辨別的天真是不同的。它是一種成熟縝密的佛心。因為禪宗並不排斥經驗世界，所以它不主張要放棄我們的感官知覺，這是我們在日常生活中與世界互動所不可缺少的知覺。它所教導的「不分別心」其實是一種不同層面上的心理態度——不是在認知層面，而是在道德層面上的。惠能說：「若見一切人惡之與善，盡皆不取不捨，亦不染著，心如虛空。」[96] 又言：「前念著境即煩惱，後念離境即菩提。」[97] 這些語句顯示出當一個人了解到儘管所有事物在外相上有所不同，但都具有同等價值並應得到平等對待的時

96　《六祖壇經》般若品第二，英譯見 Cleary 1988：17。

97　《六祖壇經》般若品第二，英譯見 Cleary 1988：18。

候，他就開悟了。

禪宗特別強調佛性的普遍性。佛性是每個眾生本自具足的，沒有高低不同程度或不同內容。惠能說：「當知愚人智人，佛性本無差別；只緣迷悟不同，所以有愚有智。」98 惠能並不否認人們根性不同，而且小根機者較難覺悟，那些人不能自己開悟是因為「邪見障重，煩惱根深。」99 但這並非是不能克服的障礙，他們需要善知識（良師）來啟悟他們。在某個意義上，善知識所扮演的角色有如一個產婆：他不對受者給予或增添任何東西，而僅僅是對對方的自悟從旁給予協助。

惠能著名的發問「佛在哪？」是基於他「佛在人人心中」的主張。他說：「我心自有佛，自佛是真佛。自若無佛心，何處求真佛？」100 他還說：「若言歸依佛，佛在何處？若不見佛，憑何所歸？」101 與其向外尋求全能上帝神明的拯救，不如我們自我拯救（self-refuge）。自我拯救的方法就是具足佛的品德和智慧——證得佛果。「若能正心，常生智慧，觀照自心，止惡行善，是自開佛之知見。」102 這個「止惡行善」的教法看似很簡單，連三歲小孩都能懂，但是要真正做到，就連對修行此道一生的七十歲耆老都很困難。在這個意義上，成佛是說來容易做來難。凡夫只不過是還沒有開悟的佛，而佛只不過是已經覺悟了的凡夫。誠如惠能所言：「不悟，即佛是眾生；一念悟時，眾生是

---

98 《六祖壇經》般若品第二，英譯見 Cleary 1988：16。
99 《六祖壇經》般若品第二，英譯見 Cleary 1988：20。
100 《六祖壇經》付囑品第十，英譯見 Cleary 1988：78。
101 《六祖壇經》懺悔品第六，英譯見 Cleary 1988：40。
102 《六祖壇經》機緣品第七，英譯見 Cleary 1988：47。

佛。」103

在對「佛」的新釋義之下，禪宗對傳統佛學的宗教性精神作了很大的改革。後世臨濟禪師對歷史上佛陀的超越性更給予更深的抨擊。他批評其他的佛教徒把佛陀推崇為「最終目標」。他問，如果那個佛是最終目標，那麼現在「佛在什麼處？」104臨濟不把歷史佛陀之離世看作只是暫時離開現世（如華嚴宗所言），他說：「佛今何在。明知與我生死不別。」105歷史上的佛陀已經死了，所以從這裡我們清楚地知道在生死方面他和我們並沒有什麼不同。臨濟開出的禪宗派叫臨濟宗，其主張是沒有至高的存在（Supreme Being），而且我們就是最終的存在（Ultimate Being）。臨濟說：

> 如今學者不得，病在甚處？病在不自信處。爾若自信不及，即便茫茫地徇一切境轉，被它萬境回換，不得自由。爾若能歇得念念馳求心，便與祖佛不別。106

也就是說，當今學生阻於進步，問題都在於他們對自己沒信心。一個人如果對自己沒信心，就會思思念念為外境所轉，不能自主。但是如果他能一旦止住這些念頭的念念相尋，就可與佛陀沒有區別。隨著這種自度禪法的弘揚，禪宗發展成一種強調自修實踐和注重道德的哲學。

---

103 《六祖壇經》付囑品第十，英譯見 Cleary 1988：78。
104 《臨濟錄》T47n1985：496，英譯見 Watson 1993：48。
105 《臨濟錄》T47n1985：499，英譯見 Watson 1993：48。
106 《臨濟錄》T47n1985：497，英譯見 Watson 1993：23。

　　如上所釋，禪宗的教法基本上都在「見自本性」，我們可以把這種教法稱作「見自本性以證現佛果的原則」。為何見自本性那麼重要？因為如果覺悟僅只須見到一個人的自性，那麼便不會難以獲得。然而，在實行上，要見到自性並不容易。這個原則要求我們否決個己身分，接受一視同仁的平等原則，去除我們和他人之間愛恨善惡的分別。要見自身本性，我們必須先明白一切眾生，一切事物，都有跟我們一樣的本性。換句話說，甚至一切無情物如草木和石頭也是佛本身——崇高、至上、無盡廣闊、究竟本空。如果我們能夠真實地採用這種態度對待每個人和每件事物，那麼依照禪宗，我們就已經證得佛果。

　　禪宗的道德教法是建立在知識和智慧上的——只要我們真的見到自己在本質與本性上即為「佛」，我們便能立馬得到道德上的轉化。以此禪宗消除了知識和行動之間的距離，把所有道德的匱乏都解釋為知識的不足，亦即，「無明」導致道德的淪落。一個耳熟能詳的禪宗故事就是「放下屠刀，立地成佛」，然而在實際的生活體驗裡，我們總是發覺我們的開悟轉瞬即逝，而舊習難改。在得到短暫的覺悟後，我們很容易落回舊的思維和舊行的模式中。比如說，假如我們明白那些對我們懷有敵意的人其實都值得我們同情而下決心原諒他，但在我們被他人侮辱的瞬間，我們的憤怒洶湧地沸騰起來，而完全忘記了自己當初的決心。又假設我們理解了事物真相，知道外在榮譽如名利都無關緊要，而發願只關注自心的淨化，但當我們丟了錢或沒有得到我們自覺應得的晉升，我們很快會變得激憤不已，任由自己的心失去它本有的平靜。我們的習氣（habit-energy）如此根深柢固，以至於我們短暫意識到的佛性並不能讓我們斷除所有的不善習氣。為了真正

改變宿習，我們對自己本具清淨佛性的「知識」，必須成為一種根深柢固的「智慧」。

　　禪師們強調的一種保存我們清淨不擾心的方法是安住於當下。擁有「當下一念」有助於我們遣除對過去不愉快的遺憾以及對未來的擔憂，從而更好地「安住當下」。有一則故事說到一從虎口脫生之人，緣藤攀崖而下，驚覺又有一虎於崖底候而食之，二虎一上一下，為難間，又見黑白二鼠（象徵晝夜）正嚙咬其所緣之藤，令其命懸於二厄之間。顧盼左右，崖邊有一多汁草莓，欣然取而食之。107 這個故事告訴我們：過去的已經過去，未來

---

107 一個有趣的對比是托爾斯泰在其《懺悔錄》中相同的故事。托爾斯泰描述了一個旅行者的困境：他被困在兩個等待吞噬他的野獸之間。攀沿藤條，他既不能上也不能下。在這個可怕的窘境中，這位旅行者突然看到幾滴蜂蜜掛在樹葉上。所以他決定伸出舌頭去品嘗蜂蜜。托爾斯泰顯然是從同一個來源得到這個故事。然而，他對這個故事的寓意卻有完全不同的詮釋。他寫道：「就這樣，我緊緊抓住生命的樹枝，知道代表死亡的惡龍不可避免地等待著我，準備把我撕成碎片。我不明白為什麼我要承受這樣的痛苦。我試著舔食曾經帶給我快樂的蜂蜜，但是現在它不再給我快樂，白色和黑色的老鼠在我所抓緊的樹枝上夜以繼日地啃食。我清楚地看到了惡龍，蜂蜜對我來說不再是甜的了。我只看到不可避免的惡龍和老鼠，我無法將視線從牠們身上移開。這不是一個寓言，而是一個真實無誤、無以致疑、明白易解的真理。從前因為我受到生活樂趣的誤導，而抑制了對惡龍（死亡）的恐懼，但現在我無法再繼續被欺瞞。無論其他人對我說了多少遍：『你不能理解生命的意義，不要想，就是活著！』但是我不能這麼做，因為我已經如此做得太久了。現在我無法不看到晝夜的不停回轉是快速地把我引向死亡。我獨自明白這一點，因為唯有這個才是真理。其他一切都是謊言。這兩滴蜂蜜，代表我對家庭和創作生涯（我稱之為藝術）的愛，過去使我的眼睛遠離了殘酷的事實，但現在它們對我不再是甜蜜的。我的家人——但是我的家人，我的妻子和孩子，他們也是人——他們與我處於完全相同的境遇：他們必須生活在謊言或看到可怕的真相……正是因

總會到來。因此我們應該嘗試安住當下，關注享受眼前所有的經驗。我們若果能如此於心不動，專注當下，不擾於對過去的悔恨和對未來的焦慮，則能安住涅槃也。

在中國禪宗史上一個奇怪的現象是：不同的禪師常常聲稱自己已經明心見性，同時又指責彼此未能見性。「南北」之爭就是一個明顯的例子。這些分歧並未隨著南宗的興盛而停止，甚至臨濟禪師也沒能理解其師黃檗禪師想要傳達的信息。108 問題是，如果人人之本心相通，每個人都應該能夠立刻見到他心，那麼那些真正明心見性的人之間卻缺乏相互理解和共識實在很難解釋。有兩個可能答案：要麼不存在一個共通的本心，要麼任何人根本不能可能把自己悟到和知道的傳達給他人。禪宗通常接受後者。下面，我們來談談禪宗對知識之可能和語言之局限的觀點。

禪宗對知識和語言的觀點

禪宗並沒有否定知識的可能性，但它提倡一種不同形式的知識。知識的適當對象不應是外在事物，而是人自己的心。在禪宗的知識論中，關於外在世界和關於他心的知識只能通過對自心的認識來達成。從知道自心，個人可以進而知道：（1）他心，因為每個人的心心相通；（2）外在世界，因為世間一切法

為我愛他們，所以我不能對他們隱瞞真相。認知的每一步都會將他們引向這個真理。而真相就是死亡。」（托爾斯泰《懺悔錄》W.W. Norton & Company, Reissue, 1996）托爾斯泰對這個故事的悲觀解讀清楚地表明他還沒有掌握禪的教義。

108 見華茲生（Watson）的介紹。Watson 1999：104-105.

從心念生。在此知識論的基礎上，認識的客體正是主體自己的「心」。因此，主客體二元的認知對立就被消除了。此外，由於人不需要靠外部媒介來了解自心，因此名稱與描述在這個語境中就變得毫無用處。禪宗明確教導我們可以直達自心。這種自我認識與當代心靈哲學中所討論的自我知識不同，因為在禪宗的教義裡，人們直接認知的不是人的念頭，而是一種「無念」（no-thought）的心靈狀態。它不是僅僅關於自心的認識，也是關於自家清淨「本心」的認識。

《六祖壇經》中記載弘忍傳講明心見性無需思量：「思量即不中用，見性之人，言下須見。」109 鈴木大拙將這種形式的認識理解為「直觀認識」（intuitive knowledge）。110 他說：

> 這種「直觀」形式不是衍生的，而是原始的；不是推理的、理性的，也不是靠媒介的，而是直截了當的；不是分析的，而是綜合的；不是認知的，而是象徵的；不是有意向的，而是自然呈現出來的；不是抽象的，而是具體的；不是過程性的、有目的的，而是實存和根本的，終極和不可化約的；不是永恆減約的，而是無限包容的，等等。111

鈴木大拙這些描述未必能幫助我們理解這是什麼樣的知識，但至少從這樣的描述中我們可以清楚看到，禪宗的知識論並

109 《六祖壇經》自序品第一，英譯見 Cleary 1998：7。
110 Suzuki 1953：33.
111 Suzuki 1953：34.

不是關涉一般意義上的「知識」。它不依賴語言和概念，也不能
被傳授或研習。當一個人得到自己本心的知識時，他沒有獲得任
何新的資料，而僅僅只是轉化了。在禪宗的語境中，即性即真
如，個人當下與實相本身同一。這種經驗認知，唯有親身經歷，
是私人擁有而且不可言傳的。正如一句俗常禪語所說：「如人飲
水，冷暖自知。」[112]

　　順著早期道家和佛家的理路，禪宗同樣否定了語言在指稱
和描述作用中的合法性。禪宗教導名言和文字僅僅是假名安立：
「一切名言。皆是假立。」[113] 現實本身沒有標誌或標籤。惠能
說：「所說一切文字章句。如標如指。標指者。影響之義。依標
取物。依指觀月。月不是指。標不是物。」[114] 換句話說，我們
可以用名言或概念來描述實相，正如我們用手指指月。但是我們
不應該將我們用概念描述的世界誤認為即是世界的實相，正如我
們不應該認為手指與月有任何關係。禪宗分離語言和世界，並否
認語言有保存世界實相的功能。

　　禪師們認為語言的根本不足是在於它基於「分別」。我們
用人為概念為事物打上不同種類的標記。因此，在使用語言時，
我們就難免會認定事物各各不同。由於禪宗認為一切事物本性一
如，它自然反對我們通過諸多概念而引入的分類方法。一旦我們
使用任何語言的基本形式，我們就已經陷入了對立和割裂的思維
模式當中。因此，語言和實相之間存在不可調和的矛盾。一個人

---

112 《六祖壇經》自序品第一。
113 惠能《金剛經解義》非說所說分第二十一，英譯見 Cleary 1998：134。
114 惠能《金剛經解義》依法出生分第八，英譯見 Cleary 1998：106。

越是努力講真理，他就離真理越遠。一個人越是努力地解釋真
理，他就越難成功地讓其他人見到真理。

但是，如果不使用語言，我們彼此如何交流呢？如果禪師
不講話，他們如何啟化他人呢？講話是不可避免的，因此，語言
的使用是一個不可避免之困境（a necessary evil）。成中英認為
禪宗在理論上反對語言，卻又在實踐修行中憑藉語言，是個「詭
論」的關係。他說：

> 禪宗教義認為沒有任何理性與知性的學說對於成就究竟
> 實相（亦即證成佛果）是恰當和必要的。……然而，為了
> 尋求開悟，他們彼此進行簡短、生動、活潑的對話，稱為
> 公案（日語為 koan）。但是這些公案似乎拒斥我們用理性
> 來理解。因此，我們不得不想問：為什麼禪宗的理論學習
> 與修行實踐是互相脫離的呢？[115]

這種詭論關係引起了許多當代的禪宗學者們的興趣，在本
章的最後一節，我們將一睹禪師們在以有限語言為依託的理論當
中如何開啟教化的實修方法。

---

115 成中英（Cheng 1973：77）。成中英著力辯解禪宗公案的詭論性質。經過分
析後，他得出的結論是：表面上顯見的矛盾詭論只由那些還未開悟的人產
生。一旦開悟，他就了達禪語超越表面的語義結構，而指涉一個深層的本體
結構。這個深層的本體結構「是用任何特定的種類或典範所無法描述的」。
（Cheng 1973：91）換句話說，成中英認為我們常規的語言是用來描繪我們
的世俗世界和日常事物，但是當這些語言被禪師使用於禪機問答中時，它卻
是指涉一個不同的本體境界——實相。成中英的文章產生許多反響。例如
見：Bossert 1976；King-Farlow 1983；Levin 1976；還有 Tucker 1985。

禪宗的教化方法

　　在漫長的歲月中，禪師們發展了自己的言語交流模式，經常是以機鋒的簡短對話形式（日語稱 mondo），而對這些機鋒對話，若我們拘於表面文字，往往無從理解。許多當代的學者將禪師們的言語行為（speech acts）比作英哲奧斯丁（J. L. Austin）「取效式」（perlocutionary）的言語行為。[116] 取效式的語言是「說話人通過說話本身而完成，或企圖完成，某個想要達成的目的。」[117] 也就是說，取效式語言是一種帶有說者的特殊目的，旨在激發聽者的預期反應之言語形式，有實用性的功效。這是一種表演，而說者跟聽者之間的交流是超越以話語表義為基礎的信息傳遞。交流的成功與否不在於聽者是否理解說者的字義，而在於聽者是否會以說者所預期的方式作出反應。在禪宗的語境中，禪師用語言來啟發聽者，使他或她見自本性。有時言語表達的目的僅是「驚醒」聽者，使其脫離慣性思維方式。機鋒對話的形式可以是一個謎語、一首詩、一句無厘頭的話、一聲厲喝，或者僅僅是沉默不語。如果禪語僅發揮語言取效式的功用，那麼為理解禪語，我們就應該摒棄語義（semantics），而僅著重於語用（pragmatics）。或者正如金哈龐（Ha Poong Kim）所主張的：我們應該明白在禪師的話語中，文字已經從它們通常在特定語境扮演的固定角色中「解放」出來了。因此，「文字不再『意

---

116 見書末參考文獻：Cua 1975、Kim 1980-1、Rosemont 1970b、Scharfstein 1976.

117 Rosemont 1970b：116.

味』著什麼，即使它們可能偶然在語用的時候服從語言遊戲的規則。」118

在禪宗對話中，語言的使用是不可避免的「方便法門」，但若因此就說語言是無言之形或文字無文字之用，則違反了禪宗於物任運自然的精神。禪宗不主張用語言去描述實相。假如語言（包括所有作為語言基礎的概念體系）的本質從根本上是對立性和分別性的，那麼它就與真如（reality-as-such）無關，無法指涉真如。但是如果禪師不用語言作為一個常規交流，或是堅持沉默，就會回到孤立禪（isolationist Chan）的作風，而這正是惠能所批斥的獨坐禪思法門。但是為什麼許多禪師不直接回答學生問題呢？關鍵是在於假如學生需要去問旁人，那麼他們就已經錯失禪宗的主要教義：自悟自度，自見本心。我們應當記住，禪師也不總是採用詭謬的對話；他們有時是會為學生解釋禪的精髓。但是假如學生執著於得到某些概念上的釐清，意念上的清晰分析，那麼他們就是對語言和概念本身太過關注，而忘了禪是什麼。黃檗說：

> 唯此一心，更無微塵許法可得，即心是佛。如今學道之人，不悟此心體，便於心上生心，向外求佛，著相修行，皆是惡法，非菩提道。119

是以，禪宗的語言有時只是隨機取效，即禪師運用「無理

---

118 Kim 1980-1：110.
119 黃檗禪師《傳心法要》CBETA 電子版 No. 2012A：380，英譯見 Blofeld 1958：31。

路話」或「答非所問」方式，並沒有傳達任何信息。然而，他們的目的是要啟發聽者看破語言本身的局限，努力獲得本具之智。語言如同指月的手指：我們應該要看到月亮而非專注於手指。再者，禪宗的話頭通常在師徒間特定的機鋒問答中產生，禪師的目的是在於啟發那個徒弟在當下開悟。時過境遷，所以，關於禪宗公案或機鋒的記載並不能發揮保存禪宗教義的效用。在禪師的機鋒中，我們後人無法獲得啟發，因為我們並不是當機眾，不是直接受教者，不在當時語境中。所以，我們不應該過度分析這些詭謬的機鋒對話之含義。

　　一些禪宗的評論者認為禪宗是教外別傳，然而，最初禪宗的建立並不是完全排斥經教。惠能本人就講授《金剛經》，而且他並沒有教導弟子不學諸經。惠能說：「執空之人，有謗經，直言不用文字。既云不用文字，人亦不合語言。只此語言，便是文字之相。又云直道不立文字，即此不立兩字，亦是文字，見人所說，便即謗他言著文字。⋯⋯不要謗經，罪障無數。」[120] 但是，他顯然也批評一些弟子不解經意卻一味誦經。他認為「諸佛妙理，非關文字」[121]，而在於「本心」，因此就如五祖洪忍所教導：「不識本心，學法無益。」[122]

　　不過在禪宗後期，禪師們減低對研習經教的重視，因為他們發現文字和概念是明心見性的主要障礙。黃檗云：「學道人若欲得成佛。一切佛法總不用學。唯學無求無著。無求即心不

120 《六祖壇經》付囑品第十，英譯見 Cleary 1998：72。
121 《六祖壇經》機緣品第七，英譯見 Cleary 1998：44。
122 《六祖壇經》自序品第一，此為五祖洪忍對惠能的教誨，英譯見 Cleary 1998：11。

生。無著即心不滅。不生不滅即是佛。」123 禪宗教旨盡在見自本心，這種自知之智不假概念思維，直截了當，即在當下。概念化思維將能知的心轉化為所知的客體，而心之識自本心，則應該沒有能所之對立。故黃檗曰：「即心是佛，無心是道。」124 又言：「不起妄念，便證菩提。及證道時，秖證本心」125；「息念忘慮，佛自現前！」126

　　若傳達禪宗之旨不需語言文字，而唯是「以心傳心」，那麼禪宗的教化不得不完全異於傳統的授課講解方法。正如黃檗所承認的，即使四五百人居山聽法，卻很少人能真正領悟其教。「何故？道在心悟，豈在言說？言說只是化童蒙耳。」127 這就可以解釋為何後期禪宗祖師在教化時會採用各種極端方法，他們不開示，不明講，因為使用言語文字會使心背離真正的目標：明心見性。

　　黃檗的弟子臨濟著名地以「棒喝」方式回答學子的問題，對他而言，這些是教化的方法。臨濟曰：「山僧無一法與人，只是治病解縛。」128 他說諸方學道之流來求道之人中未有一個

123 黃檗禪師《傳心法要》CBETA 電子版 No. 2012A：3，英譯見 Blofeld
　　1958：40。

124 黃檗禪師《宛陵錄》CBETA 電子版 No. 2012B：1，英譯見 Blofeld 1958：
　　67。

125 黃檗禪師《傳心法要》CBETA 電子版 No. 2012A：2，英譯見 Blofeld
　　1958：38。

126 黃檗禪師《傳心法要》CBETA 電子版 No. 2012A：1。

127 黃檗禪師《宛陵錄》CBETA 電子版 No. 2012B：1，英譯見 Blofeld 1958：
　　67。

128 《臨濟錄》T47n1985：500，英譯見 Watson 1993：53。

「不與物拘，透脫自在」，是以他盡其力在破解他們的束縛。「如諸方學道流，未有不依物出來底。山僧向此間從頭打。手上出來手上打，口裡出來口裡打，眼裡出來眼裡打，未有一個獨脫出來底。」[129] 對於禪宗的門外漢而言，這些方法有時看似荒謬，甚至殘酷。但是對於禪師而言，所用的方法並不重要——關鍵在於學人能否由此當下領悟。

惠能去世一百五十年後，禪宗轉變成為一個以運用公案、話頭、厲喝、棒打以及許多其他非傳統教化方法而聞名的宗派。鈴木大拙這樣描述禪宗教化方法的衍化：

> 這時的禪風，已幾乎完全從六祖之前可見的教化方法中蛻變出來。原先唯有傳統經典詞彙可以用來詮釋禪。那時，也沒有人曾想到用打、踢及其他粗暴的施教方法來會應學人之機。此時，「僅觀看」（mere seeing）其勢已去，而取而代之的是表演行為。[130]

但是，正因為禪師教法行為的性質是「表演」（acting），所以對於外人，禪師行為背後的真正禪意有時很難揣測。當我們閱讀後期歷代禪師語錄時，對於禪師在彼此之間或師徒間所展示的看似傲慢、暴力、粗魯和喝罵，我們可能相當驚訝。不過在鈴木大拙看來，這些施教技巧是「如此變化多端、獨創、一反常理，以致我們每次品讀它們時，都會有翻新出奇之感，往往猶如

---

129 《臨濟錄》T47n1985：500，英譯見 Watson 1993：52-53。
130 Suzuki 1964：102.

將其故事起死回生。」131

結語

　　禪宗「佛性本具，但識自心，直了成佛」的主張能幫助那些有宗教信仰的人得到解脫。作為一種宗教形式，它不假定任何至高無上的神為我們的幸福負責；或對我們的行為進行獎懲。它不要求我們放棄自我意志去服從一個外在超越的誡命。它不堅持我們學習任何聖典，或者熟記任何神聖的戒律。它所有的教導就是一種簡單的認自本性的方法，並理解一切眾生皆具同一本性的事實。它的教義可以加強吾人的自信，而同時又防止我們狂妄自大。該宗的實用目標其實是非常親社會的。

　　另一方面，作為一種哲學形式，與我們以上討論過的中國其他宗派相比，禪宗比較缺乏系統性。它的哲學可以結集成幾個很短的警句，不過禪宗的法師們很少為他們的議題辯護或者提出論據，我們不得不從他們的言論中擇其要義來推斷出他們的哲學預設。禪宗最重要的哲學主張之一就是不離世間而得涅槃。儘管他們極度重視心，但他們沒有堅持認為世間所有現象都虛幻不實或是為心所造。從這方面上講，禪宗以及天台宗讓中國佛學遠離傳統佛學的反實在論精神。禪宗強調實有，但不是一種佛教所反對的普通人接受的單純實在論形式（naïve realism）。丹・盧梭斯（Dan Lusthaus）對它作了很好的解釋：「禪宗不是一種單純實在論；它是一門直覺的現象學（intuitive phenomenology）。

---

131 Suzuki 1964：88-89.

我們不應把其拒斥超驗形而上學而誤解為一種單純的實在論——
否則將會落入禪宗力求消除的（有無兩派）二元對立中之一
元。」132

　　禪宗另一重要的哲學論點就是佛性普及，一切眾生萬法與
生俱來皆有佛性，佛性定義了宇宙中一切萬物的本質。人類並不
優越於其他物種，岩石也不比貓狗更不重要。這種對佛性之普遍
性的認可，重建了中國傳統中對宇宙和諧整體化的信念，在這個
整體性宇宙中，一切事物與所有人都起著關鍵作用。

　　禪宗處於中國古代哲學與宋明理學轉接的要樞之點。黎惠
倫認為禪宗的心論「借用了（道家的）心的概念」，而它的佛性
理論不僅「延續孟子之結合心與性」，並「從而為日後王陽明的
哲學鋪路」。133 根據黎惠倫的解釋，「佛性」一詞選擇「性」
這個術語來作為梵語「gotra」（意為「種子」）或者「garbba」
（意為「子宮」）的翻譯，是「受了當時流行的中國哲學術語用
法的影響」。134 因此，佛性的理論反映了中國的傳統思想。後
來，在中國思想史上，王陽明深受禪宗心學的影響，進而將他的
心學發展到了一個更高深的層面。

延伸討論問題

1. 在北宗與南宗心的觀念之間，哪種觀念更接近你所理解的自
　 心？

---

132 Lusthaus 1985：175.

133 Lai 1977：66.

134 Lai 1977：73.

2. 我們怎樣才能把禪宗的教義運用於今天的生活當中？怎樣才能實現心無分別的境界？你認為這種態度將如何影響人際關係？

3. 「眾生皆是佛」是什麼意思？你怎麼評價這種主張的真實性？

4. 你贊同當我們用語言描繪實相和用我們的觀點來認知世界，即不可避免地是根據人類觀念創造出一個世界，而不是世界本身（world-not-in-itself）的觀點嗎？你認為在人類觀念之外的實相本身是什麼？

5. 你如何將道家（尤其莊子哲學）與禪宗思想作比較？你認為這種教義能改造社會嗎？

參考書目

導論

Allinson, Robert（ed.）（1995）*Understanding the Chinese Mind: The Philosophical Roots*. New York: Oxford University Press, 6th impression.

Bodde, Derk（1942）"Dominant Ideas in the Formation of Chinese Culture." *Journal of American Oriental Society* 62（4）: 293-9。

——（1953）"Harmony and Conflict in Chinese Philosophy." In Arthur F. Wright（ed.）, *The American Anthropologist Studies in Chinese Thought*. The American Anthropological Association, vol. 55, no. 5, part 2, memoir no. 75, December: 19-80.

Chan, Wing-tsit（陳榮捷）（ed.）（1963）*A Sourcebook in Chinese Philosophy*, 4th edn. Princeton, NJ: Princeton University Press. 陳榮捷編著，《中國哲學文獻選編》（楊儒賓、吳有能、朱榮貴、萬先法 譯，臺北：巨流圖書公司，1993）。

Cheng, Chung-ying（成中英）（1971）"Chinese Philosophy: A

Characterization." *Inquiry* 14: 113-137.

───（1974）"Conscience, Mind and Individuals in Chinese Philosophy." *Journal of Chinese Philosophy* 2: 3-40.

───（1983）"On the Hierarchical Theory of Time: With Reference to Chinese Philosophy." *Journal of Chinese Philosophy* 10: 357-84.

Creel, Herrlee G.（顧立雅）（1953）*Chinese Thought: From Confucius to Mao Tse-Tung.* Chicago: University of Chicago Press.

De Bary, William Theodore（狄培理）and Bloom, Irene（eds.）（1999）*Sources of Chinese Tradition, 2nd edn. Volume I. From Earliest Times to 1600.* New York: Columbia University Press.

De Bary, William Theodore（狄培理）and Lufrano, Richard John（eds.）（2001）*Sources of Chinese Tradition, 2nd edn. Volume II. From 1600 Through the Twentieth Century.* New York: Columbia University Press.

Feng, Qi（馮契）（1986/7）"Scientific Method and Logical Categories in Ancient China." *Chinese Studies in Philosophy* 18, Winter: 3-28.

Flew, Antony G. N.（1979）"The Cultural Roots of Analytic Philosophy." *Journal of Chinese Philosophy* 6: 1-14.

Fung, Yu-lan（馮友蘭）（1966）*A Short History of Chinese Philosophy*（ed. Derk Bodde）. New York: The Free Press. 馮友蘭著，《中國哲學簡史》（張海晏譯，香港：三聯書店，2005）。

───（1983）*A History of Chinese Philosophy*, vol. I.（trans. Derk Bodde）Princeton, NJ: Princeton University Press. 馮友蘭，《中國哲學史》上冊（臺北：臺灣商務印書館，1993）。

Graham, Angus C.（葛瑞漢）（1989）*The Disputers of the Tao: Philosophical Argument in Ancient China*. La Salle, IL: Open Court. 葛瑞漢（Graham, Angus C.）著，《論道者：中國古代哲學論辯》（張海晏譯，北京：中國社會科學出版社，2003）。

Hansen, Chad（陳漢生）（1992）*A Daoist Theory of Chinese Thought*. New York: Oxford University Press.

Kaltenmark, Max（康德謨）（1969）*Lao Tzu and Taoism*（trans. from the French by Roger Greaves）. Stanford, CA: Stanford University Press.

Levi, Albert William（1979）"Modern Cultural Roots of Analytic Philosophy." *Journal of Chinese Philosophy* 6: 15-35.

Li, Chenyang（李晨陽）（1999）*The Tao Encounters the West: Explorations in Comparative Philosophy*. Albany, NY: SUNY Press. 李晨陽，《多元世界中的儒家》（臺北：五南出版社，2006）。

Liu, Shu-hsien（劉述先）（1974）"Time and Temporality: The Chinese Perspective." *Philosophy East and West* 24: 145-153.

——（1998）"Background for the Emergence of Confucian Philosophy." In his *Understanding Confucian Philosophy: Classical and Sung-Ming*. Westport, CT: Praeger, ch. 1.

Needham, Joseph（李約瑟）（1951）"Human Laws and Laws of Nature in China and the West." *Journal of the History of Ideas*, XII. Part 1: 3-30; Part II: 194-230.

Neville, Robert（南樂山）（1980）"From Nothing to Being: The Notion of Creation in Chinese and Western Thought." *Philosophy*

East & West 30（1）: 21-34.

Schwartz, Benjamin（史華慈）（1985）*The World of Thought in Ancient China.* Cambridge, MA: Belknap Press. 史華慈（Benjamin Schwartz）著，《古代中國的思想世界》（程鋼譯，南京：江蘇人民出版社，2003）。

Tang, Chun-1（唐君毅）（1962）"The T'ien Ming [Heavenly Ordinance）in Pre-Ch'in China," pts. I and II. *Philosophy East & West* 11: 195-218; 12: 29-50.

Van Norden, Bryan W.（萬百安）（ed.）（2002）*Confucius and the Analects: New Essays.* New York: Oxford University Press.

Wilhelm, Richard（衛禮賢）and Baynes, Cary F.（貝恩斯）（trans.）（1977）*The I Ching: Book of Changes.* Princeton, NJ: Princeton University Press.

Zhang, Dainian（2002）*Key Concepts in Chinese Philosophy.* New Haven, CT: Yale University Press.

中國古代哲學概論

Bodde, Derek（卜德）（1953）"Harmony and Conflict in Chinese Philosophy." In Arthur F. Wright （ed.）, *The American Anthropologist Studies in Chinese Thought.* The American Anthropological Association, vol. 55, no. 5, part 2, memoir no. 75. December: 19-80.

Chan, Wing-tsit（陳榮捷）（ed.）（1973）*A Sourcebook in Chinese Philosophy*, 4th edn. Princeton, NJ: Princeton University Press. 陳

榮捷編著《中國哲學文獻選編》（楊儒賓、吳有能、朱榮貴、
萬先法 譯，臺北：巨流圖書公司，1993）

Cheng, Chung-ying（成中英）（1995）"Chinese Metaphysics as Non-
Metaphysics: Confucian and Daoist Insights into the Nature of
Reality." In Robert Allinson（ed.）, *Understanding the Chinese
Mind: The Philosophical Roots*, 6th impression. New York: Oxford
University Press, pp. 167-208.

De Bary, William Theodore（狄培理）and Bloom, Irene（eds.）
（1999）*Sources of Chinese Tradition*, 2nd edn. Volume I. *From
Earliest Times to 1600*. New York: Columbia University Press.

Graham, Angus C.（葛瑞漢）（1989）*The Disputers of the Tao:
Philosophical Argument in Ancient China*. La Salle, IL: Open Court.
葛瑞漢 （Graham, Angus C.）著《論道者 中國古代哲學論辯》
（張海晏譯，北京：中國社會科學出版社 2003）

Hansen, Chad（陳漢生）（1992）*A Daoist Theory of Chinese Thought*.
New York: Oxford University Press.

Ivanhoe, Philip（艾文賀）（ed.）（1996）*Chinese Language,
Thought, and Culture: Nivison and His Critics*. La Salle, IL: Open
Court.

Ivanhoe, Philip J.（艾文賀）and Van Norden, Bryan W.（萬百安）
（eds.）（2003）*Readings in Classical Chinese Philosophy*.
Indianapolis, IN: Hackett Publishing Company, Inc.

Schwartz, Benjamin（史華慈）（1985）*The World of Thought in
Ancient China*. Cambridge, MA: Belknap Press. 史華慈（Benjamin
Schwartz）著，《古代中國的思想世界》（程鋼譯，南京：江

蘇人民出版社，2003）。

第一章　易經：中國哲學的宇宙論基礎

Anderson, Allan W.（1990）"The Seasonal Structure Underlying the Arrangement of the Hexagrams in the Yijing." *Journal of Chinese Philosophy*: 275-299.

Anthony, Carol K.（1981）*The Philosophy of the I Ching*. Stow, MA: Anthony Publishing Company.

Baynes, Christopher（1964）"The Concrete Significance of Number with Special Reference to the Book of Changes." *Systematics* 2（2）: 102-129.

Blofeld, John.（蒲樂道）（trans.）（1965）*I Ching: The Book of Change*. New York: Penguin Books.

Bodde, Derek（卜德）（1953）"Harmony and Conflict in Chinese Philosophy." In Arthur F. Wright（ed.）, *The American Anthropologist Studies in Chinese Thought*. The American Anthropological Association, vol. 55, no. 5, part 2, memoir no. 75. December: 19-80.

Brown, Chappell（1982）"Inner Truth and the Origin of the Yarrow Stalk Oracle." *Journal of Chinese Philosophy* 9: 197-210.

───（1982）"The Tetrahedron as an Archetype for the Concept of Change in the I Ching." *Journal of Chinese Philosophy* 9: 159-68.

Burr, Ronald（1975）"Chinese Theories of Causation: Commentary." *Philosophy East & West* 25: 23-29.

Cheng, Chung-ying（成中英）（1976）"Model of Causality in Chinese Philosophy: A Comparative Study." *Philosophy East & West* 26: 3-20.

—— （1977）"Chinese Philosophy and Symbolic Reference." *Philosophy East & West* 27: 307-322.

—— （1987）"'Li' and 'Ch'i' in the I Ching: Reconsideration of Being and Nonbeing in Chinese Philosophy." *Journal of Chinese Philosophy* 14: 1-38.

—— （1989）"On Harmony as Transformation: Paradigms from the I Ching:" *Journal of Chinese Philosophy* 16: 125-158.

—— （1997）"Realitx and Divinity in Chinese Philosophy." In Eliot Deutsch（ed.）, *A Companion to World Philosophies*. Oxford: Blackwell Publishing.

Clarke, A. G.（1987）"Probability Theory Applied to the I Ching." *Journal of Chinese Philosophy* 14: 65-72.

Cook, Daniel J. and Rosemont Jr., Henry（羅思文）（1981）"The Pre-established Harmony between Leibniz and Chinese Thought." *Journal of the History of Ideas* 42: 253-268.

Dixon, Paul W.（1993）"Classical Taoism, the I Ching and our Need for Guidance." *Journal of Chinese Philosophy* 20（2）: 147-157.

Doeringer, F. M.（1980）"Oracle and Symbol in the Redaction of the I Ching." *Philosophy East & West* 30: 195-209.

Fang, Tung-Mei（方東美）（1976）"The Creative Spirit of Confucius as Seen in the Book of Changes." *Chinese Studies in Philosophy* 7: 78-89.

Feng, Jing-yuan（1985）"'*Qi*' and the Atom: A Comparison of the Concept of Matter in Chinese and Western Philosophy." *Chinese Studies in Philosophy* 17, Fall: 22-44.

Fleming, Jess（傅杰思）（1993a）"Categories and Meta-categories in the I Ching." *Journal of Chinese Philosophy* 20（4）: 425-434.

———（1993b）"A Set Theory Analysis of the Logic of the I Ching." *Journal of Chinese Philosophy* 20（2）: 133-146.

———（1996）"Philosophical Counseling and the I Ching." *Journal of Chinese Philosophy* 23（3）: 299-320.

Goldenberg, Daniel S.（1975）"The Algebra of the I Ching and Its Philosophical Implications." *Journal of Chinese Philosophy* 2: 149-179.

Hacker, Edward A.（1987）"Order in the Textual Sequence of the Hexagrams of the I Ching." *Journal of Chinese Philosophy* 14: 59-64.

———（1983）"A Note on the Formal Properties of the Later Heaven Sequence." *Journal of Chinese Philosophy* 10: 169-172.

Hansen, Chad（陳漢生）（1992）*A Daoist Theory of Chinese Thought.* New York: Oxford University Press, ch. 3, pp. 57-94.

Hatton, Russell（1982）"A Comparison of Chi and Prime Matter." *Philosophy East & West* 32: 159-174.

Hershock, Peter D.（1991）"The Structure of Change in the I Ching." *Journal of Chinese Philosophy* 18: 257-285.

Hon, Tze-ki（韓子奇）（1997）*Teaching the Book of Changes.* Education about Asia 2（2）, Fall: 26-31.

Huang, Alfred（黃濬思）（1998）*The Complete I Ching*. Rochester, VT: Inner Traditions.

———（2000）*The Numerology of the I Ching: A Sourcebook of Symbols, Structures, and Traditional*. Wisdom. Rochester, VT: Inner Traditions.

Joseph, Audrey（1980）"Karman, Self-Knowledge and I Ching Divination." *Philosophy East & West* 30: 65-75.

Lee, Jung Young（1972）"Death Is Birth and Birth Is Death." *Systematics* 9: 188-200.

Legge, James（理雅各）（trans.）（1964）*I Ching: Book of Changes*. Edited with Introduction and Study Guide by Ch'u Chai with Winberg Chai. New York: University Books.

Leung, Koon Loon（1982）"An Algebraic Truth in Divination." *Journal of Chinese Philosophy* 9: 243-258.

Liu, Shu-hsien（劉述先）（1990）"On the Functional Unity of the Four Dimensions of Thought in the Book of Changes." *Journal of Chinese Philosophy* 17: 359-386.

Liu, Zheng（1993）"The Dilemma Facing Contemporary Research in the Yijing." *Chinese Studies in Philosophy* 24（4）: 4 7-64.

Loy, David（羅大維）（1987）"On the Meaning of the I Ching." *Journal of Chinese Philosophy* 14: 39-57.

Lynn, Richard John（trans.）（1994）*The Classic of Changes: A New Translation of the I Ching as Interpreted by Wang Bi*. New York: Columbia University Press.

Mair, Victor H.（梅維恆）（1979）"A Reordering of the Hexagrams of

the I Ching." *Philosophy East & West* 29: 421-441.

Mcevilly, Wayne（1968）"Synchronicity and the I Ching." *Philosophy East & West* 18: 137-150.

Milcinski, Maja（1997）"The Notion of Feminism in Asian Philosophical Traditions." *Asian Philosophy* 7（3）: 195-205.

Mou, Bo（牟博）（1998）"An Analysis of the Ideographic Nature and Structure of the Hexagram in Yijing: From the Perspective of Philosophy of Language." *Journal of Chinese Philosophy* 25（3）: 305-320.

Reifler, Sam（1974）*I Ching: A New Interpretation for Modern Times.* New York: Bantam Books.

Schulz, Larry J.（1990）"On the Concept of Freedom in the I Ching: A Deconstructionist View of Self-Cultivation." *Journal of Chinese Philosophy*: 301-313.

Shibles, Warren A.（1999）"On Death: The I Ching As a Metaphorical Method of Insight." *Journal of Chinese Philosophy* 26（3）: 343-376.

Smith, Richard J.（司馬富）（1998）"The Place of the Yijing in World Culture: Some Historical and Contemporary Perspectives." *Journal of Chinese Philosophy* 25（4）: 391-422.

Stevenson, Frank W.（史文生）（1993）"Discourse and Disclosure in the I Ching." *Journal of Chinese Philosophy* 20（2）: 159-179.

Tadashi, Ogawa（小川侃）（1998）"Qi and the Phenomenology of Wind." *Continental Philosophy Review* 31（3）: 321-335.

Tang, Mingbang（唐明邦）（1987）"Recent Developments in Studies

of the Book of Changes." *Chinese Studies in Philosophy* 19, Fall: 46-63.

Tong, Lik Kuen（唐力權）（1974）"The Concept of Time in Whitehead and the I Ching." *Journal of Chinese Philosophy* 1: 373-393.

———（1990）"The Appropriation of Significance: The Concept of Kang-Tung in the I Ching." *Journal of Chinese Philosophy*: 315-344.

Walker, Brian Browne（1992）*The I Ching or Book of Changes. A Guide to Life's Turning Points.* New York: St Martin's Press.

Wilhelm, Hellmut（衛德明）（1977）*Heaven, Earth and Man in the Book of Changes.* Seattle: University of Washington Press.

Wilhelm, Richard（衛禮賢）and Baynes, Cary F.（貝恩斯）（trans.）（1977）*The I Ching: Book of Changes.* Princeton, NJ: Princeton University Press.

Wilhelm, Hellmut（衛德明）and Wilhelm, Richard（衛禮賢）（1979）*Understanding the I Ching: The Wilhelm Lectures on the Book of Changes.* Princeton, NJ: Princeton University Press.

Wing, R. L.（2001）*Workbook of I Ching.* New York: Broadway Books.

Wu, Joseph S.（1975）"Causality: Confucianism and Pragmatism." *Philosophy East & West* 25: 13-22.

Zhang, Dainan（1987）"On Heaven, Dao, Qi, Li, and Ze." *Chinese Studies in Philosophy* 19, Fall: 3-45.

第二章　論語中的孔子

Allinson, Robert（1985）"The Confucian Golden Rule: A Negative Formulation." *Journal of Chinese Philosophy* 12: 305-315.

───（1992）"The Golden Rule as the Core Value in Confucianism & Christianity: Ethical Similarities and Differences." *Asian Philosophy* 2（2）: 173-185.

Chan, Wing-tsit（陳榮捷）（ed.）（1963）*A Sourcebook in Chinese Philosophy*, 4th edn. Princeton, NJ: Princeton University Press, ch. 2. 陳榮捷編著，《中國哲學文獻選編》（楊儒賓、吳有能、朱榮貴、萬先法 譯，臺北：巨流圖書公司，1993）。

Creel, H. G.（顧立雅）（1960）*Confucius and the Chinese Way*. New York: Harper & Row. 顧立雅（H. G. Creel）著，《孔子與中國之道》（王正義譯，臺北：韋伯文化，2003）。

Cua, Antonio（柯雄文）（1995）"The Concept of Li in Confucian Moral Theory." In Robert Allinson（ed.）, *Understanding the Chinese Mind: The Philosophical Roots*. New York: Oxford University Press, 6th impression, pp. 209-235.

Dawson, Raymond（2000）*The Analects*. Oxford World's Classics paperback. New York: Oxford University Press.

───（1982）. *Confucius (Past Masters)*. New York: Oxford University Press.

Dawson, Miles Menander（1939）*The Basic Thoughts of Confucius: The Conduct of Life*. New York: Garden City Publishing Co., Inc. De Bary, William Theodore（1991）*The Trouble with Confucianism*.

Cambridge, MA: Harvard University Press.

Feinberg, Joel（1980）"The Nature and Value of Rights." In his *Rights, Justice, and the Bounds of Liberty: Essays in Social Philosophy*. Princeton, NJ: Princeton University Press, ch. 7, pp. 143-158.

Fingarette, Herbert（1972）*Confucius: The Secular as Sacred*. New York: Harper and Row.

───（1979）"Following the 'One Thread' of the Analects." *Journal of the American Academy of Religion* 47（35）: 375-405.

Graham, Angus C.（葛瑞漢）（1989）*The Disputers of the Tao: Philosophical Argument in Ancient China*. La Salle, IL: Open Court, Part I, ch. 1, pp. 9-33. 葛瑞漢（Graham, Angus C.）著，《論道者：中國古代哲學論辯》（張海晏譯，北京：中國社會科學出版社，2003）。

Hall, David L.（郝大維）and Ames, Roger T.（安樂哲）（1987）*Thinking Through Confucius*. Albany, NY: State University of New York Press. 郝大維、安樂哲著，《孔子哲學思微》（蔣弋為、李志林譯，南京：江蘇人民出版社，1996）。

Hansen, Chad（陳漢生）（1992）*A Daoist Theory of Chinese Thought*. New York: Oxford University Press, ch. 3, pp. 57-94.

Ivanhoe, Philip J.（艾文賀）（1990）"Reviewing the 'One Thread' of the Analects." *Philosophy East & West* 40（1）: 17-33.

───（2000）*Confucian Moral Self Cultivation*. 2nd edn. Indianapolis, IN: Hackett Publishing Company, ch. 1.

Ivanhoe, Philip J.（艾文賀）and Van Norden, Bryan W.（萬百安）（eds.）（2003）*Readings in Classical Chinese Philosophy*.

Indianapolis, IN: Hackett Publishing Company, Inc.

Lau, D. C.（劉殿爵）（1979）*Confucius: The Analects*. New York: Penguin Classics.

Liu, Shu-hsien（劉述先）（1972）"A Philosophical Analysis of the Confucian Approach to Ethics." *Philosophy East & West* 22:417-425.

───（1998）*Understanding Confucian Philosophy: Classical and Sung-Ming*. Westport, Connecticut: Praeger, ch. 2.

Nivison, David（倪德衛）（1996）"Golden Rule Arguments in Chinese Philosophy." In Bryan Van Norden（ed.）, *The Ways of Confucianism: Investigations in Chinese Philosophy*. La Salle, IL: Open Court, pp. 59-76.

Schwartz, Benjamin（史華慈）（1985）*The World of Thought in Ancient China*. Cambridge, MA: Belknap Press, chs. 2-3. 史華慈（Benjamin Schwartz）著，《古代中國的思想世界》（程鋼譯，南京：江蘇人民出版社，2003）。

Slingerland, Edward（trans.）（2003）*Confucius: Analects*. Indianapolis, IN: Hackett Publishing Company.

Trapp, Rainer Werner（1998）"The Golden Rule," *Grazer Philosophische Studien* 54: 139-164.

Van Norden, Bryan W.（萬百安）（ed.）（2002）*Confucius and the Analects: New Essays*. New York: Oxford University Press.

第三章　孟子

Ames, Roger（安樂哲）（1991）"The Mencian Conception of Ren xing: Does it Mean 'Human Nature'？" In Henry Rosemont, Jr.（ed.）, *Chinese Texts and Philosophical Contexts: Essays Dedicated to Angus C. Graham*. La Salle, IL: Open Court, pp. 143-175.

Bloom, Irene T.（1994）"Mengzian Arguments on Human Nature." *Philosophy East & West* 44（1）: 19-54. Repr. in Xiusheng Liu and Philip Ivanhoe（eds.）, *Essays on the Moral Philosophy of Mengzi*. Indianapolis, IN: Hackett Publishing Company, 2002, pp. 64-100.

───（1997）"Human Nature and Biological Nature in Mencius." *Philosophy East & West* 47（1）, January: 21-32.

Chan, Alan K. L.（陳金樑）（ed.）（2002a）*Mencius: Contexts and Interpretations*. Honolulu: University of Hawaii Press.

───（2002b）"A Matter of Taste: Qi（Vital Energy）and the Tending of the Heart（X in）in Mencius 2A2." In Alan K. L. Chan（ed.）, *Mencius: Contexts and Interpretations*. Honolulu: University of Hawaii Press, pp. 42-71.

Chan, Wing-tsit（陳榮捷）（ed.）（1963）*A Sourcebook in Chinese Philosophy*, 4th edn. Princeton, NJ: Princeton University Press, ch. 3. 陳榮捷編著，《中國哲學文獻選編》（楊儒賓、吳有能、朱榮貴、萬先法 譯，臺北：巨流圖書公司，1993）。

Chen, Ning（2002）"The Ideological Background of the Mencian Discussion of Human Nature: A Reexamination." In Alan K. L.

Chan（ed.），*Mencius: Contexts and Interpretations*. Honolulu: University of Hawaii Press, pp. 17-41.

Chong, Kim-chong（莊錦章）（2002）"Mengzi and Gaozi on Nei and Wai." In Alan K. L. Chan（ed.），*Mencius: Contexts and Interpretations*. Honolulu: University of Hawaii Press, pp. 103-125.

Cua, Antonio S.（柯雄文）（2002）"Xin and Moral Failure: Notes on an Aspects of Mencius' Moral Psychology." In Alan K. L. Chan（ed.），*Mencius: Contexts and Interpretations*. Honolulu: University of Hawaii Press, pp. 126-150.

Graham, Angus C.（葛瑞漢）（1989）*The Disputers of the Tao: Philosophical Argument in. Ancient China*. La Salle, IL: Open Court, Part II, ch. 1, pp. 107-37. 葛瑞漢（Graham, Angus C.）著，《論道者：中國古代哲學論辯》（張海晏譯，北京：中國社會科學出版社，2003）。

───（1990）"The Background of the Mencian Theory of Human Nature." In A. C. Graham, *Studies in Chinese Philosophy and Philosophical Literature*. Albany, NY: SUNY Press. Repr. in Xiusheng Liu and Philip Ivanhoe（eds.），*Essays on the Moral Philosophy of Mengzi*. Indianapolis, IN: Hackett Publishing Company, 2002, pp. 1-57.

Hansen, Chad（陳漢生）（1992）*A Daoist Theory of Chinese Thought*. New York: Oxford University Press, ch. 5, pp. 153-195.

Heng, Jiuan（2002）"Understanding Words and Knowing Men." In Alan K. L. Chan（ed.），*Mencius: Contexts and Interpretations*. Honolulu: University of Hawaii Press, pp. 151-168.

Hutton, Eric L.（2002）"Moral Connoisseurship in Mengzi." In Xiusheng Liu and Philip Ivanhoe（eds.）, *Essays on the Moral Philosophy of Mengzi*. Indianapolis, IN: Hackett Publishing Company, pp. 163-86.

Im, Manyul（1999）"Emotional Control and Virtue in the Mencius." *Philosophy East & West* 49（1）: 1-27.

───（2002）"Action, Emotion and Inference in Mencius." *Journal of Chinese Philosophy* 29（2）, June: 227-249.

───（2004）"Moral Knowledge and Self Control in Mengzi: Rectitude, Courage, and Qi." *Asian Philosophy* 14（1）, March: 59-77.

Ivanhoe, Philip（艾文賀）（2002a）*Ethics in the Confucian Tradition: The Thought of Mengzi and Wang Yangming*. 2nd edn. Indianapolis, IN: Hackett Publishing Company.

───（2002b）"Confucian Self Cultivation and Mengzi's Notion of Extension." In Xiusheng Liu & Philip Ivanhoe（eds.）, *Essays on the Moral Philosophy of Mengzi*. Indianapolis, IN: Hackett Publishing Company, pp. 221-241.

Lai, Whalen（黎惠倫）（1984）"Kao Tzu and Mencius on Mind: Analyzing a Paradigm Shift in Classical China." *Philosophy East & West* 34: 147-160.

Lau, D. C.（劉殿爵）（1963）"On Mencius' Use of the Method of Analogy in Argument." *Asia Major*, N. S., vol. X. Repr. in D. C. Lau. *Mencius*. vols. 1 & 2. Hong Kong: The Chinese University Press, 1984, pp. 334-356.

―――（1970）Mencius. London: Penguin Books.

Legge, James（理雅各）（1970）*The Works of Mencius*. New York: Dover Publications, Inc.

Liu, Shu-Hsien（劉述先）（1996）"Some Reflections on Mencius' Views of Mind-Heart and Human Nature." *Philosophy East & West* 46（2）, April: 143-164.

―――（1998）*Understanding Confucian Philosophy: Classical and Sung-Ming*. Westport, CT: Praeger, ch. 3.

Liu, Xiusheng（2002）"Mencius, Hume, and Sensibility Theory." *Philosophy East & West* 52（1）: 75-97.

Liu, Xiusheng and Ivanhoe, Philip（eds.）（2002）*Essays on the Moral Philosophy of Mengzi*. Indianapolis, IN: Hackett Publishing Company.

Nivison, David（倪德衛）（1996）*The Ways of Confucianism: Investigations in Chinese Philosophy*. Ed. Bryan Van Norden, La Salle, IL: Open Court, chs. 6-12.

Richards, I. A.（1964）*Mencius on the Mind: Experiments in Multiple Definition*. London: Routlege & Kegan Paul, ch. 3, pp. 65-85.

Schwartz, Benjamin（史華慈）（1985）*The World of Thought in Ancient China*. Cambridge, MA: Belknap Press, ch. 7. 史華慈（Benjamin Schwartz），《古代中國的思想世界》（程鋼譯，南京：江蘇人民出版社，2003）。

Shun, Kwong-loi（信廣來）（1989）"Moral Reasons in Confucian Ethics." *Journal of Chinese Philosophy* 16: 317-343.

―――（1991）"Mencius and the Mind-Inherence of Morality:

Mencius' Rejection of Kao Tzu Maxim in Meng Tzu [Mengzi]." *Journal of Chinese Philosophy* 18: 371-86.

———（1996）"Ideal Motivations and Reflective Understanding." *American Philosophical Quarterly* 33（1）, January: 91-104.

———（1997a）*Mencius and Early Chinese Thought*. Stanford, CA: Stanford University Press.

———（1997b）"Mencius on Jen-Hsing." *Philosophy East & West* 47（1）, January: 1-20.

Tan Sor-hoon（陳素芬）"Between Family and State: Relational Tensions in Confucian Ethics." In Alan K. L. Chan（ed.）（2002）*Mencius: Contexts and Interpretations*. Honolulu: University of Hawaii Press, pp. 169-188.

Tu, Wei-ming（杜維明）（1978）"On the Mencian Perception of Moral Self-Development." *Monist* 61（1）: 72-81.

Van Norden, Bryan W.（萬百安）（1991）"Kwong-loi Shun on Moral Reasons in Mencius." *Journal of Chinese Philosophy* 18: 353-370.

Waley, Arthur（韋利）（1982）*Three Ways of Thought in Ancient Chi*na. Stanford, CA: Stanford University Press（orig. pub. London: Allen & Unwin, 1939）.

Wong, David B.（黃百銳）（1991）"Is There a Distinction between Reason and Emotion in Mencius?" *Philosophy East & West* 41（1）: 31-44.

———（2002）"Reasons and Analogical Reasoning in Mengzi." In Xiusheng Liu and Philip Ivanhoe（eds.）, *Essays on the Moral Philosophy of Mengz*i. Indianapolis, IN: Hackett Publishing

Company, pp. 187-220.

第四章　荀子

Allinson, Robert E.（1998）"The Debate between Mencius and Hsün-Tzu: Contemporary Applications." *Journal of Chinese Philosophy* 25: 31-49.

Chan, Wing-tsit（陳榮捷）（ed.）（1963）*A Sourcebook in Chinese Philosophy*, 4th edn. Princeton: Princeton University Press, ch. 6. 陳榮捷編著，《中國哲學文獻選編》（楊儒賓、吳有能、朱榮貴、萬先法 譯，臺北：巨流圖書公司，1993）。

Cheung, Leo K. C.（張錦青）（2001）"The Way of the Xunzi." *Journal of Chinese Philosophy* 28（3）, September: 301-320.

Cua, Antonio S.（柯雄文）（1977）"The Conceptual Aspect of Hsün Tzu's Philosophy of Human Nature." *Philosophy East & West* 27（4）: 373-89.

——（1978）"The Quasi-empirical Aspect of Hsün -Tzu's Philosophy of Human Nature." *Philosophy East & West* 28（4）: 3-19.

——（1979）"Dimensions of Li（Propriety）: Reflections on an Aspect of Hsün Tzu's Ethics." *Philosophy East & West* 29（4）: 373-394.

——（1985a）*Ethical Argumentation: A Study in Hsün Tzu's Moral Epistemology*. Honolulu: University of Hawaii Press.

——（1985b）"Ethical Uses of the Past in Early Confucianism: The Case of Xunzi." *Philosophy East & West* 35（2）: 133-56. Repr.

In T. C. Kline III and Philip J. Ivanhoe（eds.）, *Virtue, Nature and Moral Agency in the Xunzi*. Indianapolis, IN: Hackett Publishing Company, 2000, pp. 39-68.

───（2002）"The Ethical and the Religious Dimensions of Li（Rites）." *The Review of Metaphysics* 55（3）, March: 471-519.

Eno, Robert（伊若泊）（1990）"Ritual as a Natural Art: The Nature of T'ien in the Hsün Tzu." In his *The Confucian Creation of Heaven: Philosophy and the Defense of Ritual Mastery*. Albany, NY: SUNY Press, pp. 131-169.

Goldin, Paul Rakita（金鵬程）（1999）*Rituals of the Way: The Philosophy of Xunzi*. La Salle, IL: Open Court.

Graham, Angus C.（1989）*The Disputers of the Tao: Philosophical Argument in Ancient China*. La Salle, IL: Open Court, Part III, ch. 2, pp. 235-267. 葛瑞漢（Graham, Angus C.）著，《論道者：中國古代哲學論辯》（張海晏譯，北京：中國社會科學出版社）。

Hagen, Kurtis（2000）"A Critical Review of Ivanhoe on Xunzi." *Journal of Chinese Philosophy* 27（3）, September: 361-373.

Hansen, Chad（陳漢生）（1992）*A Daoist Theory of Chinese Thought*. New York: Oxford University Press, ch. 9, pp. 307-343.

Hutton, Eric（2000）"Does Xunzi Have a Consistent Theory of Human Nature?" In T. C. Kline III and Philip J. Ivanhoe（eds.）, *Virtue, Nature and Moral Agency in the Xunzi*. Indianapolis, IN: Hackett Publishing Company, pp. 220-236.

Ivanhoe, Philip（艾文賀）（1994）"Human Nature and Moral Understanding in the Xunzi." *International Philosophical Quarterly*

34（2）, June: 167-75. Repr. In T. C. Kline III and Philip J. Ivanhoe（eds.）, Virtue, *Nature and Moral Agency in the Xunzi.* Indianapolis, IN: Hackett Publishing Company, 2000, pp. 237-249.

Ivanhoe, Philip J.（艾文賀）and Van Norden, Bryan W.（萬百安）（eds.）（2003）*Readings in Classical Chinese Philosophy.* Indianapolis, IN: Hackett Publishing Company, Inc.

Kline III, T. C.（2000）"Moral Agency and Motivation in the Xunzi." In T. C. Kline III and Philip J. Ivanhoe（eds.）, Virtue, *Nature and Moral Agency in the Xunzi.* Indianapolis, IN: Hackett Publishing Company, pp. 155-175.

Kline III, T. C. and Ivanhoe, Philip J.（艾文賀）（eds.）（2000）*Virtue, Nature and Moral Agency in the Xunzi.* Indianapolis, IN: Hackett Publishing Company.

Kupperman, Joe J.（2000）"Xunzi: Morality as Psychological Constraint." In T. C. Kline III and Philip J. Ivanhoe（eds.）, *Virtue, Nature and Moral Agency in the Xunzi.* Indianapolis, IN: Hackett Publishing Company, pp. 89-102.

Lau, D. C.（劉殿爵）（1953）"Theories of Human Nature in Mencius and Shyuntzyy[Xunzi]." *Bulletin of the School of Asian and African Studies* 15: 541-65. Repr. In T. C. Kline III and Philip]. Ivanhoe（eds.）, *Virtue, Nature and Moral Agency in the Xunzi.* Indianapolis, IN: Hackett Publishing Company, 2000, pp. 188-219.

Machle, Edward J.（1976）"Hsün Tzu as a Religious Philosopher." *Philosophy East & West* 26（4）, October: 443-461.

――（1993）*Nature and Heaven in the Xunzi.* Albany, NY: SUNY

Press.

Martin, Michael R.（1995）"Ritual Actions（Li）in Confucius and Hsün Tzu." *Australasian Journal of Philosophy* 73（1）, March: 13-30.

Munro, Donald J.（孟旦）（1996）"A Villain in the Xunzi." In Philip Ivanhoe（ed.）*Chinese Language, Thought, and Culture: Nivison and His Critics.* La Salle, IL: Open Court, pp. 193-201.

Nivison, David（倪德衛）（1991）"Hsün Tzu and Chuang Tzu." In Henry Rosemont, Jr.（ed.）, *Chinese Texts and Philosophical Contexts: Essays Dedicated to Angus C. Graham.* La Salle, IL: Open Court, pp. 129-42. Repr. In T. C. Kline III and Philip J. Ivanhoe（eds.）, *Virtue, Nature and Moral Agency in the Xunzi.* Indianapolis: Hackett Publishing Company, 2000, pp. 176-187.

——（1996）"Xunzi on 'Human Nature'." In Bryan Van Norden（ed.）, *The Ways of Confucianism: Investigations in Chinese Philosophy.* La Salle, IL: Open Court, pp. 203-213.

Rosemont, Jr., Henry（羅思文）（2000）"State and Society in the Xunzi: A Philosophical Commentary." In T. C. Kline III and Philip J. Ivanhoe（eds.）, *Virtue, Nature and Moral Agency in the Xunzi.* Indianapolis, IN: Hackett Publishing Company, pp. 1-38.

Schafer, Jonathan W.（1993）"Virtues in Xunzi's Thought: Issues in Comparative Analysis." *The Journal of Religious Ethics* 21: 117-36. Repr. In T. C. Kline III and Philip J. Ivanhoe（eds.）, *Virtue, Nature and Moral Agency in the Xunzi.* Indianapolis, IN: Hackett Publishing Company, 2000, pp. 69-88.

Schwartz, Benjamin（史華慈）（1985）*The World of Thought in Ancient China.* Cambridge, MA: Belknap Press, ch. 7. 史華慈（Benjamin Schwartz）著，《古代中國的思想世界》（程鋼譯，南京：江蘇人民出版社，2003）。

Soles, David E.（1999）"The Nature and Grounds of Xunzi's Disagreement with Mencius." *Asian Philosophy* 9（2），July: 123-133.

Van Norden, Bryan W.（萬百安）（1992）"Mengzi and Xunzi: Two Views of Human Agency." *International Philosophical Quarterly* 32, June: 161-84. Repr. In T. C. Kline III and Philip J. Ivanhoe（eds.），*Virtue, Nature and Moral Agency in the Xunzi.* Indianapolis, IN: Hackett Publishing Company, 2000, pp. 103-134.

Watson, Burton（華茲生）（trans.）（1963）*Hsun Tzu: Basic Writings.* New York: Columbia University Press.

Wong, David B.（黃百銳）（1996）"Xunzi on Moral Motivation." In Philip Ivanhoe（ed.），*Chinese Language, Thought, and Culture: Nivison and His Critics.* La Salle, IL: Open Court, pp. 202-23. Repr. In T. C. Kline III and Philip J. Ivanhoe（eds.），*Virtue, Nature and Moral Agency in the Xunzi.* Indianapolis, IN: Hackett Publishing Company, 2000, pp. 135-154.

第五章　墨子

Ahern, Dennis M.（1976）"Is Mo Tzu A Utilitarian?" *Journal of Chinese Philosophy* 3: 185-193.

Birdwhistell, Anne D.（1984）"An Approach to Verification Beyond Tradition in Early Chinese Philosophy: Mo Tzu's Concept of Sampling in a Community of Observers." *Philosophy East & West* 34: 175-184.

Brandt, Richard B.（1989）"Comment on Chad Hansen's 'Language Utilitarianism'." *Journal of Chinese Philosophy* 16: 381-385.

Chan, Wing-tsit（陳榮捷）（ed.）（1963）A Sourcebook in Chinese Philosophy, 4th edn. Princeton, NJ: Princeton University Press, ch. 9. 陳榮捷編著，《中國哲學文獻選編》（楊儒賓、吳有能、朱榮貴、萬先法 譯，臺北：巨流圖書公司，1993）。

Chang, Li-wien（1979）"A Short Comment on Mo Tzu's Epistemology Based on 'Three Criteria'." Chinese Studies in Philosophy 10: 47-54.

Ching, Julia（秦家懿）（1978）"Chinese Ethics and Kant." *Philosophy East & West* 28: 161-172.

Creel, Herrlee G.（顧立雅）（1953）Chinese Thought: From Confucius to Mao Tse-Tung. Chicago: University of Chicago Press, ch. 4, pp. 46-67.

Duda, Kristopher（2001）"Reconsidering Mo Tzu on the Foundations of Morality." Asian Philoso'phy 11（1）: 23-31.

Hansen, Chad（陳漢生）（1989）"Mo Tzu: Language Utilitarianism." *Journal of Chinese Philosophy* 16: 355-380.

Jenner, Donald（1984）"Mo Tzu and Hobbes: Preliminary Remarks on the Relation of Chinese and Western Politics." *Cogito* 2: 49-72.

Jochim, Christian（1980）"Ethical Analysis of an Ancient Debate:

Mohists versus Confucians." *Journal of Religious Ethics* 8: 135-147.

Johnston, Ian（2000）"Choosing the Greater and Choosing the Lesser: A Translation and Analysis of the Daqu and Xiaoqu Chapters of the Mozi." *Journal of Chinese Philosophy* 27（4）: 375-407.

Lai, Whalen（黎惠倫）（1991）"In Defense of Graded Love." *Asian Philosophy*: 51-60. --（1993）"The Public Good that Does the Public Good: A New Reading of Mohism." *Asian Philosophy* 3（2）: 125-141.

Lau, D. C.（劉殿爵）（1953）"Some Logical Problems in Ancient China." *Proceedings of the Aristotelian Society* 53: 189-204.

Lum, Alice（1977）"Social Utilitarianism in the Philosophy of Mo Tzu." *Journal of Chinese Philosophy* 4: 187-207.

Scarce, Geoffrey（1996）*Utilitarianism*. New York: Routledge.

Schwartz, Benjamin（史華慈）（1985）*The World of Thought in Ancient China*. Cambridge, MA: Belknap Press, ch. 6, pp. 186-254. 史華慈著，《古代中國的思想世界》（程鋼譯，南京：江蘇人民出版社，2003）。

Soles, David E.（1999）"Mo Tzu and the Foundations of Morality." *Journal of Chinese Philosophy* 26（1）: 37-48.

T'ang Chun-I.（唐君毅）（1962）"The T'ien Ming（Heavenly Ordinance）in Pre-Ch'in China, II." *Philosophy East & West* 12: 29-50.

Taylor, Rodney L.（1979）"Mo Tzu on Spirits and Funerals." *Philosophy East & West* 29: 337-346.

Vorenkamp, Dirck（1992）"Strong Utilitarianism in Mo Tzu's Thought." *Journal of Chinese Philosophy* 19（4）: 423-443.

Watson, Burton（華茲生）（1963）*Mo Tzu: Basic Writings*. New York: Columbia University Press.

Watson, Walter（1981）"Principle for Dealing with Disorder." *Journal of Chinese Philosophy* 8: 349-369.

Winance, Eleuthere（1961）"A Forgotten Chinese Thinker: Mo Tzu." *International Philosophical Quarterly* 1: 593-619.

Wong, David（黃百銳）（1989）"Universalism versus Love with Distinctions: An Ancient Debate Revived." *Journal of Chinese Philosophy* 16: 251-272.

第六章　老子

Ahern, Dennis M.（1977）"Ineffability in the 'Lao Tzu': The Taming of A Dragon." *Journal of Chinese Philosophy* 4: 357-382.

Ames, Roger T.（安樂哲）（1983）"Is Political Taoism Anarchism?" *Journal of Chinese Philosophy* 10: 27-47.

Chan, Wing-tsit（陳榮捷）（ed.）（1963）*A Sourcebook in Chinese Philosophy*, 4th edn. Princeton, NJ: Princeton University Press, ch. 7. 陳榮捷編著《中國哲學文獻選編》（楊儒賓、吳有能、朱榮貴、萬先法 譯，臺北：巨流圖書公司，1993）

Chang, Chung-yuan（張鐘元）（1974）"Tao: A New Way of Thinking." *Journal of Chinese Philosophy* 1: 127-527/p395

Cheng, Chung-ying（成中英）（1983）"Metaphysics of 'Tao' and

Dialectics of 'Fa'." *Journal of Chinese Philosophy* 10: 251-284.

Creel, Herrlee G.（顧立雅）（1970）*What Is Taoism? And Other Studies in Chinese Cultural History*. Chicago, IL: The University of Chicago Press.

——（1983）"On the Opening Words of the 'Lao-Tzu'." *Journal of Chinese Philosophy* 10: 299-330.

Csikszentmihalyi, Mark（齊思敏）and Ivanhoe, Philip J.（艾文賀）（eds.）（1999）*Religious and Philosophical Aspects of the Laozi*. Albany, NY: SUNY Press.

Danto, Arthur C.（丹托）（1973）"Language and the Tao: Some Reflections on Ineffability." *Journal of Chinese Philosophy* 1: 45-55.

Fu, Charles Wei-hsün（傅偉勳）（1973）"Lao-Tzu's Conception of Tao." *Inquiry* 16: 367- 391.

Graham, Angus C.（葛瑞漢）（1989）*The Disputers of the Tao: Philosophical Argument in Ancient China*. La Salle, IL: Open Court, Part III, ch. 1, pp. 215-235. 葛瑞漢（Angus C. Graham），《論道者：中國古代哲學論辯》（張海晏譯，北京：中國社會科學出版社）。

Hahn, Robert（1981）"Being and Non-being in 'Rig Veda X' in the Writings of the 'Lao-Tzu' and 'Chuang-Tzu' and in the 'Later' Plato." *Journal of Chinese Philosophy* 8: 119-142.

Hang, Thaddeus T'ui Chieh（項退結）（2000）"Understanding Evil in the Philosophies of Mencius, Hsün Tzu, and Lao Tzu." In Sandra A. Wawrytko（ed.）, *The Problem of Evil: An Intercultural*

Exploration. Amsterdam and Atlanta, GA: Rodopi, pp. 1-9.

Hansen, Chad（陳漢生）（1981）"Linguistic Skepticism in the 'Lao Tzu'." *Philosophy East & West* 31: 321-336.

────（1992）*A Daoist Theory of Chinese Thought.* New York: Oxford University Press, ch. 6, pp. 196-230.

Hsu, Sung-peng（徐頌鵬）（1976）"Lao Tzu's Conception of Ultimate Reality: A Comparative Study." *International Philosophical Quarterly* 16: 197-218.

────（1976）"Lao Tzu's Conception of Evil." *Philosophy East & West* 26: 301-316.

Ivanhoe, Philip J.（艾文賀）（1999）"The Concept of de（'Virtue'）in the Laozi." In Mark Csikszentmihalyi and Philip J. Ivanhoe（eds.）, *Religious and Philosophical Aspects of the Laozi.* Albany, NY: SUNY Press, pp. 239-257.

Kaltenmark, Max（康德謨）（1969）*Lao Tzu and Taoism*（translated from the French by Roger Greaves）. Stanford, CA: Stanford University Press.

Kasulis, T. P.（1977）"The Absolute and the Relative in Taoist Philosophy." *Journal of Chinese Philosophy*, 4: 383-394.

Kato, Joken（1970）"The Origin of the Oriental Idea of Correspondence with Nature." *Philosophical Studies of Japan* 10: 95-114.

Kohn, Livia and LaFargue, Michael（eds.）（1998）*Lao-tzu and the Tao-te-ching.* Albany, NY: SUNY Press.

Lau, D. C.（劉殿爵）（1958）"The Treatment of Opposites in Lao-Tzu." *Bulletin of the School of Asian and African Studies* 21: 344-

360.

———（1963）*Lao Tzu: Tao Te Ching*. NY: Penguin Books, pp. vii-xlv.

Liu, JeeLoo（劉紀璐）（2003）"A Daoist Conception of Truth: Laozi's Metaphysical Realism vs. Zhuangzi's Internal Realism." In Bo Mou（ed.）, *Comparative Approaches to Chinese Philosophy*. Aldershot: Ashgate Publishing Ltd., pp. 278-293.

Liu, Xiaogan（劉笑敢）（1998）"On the Concept of Naturalness（'Tzu-Jan'）in Lao Tzu's Philosophy." *Journal of Chinese Philosophy* 25（4）: 423-446.

———（1999）"An Inquiry into the Core Value of Laozi's Philosophy." In Mark Csikszentmihalyi and Philip J. Ivanhoe（eds.）, *Religious and Philosophical Aspects of the Laozi*. Albany, NY: SUNY Press, pp. 211-237.

Mou, Bo（牟博）（2000）"Ultimate Concern and Language Engagement: A Reexamination of the Opening Message of the 'Dao-De-Jing'." *Journal of Chinese Philosophy* 27（4）: 429-439.

———（2001）"Moral Rules and Moral Experience: A Comparative Analysis of Dewey and Laozi on Morality." *Asian Philosophy*, 11（3）: 161-178.

Schwartz, Benjamin（史華慈）（1985）*The World of Thought in Ancient China*. Cambridge, MA: Belknap Press, ch. 6. 史華慈（Benjamin Schwartz）著，《古代中國的思想世界》（程鋼譯，南京：江蘇人民出版社，2003）。

Shien, Gi-ming（1951）"Nothingness in the Philosophy of Lao-Tzu." *Philosophy East & West* 1: 58-63.

Stern, Axel（1949-51）"Remarks of Two Chapters of Laotse's Tao Teh Ching." *Synthese* 8: 65-72.

Thompson, Kirill O.（唐格理）（1990）"Taoist Cultural Reality: The Harmony of Aesthetic Order." *Journal of Chinese Philosophy* 17（2）: 175-185.

Wang, Qingjie（王慶節）（1997）"On Lao Tzu's Concept of 'Zi Ran'." *Journal of Chinese Philosophy* 24（3）: 291-321.

Wawrytko, Sandra A.（華珊嘉）（2000）"The Problem of the Problem of Evil: A Taoist Response." In Sandra A. Wawrytko（ed.）, *The Problem of Evil: An Intercultural Exploration.* Amsterdam and Atlanta, GA: Rodopi, pp. 21-39.

Welch, Holmes（1966）*Taoism. The Parting of the Way*, rev. edn. Boston: Beacon Press.

Xie, Wenyu（謝文郁）（2000）"Approaching the Dao: From Lao Zi to Zhuang Zi." *Journal of Chinese Philosophy* 27（4）: 469-488.

Zhu, Bokun（朱伯崑）（1998）"Daoist Patterns of Thought and the Tradition of Chinese Metaphysics." *Contemporary Chinese Thought* 29（3）: 13-71.

第七章　莊子

Allinson, Robert E.（1986）"Having Your Cake and Eating It, Too: Evaluation and Trans-Evaluation in Chuang Tzu and Nietzsche." *Journal of Chinese Philosophy* 13: 429-443.

―――（1988）"A Logical Reconstruction of the Butterfly Dream:

The Case for Internal Textual Transformation." *Journal of Chinese Philosophy* 15: 319-339.

―― （1989）"On the Question of Relativism in the Chuang Tzu." *Philosophy East & West* 39（1）, January: 13-26.

Ames, Roger T.（安樂哲）（ed.）（1998）*Wandering at Ease in the Zhuangzi*. Albany, NY: SUNY Press.

Behuniak, James Jr.（江文思）（2002）"Disposition and Aspiration in the Mencius and Zhuangzi." *Journal of Chinese Philosophy* 29（1）, March: 65-79.

Berkson, Mark（1996）"Language: The Guest of Reality- Zhuangzi and Derrida on Language, Reality, and Skillfulness." In Paul Kjellberg and Philip J. Ivanhoe（eds.）, *Essays on Skepticism, Relativism, and Ethics in the Zhuangzi*. Albany, NY: State University of New York Press, pp. 97-126.

Burneko, Guy C.（1986）"Chuang Tzu's Existential Hermeneutics." *Journal of Chinese Philosophy* 13: 393-409.

Callahan, W. A.（1989）"Discourse and Perspective in Daoism: A Linguistic Interpretation of Ziran." *Philosophy East & West* 39（2）, April: 171-189.

Chan, Wing-tsit（陳榮捷）（ed.）（1963）*A Sourcebook in Chinese Philosophy*, 4th edn. Princeton, NJ: Princeton University Press, ch. 8. 陳榮捷編著，《中國哲學文獻選編》（楊儒賓、吳有能、朱榮貴、萬先法 譯，臺北：巨流圖書公司，1993）。

Chang, Chung-yuan（張鐘元）（1977）"The Philosophy of Taoism According to Chuang Tzu." *Philosophy East & West* 27（4）,

October: 409-422.

Cheng, Chung-ying（成中英）（1977）"Nature and Function of Skepticism in Chinese Philosophy." *Philosophy East & West* 27（2）, April: 137-154.

Chinn, Ewing Y.（1997）"Zhuangzi and Relativistic Skepticism." *Asian Philosophy* 7（3）, November: 207-220.

Coleman, Earle J.（1991）"The Beautiful, the Ugly, and the Tao." *Journal of Chinese Philosophy* 18: 213-226.

Cook, Scott（顧史考）（ed.）（2003）*Hiding the World in the World: Uneven Discourses on the Zhuangzi*. Albany, NY: SUNY Press.

Creel, Herrlee G.（顧立雅）（1970）*What Is Taoism? And Other Studies in Chinese Cultural History*. Chicago, IL: The University of Chicago Press.

Cua, Antonio S.（柯雄文）（1977）"Forgetting Morality: Reflections on A Theme in Chuang Tzu." *Journal of Chinese Philosophy* 4: 305-328.

Fleming, Jesse（傅杰思）（1991）"A Response to Kuang-Ming Wu's 'Non-World Making'." *Journal of Chinese Philosophy* 18, March: 51-52.

Fox, Allen（狐安南）（1996）"Reflex and Reflectivity: 'Wu-wei' in the Zhuangzi." *Asian Philosophy* 6（1）, March: 59-72.

Gaskins, Robert W.（1997）"The Transformation of Things: A Reanalysis of Chuang Tzu's Butterfly Dream." *Journal of Chinese Philosophy* 24（1）, March: 107-122.

Girardot, N.J.（吉瑞德）（1978）"Chaotic 'Order'（'Hun-Tun'）and

Benevolent 'Disorder' ('Luan') in the Chuang Tzu." *Philosophy East & West* 28, July: 299-321.

Goodman, Russell B.（1985）"Skepticism and Realism in the Chuang Tzu." *Philosophy East & West* 35（3）, July: 231-237.

Graham, Angus C.（葛瑞漢）（1983）"Taoist Spontaneity and the Dichotomy of 'Is' and 'Ought'." In Victor H. Mair（ed.）, *Experimental Essays on Chuang-tzu*. Asian Studies at Hawaii, No. 29. Honolulu: University of Hawaii Press, pp. 3-23.

───（1985）*Reason and Spontaneity: A New Solution to the Problem of Fact and Value*. London: Curzon Press.

───（1989）*The Disputers of the Tao: Philosophical Argument in Ancient China*. La Salle, IL: Open Court, Part II, ch. 3, pp. 170-211.

葛瑞漢（Graham, Angus C.）著，《論道者：中國古代哲學論辯》（張海晏譯，北京：中國社會科學出版社 2003）。

Hall, David（郝大維）（1984）"Nietzsche and Chuang Tzu: Resources for the Transcendence of Culture." *Journal of Chinese Philosophy* 11: 139-152.

Hansen, Chad（陳漢生）（1983）"A Tao of Tao in Chuang-tzu." In Victor H. Mair（ed.）, *Experimental Essays on Chuang-tzu*. Asian Studies at Hawaii, No. 29. Honolulu: University of Hawaii Press, pp. 24-55.

───（1992）*A Daoist Theory of Chinese Thought*. New York: Oxford University Press, ch. 8, pp. 265-303.

Hara, Wing Han（1993）"Between Individuality and Universality: An Explication of Chuang Tzu's Theses of Chien-tu and Ch'i-wu."

Journal of Chinese Philosophy 20（1）, March: 87-99.

Harbsmeier, Christoph（何莫邪）（1993）"Conceptions of Knowledge in Ancient China." In Hans Lenk and Gregor Paul（eds.）, *Epistemological Issues in Classical Chinese Philosophy*, Albany, NY: SUNY Press, pp. 11-30.

Ivanhoe, Philip J.（艾文賀）（1996）"Was Zhuangzi a Relativist?" In Paul Kjellberg and Philip J. Ivanhoe（eds.）, *Essays on Skepticism, Relativism, and Ethics in the Zhuangzi*. Albany, NY: State University of New York Press, pp. 196-214.

Ivanhoe, Philip J.（艾文賀）and Van Norden, Bryan W.（萬百安）（eds.）（2003）*Readings in Classical Chinese Philosophy*. Indianapolis, IN: Hackett Publishing Company, Inc.

Kjellberg, Paul（1994）"Skepticism, Truth, and the Good Life: A Comparison of Zhuangzi and Sextus Empiricus." *Philosophy East & West* 44（1）: 111-133.

—— （1996）"Sextus Empiricus, Zhuangzi, and Xunzi on 'Why be Skeptical?'" In Paul Kjellberg and Philip J. Ivanhoe（eds.）, *Essays on Skepticism, Relativism, and Ethics in the Zhuangzi*. Albany, NY: State University of New York Press, pp. 1-25.

Kjellberg, Paul and Ivanhoe, Philip J.（艾文賀）（eds.）（1996）*Essays on Skepticism, Relativism, and Ethics in the Zhuangzi*. Albany, NY: State University of New York Press.

Kupperman, Joel J.（1989）"Not in So Many Words: Chuang Tzu's Strategies of Communication." *Philosophy East & West* 39, July: 311-317.

Lee, Jung H.（1998）"Disputers of the Tao: Putnam and Chuang-tzu on Meaning, Truth, and Reality." *Journal of Chinese Philosophy* 25（4）: 447-470.

Lee, Kwang-sae（1996）"Rorty and Chuang Tzu: Anti-Representationalism, Pluralism and Conversation." *Journal of Chinese Philosophy* 23（2）: 175-192.

Legge, Russel D.（1979）"Chuang Tzu and the Free Man." *Philosophy East & West* 29: 11-20.

Li, Chenyang（李晨陽）（1993）"What-Being: Chuang Tzu versus Aristotle." *International Philosophical Quarterly* 33（3）: 341-353.

Liu, JeeLoo（劉紀璐）（2003）"A Daoist Conception of Truth: Laozi's Metaphysical Realism vs. Zhuangzi's Internal Realism." In Bo Mou（ed.）, *Comparative Approaches to Chinese Philosophy*. Aldershot: Ashgate Publishing Ltd.

Loy, David（羅大維）（1996）"Zhuangzi and Nagarjuna on the Truth of No Truth." In Paul Kjellberg and Philip J. Ivanhoe（eds.）, *Essays on Skepticism, Relativism, and Ethics in the Zhuangzi*. Albany, NY: State University of New York Press, pp. 50-67.

Mair, Victor H.（梅維恆）（ed.）（1983）*Experimental Essays on Chuang-tzu*. Asian Studies at Hawaii, No. 29. Honolulu: University of Hawaii Press.

Major, John S.（馬絳）（1975）"The Efficacy of Uselessness: A Chuang-Tzu Motif." *Philosophy East & West* 25, July: 265-279.

Merton, Thomas（1965）*The Way of Chuang Tzu*. New York: New

Directions Publishing Corporation.

Moller, Hans-Georg（1999）"Zhuangzi's 'Dream of the Butterfly': A Daoist Interpretation." *Philosophy East & West* 49（4）, October: 439-450.

Oshima, Harold H.（1983）"A Metaphorical Analysis of the Concept of Mind in the Chuang-tzu." In Victor H. Mair（ed.）, *Experimental Essays on Chuangtzu*. Asian Studies at Hawaii, No. 29. Honolulu: University of Hawaii Press, pp. 63-84.

Owens, Wayne D.（1990）"Radical Concrete Particularity: Heidegger, Lao Tzu and Chuang Tzu." *Journal of Chinese Philosophy* 17（2）: 235-255.

Parkes, Graham（1983）"The Wandering Dance: Chuang Tzu and Zarathustra." *Philosophy East & West* 33: 235-250.

Pas, Julian F.（包如廉）（1981）"Chuang Tzu's Essays on 'Free Flight into Transcendence' and 'Responsive Rulership'（chs. 1 and 7）of the Chuang Tzu." *Journal of Chinese Philosophy* 8, December: 479-496.

Radice, Thomas（2001）"Clarity and Survival in the Zhuangzi." *Asian Philosophy* 11（1）: 33-40.

Raphals, Lisa（瑞麗）（1994）"Skeptical Strategies in the Zhuangzi and Theaetetus." *Philosophy East & West* 44（3）: 501-26. Repr. In Paul Kjellberg and Philip J. Ivanhoe（eds.）, *Essays on Skepticism, Relativism, and Ethics in the Zhuangzi*. Albany, NY: State University of New York Press, 1996, pp. 26-49.

Saso, Michael（蘇海涵）（1983）"The Chuang-tzu nei-p'ien: A Taoist

Meditation." In Victor H. Mair（ed.）, *Experimental Essays on Chuang-tzu*. Asian Studies at Hawaii, No. 29. Honolulu: University of Hawaii Press, pp. 140-157.

Schwartz, Benjamin（史華慈）（1985）*The World of Thought in Ancient China*. Cambridge, MA: Belknap Press, ch. 6. 史華慈（Benjamin Schwartz），《古代中國的思想世界》（程鋼譯，南京：江蘇人民出版社，2003）。

Schwitzgebel, Eric（1996）"Zhuangzi's Attitude Toward Language and His Skepticism." In Paul Kjellberg and Philip J. Ivanhoe（eds.）, *Essays on Skepticism, Relativism, and Ethics in the Zhuangzi*. Albany, NY: State University of New York Press, 1996, pp. 68-96.

Shen, Vincent（沈清松）（1996）"Confucianism and Taoism in Response to Constructive Realism." *Journal of Chinese Philosophy* 23: 59-78.

Soles, Deborah H. and Soles, David E.（1998）"Fish Traps and Rabbit Snare: Zhuangzi on Judgment, Truth and Knowledge." *Asian Philosophy* 8（3）, November: 149-164.

Sun, Siao Fang（1953）"Chuang Tzu's Theory of Truth." *Philosophy East & West* 3, July: 137-146.

Van Norden, Bryan W.（萬百安）（1996）"Competing Interpretations of the Inner Chapters of the 'Zhuangzi'." *Philosophy East & West* 46（2）, April: 247-268.

Waley, Arthur（韋利）（1982）*Three Ways of Thought in Ancient China*. Stanford, CA: Stanford University Press（orig. pub. London: Allen & Unwin, 1939）.

Wang, Youru（王又如）（2000）"Philosophy of Change and the Deconstruction of Self in the 'Zhuangzi'." *Journal of Chinese Philosophy* 27（3）: 345-360.

Watson, Burton（華茲生）（trans.）（1964）*Chuang Tzu: Basic Writings.* New York: Columbia University Press（repr. In 1996）.

—（trans.）（1968）*The Complete Works of Chuang Tzu.* New York: Columbia University Press.

Wu, John C. H.（吳經熊）（1963）"The Wisdom of Chuang Tzu: A New Appraisal." *International Philosophical Quarterly* 3: 5-36.

Wu, Kuang-ming（吳光明）（1981）"Trying Without Trying: Toward a Taoist Phenomenology of Truth." *Journal of Chinese Philosophy* 8: 143-168.

—（1990）*The Butterfly as Companion: Meditations on the First Three Chapters of the Chuang Tzu.* Albany, NY: SUNY Press.

—（1991）"Non-World Making in Chuang Tzu." *Journal of Chinese Philosophy* 18, March: 37-50.

Wu, Laurence C.（1986）"Chuang Tzu and Wittgenstein on World-Making." *Journal of Chinese Philosophy* 13, December: 383-391.

Xie, Wenyu（謝文郁）（2000）"Approaching the Dao: From Lao Zi to Zhuang Zi." *Journal of Chinese Philosophy* 27（4）: 469-488.

Yan, Beiming（1981）"The Reevaluation of Zhuangzi." *Journal of Chinese Philosophy* 12: 63-89.

Yearley, Lee（李亦理）（1983）"The Perfected Person in the Radical Chuang-tzu." In Victor H. Mair（ed.）, *Experimental Essays on Chuang-tzu.* Asian Studies at Hawaii, No. 29. Honolulu: University of Hawaii Press, pp. 125-139.

———（1996）"Zhuangzi's Understanding of Skillfulness and the Ultimate Spiritual State." In Paul Kjellberg and Philip J. Ivanhoe （eds.）, *Essays on Skepticism, Relativism, and Ethics in the Zhuangzi.* Albany, NY: State University of New York Press, 1996, pp. 152-182.

Yeh, Michelle（葉奚密）（1983）"The Deconstructive Way: A Comparative Study of Derrida and Chuang Tzu." *Journal of Chinese Philosophy* 10: 95-126.

Yukawa, Hideki（湯川秀樹）（1983）"Chuangtse the Happy Fish." In Victor H. Mair（ed.）, *Experimental Essays on Chuang-tzu.* Asian Studies at Hawaii, No. 29. Honolulu: University of Hawaii Press, pp. 56-62.

第八章　韓非子

Ames, Roger T.（安樂哲）（1994）*The Art of Rulership: A Study of Ancient Chinese Political Thought.* Albany, NY: SUNY Press. 安樂哲著，《主術：中國古代政治藝術之研究》（滕復譯，北京：北京大學出版社，1995）。

Chan, Wing-tsit（陳榮捷）（ed.）（1963）*A Sourcebook in Chinese Philosophy,* 4th edn. Princeton, NJ: Princeton University Press, ch. 12. 陳榮捷編著，《中國哲學文獻選編》（楊儒賓、吳有能、朱榮貴、萬先法 譯，臺北：巨流圖書公司，1993）。

Chang, Leo S. and Wang, Hsiao-po（王曉波）（1986）*The*

Philosophical Foundations of Han Fei's Political Theory. Honolulu: University of Hawaii Press.

Cheng, Chung-ying（成中英）（1981）"Legalism Versus Confucianism: A Philosophical Appraisal." *Journal of Chinese Philosophy* 8: 271-302.

──（1983）"Metaphysics of 'Tao' and Dialectics of 'Fa'." *Journal of Chinese Philosophy* 10: 251-284.

Fung, Yu-lan（馮友蘭）（1983）*A History of Chinese Philosophy*, vol. I（trans. Derk Bodde）. Princeton, NJ: Princeton University Press, ch. 8, pp. 312-336. 馮友蘭，《中國哲學史》上冊（臺北：臺灣商務印書館，1993）。

Goldin, Paul R.（金鵬程）（1983）"Han Fei's Doctrine of Self-Interest." *Asian Philosophy* 11（3）: 151-159.

Graham, Angus C.（葛瑞漢）（1989）*The Disputers of the Tao: Philosophical Argument in Ancient China.* La Salle, IL: Open Court, Part III, ch. 3, pp. 267-292. 葛瑞漢（Angus C. Graham）著，《論道者：中國古代哲學論辯》（張海晏譯，北京：中國社會科學出版社）。

Hansen, Chad（陳漢生）（1992）*A Daoist Theory of Chinese Thought.* New York: Oxford University Press, ch. 10, pp. 344-376.

──（1996）"Fa: Laws or Standards." In Smart, Ninian（ed.）*East-West Encounters in Philosophy and Religion*, Long Beach, CA: Long Beach Publishing.

Ho, Pao-chung（何保中）（1988）"An Analysis and Critique of Han-Fei's Thought." *National Taiwan University Philosophical Critique*,

No. 11, January, pp. 247-60（in Chinese）. 何保中，〈韓非子思想綱領淺探〉，《國立臺灣大學哲學論評》，12: 247-260。

Ivanhoe, Philip J.（艾文賀）and Bryan W. Van Norden（萬百安）（eds.）（2003）*Readings in Classical Chinese Philosophy.* Indianapolis, IN: Hackett Publishing Company, Inc., ch. 7（excerpts）.

Lee, K. K.（1975）"The Legalist School and Legal Positivism." *Journal of Chinese Philosophy* 3: 23-56.

Liang, Enyuan（1976）"The Legalist School Was the Product of Great Social Change in the Spring and Autumn and Warring States Periods." *Chinese Studies in Philosophy*, Fall: 4-20.

Liang, Ling-i.（1976）"The Crystallization of Pre-Ch'in Legalist Thought." *Chinese Studies in Philosophy* 7, Summer: 35-56.

Liao, W. K.（廖文奎）（1939）*The Complete Works of Han Fei Tzu.* London: Arthur Probsthain.

Lin, Yih-jing（林義正）（1989）"A Study of the Pre-Chin Legalist Theory of Human Nature." *National Taiwan University Philosophical Critique* 12, January: 145-173（in Chinese）. 林義正（1989），〈先秦法家人性論之研究〉，《國立臺灣大學哲學論評》，12:145-173。

Manicas, Peter T.（1977）"Two Concepts of Justice." *Journal of Chinese Philosophy* 4: 99-121.

Moody Jr., Peter R.（1979）"The Legalism of Han Fei Tzu and Its Affinities with Modern Political Thought." *International Philosophical Quarterly* 19: 317-330.

Schwartz, Benjamin（史華慈）（1985）*The World of Thought in Ancient China*. Cambridge, MA: Belknap Press, ch. 8, pp. 321-349. 史華慈（Benjamin Schwartz）著，《古代中國的思想世界》（程鋼譯，南京：江蘇人民出版社，2003）。

Ti, Ch'ing（1978）"A Reading of Han Fei's 'Wu Tu'（Five Vermin）." *Chinese Studies in Philosophy* 10, Fall: 19-33.

Tong, Shuye（童書業）（1982/3）"A Study of Han Fei's Thought." *Chinese Studies in Philosophy* 14, Winter: 61-98.

Vervoorn, Aat（文青雲）（1981）"Taoism, Legalism and the Quest for Order in Warring States China." *Journal of Chinese Philosophy* 8: 303-324.

Waley, Arthur（韋利）（1982）*Three Ways of Thought in Ancient China*. Stanford, CA: Stanford University Press（orig. pub. London: Allen & Unwin, 1939）.

Wang, Hsiao-po（王曉波）（1977）"The Significance of the Concept of 'Fa' in Han Fei's Thought System"（trans. by L. S. Chang）. *Philosophy East & West* 27（1）: 35-52.

Watson, Burton（華茲生）（1964）*Han Fei Tzu: Basic Writings*. New York: Columbia University Press.

Watson, Walter（1981）"Principles for Dealing with Disorder." *Journal of Chinese Philosophy* 8: 349-370.

Yang, K'uan（楊寬）（1978）"Han Fei's Theory of the 'Rule of Law' Played A Progressive Role." *Chinese Studies in Philosophy* 10, Fall: 4-18.

中國佛學概論

Chan, Wing-tsit（陳榮捷）（ed.）（1958）"Transformation of Buddhism in China." *Philosophy East & West* 7: 107-116.

——（1963）*A Sourcebook in Chinese Philosophy*, 4th edn. Princeton, NJ: Princeton University Press. 陳榮捷編著，《中國哲學文獻選編》（楊儒賓、吳有能、朱榮貴、萬先法 譯，臺北：巨流圖書公司，1993）。

Chatterjee, Satischandra and Datta, Dhirendramohan（1968）*An Introduction to Indian Philosophy*, 7th edn. Calcutta: University of Calcutta Press.

Ch'en, Kenneth K. S.（陳觀勝）（1964）*Buddhism in China: A Historical Survey*. Princeton, NJ: Princeton University Press.

Cheng, Hsueh-li（鄭學禮）（1980）"Motion and Rest in the Middle Treatise." *Journal of Chinese Philosophy* 7: 229-244.

——（1981）"Chi-tsang's Treatment of Metaphysical Issues." *Journal of Chinese Philosophy* 8: 371-389.

Dalai Lama（達賴喇嘛）（1997）*The Four Noble Truths*. London: Thorsons.

——（2000）*The Meaning of Life: Buddhist Perspective on Cause and Effect*.（trans. Jeffrey Hopkins）. Boston: Wisdom Publications. 達賴喇嘛著，《抉擇未來》（陳世威譯，臺北：橡樹林文化，2001）。

De Bary, William Theodore（狄培理）and Bloom, Irene（eds.）（1999）*Sources of Chinese Tradition*, second edition. Volume I.

From Earliest Times to 1600. New York: Columbia University Press.

Fang, Litian（方立天）（1989）"A Tentative Discussion of the Characteristics of Chinese Buddhism." *Chinese Studies in Philosophy* 20, Summer: 3-71.

Fung, Yu-lan（馮友蘭）（1983）*A History of Chinese Philosophy*, vol. II.（trans. Derk Bodde）. Princeton, NJ: Princeton University Press, ch. 7, pp. 237-292. 馮友蘭《中國哲學史》下冊，（臺北：臺灣商務印書館，1993）。

Gethin, Rupert（1998）*The Foundations of Buddhism.* Oxford: Oxford University Press. 魯柏·葛汀（Rupert Gethin）著《佛教基本通：佛教修行的路徑導覽──觀自在》（賴隆彥譯，臺北：橡實文化，2009）。

Hurvitz, Leon（1975）"The First systematizations of Buddhist Thought in China." *Journal of Chinese Philosophy* 2: 361-388.

Inada, Kenneth K.（稻田龜男）（1979）"Problematics of the Buddhist Nature of Self." *Philosophy East & West* 29（2）, April: 141-158.

───（1985）"Two Strains in Buddhist Causality." *Journal of Chinese Philosophy* 12: 49-56.

Kalupahana, David J.（1975）*Causality: The Central Philosophy of Buddhism.* Honolulu: The University Press of Hawaii.

───（1992）*A History of Buddhist Philosophy: Continuities and Discontinuities.* Honolulu: University of Hawaii Press.

Kieschnick, John（柯嘉豪）（2003）. *The Impact of Buddhism on Chinese Material Culture.* Princeton, NJ: Princeton University Press. 柯嘉豪（Philip Kapleau）著，《佛教對中國物質文化的

影響》（趙悠等譯，上海：中西書局，2015）。

Koller, John M.（1972）"Dharma: An Expression of Universal Order." *Philosophy East & West* 22: 131-144.

Lai, Whalen（黎惠倫）（1977）"Chinese Buddhist Causation Theories: An Analysis of the Sinitic Mahayana Understanding of Pratiya-samutpada." *Philosophy East & West* 27（3）: 241-264.

Liu, Ming-wood（廖明活）（1985）"The Yogacara and Madhyamika Interpretations of the Buddha-Nature Concept in Chinese Buddhism." *Philosophy East & West* 35, April: 171-193.

──（1989）"The Early Development of the Buddha-Nature Doctrine in China." *Journal of Chinese Philosophy* 16: 1-36.

Mitchell, Donald W.（1976）"The Paradox of Buddhism Wisdom." *Philosophy East & West* 26: 55-67.

Potter, Karl H.（1964）"The Naturalistic Principle of Karma." *Philosophy East & West* 14: 39-49.

Radhakrishnan（1962）*Indian Philosophy*, vol. I. New York: Macmillan Company（orig. pub. 1923）.

Saso, Michael（蘇海涵）（1977）"Buddhist and Taoist Notions of Transcendence: A Study of Philosophical Contrast." In Michael Saso and David W. Chappell（eds.）, *Buddhist and Taoist Studies I*. Honolulu: The University Press of Hawaii, pp. 3-22.

Siderits, Mark（2001）"Buddhism and Techno-Physicalism: Is the Eightfold Path A Program?" *Philosophy East & West* 51（3）, July: 307-314.

Streng, Frederick（1975）"Reflections on the Attention Given to

Mental Construction in the Indian Buddhist Analysis of Causality." *Philosophy East & West* 25: 71-80.

Ueda, Yoshifumi（上田義文）（1964）"The World and the Individual in Mahayana Buddhist Philosophy." *Philosophy East & West* 14: 157-166.

Varma, V. P.（1963）"The Origins and Sociology of the Early Buddhist Philosophy of Moral Determinism." *Philosophy East & West* 13 （1）: 25-47.

Wayman, Alex（1974）"Two Traditions of India: Truth and Silence." *Philosophy East & West* 24: 389-403.

Wright, Arthur F.（1959）*Buddhism in Chinese History*. Stanford, CA: Stanford University Press.

——（1990）*Studies in Chinese Buddhism*, ed. Robert M. Somers. New Haven, CT: Yale University Press.

Zeuschner, Robert B.（1981）"The Understanding of Karma in Early Ch'an Buddhism." *Journal of Chinese Philosophy* 8: 399-425.

第九章　唯識宗

Banerjee, Nikunja Vihari（1974）*The Spirit of Indian Philosophy*. New Delhi, India: Arnold-Heinemann Publishers.

Betty, Stafford L.（1971）"The Buddhist-Humean Parallels: Postmodernism." *Philosophy East & West* 21, July: 237-253.

Chan, Wing-tsit（陳榮捷）（ed.）（1963）*A Sourcebook in Chinese Philosophy*, 4th edn. Princeton, NJ: Princeton University Press, ch.

23. 陳榮捷編著，《中國哲學文獻選編》（楊儒賓、吳有能、朱榮貴、萬先法 譯，臺北：巨流圖書公司，1993）。

Chatterjee, Satischandra and Datta, Dhirendramohan（1968）*An Introduction to Indian Philosophy*. 7th edn. Calcutta: University of Calcutta Press.

Fung, Yu-lan（1983）*A History of Chinese Philosophy*, vol. II.（trans. Derk Bodde）. Princeton, NJ: Princeton University Press, ch. 8, pp. 299-338. 馮友蘭，《中國哲學史》下冊（臺北：臺灣商務印書館，1993）。

Hamilton, Clarence H.（trans.）（1938）*Vasubandhu, Wei shih er shih fun (The Treatise in Twenty Stanzas on Representation-only)*. Translated from the Chinese version of [Xuanzang]. New Haven, CT: American Oriental Society.

Kalupahana, David J.（1992）*A History of Buddhist Philosophy: Continuities and Discontinuities*. Honolulu: University of Hawaii Press, chs. 19-20, pp. 184-205. 加魯帕赫那（David J. Kalupahana）著，《佛教哲學：一個歷史的分析》（霍韜晦、陳銚鴻譯，臺北：華宇出版社，1985）。

Kern, Iso（耿寧）（1988）"The Structure of Consciousness According to Xuanzang." *Journal of the British Society for Phenomenology* 19（3）, October: 282-295.

Lusthaus, Dan（2002）*Buddhist Phenomenology: A Philosophical Investigation of Yogacara Buddhism and the Ch'eng Wei-Shih lun*. New York: Routledge Curzon.

Raju, P. T.（1971）*The Philosophical Traditions of India*. Pittsburgh:

University of Pittsburgh Press.

Wei, Tat（韋達）（trans.）（1963）*Ch'eng Wei-shih lun Doctrine of Mere-Consciousness by Hsiian Tsang*, Hong Kong: The Ch'eng Wei-Shih Lun Publication Committee.

第十章　華嚴宗

Berkson, Mark（1996）"Language: The Guest of Reality- Zhuangzi and Derrida on Language, Reality, and Skillfulness." In Paul Kjellberg and Philip J. Ivanhoe（eds.）, *Essays on Skepticism, Relativism, and Ethics in the Zhuangzi*. Albany, NY: State University of New York Press, pp. 97-126.

Chan, Wing-tsit（陳榮捷）（ed.）（1963）*A Sourcebook in Chinese Philosophy*, 4th edn. Princeton, NJ: Princeton University Press, ch. 25. 陳榮捷編著，《中國哲學文獻選編》（楊儒賓、吳有能、朱榮貴、萬先法 譯，臺北：巨流圖書公司，1993）。

Chang, Garma C. C.（張澄基）（1971）*The Buddhist Teaching of Totality: The Philosophy of Hwa Yen Buddhism*. University Park, PA: The Pennsylvania State University Press.

Cheng, Hsueh-Li（1984）"Phenomenology in T'ien-tai and Hua-yen Buddhism." In Anna-Teresa Tymieniecka（ed.）, *Phenomenology of Life in A Dialogue between Chinese and Occidental Philosophy*. Dordrecht: Reidel Publishing Company, pp. 215-227.

Cleary, Thomas（trans.）（1983）*Entry into the Inconceivable: An Introduction to Hua-yen Buddhism*. Honolulu: University of Hawaii

Press.

────（1993）*The Flower Ornament Scripture: A Translation of the Avatamsaka Sutra*. Boston, MA: Shambhala Publications, Inc.

Cook, Francis H.（1972）"The Meaning of Vairocana in Hua-yen Buddhism." *Philosophy East & West* 22, October: 403-415.

────（1977）*Hua-yen Buddhism The Jewel Net of Indra*. University Park, PA: Pennsylvania State University Press.

────（1979）"Causation in the Chinese Húa-yen Tradition." *Journal of Chinese Philosophy* 6: 367-385.

Fu, Charles Wei-hsün（傅偉勳）（1984）"Chinese Buddhism and An Existential Phenomenology." In Anna-Teresa Tymieniecka（ed.）, *Phenomenology of Life in A Dialogue Between Chinese and Occidental Philosophy*. Dordrecht: Reidel Publishing Company, pp. 229-251.

Fung, Yu-lan（1983）*A History of Chinese Philosophy*, vol. II（trans. Derk Bodde）. Princeton, NJ: Princeton University Press, ch. 8, pp. 339-59. 馮友蘭，《中國哲學史》下冊（臺北：臺灣商務印書館，1993）。

Gimello, Robert M.（1976）"Apophatic and Kataphatic Discourse in Mahayana: A Chinese View." *Philosophy East & West* 26, April: 117-136.

────（1990）"Li T'ung-hsüan and the Practical Dimensions of Hua-yen." In Robert M. Gimello and Peter N. Gregory（eds.）, *Studies in Ch'an and HuaYen*. Honolulu: University of Hawaii Press, pp. 321-366.

Gimello, Robert M. and Gregory, Peter N.（eds.）（1990）*Studies in Ch'an and Hua-Yen*. Honolulu: University of Hawaii Press.

Gregory, Peter N.（1990）"The Teaching of Men and Gods: The Doctrinal and Social Basis of Lay Buddhist Practice in the Hua-yen Tradition." In Robert M. Gimello and Peter N. Gregory（eds.）, *Studies in Ch'an and Hua-Yen*. Honolulu: University of Hawaii Press, pp. 253-319.

Inada, Kenneth K.（稻田龜男）（1974）"Time and Temporality: A Buddhist Approach." *Philosophy East & West* 24: 171-179.

──（1983）"The Metaphysics of Cumulative Penetration Revisited."（A critique of Steve Odin's "A Metaphysics of Cumulative Penetration: Process Theory and Hua-[yan] Buddhism."）*Process Studies* 13, Summer: 154-158.

King, Winston L.（1979）"Hua-yen Mutually Interpenetrative Identity an Whiteheadean Organic Relation." *Journal of Chinese Philosophy* 6: 387-410.

Lai, Whalen（黎惠倫）（1980）"The I Ching and the Formation of the Hua-yen Philosophy." *Journal of Chinese Philosophy* 7: 245-258.

──（1986）"The Defeat of Vijnaptimatrata in China: Fa-Tsang on Fa-hsing and Fa-hsiang." *Journal of Chinese Philosophy* 13: 1-19.

Odin, Steve（1981）"Fantasy Variation and the Horizon of Openness: A Phenomenological Interpretation of Tantric Buddhism Enlightenment." *International Philosophical Quarterly* 21, December: 419-436.

──（1982）*Process Metaphysics and Hua-yen Buddhism: A Critical*

Study of Cumulative Penetration vs. Interpenetration. Albany, NY: SUNY Press.

Panikkar, Raimundo（1974）"Toward a Typology of Time and Temporality in th Ancient Indian Tradition." *Philosophy East & West* 24: 161-164.

Puligandla, R.（1974）"Time and History in the Indian Tradition." *Philosophy East & West* 24: 165-170.

Wright, Dale（1982）"The Significance of Paradoxical Language in Hua-yen Buddhism." *Philosophy East & West* 32, July: 325-38.

───（1986）"Language and Truth in Hua-Yen Buddhism." *Journal of Chinese Philosophy* 13: 21-47.

第十一章　天台宗

Chan, Wing-tsit（陳榮捷）（1990）"The Lotus Sutra." In Wm. Theodore de Bary and Irene Bloom（eds.）, *Approaches to the Asian Classics.* New York: Columbia University Press, pp. 220-231.

───（ed.）（1963）*A Sourcebook in Chinese Philosophy*, 4th edn. Princeton, NJ: Princeton University Press, ch. 24. 陳榮捷編著，《中國哲學文獻選編》（楊儒賓、吳有能、朱榮貴、萬先法譯，臺北：巨流圖書公司，1993）。

Chappell, David W.（ed.）（1983）*T'ien-T'ai Buddhism: An Outline of the Fourfold Teachings.* Recorded by Chegwan, trans. by the Buddhist Translation Seminar of Hawaii. Compiled by Masao Ichishima. Tokyo: Daiichi-Shobo. Honolulu: distributed by the

University Press of Hawaii.

Cheng, Chung-ying（成中英）（2001）"'Unity of Three Truths' and the Three Forms of Creativity: Lotus Sutra and Process Philosophy." *Journal of Chinese Philosophy* 28（4）, December: 449-459.

Cheng, Hsueh-Li（1984）"Phenomenology in T'ien-tai and Hua-yen Buddhism." In Anna-Teresa Tymieniecka（ed.）, *Phenomenology of Life in A Dialogue between Chinese and Occidental Philosophy*. Dordrecht: Reidel Publishing Company, pp. 215-227.

Donner, Neal and Stevenson, Daniel B.（1993）*The Great Calming and Contemplation: A Study and Annotated Translation of the First Chapter of Chih-i's Mo-ho chih-kuan*. Honolulu: University of Hawaii Press.

Fu, Charles Wei-hsün（傅偉勳）（1984）"Chinese Buddhism and An Existential Phenomenology." In Anna-Teresa Tymieniecka（ed.）, *Phenomenology of Life in A Dialogue between Chinese and Occidental Philosophy*. Dordrecht: Reidel Publishing Company, pp. 229-251.

Fung, Yu-lan（1983）*A History of Chinese Philosophy*, vol. 2（trans. Derk Bodde）. Princeton, NJ: Princeton University Press, ch. 9, pp. 360-386. 馮友蘭，《中國哲學史》下冊（臺北：臺灣商務印書館，1993）。

Hurvitz, Leon（1962）Chih-i（538-597）: *An Introduction to the Life and Ideas of a Chinese Buddhist Monk*. Brussels: L'Institut Beige des Hautes E'tudes Chinoises.

Ikeda, Daisaku,（池田大作）et al.（2000）*The Wisdom of the Lotus Sutra:*

A Discussion, vol. 1. Santa Monica, CA: World Tribune Press.

Ng, Yu-kwan（Wu, Ru-jun）（吳汝鈞）（1993）*T'ien-t'ai Buddhism and Early Madhyamika*. Honolulu: University of Hawaii Press.

Swanson, Paul L.（1989）*Foundations of T'ien-T'ai Philosophy: The Flowering of the Two Truths Theory in Chinese Buddhism*. California: Asian Humanities Press.

Watson, Burton（華茲生）（trans.）（1993）*The Lotus Sutra*. New York: Columbia University Press.

───（2002）*The Essential Lotus: Selections from the Lotus Sutra*. New York: Columbia University Press.

Ziporyn, Brook（任博克）（2000）"Setup, Punch Line, and the Mind-Body Problem: A Neo-Tiantai Approach." *Philosophy East & West* 50（4）, October: 584-613.

───（2001）"Inherent Entailment（Xingju）and Negative Prehensions: Givenness, The Agency of the Past, and the Presence of the Absent in White-head and the T'ien-t'ai Reading of the Lotus Sutra." *Journal of Chinese Philosophy* 28（4）, December: 399-414.

第十二章　禪宗

Abe, Masao（阿部正雄）（1976）"Zen and Buddhism." *Journal of Chinese Philosophy* 3: 235-252.

Blofeld, John（蒲樂道）（別號竹禪）（trans.）（1958）*The Zen Teaching of Huang Po on the Transmission of Mind*. New York:

Glove Press.

Bossert, Philip J.（1976）"Paradox and Enlightenment in Zen Dialogue and Phenomenological Description." *Journal of Chinese Philosophy* 3: 269- 80.

Brear, A. D.（1974）"The Nature and Status of Moral Behavior in Zen Buddhist Tradition." *Philosophy East & West* 24: 429-441.

Chan, Wing-tsit（陳榮捷）（ed.）（1963）*A Sourcebook in Chinese Philosophy*, 4th edn. Princeton, NJ: Princeton University Press, ch. 26. 陳榮捷編著，《中國哲學文獻選編》（楊儒賓、吳有能、朱榮貴、萬先法 譯，臺北：巨流圖書公司，1993）。

Chang, Chen-chi（張澄基）（1957）"The Nature of Ch'an（Zen）Buddhism." *Philosophy East & West* 6: 333-355.

Cheng, Chung-ying（成中英）（1973）"On Zen（Ch'an）Language and Zen Paradoxes." *Journal of Chinese Philosophy* 1: 77-99.

—— （1976）"Rejoinder to Michael Levin's 'Comments on the Paradoxicality of the Koans." *Journal of Chinese Philosophy* 3: 291-297.

Cheng, Hsueh-li（鄭學禮）（1981）"The Roots of Zen Buddhism." *Journal of Chinese Philosophy* 8: 451-478.

—— （1985）"Confucianism and Zen（Ch'an）Philosophy of Education." *Journal of Chinese Philosophy* 12: 197-215.

—— （1986）"Negation, Affirmation and Zen Logic." *International Philosophical Quarterly* 26: 2 41-51.

—— （1987）"Zen Morality within this World." In Anna-Teresa Tymieniecka（ed.）, *Morality within the Life- and Social World.*

Dordrecht: Kluwer Publishing, pp. 245-258.

───（1996）*Exploring Zen*. New York: Lang Publishing.

Cheshier, William L.（1971）"The Term 'Mind' in Huang Po's Text Huang Po Ch'uan Hsin Fa Yao." *Inquiry* 14: 102-112.

Cleary, Thomas（trans.）（1998）*The Sutra of Hui-neng: Grand Master of Zen*.（With Hui-neng's Commentary on the Diamond Sutra.）Boston and London: Shambhala.

Cua, Antonio S.（柯雄文）（1975）"Uses of Dialogues and Moral Understanding." *Journal of Chinese Philosophy* 2: 131-148.

Davidson, Bruce（1996）"Does Religious Faith Mean Uncritical Thought? Exploration of a False Dilemma." *Inquiry* 16（1）, Fall: 55-66.

───（1994）*Zen Buddhism: A History*. New York: Simon & Schuster Macmillan.

Faure, Bernard（1993）*Chan Insights and Oversights: An Epistemological Critique of the Chan Tradition*. Princeton, NJ: Princeton University Press.

Fromm, Erich（弗洛姆）（1960）"Psychoanalysis and Zen Buddhism." In D. T. Suzuki, Erich Fromm, and Richard De Martino（eds.）, *Zen Buddhism and Psychoanalysis*. New York: Harper & Brothers, pp. 77-141.

Fung, Yu-lan（馮友蘭）（1983）*A History of Chinese Philosophy*, vol. II（trans. Derk Bodde）. Princeton, NJ: Princeton University Press, ch. 9, pp. 386-406. 馮友蘭，《中國哲學史》下冊（臺北：臺灣商務印書館，1993）。

Garner, Dick（1977）"Skepticism, Ordinary Language and Zen Buddhism." *Philosophy East & West* 27（2）, April: 165-181.

Garner, Richard（1985）"The Deconstruction of the Mirror and other Heresies: Ch'an and Taoism as Abnormal Discourse." *Journal of Chinese Philosophy* 12: 155-168.

Gimello, Robert M. and Gregory, Peter N.（eds.）（1990）*Studies in Ch'an and Hua-Yen*. Honolulu: University of Hawaii Press.

Glass, Newman Robert（1998）"A Logic of the Heart: Re-Reading Taoism and Zen Buddhism." *International Philosophical Quarterly* 38（4）, December: 383-392.

Hershock, Peter D.（1994）"Person as Narration: The Dissolution of Self' and Other' in Ch'an Buddhism." *Philosophy East and West* 44（4）, October: 685-710.

Holstein, Alexander（trans.）（1993）*Pointing at the Moon: 100 Zen Koans from Chinese Masters*. Rutland, Vermont: Charles E. Tuttle Company.

Hu, Shih（胡適）（1953）"Ch'an（Zen）Buddhism in China: Its History and Method." *Philosophy East & West* 3（1）: 3-24.

Hyers, M. Conrad（1970）"The Ancient Zen Masters as Clown-figure and Comic Midwife." *Philosophy East & West* 20: 3-18.

Inada, Kenneth（稻田龜男）（1988）"Zen and Taoism: Common and Uncommon Grounds of Discourse." *Journal of Chinese Philosophy* 15: 51-65.

Izutsu, Toshihiko（井筒俊彥）（1977）*Toward a Philosophy of Zen Buddhism*. Tehran, Iran: Imperial Iranian Academy of Philosophy.

Jan, Yün-hua（冉雲華）（1977）"Conflict and Harmony in Ch'an and Buddhism." *Journal of Chinese Philosophy* 4: 287-302.

──（1981）"The Mind as the Buddha-Nature: The Concept of the Absolute in Ch'an Buddhism." *Philosophy East & West* 31（4）: 467-477.

Kapleau, Philip（1980）*The Three Pillars of Zen: Teaching, Practice, and Enlightenment.* Garden City, NY: Anchor Press/Doubleday. 菲力浦‧凱普樓（Philip Kapleau）著，《禪門三柱》（顧法嚴譯，臺北：慧炬出版社，2007）。

Kasulis, Thomas P.（1979）"The Two Strands of Nothingness in Zen Buddhism." *International Philosophical Quarterly* 19: 61-72.

Kim, Ha Poong（198011）"What Do Zen Masters Do with Words?" *Philosophical Forum* 12（2）, Winter: 101-115.

King-Farlow, John（1983）"Review on 'On Zen Language and Zen Paradoxes': Anglo-Saxon Questions for Chung-ying Cheng.*" Journal of Chinese Philosophy* 10: 285-298.

Knaul, Livia（1986）"Chuang-Tzu and the Chinese Ancestry of Ch'an Buddhism." *Journal of Chinese Philosophy* 13: 411-428.

Lai, Whalen（黎惠倫）（1977）"The Meaning of 'Mind-Only'（'Wei-Hsin'）: An Analysis of a Sinitic Mahayana Phenomenon." *Philosophy East & West* 27（1）: 65-83.

──（1979）"Ch'an Metaphors: Waves, Water, Mirror, Lamp." *Philosophy East & West* 29（3）, July: 243-253.

Lee, Jung Young（1976）"Zen Enlightenment and the Intellectual Approach." *Journal of Dharma* 1: 211-226.

Laycock, Steven W.（1985）"Hui-neng and the Transcendental Standpoint." *Journal of Chinese Philosophy* 12: 179-196.

Levin, Michael E.（1976）"Comments on the Paradoxicality of Zen Koans." *Journal of Chinese Philosophy* 3: 281-290.

Lusthaus, Dan（1985）"Ch'an and Taoist Mirror: Reflections on Richard Garner's 'Deconstruction of the Mirror'." *Journal of Chinese Philosophy* 12: 169-178.

Milcinski, Maja（瑪亞）（1977）"Zen and the Art of Death." *Philosophy East & West* 27: 65-83.（Repr. in *Journal of the History of Ideas* 60（3）, July 1999: 385-397.）

Mitchell, Donald W.（1980）"Faith in Zen Buddhism." *International Philosophical Quarterly* 20: 183-198.

Nakamura, Hajime（中村元）（1985）"The Non-logical Character of Zen." *Journal of Chinese Philosophy* 12: 105-115.

Nishida, Kitaro（西田幾多郎）（1966）*Intelligibility and the Philosophy of Nothingness*. Honolulu: East West Center Press.

Nishitani, Keiji（西谷啟治）（1981）"Ontology and Utterance." *Philosophy East & West* 31: 29-44.

Nordstrom, Louis（1980）"Zen and Karman." *Philosophy East & West* 30（1）: 77-86.

———（1981）"Mysticism without Transcendence: Reflections on Liberation and Emptiness." *Philosophy East & West* 31: 89-95.

Olson, Carl（2000）*Zen and the Art of Postmodern Philosophy: Two Paths of Liberation from the Representational Mode of Thinking*. Albany, NY: SUNY Press.

Perry, John（1963）"Paradoxical Logic." *Philosophy East & West* 13
（2）: 155-157.

Ren, Jiyu（任繼愈）（1984）"A Brief Discussion of the Philosophical
Thought of Chan Buddhism." *Chinese Studies in Philosophy* 15:
3-69.

Riepe, Dale（1966）"The Significance of the Attack upon Rationality by
Zen Buddhism." *Philosophy and Phenomenological Research* 26:
434-437.

Rosemont, Jr., Henry（羅思文）（1970a）"The Meaning Is the
Use: Koan and Mondo As Linguistic Tools of the Zen Masters."
Philosophy East & West 20: 109-119.

―――（1970b）"Is Zen Buddhism A Philosophy?" *Philosophy East &
West* 20: 63-72.

Scharfstein, Ben-Ami（1976）"Salvation by Paradox: On Zen and Zen-
like Thought." *Journal of Chinese Philosophy* 3: 209-234.

Stauffer, Lee（1989）"Is an Ethical Theory Possible Within Zen
Buddhism?" *Southwest Philosophical Studies*, Spring: 80-84.

Steffney, John（1975）"Symbolism and Death and Jung and Zen
Buddhism." *Philosophy East & West* 25: 175-185.

―――（1977）"Transmetaphysical Thinking in Heidegger and Zen
Buddhism." *Philosophy East & West* 27（3）: 323-335.

Strenski, Ivan（1980）"Gradual Enlightenment, Sudden Enlightenment
and Empiricism." *Philosophy East & West* 30（1）: 3-20.

Suzuki, Daisetz Teitaro（鈴木大拙）（1932）（translates）*The
Lankavatara Sutra: A Mahayana Text*. London: George Routledge

and Sons, Ltd.

———（1949）*Essays in Zen Buddhism*. First Series. New York: Grove Weidenfeld. 《鈴木大拙禪論集：歷史發展》（徐進夫譯，臺北：志文出版社，1986）。

———（1951）"The Philosophy of Zen." *Philosophy East & West* 1（2）: 3-15.

———（ed.）（1960）*Manual of Zen Buddhism*. New York: Grove Press.

———（1964）*The Zen Doctrine of No-Mind*. New York: Grove Press.

（trans.）（1966）The Lankavatara Sutra: A Mahayana Text. London: Routledge & Kegan Paul Ltd.（orig. pub. 1932）.

———（1972）*An Introduction to Zen Buddhism*. Christmas Humphreys（ed.）York Beach, Maine: Weiser Books. 《鈴木大拙禪學入門》（林宏濤譯，臺北：商周出版社，2009）。

———（1996）*Zen Buddhism: Selected Writings of D. T. Suzuki*, ed. William Barrett. New York: Doubleday（orig. pub. 1956）. 鈴木大拙著，《禪與生活》（Zen Buddhism）（劉大悲 譯。臺北：志文出版社，1972）。

Tominaga, Thomas T.（1983）"Ch'an, Taoism, and Wittgenstein." *Journal of Chinese Philosophy* 10: 127-145.

Tucker, John（1985）"An Anglo-Saxon Response to John King-Farlow's Questions on Zen Language and Zen Paradoxes." *Journal of Chinese Philosophy* 12: 217-221.

Wang, Youru（王又如）（2000）"The Pragmatics of 'Never Tell Too Plainly': Indirect Communication in Chan Buddhism*." Asian*

Philosophy 10（1）, March: 7-31.

Watson, Burton（華茲生）（trans.）（1999）*The Zen Teachings of Master Lin-Chi [Lin-chi Lu]*. New York: Columbia University Press.

Watts, Alan W.（1957）*The Way of Zen*. New York: Vintage Books.

Wright, Dale S.（1993）"Emancipation from What? The Concept of Freedom in Classical Ch'an Buddhism." *Asian Philosophy* 3（2）: 113-124.

Yampolsky, Philip B.（trans.）（1967）*The Platform Sutra of the Sixth Patriarch* [from the Tun-huang manuscript]. New York: Columbia University Press.

———（1990）"The Platform Sutra of the Sixth Patriarch." In Wm. Theodore de Bary & Irene Bloom（eds.）*Approaches to the Asian Classics*. New York: Columbia University Press, pp. 241-250.

Yi, Wu（1985）"On Chinese Ch'an in Relation to Taoism." *Journal of Chinese Philosophy* 12: 131-154.

Yu, Chun-Fang（1979）"Ta-hui Tsung-kao and 'Kung-an' Ch'an." *Journal of Chinese Philosophy* 6: 211-235.

Zeuschner, Robert B.（1976）"The 'Hsien Tsung Chi'（An Early Ch'an（Zen）Buddhist Text）." *Journal of Chinese Philosophy* 3: 253-268.

———（1978）"The Understanding of Mind in the Northern Line of Ch'an（Zen）." *Philosophy East & West* 28（1）, January: 69-79.

———（1981）"The Understanding of Karma in Early Ch'an Buddhism." *Journal of Chinese Philosophy* 8: 399-425.

中國哲學導論：從古代哲學至中國佛學

2021年5月初版　　　　　　　　　　　　　　　定價：新臺幣690元
有著作權·翻印必究
Printed in Taiwan.

著　　　者	劉	紀		璐
譯　　　者	石	啟		瑤
	黃	映		溶
	眾佛家弟子			等
叢書主編	沙	淑		芬
校　　　對	吳	美		滿
內文排版	菩	薩		蠻
封面設計	沈	佳		德

出　版　者	聯經出版事業股份有限公司	副總編輯	陳 逸 華
地　　　址	新北市汐止區大同路一段369號1樓	總 編 輯	涂 豐 恩
叢書主編電話	(02)86925588轉5310	總 經 理	陳 芝 宇
台北聯經書房	台北市新生南路三段94號	社　　長	羅 國 俊
電　　　話	(02)23620308	發 行 人	林 載 爵
台中分公司	台中市北區崇德路一段198號		
暨門市電話	(04)22312023		
台中電子信箱	e-mail：linking2@ms42.hinet.net		
郵政劃撥帳戶	第0100559-3號		
郵撥電話	(02)23620308		
印　刷　者	世和印製企業有限公司		
總　經　銷	聯合發行股份有限公司		
發　行　所	新北市新店區寶橋路235巷6弄6號2樓		
電　　　話	(02)29178022		

行政院新聞局出版事業登記證局版臺業字第0130號

國家圖書館出版品預行編目資料

中國哲學導論：從古代哲學至中國佛學/劉紀璐著.
石啟瑤、黃映溶、眾佛家弟子等譯 . 初版 . 新北市 . 聯經 .
2021年5月 . 560面 . 14.8×21公分
ISBN　978-957-08-5788-7（平裝）

1.中國哲學　2.佛學

120　　　　　　　　　　　　　　　　　110005821